KB132287

재계 파워그룹 58

누가 대한민국 경제를 이끄는가

2

나남
nanam

가 장 빛 나 는 컬 러 를 당 신 에 게

BLUE TOPAZ | GREEN EMERALD 출시

눈부시게. 모든 것을 새롭게.
SAMSUNG **Galaxy S6** | **S6** edge

SAMSUNG
Galaxy S6 | **S6** edge

NEXT IS NOW

당신을 빛내는 **디자인** • 새로운 자유 **무선충전** • 필요한 순간 빠르게 **퀵 충전** • 새롭게 열리는 **퀵 카메라**

SAMSUNG

ㅋ

큰 일을하는 차

[A great car]

명 ● 크기에 상관 없이 큰 일을 할 수 있는 차

몸집은 작아도 하는 일 만큼은 세상 어떤 것보다 큰 차
몸이 불편한 분들도 자동차를 통해 편리하게 이동할 수 있도록
현대자동차그룹이 동행하고 있습니다

{ 복지차량 보급, 이동 보조기기 지원 등을 통해 교통약자의
안전하고 편안한 이동을 위해 앞장서는 현대자동차그룹 }

사회적기업 (주)이지무브
(주)이지무브는 현대자동차그룹이 2010년 설립한 사회적 기업으로, 이동에 불편을
겪고 있는 장애인과 노인들을 위한 보조기기를 국내 최초로 생산·판매하고 있습니다.

동행으로 미래를 펼치다

HYUNDAI
MOTOR GROUP

현대자동차그룹은 자동차, 철강, 건설을 중심으로 행복한 미래를 만들기 위한 동행의 발걸음을 내딛고 있습니다

너의 관심과 나의 관심이 연결되어
전 세계인의 마음이 움직인 것처럼

연결에는 세상을 변화시키는 힘이 있습니다

연결의 힘을 믿습니다

SK telecom

에너지에서 찾은 미래
에너지신산업
시장으로 미래로 세계로

더 풍요롭고 안전한 친환경 에너지 라이프 –
LG가 만들어가고 있습니다

에너지 저장 시스템
ESS
사용하지 않으면 그냥 흘러
보내야 했던 전기를 필요할 때
꺼내 쓸 수 있도록 하는 저장장치

스마트 빌딩 시스템
빌딩 내 전원, 공조, 조명, 방재 등 에너지 관리
설비의 정보를 실시간으로 수집·분석하여
에너지 사용 효율을 높이는 시스템

고효율 태양광 모듈
고효율 집적 기술을 통해
태양의 빛을 전지로 모아
친환경 전기를 생산하는 기술

스마트 LED 조명
LED조명과 ICT 기술을
융합하여 에너지 효율을
높이는 친환경 조명

전기차 배터리 / 충전기
화석연료가 아닌
전기 에너지를 사용하는
친환경 전기차의 핵심 기술

더 나은 삶을 위한 혁신
Innovation for a Better Life

LG

나남신서 1820

재계 파워그룹 58 ②
누가 대한민국 경제를 이끄는가

2015년 7월 22일 발행
2015년 7월 22일 1쇄

지은이   서울신문 산업부
발행자   趙相浩
발행처   (주) 나남
주소   413-120 경기도 파주시 회동길 193
전화   (031) 955-4601(代)
FAX   (031) 955-4555
등록   제 1-71호(1979.5.12)
홈페이지   http://www.nanam.net
전자우편   post@nanam.net

ISBN 978-89-300-8820-6
ISBN 978-89-300-8655-4(세트)

재계 파워그룹 58

누가 대한민국 경제를 이끄는가

2

서울신문 산업부 지음

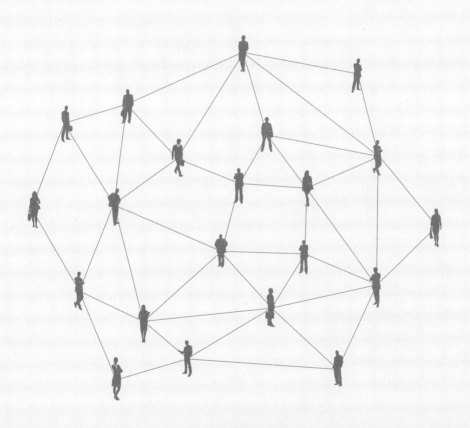

나남
nanam

재계 파워그룹 58

누가 대한민국 경제를 이끄는가

2

차 례

포스코그룹 7

KT 19

두산그룹 31

대우그룹 47

금호아시아나그룹 61

대림그룹 93

부영그룹 117

OCI그룹 133

효성그룹 149

미래에셋그룹 163

코오롱그룹 177

KT&G 197

교보생명그룹 209

이랜드그룹 231

태영그룹 245

삼천리그룹 259

아모레퍼시픽그룹 277

삼양그룹 291

애경그룹 311

대상그룹 327

대성그룹 341

하이트진로그룹 359

네이버 373

다음카카오 385

넥슨 397

엔씨소프트 413

동원그룹 425

SPC그룹 441

휠라 455

대교그룹 471

영풍그룹 485

세아그룹 501

크라운 · 해태제과그룹 515

넥센 529

서울반도체 543

대명그룹 555

골프존 569

포스코그룹

변방 황무지에 일군 '금빛 철강신화'

포스코의 47년 역사를 논할 때 박태준 포스코 전 명예회장을 빼놓고는 이야기 자체가 불가능하다. 최고경영자로 일한 25년간 박 회장은 불가능할 것만 같던 철강보국의 꿈을 현실로 만들었다. 박 회장이 '철강왕'이라 불리는 건 글로벌 철강업체로 우뚝 선 포스코를 일궈 낸 그의 업적을 감안할 때 결코 무색하지 않다.

　미국의 카네기는 당대 35년 동안 조강(가공되지 않은 강철) 1천만 톤을 이뤘지만 박 회장은 25년(1968~1992년) 내 연산 조강 2,100만 톤이라는 신화를 일궈 냈다. 기술도 자본도 없는 아시아 변방의 후진국에서 만들어 낸 신화라는 점에서 더욱 높이 평가된다. 물론 포스코가 지금의 경쟁력을 확보하기까지는 1960~1970년대까지 절대권력을 행사한 박정희 전 대통령의 전폭적인 지지가 있었다는 점을 무시할 수는 없다.

박태준 회장의 존재감은 1978년 중국의 최고 실력자 덩샤오핑의 일본 방문 일화에서도 잘 드러난다. 당시 일본 기미쓰제철소를 방문한 덩샤오핑은 이나야마 요시히로 신일본제철 회장에게 "중국에도 한국의 포항제철과 같은 제철소를 지어 달라"고 요청했다가 거절당했다. 당시 이나야마 회장의 대답은 간단명료했다. "중국에는 한국의 박태준이 없지 않으냐?" 이 대화는 한동안 중국 대륙에서도 '박태준 신드롬'이 나타나는 배경이 됐다.

1927년 부산 기장에서 태어난 박태준 회장은 일자리를 찾아 현해탄을 넘은 부친을 따라 학창시절을 일본에서 보냈다. 1940년 이야마북중에 다니던 박 회장은 제 2차 세계대전 기간에 제철 근로봉사에 동원됐다. 용광로와의 첫 만남이었다. 1945년 일본 와세다대에 합격했지만 2년만 다니고 귀국해 남조선경비사관학교(현 육군사관학교 6기)에 입학했다. 박정희 전 대통령을 만난 것도 이때다. 당시 사관학교 중대장이던 박정희는 수학 실력이 탁월한 박태준을 눈여겨봤다.

박태준이 임관한 후 한동안 두 사람은 교류가 없었다. 하지만 부산 군수기지사령관으로 발령받은 박정희가 박태준을 참모장으로 발탁하면서 인연은 다시 시작됐다.

열 살 터울인 부하 장교 박태준에 대한 박정희의 신임은 절대적이었지만 혁명그룹에 가담시키지는 않았다. 5·16 직후, 박정희는 그를 찾아온 박태준에게 "우리 계획이 실패하면 우리 군과 내 가족을 부탁하려고 했었네"라고 말했다.

결국 1961년 5·16 군사정변으로 권력을 잡은 박정희는 스스로 제 2대 국가재건최고회의 의장에 오르면서 비서실장에 박태준을 임명했다. 2년 후 대부분 정치에 입문한 혁명세력과 달리 박태준은 소장으로 예편했다. 박 전 대통령은 박태준에게 텅스텐 수출업체인 대한중석 사장을 맡겼고, 이어 제철사업도 지시했다.

그러나 한국이 제철사업을 하겠다고 나서자 우방인 미국은 물론 일본까지 비웃었다. 군사정권의 과시용 사업일 뿐이라는 냉소만 돌아왔다. 그럴 법도 했다. 당시 한국의 1인당 국민소득은 100달러 이하, 국가의 총 수출액은 4,200만 달러에 불과했다. 하지만 종합제철소는 건설에 드는 돈만 무려 1억 5천만 달러에 달했다.

1968년 4월 포스코의 전신 포항제철은 그렇게 시작됐다. 가장 큰 걸림돌인 자금은 해외차관에 의지하기로 했다. 하지만 미국 등 5개국 8개 사로 구성된 대한국제제철차관단(KISA)과 세계은행(IBRD), 미국국제개발처(USAID), 대한국제경제협의체(IECOK) 등은 결국 고개를 가로저었다.

박태준 사장과 정부 관계자들은 포기하지 않고 대안을 찾기 위해 고뇌하던 중 마지막 희망으로 대일청구권 자금 일부를 제철소 건설에 활용하자는 발상을 하게 된다. 당시 8천만 달러 정도 남아 있던 대일청구권 자금을 제철사업에 투자해 보자는 아이디어였다.

곧바로 박정희 대통령의 재가를 받은 박 사장은 일본으로 가 일본 정·재계 주요 인사들 설득에 나섰다. 미쓰비시상사의 후지노 사장 등 철강업계 관계자는 물론 통산성의 오히라 마사요시 장관 등을 연이어 만나 한국에 철강산업이 필요한 이유를 말하며 설득했다. 오히라 장관은 김종필과 함께 한·일 청구권 협상을 타결 지은 인물이다.

나카소네 야스히로 전 일본 총리는 자신의 회고록에서 당시 박태준 사장의 모습을 이렇게 기록했다. "박 선생은 보는 이들이 오히려 안타까워할 정도로 열심히 뛰어다녔다. 그의 진지한 노력에 일본은 감동했다."

박태준 사장은 결국 대일청구권 자금 7,370만 달러와 일본은행 차관 5천만 달러를 합한 1억 2,370만 달러로 제철소 사업을 시작했다. 1969년 8월 제3차 한·일 각료회담에서 일본 정부도 한국의 종합제철 건설사업을 지원키로 약속했다. 자금이 확보되자 공사가 본격적으로 시작됐다.

일제 식민지배에 대한 피해배상 청구권을 사실상 포기하는 대일청구권 자금은 우리 민족에겐 피 같은 돈이었다. 회담을 성사시킨 박정희 정권은 "3억 달러에 민족의 자존심을 팔았다"는 비난과 반발을 감수해야 했다. 그런 사실을 박태준 사장도 누구보다 잘 알고 있었다. 공사를 독려하면서 박 사장은 "이 제철소는 식민지배에 대한 보상금으로 받은 조상의 혈세로 짓는 것이니 만일 실패하면 바로 우향우 해서 영일만 바다에 빠져 죽는다는 각오로 일해야 한다"고 강조했다.

박정희 대통령은 전폭적으로 지원했다. 3년여에 걸친 공사기간 중에 12번이나 포항 현장을 방문하기도 했다. 박정희 대통령이 박태준 사장에게 건넨 '종이 마패'는 또 하나의 유명한 일화다.

공사과정에서 당시 정치인들이 박태준 사장을 흔들어 대자 박 대통령은 종이 마패 한 장을 박 사장에게 쥐여 줬다. 마패에는 "박태준을 건드리면 누구든지 가만 안 둔다"고 적혀 있었다.

결국 1970년 4월 1일, 온 국민의 기대 속에 연산 130만 톤 규모의 철을 생산하는 포항 1기 설비를 착공했다. 그리고 1973년 6월 마침내 우리나라 최초의 용광로는 쇳물을 뿜어내기 시작했다. 포항제철은 가동된 지 1년 만에 매출액 1억 달러를 기록하며 빚을 다 갚고 흑자를 기록했다. 이후 건설과 조업을 병행하며 성장가도를 달린 포항제철은 1992년 마침내 광양제철소 4기 설비를 종합 준공함으로써 세계최대 제철소라는 2,100만 톤의 사반세기 대역사를 마무리하게 된다.

박태준 명예회장은 설비 가동 첫해인 1973년 매출액 416억 원에 46억 원 흑자를 기록한 이래 1992년 경영 일선에서 물러날 때까지 매출액을 149배(6조 1,821억 원), 순이익을 40배(1,852억 원) 이상으로 늘렸다. 이는 용광로가 가동하기 시작한 이후 현재까지 단 한 번의 적자도 없이 흑자 행진을 지속하는 기틀이 됐다.

한국 제철사업에 투자하는 것을 강력히 거부했던 존 자페 전 IBRD 한국 담당자는 훗날 이렇게 말했다.

"나는 지금도 대한국제제철차관단에 투자 반대의견을 제출했던 내 보고서가 옳다고 믿는다. 다만 박태준 회장이 상식을 초월하는 일을 해 나의 보고서를 틀리게 만들었을 뿐이다. 포스코의 성공은 지도자의 끈질긴 노력을 바탕으로 설비 구매의 효율화, 낮은 생산원가, 인력 개발, 건설기간 단축을 실현한 결과라고 생각한다."

권오준 회장, 26년 한 우물 판 기술지상주의자

권오준 회장은 2014년 3월 제8대 포스코 회장으로 공식 취임했다. 포스코 역사상 최고기술책임자(CTO) 출신이 회장으로 선출된 것은 처음이다. 권 회장이 포스코의 수장이 될 수 있었던 이유는 철강업계에서 둘째가라면 서러워할 '최고의 기술 엔지니어'이기 때문이다. 1986년 포스코에 입사한 권 회장은 26년간 포항과 광양에서 머물며 '기술 연구' 한 우물을 팠다.

권오준 회장은 경북 영주 출신으로 서울사대부고를 거쳐 서울대 금속공학과를 졸업했다. 캐나다 윈저대에서 석사학위를 받은 권 회장은 피츠버그대에 진학해 금속공학 박사학위를 받았다. 36세의 나이에 늦깎이로 포스코에 입사, 포항산업과학연구원(RIST) 강재연구부 열연연구실장과 기획부장을 지내며 포스코의 기술 개발을 주도했다.

포스코가 자랑하는 신제철기술인 '파이넥스 공법' 상용화에 기여했고, 소금물에서 배터리 필수 소재인 리튬을 추출하는 기술도 개발했다. 각종 특허와 발명 성과로 장영실상(1996년), 대한금속학회상(1996년), 기술경영인상(2013년) 등을 수상했다. 박충선 대구대 교수와의 사이에 1남 1녀를 두고 있다.

권오준 회장은 제재소를 하는 동네 유지의 셋째로 태어났지만 부친의 사업이 기복을 타며 집안이 늘 유복했던 것은 아니다. 그러나 교육열이 남달랐던 권 회장 모친은 슬하의 4남 1녀를 모두 서울사대부고로 유학 보냈다. 장녀 권원주 씨는 이화여대 약대를 나와 약국을 운영한다. 둘째이자 장남인 권오성 씨는 한국외대를 졸업하고 견실한 무역회사를 경영 중이다. 손아래 동생인 3남 권오진 씨는 연세대 의대를 졸업한 피부과 의사다. 막내인 권오용 씨는 재계를 대표하는 홍보 전문가다. 전경련 홍보실장, 금호아시아나그룹 홍보 전무, KTB 경영기획실 상무, SK그룹 사장 등을 거쳐 현재 효성그룹에서 상임고문으로 일하고 있다.

포스코 역대 회장 리스트

초대 **박태준** 회장

1981. 2. ~ 1992. 10.
1927년생
(2011년 12월 작고)
부산 기장
육군사관학교 졸

2대 **황경로** 회장

1992. 10. ~ 1993. 3.
1930년생
강원 철원
용산고
서울대 토목공학과 졸

3대 **정명식** 회장

1993. 3. ~ 1994. 3.
1931년생
서울
경기고,
서울대 토목공학과 졸

4대 **김만제** 회장

1994. 3. ~ 1998. 3.
1934년생
경북 선산
경북고,
덴버대 경제학과 졸

5대 **유상부** 회장

1998. 3. ~ 2003. 3.
1942년생
일본
거창고,
서울대 토목공학과 졸

6대 **이구택** 회장

2003. 3. ~ 2009. 2.
1946년생
경기 김포
경기고,
서울대 금속공학과 졸

7대 **정준양** 회장

2009. 2. ~ 2014. 3.
1948년생
경기 수원
서울사대부고,
서울대 공업교육과 졸

8대 **권오준** 회장

2014. 3. ~ 현재
1950년생
경북 영주
서울사대부고,
서울대 금속공학과 졸

권오준 회장의 고교 인맥으로는 이건희 삼성전자 회장, 이희범 전 산업자원부 장관 등이 있다. 김용언 동서식품 회장, 성기학 영원아웃도어(노스페이스) 회장은 고교와 대학교가 겹친다. 정준양 제7대 포스코 회장은 고교와 대학교 선배다. 홍사덕 민족화해협력범국민협의회 대표 상임의장은 고향 선배인 데다 서울사대부고와 서울대 동문이다.

2000년 민영화, 소유·경영 완전분리

2000년은 포스코가 민영화라는 커다란 변화를 맞은 시기다. 공기업에서 민간기업으로 단순히 손바꿈을 한 것을 넘어 기업의 지배구조가 지속적으로 개선된 때이기도 하다. 민영화 이후 포스코는 전문경영진의 전횡 가능성을 줄이고 투명성을 강화하는 작업에 매달렸다.

민영화 완료 1년 전인 1999년 3월, 전문경영진의 책임경영과 이사회의 경영감시 및 견제 기능을 강화한 전문경영체제를 도입해 내부통제 기능을 강화하고 투명경영과 주주가치 극대화를 위한 경영기반을 구축했다. 소유와 경영은 완전히 분리되었으며, 전문경영진이 책임경영을 하지만 중요한 의사결정은 독립적인 이사회를 거치게 해 견제와 균형을 유지한다.

또한 외환위기 당시인 1997년 국내 대기업 중 최초로 도입한 사외이사제는 상장기업 중 가장 선진적이라는 평가를 받는다. 현재 포스코 이사회는 독립적인 사외이사 7인과 사내이사 5인으로 구성된다. 7명의 사외이사 중 1명이 반드시 이사회 의장 및 이사회 산하 전문위원

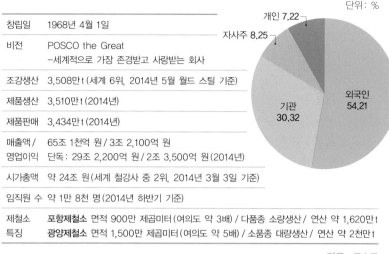

포스코 개관

창립일	1968년 4월 1일
비전	POSCO the Great -세계적으로 가장 존경받고 사랑받는 회사
조강생산	3,508만t (세계 6위, 2014년 5월 월드 스틸 기준)
제품생산	3,510만t (2014년)
제품판매	3,434만t (2014년)
매출액 / 영업이익	65조 1천억 원 / 3조 2,100억 원 단독 : 29조 2,200억 원 / 2조 3,500억 원 (2014년)
시가총액	약 24조 원 (세계 철강사 중 2위, 2014년 3월 3일 기준)
임직원 수	약 1만 8천 명 (2014년 하반기 기준)
제철소 특징	**포항제철소** 면적 900만 제곱미터(여의도 약 3배) / 다품종 소량생산 / 연산 약 1,620만t **광양제철소** 면적 1,500만 제곱미터(여의도 약 5배) / 소품종 대량생산 / 연산 약 2천만t

포스코 주주 현황

단위 : %

개인 7.22
자사주 8.25
외국인 54.21
기관 30.32

자료 : 포스코

회 위원장을 맡는 사외이사 중심의 운영체계를 확립했다.

특히 2006년에는 이사회를 대표하는 이사회 의장과 경영진을 대표하는 최고경영자(CEO)를 분리해 이사회의 독립성을 확보하고 경영진 감독 기능을 강화했다. 정기적으로 사외이사만 참석하는 회의를 운영해 각 의제에 대한 사외이사들의 독립적인 의견을 수렴할 기회도 보장한다.

이사회 내 전문위원회는 모두 6개에 달한다. 철강 투자의 검토와 심의를 담당하는 경영위원회는 사내이사가 위원장을 맡고 나머지 5개 전문위원회는 사외이사가 위원장을 맡고 있다. 여기에 감사위원회, 평가보상위원회, 내부거래위원회는 사외이사로만 구성해 이사회의 독립적인 의사결정을 보장한다. 해외 유력 투자가들이 포스코 지분을 늘리며 과감한 투자를 이어 가는 이유도 이와 같은 투명한 지배구조가 배경이 되고 있다.

포스코의 리더들

김진일(62) 포스코 대표이사 사장은 1975년 포스코에 입사해 포스코 제품기술담당 전무, 포항제철소장, 탄소강사업부문장 등을 거친 정통 엔지니어다. 그는 2011년부터 음극재 전문 계열사인 포스코켐텍 사장을 맡아 왔다. 철강업과 관련된 케미컬 사업영역 다각화를 통해 경영 역량을 발휘하고 있다.

경영인프라본부장인 윤동준(57) 대표이사 부사장은 1만 8천 명에 달하는 포스코 호의 인사와 노무, 혁신 분야를 담당하는 인사통이다. 홍보 업무를 맡아 대외 이미지 개선 및 프로젝트 중심의 창의적 업무 혁신 정착에 기여하고 있다는 평가다. 그는 미국 조지워싱턴대 MBA 과정을 마쳤다.

재무투자본부장인 이영훈(56) 부사장은 최근 글로벌 수요산업 부진 등에도 선방하고 있다는 평가를 받는 실적을 한 단계 더 끌어올리는 임무를 맡았다. 포스코건설 재무담당 임원, 포스코 전략기획실장을 거친 정통 재무전략통으로, 회사의 재무구조 개선에 크게 기여하고 있다. 서울대 경제학과에서 학부와 대학원을 졸업한 뒤 런던대 경제학 박사학위를 취득했다.

철강사업본부를 맡은 오인환(62) 부사장은 자동차 강판 마케팅 전문가다. 그는 글로벌 자동차그룹인 폭스바겐과 GM 등에 자동차용

포스코그룹 주요 임원

김진일(62)
대표이사 사장

윤동준(57)
대표이사 부사장

이영훈(56)
부사장

오인환(62)
부사장

김영상(58)
대우인터내셔널 사장

황태현(67)
포스코건설 사장

철강재를 판매하는 등 자동차용 강판 시장을 개척했다는 점을 인정받아 2014년 '철의 날'에 동탑산업훈장을 받기도 했다. 경북대 사회학과를 거쳐 연세대 경제학과 대학원을 졸업했다.

6개 포스코 주요 계열사 중 2010년 인수한 대우인터내셔널은 김영상(58) 사장이 CEO를 맡고 있다. 김 사장은 해외무역의 달인이다. 포스코건설은 포스코 재경본부장을 지낸 황태현(67) 사장이 담당하고 있다.

새 출발하는 130년 국내 통신 산 역사

KT는 '한국통신'이라는 이름으로 더욱 친숙하다. 민영화된 지 13년이 됐지만 공기업이라는 이미지가 강하다. 조직 규모가 방대하다는 의미에서 여전히 '통신공룡'이라는 수식어도 따라다닌다. 그러나 국내 통신시장의 30%가량을 차지하는 KT는 우리의 통신 역사이자 '통신 맏형'으로 통신업계의 버팀목 역할을 하고 있다.

KT의 뿌리는 고종 22년인 1885년 생긴 '한성전보총국'(漢城電報總局·현 우정사업본부) 으로 거슬러 올라간다. 서울과 인천 사이의 전보 업무를 담당한 곳이다. 지금도 KT 광화문빌딩에서 내려다보면 세종대로 건너편 한성전보총국 터를 기념하는 조형물이 보인다. 일제강점기 이후 정체된 한국 전화사업은 광복 후인 1948년 미군정으로부터 인수한 체신부를 중심으로 다시 부흥기를 맞는다.

박정희 정권 수립 이후 '한강의 기적'으로 불린 비약적 경제성장은 거대한 통신 수요를 가져왔다. 그러나 체신부 내에 속한 정부기업 형태로는 기술변화에 따른 발 빠른 대응과 공격적 경영이 어렵다는 판단이 대세였다. 이에 체신부의 전기통신 사업을 분리해 오늘날 KT의 전신인 한국전기통신공사(KTA: Korea Telecommunication Authority)를 1981년 12월 설립했다.

KT는 당시 한국전기통신공사 시절부터 일찌감치 인터넷과 이동통신 시장을 선점하기 위한 준비에도 박차를 가했다. 1989년부터 무료 전자우편 서비스, 공중영상회의 서비스, 공중기업통신망 상용서비스 등 초보적인 네트워크 서비스를 선보인 데 이어 1994년에는 코넷(KORNET)이란 이름으로 국내에서 처음으로 상용 인터넷 서비스를 시작했다.

훗날 우리나라의 본격적인 이동통신 시대를 연 한국이동통신서비스주식회사도 앞서 한국전기통신공사가 1984년 2월에 출범시킨 것이다. 이 회사는 1992년 SK로 매각돼 지금은 국내 최대 이동통신사업자인 SK텔레콤으로 변신, 모기업이었던 KT와 경쟁을 벌이고 있다. 이 사건은 KT 역사의 큰 아픔으로 기억된다.

개방과 경쟁 시대를 앞두고 KT는 민영화 추진이라는 거시적인 목표 아래 1989년 주식회사형 공기업으로 전환한다. 1991년 한국통신(Korea Telecom)으로 회사 이름도 한 번 더 바뀐다. 정부 지분율을 꾸준히 줄여 가던 한국통신은 2002년 5월 정부 지분을 모두 팔고 민영화에 성공한다. 민영화된 한국통신의 이름이 바로 지금의 KT다.

KT 개관

창립일	1985년	1948년	1981년	1991년	2001년
1981년 12월 10일	한성전보총국 (현 우정사업부)	체신부	한국전기 통신공사	한국 통신	KT로 사명 변경
비전	글로벌 1등 KT				
미션	ICT를 기반으로 세계에서 가장 빠르고 혁신적인 통신과 융합서비스를 제공, 국민의 편익을 도모하는 최고의 국민기업				
매출/영업이익 (2014년 기준)	23조 4,215억 원 / −2,918억 원 단독: 17조 4,358억 원 / 7,195억 원				
시가총액	7조 8,856억 원(2015년 3월 기준)				
임직원 수	2만 2,913명(2014년 9월 기준)				

KT 주주 현황

단위: %

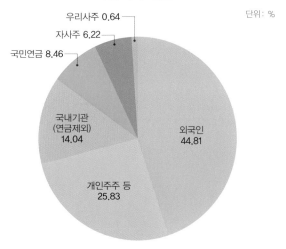

우리사주 0.64
자사주 6.22
국민연금 8.46
국내기관 (연금제외) 14.04
외국인 44.81
개인주주 등 25.83

2014년 12월 31일 기준

KT는 이후 공격적인 투자로 각종 '최초' 퍼레이드를 기록하며 업계를 이끄는 '맏형 행보'를 보여 왔다. 2004년 6월 홈네트워크 서비스 '홈엔'에 이어 2005년 7월에는 분단 이후 처음으로 남북 간 광통신망을 연결해 남북관계 개선에도 기여했다. 2006년 와이브로 상용화도 처음 성공시켰다. VDSL과 FTTH, 기가 인터넷 등 국내 최초와 최고 인터넷 기술을 개발해 인터넷 대중화를 선도했다.

KT는 민영화 이후 독립적인 이사회를 구성하고 전문경영인 체제를 정착시키는 식으로 지배구조 개선에도 공을 들였다. KT 이사회는 8인의 사외이사와 3인의 사내이사 등 모두 11명으로 구성돼 있다.

그러나 KT의 길이 순탄한 것만은 아니다. 민영화 직전보다 인원이 2만 명 이상 줄었지만 조직이 여전히 커 투입 대비 수익성이 좋지 못한 점은 KT의 성장 발목을 잡고 있다. '공룡의 굴레'라는 말이 따라다니는 이유다. 실제로 KT 직원 수는 동종업계 1위인 SK텔레콤(4,200명) 보다 5배가량 많은 2만 명을 넘는다. 그러나 인력이 많이 투입되는 주력사업인 유선전화 수익은 매년 4천억 원씩 줄고 있다.

또한 민영화는 됐지만 주인이 없는 탓에 정권이 바뀔 때마다 CEO 문제로 조직이 크게 흔들리는 점도 발전을 저해한다. 민영화 이후 CEO 선임 때마다 잡음이 일었으며 이는 사내 파벌 갈등과 대규모 임원 교체 문제로까지 이어지면서 경영 안정을 위협한다는 우려가 가시지 않는다.

KT는 올 들어 다시 시작한다는 각오로 새 출발을 다짐하고 있다. 국가 경제와 국민 행복을 추구하겠다며 새로운 경영목표로 '국민 기업'을 내세웠다. KT는 2014년 한 해 이동통신 가입자 수를 87만 명

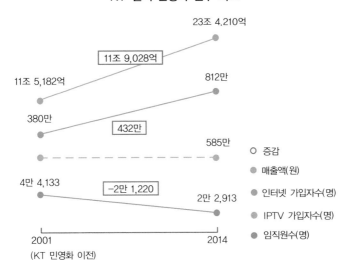

KT 실적 민영화 전후 비교

23조 4,210억

11조 9,028억

11조 5,182억

812만

380만

432만

585만

○ 증감
● 매출액(원)
● 인터넷 가입자수(명)
● IPTV 가입자수(명)
● 임직원수(명)

4만 4,133

−2만 1,220

2만 2,913

2001
(KT 민영화 이전)

2014

늘렸다. 인터넷 가입자(812만 명) 1위, IPTV 가입자(585만 명) 1위 등의 성과를 이룩한 점은 향후 전망을 밝게 한다.

관료 · 교수 · 군인 등 다양한 직군 사령탑 배출

공기업 출신인 KT의 CEO들은 정권의 색깔을 띤 사람들이 많았다. 전두환 대통령 시절 한국전기통신공사의 첫 CEO를 맡은 이우재 사장은 육군사관학교를 나온 군인 출신이다. 육군 준장으로 예편한 뒤 국회의원을 지내고 사장으로 임명됐다.

이어 노태우, 김영삼, 김대중 대통령으로 이어지는 동안 관료, 교수, 군인 등 다양한 직군들이 KT의 사령탑으로 임명됐다. 2대 이해

KT 역대 사장 리스트

초대 **이우재** 사장	2대 **이해욱** 사장
1981. 11. 16. ~ 1988. 12. 29.	1988. 12. 30. ~ 1993. 3. 31.
1934년생 / 서울	1938년생 / 서울
육군사관학교	서울대 상대
11대 국회의원	체신부 차관
3대 **조백제** 사장	4대 **이준** 사장
1993. 4. 1. ~ 1995. 6. 6.	1995. 6. 7. ~ 1996. 12. 27.
1938년생 / 경남 함안	1940년생 / 충북 제천
고려대 상학과	육군사관학교
통신개발연구원장	1군 사령관
5~6대 **이계철** 사장	7대 **이상철** 사장
1996. 12. 28. ~ 2003. 12. 29.	2001. 1. 1. ~ 2002. 7. 10.
1940년생 / 경기 평택	1948년생
고려대 법학과 / 행시 5회	서울대 전기공학과, 미 듀크대 공학박사
정보통신부 차관	국방과학연구소 책임연구원
8대 **이용경** 사장	9~10대 **남중수** 사장
2002. 7. 10. ~ 2015. 8. 19.	2005. 8. 20. ~ 2008. 11. 5.
1943년생 / 경기 안양	1955년생 / 서울
서울대 전자공학과, 미 버클리대 박사	서울대 경영학과, MIT 박사
한국통신연구개발원장	한국통신 재무실장
10~11대 **이석채** 회장	
2009. 1. 14. ~ 2013. 11. 12.	
1945년생 / 경북 성주	
서울대 경영학과, 미 보스턴대 박사	
대통령 경제수석비서관	

욱 사장은 체신부 차관을 지낸 관료 출신이다. 임기가 비교적 짧았던 3대 조백제 사장은 중앙대 사회과학대 원장, 4대 이준 사장은 1군 사령관으로 있다가 사장이 됐다. 이어 1996년 말부터 4년간 5~6대 CEO로 재임한 이계철 사장은 정통부 차관을 지낸 바 있다. 민영화가 이뤄지기 직전인 2001년 1월 1일 임명된 7대 이상철 사장은 KT의 첫 IT(정보통신) 맨 출신 CEO로 꼽힌다.

KT는 2002년 5월 정부 지분을 매각해 완전 민영화됐다. 그러나 CEO 선출 때마다 정권교체에 따른 외풍은 한 번도 멈춘 적이 없다. 민영화 이후 첫 CEO인 8대 이용경 사장은 임기(2002년 8월~2005년 8월) 이후 연임을 노렸지만 뚜렷한 이유 없이 무산됐다.

노무현 정부에서 임명한 9대 남중수 사장은 첫 임기가 끝날 무렵인 2007년 말 정권교체 이후로 예정돼 있던 주총을 인위적으로 앞당겨 연임을 관철시켜 10대 사장에 취임했다. 그러나 이명박 정권이 들어서면서 검찰 수사가 시작됐고, 결국 구속되면서 KT 사장직에서 물러났다.

이명박 대통령 때 취임한 이석채 회장의 말로도 전임자를 꼭 빼닮았다. 공모 과정에서 부적격 논란이 있었는데도 11대 KT CEO로 입성해 연임(12대)까지 성공했다. 하지만 박근혜 정부 출범과 함께 교체설이 끊이지 않았으며, 검찰 수사가 시작된 지 1주일 만에 자진 사퇴했다.

'황의 법칙', 황창규 회장

반도체 신화의 주역으로 불리는 황창규 회장은 2014년 1월 KT의 13대 회장으로 취임했다. 1953년 부산에서 태어난 황 회장은 부산고를 나와 서울대 전기공학과에서 학사와 석사를 마쳤다. 이후 미국 매사추세츠주립대에서 전기공학 박사학위를 받고 약 3년간 미국 스탠퍼드대 책임연구원, HP 및 인텔 자문역으로 활동하다 1989년 삼성전자로 스카우트됐다.

황창규 회장의 이름이 본격적으로 알려진 것은 1994년 세계 최초로 메모리반도체 256메가 D램 개발에 성공하면서다. 이후 2004년 반도체총괄 사장이 된 뒤 '황의 법칙'을 주창하며 반도체 신화를 써내려갔다. '황의 법칙'이란 메모리반도체의 집적도가 18개월 만에 두 배씩 늘어난다는 '무어의 법칙'을 대체해 1년 만에 두 배씩 늘어난다는 법칙이다. 황 회장은 2007년까지 이에 맞춘 제품을 생산하며 자신의 이론을 입증했다.

황창규 회장은 2009년 삼성전자를 떠나 서울대 물리천문학부 초빙교수를 지냈다. 이후 지식경제부(현 산업통산자원부) 지식경제 R&D(연구·개발) 전략기획단장과 삼성이 재단으로 있는 성균관대 정보통신대 석좌교수로 재직하다가 2014년 1월 KT로 자리를 옮겼다.

황 회장은 구한말 사군자 중 매화 그림에서 일가를 이루고 명성황후 시해사건 이후 고종 곁을 지켜서 더욱 유명했던 화원화가 황매산 선생의 친손자다. 연세대 음대를 나온 부인 정혜욱(59) 씨와의 사이에 아들 성욱(23) 씨와 두 딸 세원(34), 재원(30) 씨를 두고 있다. 딸들은 모두 출가했으며 아들은 대학 재학 중이다.

황 회장의 장인은 2010년 11월 별세한 정관식 케이씨피드(배합사료 업체) 회장이다. 현재 케이씨피드를 경영하는 정한식 대표이사가 처남이다. 황 회장과 부인은 이 회사 지분을 5%가량 보유하고 있다.

황 회장은 클래식 음악에 조예가 깊다. 부산고 시절 합창반 활동을 통해 닦은 노래 실력은 아마추어 수준을 넘는다. 영어 실력과 국제적인 매너를 지니고 있어 화려한 글로벌 인맥도 자랑한다. 2004년 애플의 스티브 잡스가 개인 별장에 황 회장을 초대해 아이폰에 필요한 메

황창규 회장 프로필

출생	1953년 1월 23일 부산
학력	부산고, 서울대 전기공학과 학사, 같은 대학원 석사, 매사추세츠주립대 전자공학 박사
주요경력	
1985년	미국 스탠퍼드대 책임연구원
1987년	미국 인텔 사 자문
1989년	삼성전자 반도체 DCV 담당
1994년	삼성전자 반도체 상무이사
1998~1999년	삼성전자 반도체 연구소장
2004~2008년	삼성전자 반도체총괄 사장
2008~2009년	삼성전자 기술총괄 사장
2010~2013년	지식경제부 지식경제 R&D 전략기획단장
2010년	국가과학기술위원회 위원
2013년	산업통상자원부 지식경제 R&D 전략기획단장, 성균관대 석좌교수
2014년 1월	KT 회장 취임

모리 제품을 만들어 달라고 요청한 일화도 유명하다.

부산고 동창인 한국공학한림원 오영호 회장과 '절친'이다. 대학·대학원 인맥으로는 일진그룹 허진규 회장, 세종연구원 주명건 이사장 등과도 가깝게 지낸다. 스탠퍼드대 근무 시 만난 고려대 염재호 총장은 두 살 어리지만 황 회장의 든든한 친구로 꼽힌다. 삼성에서는 부산고 동기인 장충기 삼성그룹 미래전략실 사장, 후배인 윤순봉 삼성서울병원 사장, 반도체 시절 자신의 휘하에 있던 김기남 삼성전자 사장 등과 친분이 각별한 것으로 전해진다.

정치권에서는 같은 고향 출신인 김기춘 전 청와대 비서실장과 잘지내며 친박(친박근혜)계 핵심인 최경환 경제부총리 겸 기획재정부 장관과도 막역한 사이로 알려져 있다. 최 부총리는 이명박 정부에서 친박계 몫으로 지식경제부 장관을 지내면서 당시 삼성전자에서 퇴직한 황 회장을 지식경제 R&D 전략기획단장으로 영입해 박근혜 대통령에게 소개한 것으로 전해진다. 이 밖에 정치권 내 부산고 인맥으로 정의화 국회의장, 친박계 허태열 의원을 비롯해 이기택, 최병렬 등 전·현직 의원들이 즐비하다.

황 회장은 KT 회장으로 취임한 후 1년 동안 조직 축소와 비통신 분야 사업 정리로 KT를 안정시켰다. 2015년 현재는 기가 인터넷과 5G 등 미래 먹을거리 창출을 위해 힘을 쏟고 있다.

KT의 주요 임원들

황창규 회장 체제 아래 KT를 이끄는 주요 임원들은 KT 출신이 많다. 회장 직속 주요 10개 사업 부문(부사장급) 수장 모두 KT 출신으로 포진돼 있다.

우선 임헌문 Customer부문장, 김기철 IT기획실장, 전인성 CR부문장 등 3명은 전임 이석채 회장 시절 퇴사했거나 자회사로 발령났다가 돌아온 경우다. 황창규 회장은 취임 직후 '원래 KT' 출신 인사들을 복직시키거나 중용한 대신 전임 이 회장 시절 이명박 정권과의 인연으로 들어온 인사 30여 명을 모두 퇴진시켰다.

임헌문 부문장은 판매와 마케팅 분야를 두루 거친 현장 전문가이며 이들 10명 가운데 유일하게 등기이사로 등록됐을 만큼 조직 내 신망이 두텁다.

SK텔레콤 출신인 신규식 기업영업부문장은 2011년 KT로 영입된 인물이다. SK브로드밴드 기업영업단장을 지낸 통신 전문가다.

KT의 마케팅을 책임지는 남규택 마케팅부문장은 1986년 KT 입사 뒤 KTF 창립을 위해 자리를 옮겨 마케팅전략실장 등을 지내며 '쇼'(Show) 등을 히트시킨 전문성을 인정받고 있다.

KT 통신 서비스의 근간인 네트워크 최고책임자 오성묵 네트워크부문장은 국내 통신사 중 유일하게 최근 10년간 '대형장애 발생 0회' 기록을 보유하고 있다.

고위 간부 가운데 삼성 출신은 2015년 3월 현재 4명이 근무 중이다. 황 회장이 삼성전자 최고경영자(CEO) 출신인 만큼 삼성 출신들을 대거 영입할 것이란 예상과 다른 행보라는 평이 나온다.

삼성물산 상무 출신인 최일성 사장은 KT 계열 부동산 개발 및 컨설팅업체 kt estate를 맡고 있다. 삼성사회봉사단 사장을 지낸 서준희 사장은 금융계열사인 BC카드를 이끌고 있다. 재무통인 김인회 전 삼성전자 상무는 비서실 2담당 전무로 일하고 있고, 삼성전자 시절 홍보 업무를 맡았던 윤종진 상무는 비서실 3담당으로 근무하고 있다.

두산그룹의 3, 4세 경영

국내 최고(最古) 기업이자 2014년 기준 매출액 20조 4,337억 원, 계열사 21개를 거느린 재계 10위(공기업 제외) 두산그룹은 현재 두산가(家) 3세이자 박두병 두산 초대회장의 6남 박용만(60) 두산그룹 회장을 중심으로 움직이고 있다. 2012년 박 회장이 그룹 회장 자리에 오르면서 다른 형제들은 그룹 경영 일선에서 물러났지만 3세의 자녀들인 4세가 각 계열사에 들어가 경영을 맡으면서 3세 이후를 준비하고 있다.

두산그룹을 보는 재계의 관심사는 형제경영으로 유명한 두산그룹이 4세에 이르러서도 계속 전통을 유지할 수 있을지 여부다. 두산그룹의 지배구조를 보면 그룹의 미래를 어느 정도 엿볼 수 있다. 두산그룹은 ㈜두산을 모회사로 해서 두산중공업 등 주요 계열사를 지배하고

2010년 10월 6일 서울 종로5가 두산아트센터에서 열린 고 박두병 두산 초대회장 탄생 100주년 기념식에서 부조상 제막식 후 두산가 3~4세들이 기념사진을 찍고 있다. 왼쪽부터 박 초대회장의 막내 박용욱 이생 회장, 다섯째 박용현 두산연강재단 이사장, 첫째 박용곤 두산 명예회장, 넷째 박용성 전 중앙대 이사장, 여섯째 박용만 두산그룹 회장, 장손 박정원 ㈜두산 지주부문 회장.

있으며, 다시 두산중공업은 두산건설, 두산인프라코어, 두산엔진 등의 중공업 부문 주요 계열사를 지배하고 있다.

그룹의 최상위에 있는 ㈜두산의 지분은 두산가 3~5세들이 조금씩 나눠 가지고 있다. 두산가 3세 가운데 가장 많은 지분을 보유한 이는 그룹을 이끌고 있는 박용만 회장으로, 4.09%를 가지고 있다. 초대 회장의 첫째인 박용곤(83) 명예회장이 1.36%, 넷째 박용성(75) 전 중앙대 이사장이 2.98%, 다섯째 박용현(72) 두산연강재단 이사장이 2.95%를 각각 보유한 상황이다.

4세의 지분 보유에서 가장 앞선 이는 박용곤 명예회장의 장남인 박정원(53) ㈜두산지주부문 회장 겸 두산건설 회장이다. 지분 6.29%를 보유하고 있어 두산의 미래가 그를 중심으로 펼쳐질 것이 예상된다. 또 장자 상속주의인 두산그룹에서 선대회장의 장손이 박정원 회장이기에 그가 두산 4세 경영의 중심이 될 것이라는 관측이 나온다.

두산가의 4세는 10년 전만 하더라도 각 계열사의 임원이나 사원에 불과했지만 지금은 어엿하게 회장 혹은 사장 직함을 달고 회사를 대표하고 있다.

두산가 4세 가운데 대표주자인 박정원 회장은 고려대 경영학과를 졸업하고 미국 보스턴대에서 경영학 석사과정(MBA)을 마친 후 1990년 두산산업 뉴욕·도쿄지사에서 근무하면서 그룹에 안착했다. 이어 1994년 오비맥주 이사대우, 1999년 두산 대표이사 부사장, 2001년 두산 대표이사 사장을 거쳐 2009년 두산건설 대표이사 회장 자리에 올랐다.

박용곤 명예회장의 차남인 박지원(50) 두산중공업 대표이사 부회장 겸 ㈜두산 최고운영책임자(COO)의 경력도 돋보인다. 그는 2001년 두산이 인수한 한국중공업(현 두산중공업)의 민영화를 성공적으로 이끌었다는 평가를 받는다.

박용성 전 중앙대 이사장의 장남인 박진원(47) ㈜두산 사장은 1993년 두산음료 사원으로 입사해 두산의 전략수립 부서이자 박용만 회장이 만든 트라이씨(Tri-C)에서 약 3년간 실력을 닦은 전략통이다.

박 전 이사장의 차남인 박석원(44) 두산엔진 부사장은 그가 맡고 있는 신규사업 가운데 선박용 저온탈질설비를 4년간의 연구기간을

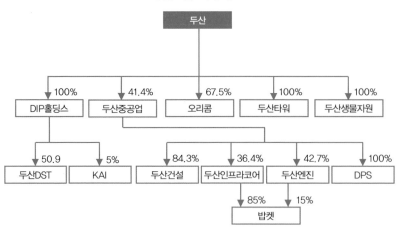

두산그룹 지배 구조

거쳐 독자개발에 성공해 2014년 10월 세계 최초 상용화를 이뤄 내기
도 했다.

박용현 두산연강재단 이사장의 장남인 박태원(46) 두산건설 사장
은 1994년 두산유리에 들어가 그룹에 합류했고, 2006년 두산건설로
자리를 옮겼다.

박 이사장의 차남인 박형원(45) 두산인프라코어 부사장은 중국을
포함한 아시아 및 중남미 소형건설장비 시장의 영업총괄을 담당하고
있다.

박 이사장의 3남인 박인원(42) 두산중공업 전무는 2003년 두산에
입사한 이후 2010년 두산중공업으로 자리를 옮겼다.

박용만 두산그룹 회장의 장남인 박서원(36) 오리콤 부사장은 4세
가운데 가장 독특한 이력을 가지고 있다. 사촌형제들이 MBA 과정을
밟으며 그룹을 물려받을 준비를 했다면, 그는 세계 광고인들의 등용

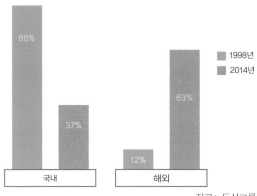

두산그룹 국내·해외 매출 비중

88%

37%

63%

12%

1998년
2014년

국내

해외

자료 : 두산그룹

문인 미국 뉴욕 스쿨오브비주얼아트 출신으로, 아버지의 도움 없이 2006년 독립광고회사인 빅앤트를 설립했다. 2014년 10월 오리콤에 합류한 박 부사장은 이후 경쟁 프레젠테이션(PT)을 통해 캐논을 시작으로 한화그룹, 웅진식품 등의 광고 200억 원 물량을 확보하는 데 성공했다.

박 회장의 차남 박재원(30) 두산인프라코어 부장은 4세 가운데 가장 나이가 어려 아직 유일하게 임원에 오르지 않았다. 그는 미국 뉴욕대 경영대학을 졸업한 뒤 보스턴컨설팅그룹을 거쳐 2013년 말 두산인프라코어에 입사했다.

이처럼 3~4세가 조화롭게 그룹을 책임지고 있는 가운데 두산그룹은 일찌감치 창업 100주년이던 1996년 소비재 위주의 사업구조를 수출 중심의 중공업 위주로 재편하기로 하고 그 과정을 차근차근 진행해 왔다. 2014년 9월 두산동아 지분을 예스24에 매각함으로써 소비재 사업 정리를 완료했다.

수출 중심의 중공업 사업을 중점적으로 키우면서 두산그룹은 글로벌 기업으로 크기 시작했다. 1998년 12%에 불과했던 두산의 해외 매출 비중은 2014년 63%로 5배 이상 커지면서 국내 매출 비중을 훨씬 앞섰다. 두산그룹에서 일하는 임직원의 국적만 38개국, 4만 2,600여 명의 임직원 가운데 2만 1천여 명이 해외사업장에 소속돼 있다.

이러한 그룹의 중심에는 두산중공업이 있다. 2000년 말 두산이 인수한 한국중공업(현 두산중공업)의 경영을 선진화하면서, 2002년 17%에 불과했던 해외 수주 비중을 2007년 이후부터 70%에 달할 정도로 확대하며 현상 유지를 하는 데 노력하고 있다.

"사람이 미래다"

"사람이 미래다"라는 두산그룹의 광고 문구처럼 두산그룹이 오랫동안 장수할 수 있었던 비결은 '인재 발굴'에 있다. 내부 출신, 외부 출신, 내·외국인을 가리지 않고 능력이 있다면 누구라도 기용해 실력을 발휘할 수 있도록 기회를 주고 있다.

전문경영인 가운데 대표적인 인물은 두산중공업 COO를 맡고 있는 정지택(65) 부회장이다. 정 부회장은 경제관료 출신이다. 행정고시 17회로 공직에 입문한 그는 재정경제원 정책심의관, 기획예산위원회 재정개혁단 단장, 기획예산처 예산관리국 국장 등을 두루 역임했고, 24년간의 공직생활을 마친 뒤 2001년 두산그룹에 합류했다. 두산 전략기획본부 사장, 네오플럭스 사장, 두산 테크팩부문 사장, 두산산업개발 사장, 두산건설 사장 등을 역임하다 2008년부터 두산중공업

두산그룹의 전문경영인

정지택(65)
두산중공업 COO / 부회장

손동연(57)
두산인프라코어 사장

이병화(61)
두산건설 사장

부회장을 맡고 있다.

두산 사업부문을 이끌고 있는 제임스 비모스키(61) 부회장은 그룹 최초의 외국인 경영자이다. 그는 매킨지에서 24년간 경영컨설턴트로 활동하고 말레이시아 서던뱅크 수석부행장을 역임한 뒤 2006년 두산에 합류했다.

손동연(57) 두산인프라코어 사장은 대표적인 엔지니어 출신 전문경영인이다. 2012년 3월 두산인프라코어 합류 전까지 대우자동차 수석연구원, GM코리아 기술연구소장 등을 지냈다. 기술경쟁력을 기반으로 경쟁과 트렌드 변화가 심한 글로벌 시장에서 선도적 위치를 차지하겠다는 의지가 담긴 발탁 인사다. 공정 혁신 등의 분야 외에도 경영 전반에서 뛰어난 리더십을 보인다는 평을 받는다.

이병화(61) 두산건설 사장은 1981년 두산건설로 입사해 35년 동안 건설을 담당한 건설전문가다. 2005년 건축시공중역, 2011년 건축사업본부장(부사장)을 거쳐 2015년 5월 두산건설 사장으로 임명됐다.

119세 한국 최장수 기업, 두산가

2015년 119세가 된 한국에서 가장 오래된 기업 두산의 가풍은 형제 간 우애로 요약될 수 있다. 2005년 형제의 난이 벌어지면서 이런 가풍이 한때 깨어지고 서로에게 상처를 남기긴 했지만 국내에서 가장 오래된 기업이 될 수 있었던 비결에 가족애가 있었던 것은 분명하다. 최근 환갑을 맞은 박용만 두산그룹 회장에게 형제들이 부인들을 통해 축하의 꽃다발 등을 보내고 경조사를 챙기는 것도 가족애가 이어지고 있다는 방증이기도 하다. 이름을 지을 때 2세는 '병' 자 돌림이었다면 3세는 '용' 자 돌림, 4세는 '원' 자 돌림, 5세는 '상' 자 돌림을 쓴다는 것도 특징이다.

두산그룹의 시작은 1896년 서울 종로에 문을 연 '박승직상점'이었다. 자신의 이름을 딴 가게로 대성공을 거둔 창업주 박승직 선생은 1905년 국내 최초의 주식회사인 광장을 설립했다. 1933년에는 일본 기린맥주의 국내 생산공장이었던 소화기린맥주의 주주로 참여해 두산의 모기업인 동양맥주의 기틀을 마련하기도 했다. 이어 박 창업주는 광복 후 수송사업을 위해 장남인 고 박두병 두산 초대회장의 이름 첫자인 말 두(斗)와 뫼 산(山)자를 붙여 '두산'이란 새 상호를 지었다. 한 말 한 말 차근차근 쉬지 않고 쌓아 올려 재화가 산같이 커지라는 의미가 담겨 있다.

'주근깨와 여드름이 없어지며 얼굴에 잔티가 없이 피부가 윤택하고 고와지게 하는 박가분(朴家粉)'은 창업주의 아내 정정숙 여사의 작품이다. 정 여사는 1915년 부업 삼아 분 기술자 3명을 고용해 재래식 화

38

장분을 근대적으로 포장 판매하면서 남편 못지않은 사업 수완을 발휘하기도 했다.

창업주의 장남 고 박두병 초대회장은 창업주의 나이 46세 때 늦게 얻은 귀남이었다. 박 초대회장은 광복 후 동양맥주를 인수해 두산그룹의 토대를 쌓았으며, 1960년대 들어 한양식품과 윤한공업사(두산건설 합병 전 두산메카텍), 동산토건(현 두산건설) 등을 설립하면서 그룹을 키웠다.

박두병 초대회장은 6남 1녀를 뒀다. 이들의 혼사를 보면 내로라하는 유명 집안과 결혼한 이도 있고 평범한 집안과 결혼한 이도 있는 등 다채롭다.

현재 3∼4세 경영이 진행 중인 두산가에서 초대회장의 장남은 박용곤(83) 명예회장이다. 박 명예회장은 이응숙 씨와의 사이에서 4세 경영의 선두를 달리고 있는 장남 박정원(53) ㈜두산 지주부문 회장과 장녀 박혜원(52) 두산매거진 부사장, 차남 박지원(50) 두산중공업 대표이사 부회장 남매를 뒀다.

둘째이자 초대회장의 유일한 딸인 박용언(82) 씨는 대검찰청 차장 등을 지낸 김세권(84) 변호사와의 사이에서 2남 1녀를 뒀다.

넷째 박용성(75) 전 중앙대 이사장은 김선필 전 삼성물산 사장 딸인 영희(72) 씨와의 사이에서 박진원(47) ㈜두산 사장과 박석원(44) 두산엔진 부사장 형제를 뒀다.

다섯째인 박용현(72) 두산연강재단 이사장은 엄명자 씨와의 사이에서 박태원(46) 두산건설 사장과 박형원(45) 두산인프라코어 부사장, 박인원(42) 두산중공업 전무 3형제를 낳았다. 박 이사장은 2009

년 서울대 의대 동문인 윤보영(52) 씨와 재혼했다.

여섯째인 박용만 두산그룹 회장은 증권업계 대부로 불린 강성진 전 증권협회 회장 장녀인 신애(60) 씨와 결혼했다. 둘 사이에는 박서원(36) 오리콤 부사장과 박재원(30) 두산인프라코어 부장 형제가 있다.

막내 박용욱(55) 이생 회장은 형제들 가운데 유일하게 두산그룹과 떨어져 사업을 일구고 있다. 1남 2녀를 둔 박 회장의 자녀 혼맥은 SPC그룹, 귀뚜라미그룹과 이어지는 등 누구보다도 화려하다. 장녀 박효원(29) 씨는 2008년 허영인 SPC그룹 회장의 장남인 허진수(38) 파리크라상 전무와 결혼했다. 차녀 박예원(28) 씨는 2012년 최진민 귀뚜라미그룹 명예회장 차남인 최영환(34) 씨와 백년가약을 맺었다.

박두병
두산 초대회장

박용곤
두산 명예회장

박용언

박정원
㈜두산 지주부문 회장 겸
두산건설 회장

박혜원
두산매거진 부사장

박지원
두산중공업 부회장

두산그룹 가계도

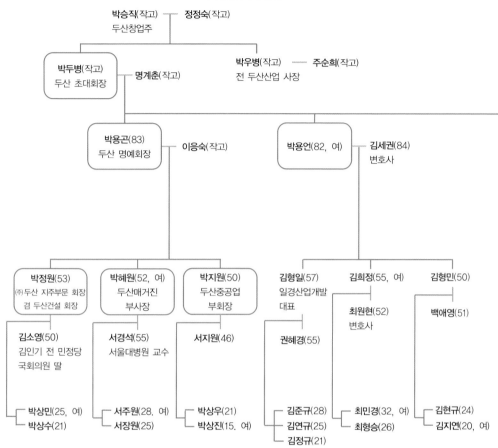

박승직(작고)
두산창업주 ── 정정숙(작고)

박두병(작고)
두산 초대회장 ── 명계춘(작고)

박우병(작고) ── 주순희(작고)
전 두산산업 사장

박용곤(83)
두산 명예회장 ── 이응숙(작고)

박용언(82, 여) ── 김세권(84)
변호사

박정원(53)
㈜두산 지주부문 회장
겸 두산건설 회장

박혜원(52, 여)
두산매거진
부사장

박지원(50)
두산중공업
부회장

김형일(57)
일경산업개발
대표

김희정(55, 여)

김형민(50)

김소영(50)
김인기 전 민정당
국회의원 딸

서경석(55)
서울대병원 교수

서지원(46)

권혜경(55)

최원현(52)
변호사

백애영(51)

박상민(25, 여)
박상수(21)

서주원(28. 여)
서장원(25)

박상우(21)
박상진(15. 여)

김준규(28)
김연규(25)
김정규(21)

최민경(32, 여)
최형승(26)

김현규(24)
김지연(20, 여)

박용성
중앙대 전 이사장

박용현
두산연강재단 이사장

박진원
전 ㈜두산 사장

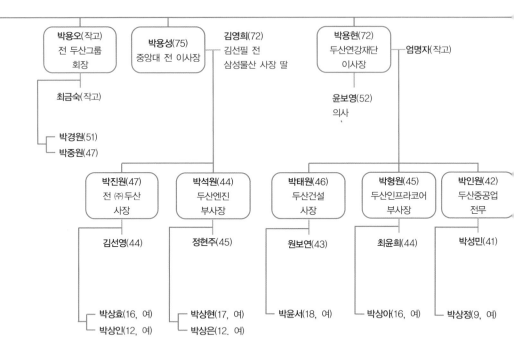

박석원
두산엔진 부사장

박태원
두산건설 사장

박형원
두산인프라코어 부사장

박인원
두산중공업 전무

42

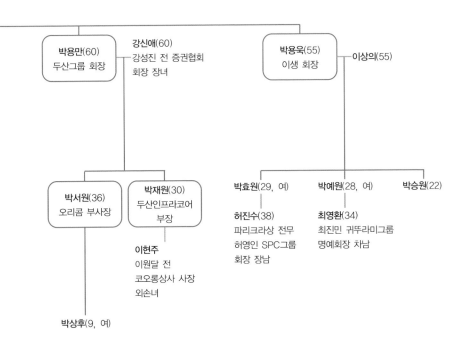

박용만(60)
두산그룹 회장

강신애(60)
강성진 전 증권협회
회장 장녀

박용욱(55)
이생 회장

이상의(55)

박서원(36)
오리콤 부사장

박재원(30)
두산인프라코어
부장

이현주
이원달 전
코오롱상사 사장
외손녀

박효원(29, 여)

허진수(38)
파리크라상 전무
허영인 SPC그룹
회장 장남

박예원(28, 여)

최영환(34)
최진민 귀뚜라미그룹
명예회장 차남

박승원(22)

박상후(9, 여)

박용만
두산그룹 회장

박용욱
이생 회장

박서원
오리콤 부사장

박재원
두산인프라코어 부장

'재계 마당발' 박용만 회장

박용만 두산그룹 회장은 재계 오너 가운데 누구보다도 화려한 인맥을 자랑한다. 한때 파워 트위터리안이었고, 현재는 페이스북으로 자리를 옮겨 각계각층과 소통하는 모습을 보이고 있다.

박용만 회장이 스스로 재계에서 가장 오래된 친구로 꼽는 사람은 동갑내기 양띠 친구인 조동길(60) 한솔그룹 회장이다. 또 박 회장은 이서현(43) 제일모직 사장, 김재열(47) 제일기획 사장 부부와도 친분이 있다고 밝힌 바 있다.

박용만 회장은 또 재계에서 의리 있는 회장으로 김승연(63) 한화그룹 회장을 꼽는다. 김 회장이 경영에 복귀했을 때 대한상의 회장으로서 직접 찾아가 인사하기도 했다. 박 회장은 김 회장이 의리 있다고 꼽는 이유로 과거 두산그룹에 경영권 분쟁이 있었던 시절 가장 먼저 박 회장에게 전화해 "괜찮냐"고 위로해 줬기 때문이라고 말했다.

박용만 회장이 재계에서 손꼽히는 마당발이라는 점은 2014년 6월 12일 차남의 결혼식에 찾아온 하객들의 면면을 보면 알 수 있다. 결혼식을 조용히 치르기 위해 평일 낮에 명동성당에서 예식을 진행했지만 재계와 정·관계, 연예계 인사들이 대거 참석하여 화제를 모았다. 박 회장은 이날 결혼식에서 영화 〈사운드 오브 뮤직〉 중 결혼식 장면에 나오는 음악에 직접 가사를 붙인 축가를 만들기도 했다.

역대 상의회장 14명 중 4명이나 배출

1954년 공식 출범한 대한상의에서 2015년 현재까지 14명(연임 포함)의 회장이 거쳐 간 가운데 두산그룹에서 배출한 역대 회장만 4명이다. 61년 대한상의 역사의 3분의 1이 넘는 시간을 두산그룹 출신 회장들이 집권한 것이다.

두산그룹과 대한상의의 첫 인연은 박승직 창업주가 1905년 민족계 은행과 상사 등을 지배하려는 일본 상인들에 맞서 조선 상인들이 결성한 경성상업회의소(대한상의 전신)에 발기인으로 참여하면서부터다. 이후 고 박두병 두산 초대회장이 1967~1973년 대한상의 회장을 맡았다.

전문경영인 가운데 재계 최초로 그룹 회장직에 오른 정수창 전 두산 회장도 1980~1988년까지 대한상의 회장을 맡았다. 초대회장의 넷째인 박용성 전 중앙대 이사장은 회장 시절인 2000년부터 2005년까지 대한상의를 이끌었다.

박용만 두산그룹 회장은 손경식 CJ그룹 회장이 2013년 7월 대한상의 회장을 사임하면서 14만 상공인을 대표하는 대한상의 회장직에 올랐다. 박 회장이 대한상의 회장이 되면서 대한상의의 위상이 높아졌다는 안팎의 평가를 받고 있다.

대우그룹

세계를 호령했던 대우그룹의 신화는 이제 잊혀 가는 이야기가 됐다. 32만 4천여 명의 국내외 임직원, 396개의 해외법인, 41개의 계열사. 창립 30여 년 동안 78조 원의 자산을 쌓아 올린 대마(大馬)는 어쩌다 고꾸라진 걸까. 한때 삼성과 LG를 제치고 현대에 이어 재계 순위 2위에 올랐던 대우그룹은 1998년 8월 워크아웃에 돌입했지만 결국 회생에 실패했다. 과도한 부채가 원인이었다. 정부가 국제통화기금(IMF)의 눈치를 보느라 대우의 가치를 지나치게 저평가했다는 주장도 있지만, 어쨌든 대우 사태는 단군 이래 최대 경제사고로 기록됐다.

그룹 해체 15년. 그룹은 간판을 내렸지만 대우는 여전히 살아 있다. 주인 없이도 '대우'라는 브랜드로 꼿꼿한 존재감을 드러내고 있는 대우조선해양과 대우건설의 주역들을 만나 봤다. 흩어진 대우 임직원과 계열사들의 행방도 쫓았다.

정성립 사장, 9년 만에 대우조선해양 복귀

2014년, 대우조선해양은 국내 대형 조선업체 중 유일하게 수주목표를 달성했다. 2012년 이후 3년 연속 수주목표를 초과 달성했고, 조선소의 일감을 뜻하는 수주잔량 또한 6개월 넘게 세계 1위를 수성하고 있다(영국 조선·해운 분석기관 클락슨 기준, 2014. 11~2015. 5).

그러나 회사를 둘러싼 경영환경은 날로 악화되고 있다. 저유가의 여파로 한국 대형 조선업체 수주량의 6할을 담당하던 해양플랜트는 발주량이 날로 줄고 있다. 또 다른 축인 상선 역시 시황이 회복되지 않고 있다. 경쟁 국가인 중국과 일본은 가격경쟁력을 무기로 추격 중이다. 세계 1위 조선소조차 방심할 수 없는 상황이 전개되고 있는 것이다.

위기 극복을 위해 '조선업 구원투수'가 등판했다. 9년 만에 회사로 복귀한 정성립 대우조선해양 신임 대표이사다. 이미 두 차례 대우조선해양 대표이사를 역임(2001~2006년) 한 정 사장은 워크아웃 상태였던 2001년의 대우조선해양과 2013년의 STX조선해양을 정상화시켜 능력을 인정받았다.

2015년 5월 29일 열린 임시주주총회를 통해 공식 취임한 정성립 사장은 급박한 경영환경을 고려해 5월 1일부터 본격적인 업무에 돌입한 상태다.

경기고와 서울대 조선공학과를 졸업한 정성립 사장은 1981년 대우중공업(현 대우조선해양)에 입사, 관리본부장을 거쳐 2001년부터 2006년까지 대우조선해양 대표이사를 지냈다. 2001년, 대우조선해

대우조선해양 연혁

2000년	10월	대우중공업으로부터 회사 분할, 신설법인 설립
	12월	채권금융기관 출자전환(최대주주 한국산업은행 40.8%)
2001년	2월	주식상장
2002년	3월	대우조선공업주식회사에서 대우조선해양주식회사로 사명 변경

대우조선해양 매출 추이

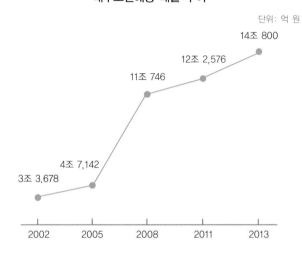

단위: 억 원

14조 800

12조 2,576

11조 746

4조 7,142

3조 3,678

2002 2005 2008 2011 2013

양은 '대우그룹 해체' 여파로 워크아웃(1999~2001년) 상태였다.

위기 극복을 위해 정성립 사장이 강조한 것은 '선택과 집중'. 정 사장은 보일러, 건설 등 비주력 사업을 정리하고 본업인 선박 및 해양플랜트 역량 강화에 집중했다. 노르웨이 오슬로 지사장 시절(1989~1995년)부터 인정받은 영업능력을 발휘, 세계 각지를 돌며 선주와의 스킨십도 늘려 나갔다.

대우조선해양의 기틀을 마련하는 데도 중점을 뒀다. 회사의 핵심 가치인 '신뢰와 열정', 기업 이미지(CI)는 정성립 사장이 대표이사였

대우조선해양 임원진

정성립(65)	김용만(60)	김열중(57)
사장	부사장, 생산총괄	최고재무책임자(CFO)

던 시절 확립된 것들이다. 정 사장의 경영방침은 위기 극복의 초석이 됐고, 대우조선해양은 대우그룹 계열사 중 처음으로 워크아웃을 졸업하는 성과를 거뒀다.

정성립 사장은 STX조선해양 정상화 또한 주도했다. 대우정보시스템 회장을 맡고 있던 2013년, 정 사장은 산업은행의 요청으로 워크아웃 상태였던 STX조선해양 총괄사장에 취임했다. 정 사장은 비효율 요소를 제거해 내실을 다지는 전략을 통해, 부임 1년 만에 1조 원이 넘던 적자 규모를 3천억 원 수준으로 낮추는 데 성공했다.

대우조선해양과 한국 조선업의 기틀을 다진 정 사장이 내놓을 비책에 업계의 시선이 쏠리고 있다.

9년 만에 복귀한 정 사장의 '대우조선해양 강화' 프로젝트에는 생산 전문가와 재무통인 두 명의 대우조선해양 부사장이 동참할 예정이다.

거제 옥포 조선소에서 선박 및 해양플랜트 생산을 총괄 중인 김용만 부사장(60, 생산총괄)은 부산남고와 부산대 기계설계학과를 졸업한 뒤 1981년 입사해 내업1담당, 외업1담당, 프로젝트생산2부문장 등을 지낸 생산 전문가다.

김열중 최고재무책임자(CFO)는 경복고와 서울대 경영학과를 졸업했고, 산업은행 경영전략부장, 산은금융지주 기획관리실장, 산업은행 재무부문장(부행장)을 거친 재무통이다.

대우그룹의 일원이던 대우조선해양은 2000년 10월 대우중공업으로부터 분할돼 신설 법인으로 설립됐다. 2001년 8월 일찍이 워크아웃을 졸업했고, 이후에는 독립기업으로서 세계 조선산업을 이끌어 나가고 있다. LNG(액화천연가스)선, 유조선, 컨테이너선 등 각종 선박과 해양플랜트, 잠수함, 구축함 등 특수선이 주요 건조 제품이다.

대우건설, 토목·건축·주택·플랜트 전 분야서 두각

세계 최단기간 시공으로 기술력을 인정받은 월성 원자력발전소, 최첨단 침매터널 공법을 적용한 거가대로, 세계 최대 규모의 시화호 조력발전소, 프리미엄 아파트 브랜드 푸르지오. 이들의 공통점은 뭘까.

토목, 건축, 주택, 플랜트 등 건설 분야 전 부문에서 적잖은 존재감을 과시하고 있는 대우건설은 2015년 박영식(57) 사장의 진두지휘 아래 '건설 디벨로퍼'로의 변신을 꾀하고 있다. 건설 디벨로퍼는 기존의 시공 중심 사업영역에서 벗어나 사업 기획부터 시공, 금융조달과 운영까지 건설의 전 과정을 포괄적으로 가져가겠다는 취지다.

특히 금융조달 부문은 그 어떤 사업자보다 자신 있다는 게 대우건설의 설명이다. 국내 최대의 금융조달 능력을 갖춘 KDB산업은행이 최대 주주이기 때문이다.

박영식 사장은 "수동적인 입찰 참여 시 외부 환경에 취약한 수주산

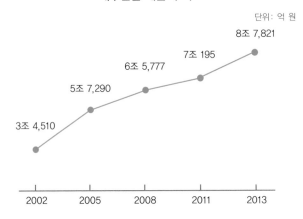

대우건설 연혁

2000년 12월	㈜대우로부터 기업 분할, 신설법인 설립
2003년 12월	워크아웃 졸업
2006년 12월	금호아시아나그룹-캠코에 매각 완료
2009년 12월	산업은행 PEF 인수 발표

대우건설 매출 추이

단위: 억 원

8조 7,821

7조 195

6조 5,777

5조 7,290

3조 4,510

2002   2005   2008   2011   2013

업의 한계를 넘기 위해서는 능동적으로 개발사업을 추진할 필요가 있
다"면서 건설 선도 기업으로서의 비전을 꾸준히 강조했다.

박영식 사장은 1980년 평사원으로 ㈜대우에 입사한 정통 대우맨이
다. 인천에서 태어나 서울대 독어독문학과를 나온 그는 입사 후 리비
아, 하와이 등 해외 주요 현장을 두루 거쳐 해외개발사업팀장, 해외
자산관리팀장, 경영기획실장, 전략기획본부장, 기획영업부문장 등
요직을 지냈다.

카리스마를 바탕으로 언제나 철두철미함을 추구하는 박영식 사장
은 사석에서는 임직원과 자주 맥주잔을 기울이며 소탈한 면모를 보인

다는 게 직원들의 평가다.

박영식(57) 사장

그는 또한 운동 마니아로도 유명하다. 급속한 외부 환경의 변화와 경쟁 속에서 회사 경영에 매진하기 위해서는 무엇보다도 본인의 건강관리가 중요하다는 게 그의 지론이다. 해외건설현장 숙소에 마련된 체력단련실에서 러닝머신, 벤치프레스 등의 각종 운동기구를 이용해 2시간 넘게 능수능란한 운동을 선보여 직원들이 깜짝 놀랐다는 후문이다.

2014년 1월 선임된 임경택 대우건설 수석부사장은 산업은행 부행장 출신이다. 임 수석부사장은 산업은행에서 M&A실장, KDB컨설팅실장, 자본시장본부장, 개인금융부문장 등을 지냈다. 사려 깊은 매너를 갖췄음은 물론 살뜰히 직원들을 챙긴다는 평을 받고 있다. 연세대 경제학과를 졸업했으며 미국 오하이오주립대에서 경제학 석·박사를 받았다.

대우건설은 2000년 12월 ㈜대우의 건설 부문을 인적 분할해 신설법인으로 설립됐다. 2001년 증권거래소에 주식을 재상장했고, 2003년 '푸르지오'를 출시하면서 성공적으로 워크아웃을 졸업했다. 2006년 12월 금호아시아나그룹에 매각됐으나 3년 후 다시 주인 없는 신세가 됐다. 지금은 산업은행이 대우건설 지분의 절반 이상(50.7%)을 가지고 있다.

미완으로 끝난 '김우중 신화'

김우중(79) 전 대우그룹 회장은 1936년 대구에서 대구사범학교 교장을 지낸 교육자이자 서예가인 김용하 선생의 장남으로 태어났다. 대구사범학교를 다닌 박정희 전 대통령이 김용하 선생의 제자이다. 소년 김우중은 한국전쟁 때 아버지가 납북당하자 소년 가장으로 동생들을 돌보기 위해 신문배달과 열무, 냉차 장사를 했다. 경기고, 연세대 경제학과를 졸업한 김 전 회장은 1967년 자본금 500만 원과 직원 5명으로 '대우실업'을 차렸다.

충무로의 10평 남짓한 사무실에서 셔츠와 의류 원단을 동남아에 내다 팔던 대우실업은 김우중 전 회장의 탁월한 경영 수완에 힘입어 5년 만에 국내 2위 수출기업으로 성장했다. 이후 김 전 회장은 적극적인 M&A로 대우의 몸집을 불려 나갔다. 1990년대에는 그 유명한 '세계 경영'을 제시했다.

끝나지 않을 것처럼 보였던 김우중 전 회장의 신화는 1998년 대우가 유동성 위기를 맞으면서 좌초했다. 1999년 10월 출국한 김 전 회장은 중국 산둥성의 옌타이 자동차부품공장 준공식에 참석한 뒤 돌아오지 않았고, 2006년 20조 원대의 분식회계와 9조 8천억 원대의 사기 대출을 벌인 혐의 등으로 징역 8년 6개월에 벌금 1천만 원, 추징금 17조 9,200억 원을 선고받았다.

노무현 정권 때인 2008년 특별 사면됐지만 김우중 전 회장은 같은 해 추징금 강제집행을 피하기 위해 1천억 원대의 재산을 빼돌린 혐의로 다시 징역 1년에 집행유예 2년을 선고받았다.

김우중 전 대우그룹 회장이 2014년 열린 '대우세계경영연구회
특별포럼'에 참석해 인사말을 하며 눈물을 흘리고 있다.

　이후 베트남 등 해외를 오가며 생활해 온 김우중 전 회장은 2012년
부터 대우세계경영연구회가 추진하는 '글로벌청년사업가 양성사업'
(GYBM)에 매진하고 있다. 하지만 '경영 복귀설'이나 '재기설'에 대해
서는 일축하는 분위기다.

　일단 건강이 좋지 않다. 김우중 전 회장은 최근 한 달에 한 번씩은
체크해야 할 정도로 건강이 악화된 것으로 알려져 있다. 2014년 대우
그룹 창립기념식에서는 보청기를 한 모습이 포착되기도 했다. 앞서
김 전 회장은 1998년 뇌혈관 파열로 인한 뇌경막 하혈종으로 쓰러져
수술을 받기도 했다.

　자금 역시 '재기'를 논하기에는 역부족이다. 현재 김우중 전 회장은
가족이 소유한 집과 베트남, 한국에 소유한 골프장을 제외하고는 재
산이 전무한 것으로 알려져 있다.

　요즘 김우중 전 회장은 한국에 들어오면 딸 선정 씨가 세를 내고 있

는 방배동 빌라에 머문다. 김 회장은 부인 정희자(75) 씨 아래 3남(차남 선협 씨 · 3남 선용 씨) 1녀를 뒀다. 장남 선재 씨는 1990년 교통사고로 일찍 사망했다. 선재 씨는 영화배우 이병헌을 닮아 김 회장 부부가 이병헌을 양아들로 삼았다는 소문이 돌기도 했다.

김우중 전 회장의 부인 정희자 씨는 선재아트센터 관장과 제5대 한국여자테니스연맹 회장을 맡고 있다. 정 씨는 1980년대 초 김종필 전 총리 부인 박영옥 여사 곁에서 테니스 단체를 돕는 활동을 하면서 테니스와 처음 인연을 맺은 것으로 알려졌다. 정 씨는 한양대 건축학과를 졸업하고 하버드대와 홍익대 대학원에서 미술사학을 공부했다.

대우세계경영연구회

대우그룹은 사라졌지만 대우의 '정체성'을 기리는 활동은 오히려 더 활발해지고 있다. 옛 대우맨들로 구성된 대우세계경영연구회가 바로 그 전진기지다. '대우'라는 브랜드 자체가 점차 사라지고 있는 가운데 대우세계경영연구회는 대우의 정신을 남기자는 취지에서 매년 기념행사를 열고 있다. 김우중 전 대우 회장을 보필하는 곳도 바로 이 단체다.

1990년 12월 '대우인회'에서 출발한 연구회는 2009년 사단법인으로 전환, 대우에 몸담았던 전 · 현직 대리급 이상 임직원들이 가입할 수 있다. 베트남 호찌민, 미국 로스앤젤레스 등 28개 해외지사를 두고 있을 정도로 인적 네트워크가 방대하다.

김우중 전 회장이 최근 몰두하고 있는 것으로 알려진 '글로벌청년사업가 양성사업'을 운영하는 곳도 대우세계경영연구회다. 이 프로그램은 해외시장 개척과 경영에 관심 있는 국내 대학 졸업생 30~40명을 선발해 1년 동안 혹독한 교육을 실시, 현지에 맞는 실전형 인재를 길러내자는 취지로 운영된다. 실제 베트남 국립 달랏대에서 이 과정을 마친 1기생 33명 전원은 베트남에 진출해 있는 포스코, CJ푸드빌, 한솔 등에 취업했다.

이 밖에도 대우세계경영연구회는 2014년 8월 김우중 전 회장과 신장섭 싱가포르국립대 경제학과 교수가 펴낸 대화록《김우중과의 대화》출판 시에도 전폭적인 지원과 홍보를 도맡았다. 김 전 회장의 강연 일정 등 외부와의 연결고리 역할을 하는 것은 물론이다. 대우세계경영연구회는 서울 중구 대우재단빌딩에 상주해 있다.

대우세계경영연구회와는 별도로 대우 출신 임직원들의 활발한 국회 진출도 눈여겨볼 만하다. 19대 국회의원 가운데 대우맨 출신은 6명이나 된다. 이한구(대구 수성갑) 새누리당 의원은 대우경제연구소가 설립된 1984년부터 약 15년간 소장을 지냈다. 강석훈(서울 서초을) 새누리당 의원, 정희수(경북 영천시) 새누리당 의원, 조원진(대구 달서구병) 새누리당 의원, 홍영표(인천 부평을) 새정치민주연합 의원은 1990년대 중·후반 이 의원 밑에서 각각 연구소 내 팀들을 이끌었다. 비례대표로 당선된 안종범 새누리당 전 의원은 청와대 경제수석에 지명되면서 의원직을 사직했다.

증권·무역 등 업계 선두 '승승장구'

뿔뿔이 흩어진 옛 대우 계열사 가운데는 매각 이후에도 여전히 대우라는 꼬리표를 달고 있는 기업들이 많다. 글로벌 시장에서 대우라는 브랜드가 가진 막강한 경쟁력 때문이다. 때문에 일부에서는 당시 대우그룹이 경쟁력 있었다는 평가와 함께 그룹 해체가 성급했던 것 아니냐는 주장도 나오고 있다.

1998년 41개에 달하던 대우 계열사는 자체 구조조정을 통해 10개의 주력계열사로 재편을 시도하지만 실패, 같은 해 8월 워크아웃 과정을 밟았다. 이때는 대우자동차와 ㈜대우, 대우중공업, 대우전자

옛 대우그룹 주요 계열사 현황

부문		소속	회사명
대우	무역	포스코	대우인터내셔널
	건설	없음	대우건설
대우전자		동부	동부대우전자
대우전자부품		아진산업	대우전자부품
다이너스클럽코리아		현대차	현대카드
대우자동차		GM	한국GM
대우중공업	기계	두산	두산인프라코어
	철도	현대차	현대로템
	조선	없음	대우조선해양
	항공	없음	한국항공우주산업
대우통신	통신기기	없음	대우글로벌, 대우텔레텍
	컴퓨터	없음	대우루컴즈
대우증권		산업은행	KDB대우증권
쌍용자동차		마힌드라	쌍용자동차
경남기업		대아	경남기업
대우캐피털		아주	아주캐피탈
오리온전기		창홍	오리온 OLED, 오리온PDP

대우그룹 해체 쟁점

구조조정 당국	대우 측
세계경영 무리한 투자	신흥시장 고성장 가능성 보고 선투자
부채가 원래 많았다	금융위기 전 부채비율 5대 그룹 중 높은 수준 아냐
외화부채 관리 실패	환리스크 잘했다
구조조정 등한시	필요성 공감 안 했지만 GM 합작으로 모범적인 구조조정 할 수 있었을 것
위기상황에서 확장경영	당시 신차 3종 생산 등에 의해 수출 늘어나는 구조
밀어내기 수출 많았다	고환율로 외화부채평가액이 갑자기 늘었음
김우중 회장의 해외도피	김대중 대통령과 이기호 청와대 경제수석이 해외 나갔다 오면 경영권을 주겠다고 약속

자료: 《김우중과의 대화》 발췌

등 사실상 대우의 주력계열사라고 할 수 있는 12개 회사가 워크아웃 대상이 됐다.

주요 기업 중 대우전자는 1999년 기업회생 절차를 밟아 13년 만에 워크아웃을 졸업했다. 2012년 동부로 인수된 뒤 공격적인 영업 확대를 모색하는 옛 대우전자는 과거 대우의 수출 DNA를 되살려 동남아, 아프리카 등 중저가 가전시장에서 승승장구하고 있다.

㈜대우의 무역 부문이라고 볼 수 있는 대우인터내셔널의 실적은 눈부시다. 포스코로 넘어간 대우인터내셔널은 미얀마 가스전 생산에 힘입어 최근 수년간 1천억 원대가 훌쩍 넘는 영업이익을 내고 있다. 현재 포스코는 60.31%의 대우인터내셔널 지분을 가지고 있다.

산업은행 계열로 넘어간 KDB대우증권도 증권업계에서는 NH우리투자증권과 업계 1~2위를 다투는 알짜배기 회사다. 업계 불황으로 예전 같지는 않지만 KDB대우증권은 대형 금융지주사에서 사고 싶어 하는 증권사 1순위로 꼽힌다.

대우그룹의 핵심 계열사였던 대우자동차는 미국 자동차판매회사인 GM에 팔렸다. 초기 대우차는 GM대우로 명맥을 유지했으나 내수시장의 불황을 견디지 못하고 2011년 1월 쉐보레 브랜드에 흡수 통일, 한국GM으로 이름을 바꿔 달았다.

대우라는 이름은 없지만, 2001년 현대차의 새 식구가 된 현대로템과 2005년 두산에 인수된 두산인프라코어도 있다. 대우중공업의 항공사업 부문은 삼성항공산업과 현대우주항공 등 3사가 모여 만든 한국항공우주산업(KAI)으로 통합됐다.

금호아시아나그룹

재도약의 기로에 선 금호아시아나그룹

금호아시아나그룹의 지난 10년은 '승자의 저주'로 점철된 시기다. 경쟁에서는 이겼지만 승리를 위해 과도한 비용을 치르는 과정에서 오히려 위험에 빠져 버렸다. 암흑 같은 터널을 빠져나오는 데만 5년이 걸렸다. 그 사이 우애 좋기로 소문난 형제 사이도 벌어졌다는 점까지 더하면 금호가의 입장에선 잃은 것이 적지 않은 시기다.

사실 2006년 대우건설에 이어 2008년 대한통운을 인수할 때만 해도 금호는 업계의 부러움을 샀다. 연이은 대형 M&A 성공으로 그룹은 한때 재계 서열 7위까지 치솟았다. 하지만 거기까지였다.

건설경기 불황과 2008년 리먼 사태로 촉발된 글로벌 금융위기 여파로 그룹 주요 계열사의 실적은 부진의 늪에 빠졌다. 이미 많은 빚을

안은 계열사가 버티기에는 역부족이었다. 한 예로 금호타이어는 워크아웃 직전 부채비율이 3만%에 달했다. 2009년 6월 금호아시아나그룹은 대우건설을 재매각하겠다고 발표했지만 이를 인수할 만큼 여력이 있는 곳은 많지 않았다.

형제 사이에 금이 간 것도 이 무렵이다. 박삼구 회장의 동생인 박찬구 당시 금호아시아나그룹 화학부문 회장은 2009년 3월 유동성 위기에 빠진 금호산업 지분을 전량 매각하고 금호석유화학 지분을 대폭 늘려 그간 지분을 똑같이 쥐고 있던 형제간의 규칙을 깨뜨렸다. 이른바 '형제의 난'이다.

2009년 7월 박삼구 회장은 동생인 박찬구 회장을 해임하고, 박 회장 본인도 이런 상황에 이른 데 대한 도의적 책임을 지고 경영 일선에서 물러났다. 결국 이 사건을 계기로 그룹은 금호아시아나와 금호석유화학 두 개로 쪼개졌다.

이어 금호아시아나그룹은 대우건설에 이어 서울고속버스터미널, 금호생명 매각을 결정하는 등 재무구조 개선에 매달렸다. 하지만 이미 배는 기운 상태였다. 2009년 12월 희망을 걸었던 대우건설 재매각이 무산되면서 결국 같은 해 12월 30일 금호산업과 금호타이어는 워크아웃을, 아시아나항공은 자율협약을 선언했다.

금호는 이때부터 시련의 시기를 보내게 된다. 2010년 상반기 금호산업과 금호타이어는 채권단과 경영정상화 양해각서(MOU)를 체결하고 본격적인 구조조정에 들어갔다. 박삼구 회장은 그해 11월 경영에 복귀했다. 경영정상화를 위해 누군가 그룹의 구심점 역할을 해줘야 한다는 안팎의 요구에 따른 것이다.

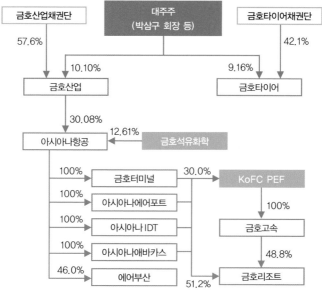

금호아시아나그룹 지분구조

2015년 2월 전자공시 기준

　　박삼구 회장 복귀 후 금호산업은 재무구조 개선을 위해 감자를 단행했다. 일반주주는 4.5 대 1의 감자를 단행했지만 박 회장 스스로는 경영책임 차원에서 100 대 1의 대규모 감자를 했다. 다시 2012년 초 박 회장은 금호산업과 금호타이어의 자본 확충을 위한 유상증자에 총 3,330억 원의 사재를 출연했다.

　　혹독한 구조조정은 조금씩 그룹의 숨통을 틔웠다. 대한통운을 CJ 그룹에 매각하고 금호산업 자산인 금호고속, 서울고속버스터미널, 대우건설 주식을 패키지 딜로 매각한 것도 재무구조 개선에 큰 도움이 됐다. 워크아웃 동안 금호산업은 적극적인 해외 진출이나 신규 사업보다는 안정적인 수익을 창출할 수 있는 공공수주 등에 집중하며 내실을 키웠다. 금호타이어와 아시아나항공 역시 견고한 실적을 바탕으로 기업 개선작업을 진행했다.

이 같은 노력으로 금호산업은 자본잠식에서 벗어나 2014년 10월 채권단으로부터 조건부로 워크아웃을 졸업했다. 금호타이어, 아시아나항공도 2014년 12월 각각 워크아웃과 자율협약의 굴레를 벗을 수 있었다. 자본잠식 상태였던 금호산업은 2015년 부채비율을 400%대까지 떨어뜨렸다. 금호타이어 역시 3만%에 달하던 부채비율을 2014년 말 기준 141%까지 낮췄다.

지략가·'아이디어 뱅크' 등 적소에 포진

기옥(66) 금호아시아나그룹 사장은 1976년 입사 이래 30년 이상 금호아시아나그룹의 각종 요직을 거친 정통 금호아시아나맨이다. 평사원에서 그룹 내 최고경영자(CEO)까지 오른 입지전적인 인물로, 어려운 순간마다 강한 의지와 추진력을 바탕으로 해법을 찾아왔다. 또한 그룹 내 '기획·재무통'으로 평가받으며 지략가의 면모를 보여왔다.

10년간 금호실업 자금부에서 근무한 데 이어 1985년 회장 부속실로 자리를 옮겨 그룹의 경영 관리를 담당했다. 당시 아시아나항공 사번 1번으로 아시아나항공의 발족과 성장의 기틀을 닦기도 했다.

김창규(62) 금호타이어 사장은 1977년 금호실업에 입사한 후 20년 이상을 수출, 무역 및 해외영업 부문 등에서 근무하며 치밀한 관리능력을 인정받았다. 인천공항에너지, 금호석유화학 관리담당 상무와 금호아시아나그룹의 계열사인 금호리조트, 금호개발상사, 아시아나

금호아시아나그룹 계열사 CEO

기옥(66)
금호아시아나그룹 사장

광주 제일고
성균관대 경제학

김창규(62)
금호타이어 대표이사 사장

제주 오현고
성균관대 화학공학

원일우(58)
금호건설 대표이사 사장

신일고
서울대 건축학

김수천(59)
아시아나항공 대표이사 사장

부산고
서울대 중어중문학

서재환(61)
금호아시아나그룹
전략경영실 사장
신일고
한국외대 경제학

IDT 등의 대표이사를 거쳐 2012년 2월 금호타이어 대표이사 사장으로 취임했다.

평소 사원들과 격의 없는 스킨십을 나누는 것으로 유명하다. 결과 만큼 과정도 중요시하는 스타일로, 온정적인 기업문화를 구축하려 애쓰는 경영인이기도 하다. '아이디어 뱅크'라는 애칭과 함께 실무자가 진땀을 흘릴 정도로 기획 단계부터 현장경영 위주로 철저하게 사전 준비를 하고 완벽함을 추구하는 업무 스타일로 정평이 나 있다.

원일우(58) 금호건설 사장은 1979년 대우건설에 입사해 건축사업, 주택사업 임원과 건축사업본부 본부장, 개발사업본부 부사장을 역임하고 2012년부터 금호건설 사장으로 근무하는 건설 전문가다. 건설업 노하우를 통해 어려운 건설환경 속에서도 탁월한 리더십과 전문성으로 금호건설의 경영을 정상화했다. 금호건설이 안정성과 수익성을 확보한 알찬 회사로 새롭게 탈바꿈하는 데 큰 역할을 했다.

김수천(59) 아시아나항공 사장은 1988년 입사한 이래 항공업계에서 잔뼈가 굵은 항공 전문가다. 중국 광저우지점장, 인사팀장, HR부문 상무, 여객영업부문 상무를 거쳐 2008년 에어부산 설립과 함께 초대 대표이사로 발탁됐다. 이후 6년간 신생 항공사인 에어부산의 기반을 다진 후 2014년 1월 아시아나항공 대표이사로 취임했다.

김수천 사장의 경력은 '개척'으로 압축된다. 1998년 중국 광저우 초대 지점장을 맡으며 인천~광저우 노선을 개척해 1년 만에 흑자 노선으로 만들었다. 2000년 중국팀장 때는 중국 23개 도시 31개 노선의 초석을 닦았다. 에어부산 대표이사로 발탁된 이후에도 출범 1년 3개월 만에 회사를 흑자로 탈바꿈시켰다. 2014년 아시아나항공 대표이사로 취임한 후에는 시장의 급격한 변화 속에서 회사의 지속적인 성장을 위해 근본적인 체질 개선에 주력하고 있다.

서재환(61) 금호아시아나그룹 전략경영실 사장은 그룹의 '재무통'이다. 2012년 전략경영실장을 맡아 박삼구 회장을 보좌하며 핵심 계열사인 금호산업, 금호타이어, 아시아나항공의 경영정상화를 위해 전력투구 중이다. 2014년 금호산업, 금호타이어 워크아웃 졸업과 아시아나항공 자율협약 졸업의 성과를 낼 수 있었다.

서재환 사장은 1988년 아시아나항공에 입사해 재무, 법무, 광고 등 다양한 업무를 두루 담당했다. 1991년 미주 지역에 처음 진출했을 당시 지역본부 창설 멤버로 아시아나항공이 미주 지역에서 안정적으로 정착할 수 있도록 힘썼다. 2012년부터는 그룹 전략경영실장을 맡아 주요 이슈를 꼼꼼하게 챙기며 주요 계열사의 경영정상화에 일조했다. 언변이 뛰어나고 온화하며 합리적인 성품으로 임직원에게 인기가 높고 신망이 두텁다.

특권의식 없는 금호아시아나그룹의 3세

박삼구 회장의 장남인 박세창(40) 금호타이어 부사장은 인생의 벼랑 끝에 서 본 몇 명 안 되는 재벌 3세다. 입사 이후 재계 서열 7위까지 올라가며 승승장구하던 그룹이 줄줄이 워크아웃에 들어가면서 자칫 그의 인생에서 '재벌 3세'라는 수식어를 떼야 하는 상황까지 내몰렸기 때문이다. 비싼 수업료였지만 제대로 경영수업을 한 셈이고, 그 수업은 현재 진행형이다.

서울에서 태어난 박세창 부사장은 연세대를 졸업한 후 미국 매사추세츠공대(MIT)에서 경영대학원(MBA)을 마쳤다. 2002년 아시아나항공 자금팀에 입사해 2005년 금호타이어 경영기획팀 부장으로 자리를 옮겼으며, 2006년 그룹 전략경영본부의 전략경영담당 이사로 임명돼 첫 별을 달았다. 당시 금호그룹은 대우건설을 인수하며 주가를 한창 높이는 중이었다. 하지만 화려한 날만 기다릴 것 같은 박세창 부사장의 인생에 암운이 드리운 건 2008년 이후다.

'승자의 저주'에 그룹 전체가 유동성 위기를 겪었다. 2009년 말 급기야 그룹은 채권단 관리를 선언해야 했고, 이듬해 초 워크아웃에 들어갈 때도 박세창 부사장은 부친을 대신해 인감도장을 찍어야 했다. 주채권은행과 워크아웃에 합의한다는 내용으로, 그에게는 사실상 '조건부 상속 포기각서'와 다를 바 없었다. 당시 나이 35세. 그는 채권은행 등을 뛰어다니며 채권단 하나하나를 설득해야 했다.

재계 관계자는 "남부러울 것 하나 없이 자란 재벌 3세지만 직접 만나보면 겸손하고 예의 바른 모습에 놀라는 이가 많다"면서 "채권단을 설득하는 과정에도 그런 박 부사장의 태도가 통했을 것으로 본다"고 말했다. 사내 평도 후하다. 젊은 세대답게 권위의식이 없고, 직원들과 격의 없이 대화를 나누는 것을 좋아하면서도 사장단이나 다른 임원들에게는 늘 깍듯이 예의를 지키는 모습을 목격한 이가 많기 때문이다.

박세창 부사장은 꼼꼼한 업무 스타일로 그룹과 계열사 현안들에 대한 이해가 깊다는 평가를 받는다. 회사가 어려워진 이후 특히 신경을 쓴 곳은 현장이다. 현장의 목소리를 듣지 못하는 상태로는 위기에 빠진 그룹의 탈출구를 찾는 것이 불가능하다는 판단에서였다.

박세창 부사장은 특히 금호타이어의 조기 회생을 위해 노력했다. 전국 지역대리점을 돌며 대리점 점주의 애로사항과 요구를 들었다. 지방대리점의 개업식 등 대소사를 직접 챙기며 점주 및 직원들과 술잔을 기울이는 것도 예삿일이 됐다. 술을 즐기는 편은 아니지만 주량은 소주 2병 정도로 알려졌다. 2012년 국내외를 아우르는 영업총괄 부사장으로 발령받아 북미, 유럽, 중국, 중동, 아시아 등의 법인과 지사를 챙기고 있다.

박세창 부사장은 중학교 동창인 김현정(39) 씨와 결혼해 아들 둘을 두고 있다. 연세대에 입학해 6년 넘게 연애한 끝에 결혼에 골인했다. 정치와 경제계를 아우르며 화려한 혼맥을 자랑하는 금호가의 다른 결혼들과 비교하면 의외였다. 이대부속초등학교 시절에는 한때 스케이팅 선수로 활약했을 만큼 운동을 즐기는 편으로, 주말에는 두 아이와 스키를 함께 타는 좋은 아빠다.

박세창 부사장은 현재 금호산업 지분 4.94%, 금호타이어 지분 2.57%를 보유 중이다. 현재까지 그룹 내에서는 박 부사장이 차기 후계자가 될 것이 유력하다. 특히 그룹의 위기를 넘는 과정에서 그룹 내 입지도 넓어졌다.

금호가의 전통대로라면 박삼구 회장에서 2세 경영이 끝나면 차기 그룹 회장은 작고한 박성용 명예회장의 아들이자 장손인 재영(46) 씨의 순서지만, 그는 2009년 금호아시아나그룹 계열사 지분을 모두 팔고 영화 공부를 위해 미국으로 건너갔다. 현재도 미국에서 영화 관련 일을 하고 있는 것으로 알려졌다.

사촌 형제인 고 박정구 회장의 아들 철완(37) 씨와 박찬구 금호석유화학 회장의 아들 준경(37) 씨는 사실상 계열분리가 된 금호석유화학에서 각각 상무로 근무 중이다. 두 사람은 모두 2009년 경영권 분쟁과 감자 등의 과정에서 금호아시아나 관련 계열사 주식을 대부분 매각한 상태다. 박찬구 회장의 딸인 박주형(35) 씨는 2015년 7월 금호석유화학의 구매와 자금 부문 담당 상무로 선임됐다. 박 상무의 발탁은 금호가의 전통으로 내려온 딸이나 배우자 등 여성은 경영에 참여할 수 없다는 형제간 공동경영 합의가 깨진 첫 사례다. 박세창 부사장이 그룹의 차기 후계자가 되기 위해서는 금호산업 인수라는 큰 과제를 풀어야만 한다. 남은 숙제를 어떻게 푸느냐에 따라 박 부사장의 미래도 갈릴 전망이다.

중고택시 2대로 시작해 여객·타이어로 확장

금호아시아나그룹의 창업자 박인천 회장은 1901년 7월 5일 전남 나주에서 출생했다. 빈농에서 태어나 29세에 독학으로 경찰에 입문했고,

같은 해 이순정 여사를 배필로 맞았다. 1946년 박인천 회장은 17만 원(圓)의 자본금으로 미국산 중고택시 2대를 사들였다. 오늘날 금호아시아나그룹의 출발을 알리는 '광주택시'를 설립한 셈이다.

박인천 창업회장은 1948년 '광주여객'을 세워 버스운수업으로 사업을 확장했다. 여객사업은 1950년대 말까지 승승장구했다. 하지만 예상치 못한 문제가 터졌다. 타이어를 구하는 게 문제였다. 지금처럼 도로사정이 좋지 않은 터라 타이어는 쉽사리 닳았다.

여객사업 과정에서 타이어를 쉽게 구하고자 1960년 설립한 회사가 금호타이어다. 생산 초기 하루 20본 정도의 타이어를 생산했지만, 기술부족과 열악한 생산환경 등으로 시판은 엄두도 못 냈다. 하지만 5년 만에 KS마크를 획득했고, 이와 때를 맞춰 군납업체로 지정받으면서 타이어 사업은 놀라운 속도로 번창해 나갔다.

박인천 창업회장은 1972년 서강대 경제학과 교수로 재직 중이던 장남 박성용 박사(금호아시아나그룹 2대 회장)로부터 '지주회사' 설립을 건의받아 10월 10일 서울 종로구 관철동에서 자신을 비롯해 장남 박성용 박사 등 7명을 발기인으로 '금호실업' 설립을 결의했다. 금호실업이란 이름은 박 창업회장의 아호인 '금호'(錦湖)에서 따온 것이다.

금호실업은 금호타이어, 광주고속(현 금호고속), 전남제사, 한국합성고무(현 금호석유화학) 등의 주식 100%를 거머쥔 명실상부한 지주회사의 틀을 갖추게 된다. 또 계열사 통합관리를 위해 '투자사업부'를 설치해 신규사업 추진과 그룹 공채사원 교육 등 전반적인 인력관리, 경영실적 평가 등을 수행했다. 40여 년이 지난 지금은 흔한 시스템이지만 당시로서는 획기적인 변화였다.

사세는 확장일로를 걸었다. 1973년 출범 당시 6개에 불과했던 계열사는 4년 만에 12개로 늘어났다. 특히 고속버스와 타이어 부문의 성장은 눈부실 정도여서 1970년대 업계 선두로 부상했다.

1984년 6월 6일 박인천 창업회장의 타계로 금호는 2세 경영시대를 열게 됐다. 장남인 박성용 그룹 부회장이 아버지를 이어 2대 회장으로 취임했다. 박성용 명예회장은 대통령 경제비서관, 부총리 특별보좌관 등을 역임했던 국정참여 경험을 경영에 결합해 실력파 전문경영인으로 주목받았다. 특히 아시아나항공을 출범시키면서 취임 당시 6,900억 원이던 그룹 매출을 1995년 4조 원 규모로 끌어올렸다.

1996년 4월 금호아시아나그룹 3대 회장에 취임한 박정구 회장은 '세계 일류 기업'을 만든다는 화두를 던졌다. 1995년 문을 연 금호생명환경과학연구소에 대한 투자를 늘리고, 강원 설악과 전남 화순 등에 잇따라 콘도를 개장해 회사의 외연을 관광과 레저까지 넓혔다.

이들에 비하면 박삼구 회장은 가장 어려운 시기에 안살림을 맡았다. IMF 외환위기 이후 그룹 구조조정이 한창이었던 2002년 9월 2일 금호아시아나그룹의 4대 회장으로 취임한 박 회장은 1년 만인 2003년 외환위기 이후 지속된 구조조정을 완료해 위기 속 리더십을 선보였다. 이후 재도약은 시작됐다. 금호산업과 아시아나 등 반등한 계열사들의 실적에 힘입어 그룹 재건에 나섰다.

박삼구 회장은 2006년 대우건설에 이어 2008년 대한통운 인수에 성공하는 등 굵직한 기업 M&A를 성사시키며 금호의 가장 화려한 때를 이끌었다. 하지만 이 같은 외양 불리기는 지난 10년간 금호가 '승자의 저주'에 빠진 원인이 되었다.

금호아시아나그룹 가계도

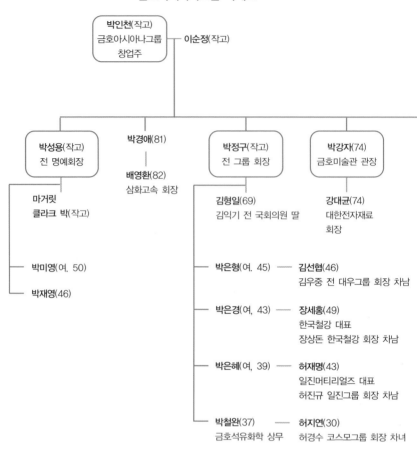

박인천(작고)
금호아시아나그룹
창업주 ― 이순정(작고)

박성용(작고)
전 명예회장

박경애(81)
│
배영환(82)
삼화고속 회장

박정구(작고)
전 그룹 회장

박강자(74)
금호미술관 관장

마거릿
클라크 박(작고)

김형일(69)
김익기 전 국회의원 딸

강대균(74)
대한전자재료
회장

박미영(여, 50)

박재영(46)

박은형(여, 45) ― 김선협(46)
김우중 전 대우그룹 회장 차남

박은경(여, 43) ― 장세홍(49)
한국철강 대표
장상돈 한국철강 회장 차남

박은혜(여, 39) ― 허재명(43)
일진머티리얼즈 대표
허진규 일진그룹 회장 차남

박철완(37) ― 허지연(30)
금호석유화학 상무
허경수 코스모그룹 회장 차녀

박인천
금호아시아나그룹 창업주

박성용
전 명예회장

박정구
전 그룹 회장

박강자
금호미술관 관장

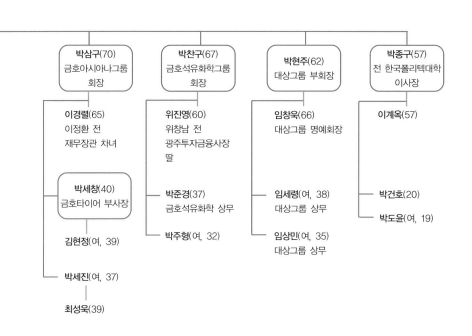

박삼구(70)
금호아시아나그룹
회장

이경렬(65)
이정환 전
재무장관 차녀

박세창(40)
금호타이어 부사장

김현정(여, 39)

박세진(여, 37)

최성욱(39)

박찬구(67)
금호석유화학그룹
회장

위진영(60)
위창남 전
광주투자금융사장
딸

박준경(37)
금호석유화학 상무

박주형(여, 32)

박현주(62)
대상그룹 부회장

임창욱(66)
대상그룹 명예회장

임세령(여, 38)
대상그룹 상무

임상민(여, 35)
대상그룹 상무

박종구(57)
전 한국폴리텍대학
이사장

이계옥(57)

박건호(20)

박도윤(여, 19)

박삼구
금호아시아나그룹 회장

박찬구
금호석유화학그룹 회장

박현주
대상그룹 부회장

박종구
전 한국폴리텍대학 이사장

박세창
금호타이어 부사장

"잠깐이면 될 것이다. 아주 잠깐. 이 쇳줄을 넘어 몸을 던지면 될 것이여. 눈 깜짝할 사이면 저 파도에 휩쓸려 들어가 아주 사라져 버리고 말 것잉께."

소설가이자 영화감독인 이창동 전 문화부 장관이 지은 금호그룹 창업주 박인천(朴仁天) 일대기 《집념 - 길 위의 길》에는 1923년 당시 23세이던 박 씨의 실패담이 고스란히 담겨 있다.

지금의 초등학교에 해당하는 보통학교 2학년 중퇴가 학력의 전부인 박인천 창업회장은 어려서부터 이런저런 장사에 손을 댔지만 실패의 연속이었다. 일본 오사카에 돈을 벌러 갔지만 일주일 만에 빈손으로 돌아오며 자살을 염두에 뒀을 정도로 젊은 시절은 상처투성이였다. 이창동 소설가는 박 회장의 일대기를 소설 형식으로 묘사하면서 "박인천의 일생은 우리 역사의 엄정한 상징"이라고 평가했다.

박인천 창업회장, 택시 2대로 운수사업 시작

박인천 창업회장은 나이 30세를 넘어 정규 교육을 이수하지 못했으면서도 독학으로 지금의 공무원 시험에 해당하는 보통문관시험에 합격하는 등 놀랄 만한 집념으로 인생의 반전을 이뤘다. 박 회장은 이런 의지로 해방 이후 당시로서는 노인 취급을 받고 은퇴할 만한 나이인 46

세에 광주에서 미국산 중고택시 두 대로 회사를 차려 광주고속이라는 고속버스 회사를 출범시킨다.

박 회장은 이를 기반으로 삼양타이어(현재의 금호타이어), 석유화학으로 사업영역을 넓히며 재계 서열 10위 그룹을 키워 냈다. 금호그룹은 특히 5공 시절 예상을 깨고 제 2민항사업자로 선정되면서 성장 가도를 달려 대표적인 호남 재벌로 자리 잡았다.

이처럼 박인천 창업회장이 대재벌의 창업주로 성장한 데는 뼈아픈 실패들이 밑거름이 되었다. 남달리 고집이 세고 남한테 지기 싫어하는 '승부욕'이 오늘날의 금호아시아나그룹을 탄생시킨 것이다.

그야말로 박 회장의 삶은 좌절과 성공을 향한 몸부림, 해방 후 맨주먹으로 출발해 한국 굴지의 재벌을 이루는 과정으로 이어지며 한 편의 드라마를 연상시킬 만큼 극적이다. 그래서 한국 현대사의 축소판과 닮은꼴이라는 평가가 많다.

아호가 '금호'(錦湖) 인 박인천 창업회장은 1901년 7월 5일 전남 나주군 죽포면 동산부락 일명 신기(新基) 마을에서 태어났다. 빈농에서 태어난 박 회장은 열 살이 될 때까지 별다른 교육을 받지 못하다가 어머니 손에 이끌려 서당에 다녀야 했다. 또래들보다 늦게 시작한 한학이지만 열다섯 살 때 팔현강당에서 개최된 강경(講經) 시합에 출전해 최우수상을 받는 등 재능을 발휘했다.

그러나 박 회장은 곧 한문 공부에 흥미를 잃고 말았다. 자동차가 신작로 위에 먼지를 일으키며 달리는 시대에 한문 공부를 해서 뭘 하겠느냐는 생각이 들었던 것이다. 결국 열일곱 살 되던 해 지금의 초등학교격인 나주공립보통학교 1학년에 입학했다. 하지만 신식 공부에 대한 열의도 2년을 넘기지 못했다. 고등학교에 다녀야 하는 나이에 초등학교를 다니며 '애늙은이' 취급을 받는 것이 무엇보다 싫었기 때문이다.

박인천 창업회장은 공부에 대한 미련을 접어 버리고 열아홉 살 때부터 면화수집상, 대금업, 싸전업 등의 장사를 했지만 손을 대는 족족 손해만 입었다.

이처럼 실패만 거듭하던 박 창업회장이 인생의 전환기를 맞은 것은 일본으로 건너간 직후였다. 일본 오사카에서 본 어마어마한 공장 굴뚝 앞에서 조선 사람으로서의 무력감과 좌절감이 그를 바꿔 놓았다. '일본 놈들이 어떻게 돈을 벌고 공장을 짓는지 알고 싶다'는 일념으로 일본 순사 시험에 합격한 뒤 5년 만인 1929년 보통문관시험에 합격한 이후였다. 그리고 같은 해 이순정 여사를 배필로 맞았다.

박인천 창업회장은 8·15 해방을 맞자 운수사업에 뛰어들었다. 17만 원(圓)의 자본금으로 포드 디럭스 세단 5인승 택시 두 대를 사들인 것이다. 그때 이 돈은 80킬로그램들이 쌀 44가마를 살 수 있는 액수였다. 3남인 박삼구 현 금호아시아나그룹 회장은 창업주의 집념, 도전, 개척정신을 본받는다는 취지로 그룹 창업의 모태가 됐던 택시와 똑같은 모델을 구입해 용인 금호아시아나 인재개발원 1층 로비에 전시하고 있다.

사업수완이 있었던 박 회장은 2년여의 짧은 기간에 어느 정도 자본을 축적, 1948년에 광주여객을 세워 버스운수업으로 사업을 확장했다. 그 직후 터진 한국전쟁이 탄탄대로를 걷던 그의 모든 것을 앗아가 버렸지만, 박 회장은 온갖 역경을 극복하고 1950년대에 광주여객을 전라남도 최대의 여객운송업체로 키워 냈다.

제2민항 선정 '제2도약'

광주여객을 업계 최고의 반열 위에 올려놓은 박인천 창업회장은 이후 방적회사인 전남제사, 고려도자를 비롯해 금호타이어(전 삼양타이어)를 설립, 금호아시아나그룹 창업의 기틀을 다져 나갔다.

1973년 1월 1일 박인천 창업회장이 초대 그룹회장에 취임하면서 금호그룹을 출범시켰다. 금호는 그룹체제 출범과 함께 계열사별로 경영관리체제를 정비했다. 금호실업은 장남인 성용, 광주고속은 차남인 정구, 금호타이어는 3남인 삼구, 삼화교통은 첫째 사위인 배영환에게 경영을 책임지도록 했다.

1984년 6월 6일 타계한 박인천 창업회장의 뒤를 이어 장남인 박성용 부회장이 그룹 2대 회장에 올랐다. 서강대 교수 재직 시절부터 자문역으로 그룹 경영을 도와 온 박 회장은 금호실업 사장과 그룹 부회장을 거쳐 10년 만에 2세 경영시대를 연 것이다.

박성용 명예회장은 1988년 정부로부터 제2민항 설립업체로 선정되는 경영능력을 발휘했다. 계열사 간 합병과 비수익 사업정리 등 과감한 구조조정을 진행해 취임 당시 6,900억 원이었던 그룹 매출을 1995년 4조 원으로 끌어올렸다.

이후 박성용 명예회장은 1996년 4월 바로 아래 동생인 박정구 회장에게 회장직을 물려주었다. 그리고 박정구 회장이 2002년 지병인 폐암으로 세상을 뜨자 3남인 박삼구 회장이 4대 회장으로 취임했다.

박인천 창업회장은 슬하에 5남 3녀를 뒀다. 아들은 성용, 정구, 삼구에 이어 4남 찬구 금호석유화학 회장, 5남 종구 초당대 총장이며, 딸은 경애, 강자, 현주 씨이다.

금호아시아나그룹은 박인천 창업회장이 생전에 아들딸의 혼사에 매우 신경을 썼기에 정·관·재계 유력 집안과 화려한 혼맥을 맺고 있다. 박 회장은 직접 유력 집안에 줄을 넣어 "사돈을 맺자"고 청한 적도 있을 만큼 자식들의 혼사를 중요시했다.

특히 호남 재벌이면서도 정구, 삼구, 찬구 3형제를 모두 영남 유력 집안에 장가보냈다. 3세들도 LG, 대우그룹과 사돈을 맺는 등 화려한 혼맥이 이어지고 있다.

이처럼 박인천 창업회장이 자식들의 결혼을 직접 챙기는 등 혼사를 중요시 여겼지만 유독 큰아들 성용은 부친의 뜻을 어기며 연애결혼을 강행했다. 그는 미국 예일대에서 유학하던 시절 미국인 마거릿 클라크를 만나 열애 끝에 1964년 결혼했다. 박성용 명예회장은 클라크 여사와의 사이에 1남 1녀를 뒀다. 장손녀 미영(49) 씨는 캐나다에서 머물며 불교 관련 일을 보고 있다. 미국에서 영화 공부를 하는 재영(45) 씨는 구자훈 LIG문화재단 이사장의 3녀인 구문정(40) 씨와 결혼해 1남을 두고 있다.

창업주의 장녀인 경애(81) 씨는 제헌의원 출신 배태성 씨의 장남 배영환(82) 삼화고속 회장에게 시집을 갔다. 슬하에 배정철·승현·

동철·홍철 등 4형제를 낳았다.

차남 박정구 회장은 경북 안동에서 국회의원을 지낸 김익기 전 국회의원의 딸 김형일(69) 씨를 배필로 맞았다. 김익기 씨는 해태그룹의 창업주였던 박병규 씨와 사돈관계이고, 박병규 씨는 민병권 전 교통부 장관과 사돈이기도 하다. 박정구 회장은 슬하에 은형·은경·은혜 씨 등 세 딸과 외아들인 철완 씨를 두고 있다. 세 딸은 모두 재계 유력 집안과 혼사를 맺었다. 장녀 은형(45) 씨는 김우중 대우그룹 창업주의 차남 김선협(포천아도니스CC 사장) 씨와 결혼했고, 차녀 은경(43) 씨는 장상돈 한국철강 회장 차남인 장세홍(한국특수형강 이사) 씨와, 3녀 은혜(39) 씨는 허진규 일진그룹 회장의 차남 재명(일진경금속 영업담당 겸 누브인터내셔널 대표) 씨와 혼인했다. 아들 철완(37) 씨는 금호석유화학 상무로 재직 중이다.

금호미술관장으로 있는 차녀 강자(74) 씨는 대한전자재료 회장인 강대균(74) 씨와 결혼했다. 강 씨는 서울대 정치학과를 나와 미국에서 경제학 박사학위를 받았다. LSE대학 출신인 아들 재원(35) 씨와 지은과 지영 등 두 딸이 슬하에 있다.

3남 박삼구 회장의 부인 이경렬 씨는 한국은행·산업은행 총재, 재무장관을 지낸 이정환 씨의 차녀이다. 이정환 씨는 금호석유화학 회장을 지내기도 했다. 박삼구 회장의 장남 세창(40) 씨는 2003년 3월 김현정(39) 씨와 결혼했다.

5남 박종구(57) 초당대 총장은 ㈜삼흥복장 사장 이명선 씨의 장녀 이계옥(57) 씨와 결혼했다. 슬하에 건호, 도윤 등 1남 1녀를 두고 있다. 박종구 총장은 미국 시러큐스대에서 경제학 박사학위를 받은 뒤 아주대 경제학과 교수를 지내다 1998년 기획예산위원회(현 기획예산처) 공공관리단장(별정직 2급)으로 공직을 시작했다. 2002년 수질개선기획단 부단장으로 자리를 잠시 옮겼다가 2003년부터 국무조정실 1급인 경제조정관을 거쳤고, 2015년 현재는 초당대 총장직을 맡고 있다.

이에 대해 금호아시아나그룹 관계자는 "박종구 박사는 경제를 전공한 전문가로서 그룹 일에 뜻을 두기보다는 공직 및 학계에서 자신의 능력을 펼치는 것으로 집안 내에서도 정리가 된 것으로 알고 있다"고 말했다.

벽안(碧眼)의 재벌 며느리

박성용 전 금호아시아나그룹 명예회장의 부인 마거릿 클라크 박 여사는 미국인이면서도 한국인보다 더 한국인에 가까웠다. 보수적인 재벌가에서 조용히 남편을 도우며 맏며느리로서 시동생과 동서들을 챙기는 평범한 주부로 살았다.

2013년 9월 작고한 마거릿 클라크 여사는 남편인 박성용 명예회장을 1963년 미국 예일대에서 만났다. 그녀는 대학원 경제학부에서 박사과정을 밟고 있던 박 명예회장을 눈여겨봤다. 동양인이면서도 이지적인 이미지에 항상 '제니스' 라디오의 이어폰을 귀에 꽂고 클래식 음악을 듣던 박 명예회장에 대한 호감이 컸다는 게 박 회장의 이종사촌인 서구 금호아시아나그룹 고문 등 친인척들의 전언이다.

박성용 명예회장은 미국인이지만 키도 그리 크지 않고 조신하게 생긴 클라크 여사의 매력에 흠뻑 빠졌다. 그러나 두 사람의 사랑이 커갈 수록 고통은 더했다. 당시에는 유교적 전통이 강한 밀양 박씨의 장손 으로서 외국인을 맏며느리로 들인다는 것은 상상을 초월하는 일이었 기 때문이다. 번민의 세월을 보내던 박 명예회장은 아버지에게 클라 크와의 결혼을 허락해 달라는 편지를 보내면서 그녀와 나란히 찍은 사진을 동봉했다. 그러나 박인천 창업회장은 그 사진을 둘로 찢어서 봉투에 넣어 아들에게 다시 돌려보냈다. 그것이 아버지가 할 수 있는 가장 분명하고 단호한 의사표시였다.

그러나 부모에게 효자로 소문난 박성용 명예회장은 난생 처음 부모 의 뜻을 거역했다. 1964년 둘이서 법적 절차만을 갖춘 최소한의 결혼 식을 올리고 아버지와 사실상 '의절' 상태에 들어갔다. 물론 박인천 창업회장은 두 사람의 결혼을 허락하지도 않았고, 결혼식에 참석하 지도 않았다.

그러나 자식 이기는 부모 없는 법. 박인천 창업회장은 큰아들 성용 이 결혼한 지 2년이 지난 때에 차녀 강자 씨가 미국 필라델피아에서 결혼식을 올리게 되자 아들 집을 방문했다. 당시 박성용 명예회장은 예일대 경제학 박사를 받은 뒤 클리블랜드 시에 있는 케이스공대 조 교수로 재직하고 있었다.

박인천 창업회장은 클리블랜드 공항에 마중 나온 파란 눈의 며느리 와 그녀가 품에 안고 있던 장손녀 미영 씨를 맞닥뜨린 뒤 얼었던 마음 이 녹아내렸다. 미국인이지만 수수하면서도 정이 가는 인상을 가진 맏며느리를 보고는 굳게 닫혔던 마음을 2년 반 만에 연 것이다.

서구 고문은 "성용 형님이 결혼한 뒤 페기(마거릿 클라크의 애칭) 형수에게 집안의 법도 등 예절교육을 많이 시켰다"면서 "아버님에게 며느리로서 인정받기 위해서 한국의 며느리가 지켜야 할 예절을 귀가 닳도록 얘기했다는 말을 형님으로부터 들었다"고 회고했다.

실제로 클라크 여사는 미국인이지만 미영 씨와 재영 씨를 이화여고와 구정고까지 졸업시킨 뒤에야 미국으로 유학 보냈을 정도로 한국식 자녀 교육을 고수했다. 그녀의 한국말은 서툴렀지만 상대방이 하는 얘기는 어느 정도 알아듣는 수준이었다.

클라크 여사는 박성용 명예회장 사후에 미국 친정에 기거했다. 캐나다와 미국에 있는 미영 씨와 재영 씨를 가끔씩 만나는 것으로 외로움을 달랬다고 한다. 그렇지만 국내에서 집안 대소사가 있으면 미국에서 달려와 직접 챙기는 등 맏며느리로서의 소임을 게을리 하지 않았다.

박인천 창업회장도 한국 집안에 시집온 뒤로 별 탈 없이 큰며느리 역할을 해내는 미국 며느리에 대해 뒤늦게 만족감을 표시했다. 박 창업회장은 금호아시아나그룹이 제작한 탄생 100주년 기념 영상물에서 한 지인에게 "우리 큰 자부(며느리)가 미국 여자입니다. 나도 잘 이해를 하고 또 역시나 데리고 있어 보니까 똑같아요. 한국 며느리나 외국 며느리나. 그리고 이해심도 있어요. 자기들끼리 좋으면 좋은 것이기 때문에 이해하고 잘 지내고 있습니다"라고 말했다.

'금연 전도사' 금호아시아나그룹

금호아시아나그룹은 금연운동에 관한 한 타의 추종을 불허한다. 1986년 금연 캠페인을 시작해 1991년부터는 자체 사업장뿐만 아니라 일선 영업장에까지 금연을 실시하고 있다. 금호아시아나의 이런 금연 노력은 창업주와 2세 경영인들의 건강과 무관하지 않다.

박인천 창업회장은 1938년 심한 폐병을 앓아 2년 가까이 투병생활을 했다. 지금이야 폐병이 심한 병이 아니지만 당시 폐병을 앓는 환자는 3명 중 2명이 죽어 나갔다. 경찰이었던 박 창업회장은 요양을 위해 순천경찰서에서 보성경찰서로 직장을 옮기고, 몸에 좋다는 각종 약을 먹고 치료를 받았지만 별반 차도가 없었다. 결국 경찰서에 사직서를 제출하고 목포에서 개업 중이던 김보형이라는 한의사가 지은 녹용을 1년 동안 복용한 이후에야 건강을 되찾을 수 있었다. 박 창업회장은 이후 장수를 누려 84세에 별세했다.

박성용 명예회장도 폐가 좋지 않았다. 1985년까지 하루에 담배 두 갑을 피울 정도로 애연가였다. 그러나 담배가 건강에 해롭다고 생각하여 흡연운동을 전사적으로 전개했다.

1986년 8월 박성용 명예회장을 비롯한 142명의 임직원들이 금연운동에 동참해 매일 담뱃값 대신 푼돈을 모아 만든 '금호건강복지기금'을 조성해 금연 캠페인을 시작했다. 1991년에는 서울 중구 회현동 그룹 본사 사옥인 아시아나빌딩을 포함한 전 사업장에서 완전금연을 실시했다. 박 명예회장은 이런 공로로 1991년 8월 세계보건기구(WHO)로부터 금연메달을 받기도 했다.

그러나 박성용 명예회장은 이런 노력에도 불구하고 폐암으로 유명을 달리했다. 박 명예회장은 평소에도 허리디스크가 있어서 딱딱한 단화를 신지 못하고 스펀지 단화나 등산화 등을 신고 다녔다.

　박정구 회장도 폐병으로 2년여 투병생활을 했다. 2001년 미국 텍사스 주 휴스턴 MD앤더슨암센터에서 폐기종 치료를 받아 한때 건강을 되찾아 경영 일선에 복귀했으나 2002년 7월 일산 국립암센터에서 폐암으로 별세했다.

‖ 금호아시아나그룹의 형제경영 ‖

제2대 박성용 명예회장

박성용 명예회장은 박인천 창업회장의 49재를 지낸 1984년 8월 3일 제2대 그룹 회장으로 조용히 취임했다. 선친이 타계한 지 얼마 되지 않은 데다 요란한 취임행사나 이미지 구축을 위한 경영전략 발표를 할 성격도 아니었다.

서강대 교수로 재직했던 박성용 명예회장은 일찍부터 그룹 경영을 자문해 왔다. 그러다가 1973년 10월 부친의 '명령'에 따라 교단을 떠나 금호실업 사장으로 본격적인 경영참여를 시작했다. 이후 1979년 10월 그룹 부회장을 거쳐 10년 만에 그룹 총수를 맡게 된 것이다.

박성용 명예회장은 누구에게도 뒤지지 않을 만큼 경영이론에 밝은 '총수'였다. 미국 예일대에서 경제학 박사학위를 받고 버클리대에서 조교수로 일했다. 당시 3회 이상 논문 게재 시 노벨상 수상도 가능하다던 세계적인 논문 권위지인 〈인터내셔널 이코노믹 리뷰〉에 두 차례에 걸쳐 논문이 실리는 등 미국에서 계량경제학자로 왕성한 연구활동을 벌였다. 그러다가 박정희 대통령 당시 해외 고급두뇌 유치정책에 따라 1968년 귀국행 보따리를 쌌다.

박성용 명예회장은 부친의 권유로 정부에 몸담게 된다. 창업주 회장이 버스조합 이사장으로 있으면서 요금인상 문제로 당시 알고 지내던 이후락 청와대 비서실장과 김학렬 경제수석을 만나 박성용 명예회장을 소개했고 그 자리에서 비서관으로 채용케 했다.

그는 대통령 경제비서관, 부총리 특별보좌관으로 재직하다 1971년 평소 원해 왔던 학계로 다시 옮겼다. 서강대 교수로 재직하며 동료 남덕우 교수(훗날 경제부총리 및 국무총리), 이승윤 교수(훗날 경제부총리) 등과 함께 경제학계의 탄탄한 학맥인 '서강학파'를 형성했다. 이때 교단에서 만난 제자들을 회사에 입사시키기도 했다. 박상환 전 금호생명 부사장 등이 박성용 명예회장의 '애제자'들이다.

박성용 명예회장의 독특한 경력은 당시 재계의 2세 경영인 중에는 찾아보기 어려웠다. 이런 '아웃사이더'로서의 삶이 오히려 그룹을 경영하는 데 많은 도움을 받는 광범위한 인맥들을 형성했다.

그러나 박 명예회장이 취임한 1984년 그룹은 안팎으로 어려움을 겪고 있었다. 1980년 초 일어난 삼양타이어 분리파동과 때마침 불어 닥친 경기불황의 여파 때문이었다. 그는 경제이론의 대가로서 현실 경영인으로서는 결심하기 힘든 단안을 내린다.

한보철강의 전신인 극동철강과 금호섬유를 매각하고, 삼양타이어와 금호실업을 통합해 상호를 ㈜금호로 바꾼 것이다. 흑자기업인 광주고속은 금호건설을 합병했고, 금호화학과 한국합성고무를 합쳐 금호석유화학으로 재탄생시켰다.

취임 당시 9개 사인 계열사를 4개로 줄이고, 비주력 부문을 과감히 매각하는 등 경영내실화에 박차를 가했다. 또 석유화학 분야를 그룹 주력 업종으로 성장시켰다. 당시에는 '구조조정'이라는 말 대신 '합리화'라는 표현을 썼다. 박 명예회장은 1997년 IMF 체제 이후 한국경제의 최대 화두였던 구조조정의 선구자인 셈이다.

박성용 명예회장은 아시아나항공을 출범시키면서 취임 당시 6,900억 원이었던 그룹 매출을 1995년 4조 원대로 끌어올리는 등 금호아시아나를 국내 10대 그룹 반열에 올려놓았다.

박성용 명예회장은 현실에 치우치기보다는 이상적인 경영관을 실현하려고 애썼다. 지금은 누구나 갖고 다니는 휴대전화가 '대박'을 터뜨릴 것이라 예상했고, 집 앞까지 배달해 주는 택배회사의 성공을 예견했다.

금호아시아나그룹 관계자는 "명예회장님이 1990년대 초반에 이미 인터넷을 능수능란하게 다뤄 임원들에게 이메일로 지시사항을 보내놓고 답신 시간을 일일이 확인하셨다"면서 "어떤 전자서류는 새벽 2, 3시에도 결재하셨다"고 회고했다.

박성용 명예회장의 이상적인 경영 스타일은 음악, 미술 등 문화사업으로 이어졌다. 1990년 금호 현악4중주단을 창단하고, 고가의 세계적인 명품 고악기를 사들여 한국을 빛낼 가능성이 높은 연주자에게 무상으로 대여해 줬다. 비수익사업에 힘을 쏟는 박 명예회장의 경영 스타일에 비판도 적지 않았지만 그는 "우리 기업도 미국의 카네기재단이나 일본의 소니그룹처럼 사회문화사업에 뛰어들어야 한다"며, "당장은 돈이 부담스럽지만 장기적으로는 그룹 이미지를 높이는 계기가 될 것"이라고 뜻을 굽히지 않았다.

박성용 명예회장은 일선에서 물러난 뒤 1998년 예술의전당 이사장과 2002년 통영 국제음악제 이사장을 맡는 등 문화·예술 사업에 전

넘했다. 또한 1997년에는 국민훈장 무궁화장, 2002년에는 기업메세나 대상(대통령상)을 받았다. 박 명예회장의 예술사랑 덕분에 장례식에서는 예술인들이 그의 죽음을 누구보다 더 애통해 했다.

박 명예회장의 친구인 이승윤 전 부총리는 "박 회장은 단순히 선친으로부터 기업을 물려받은 2세 기업인이 아니라 전문지식을 지닌 뛰어난 전문경영인이었다"고 회고했다.

제3대 박정구 회장

박성용 명예회장은 1993년부터 동생 박정구 회장에게 회장직을 넘기겠다는 뜻을 밝혔다. 박 명예회장은 "미국 CEO들은 환갑만 지나면 경영 일선에서 물러난다"며 동생에게 총수 직을 맡아 줄 것을 수차례 제의했다. 이를 고사하던 박정구 회장은 1996년 그룹 창사 50주년이 되는 해 박 명예회장이 "65세에 회장직을 물려주겠다는 약속을 지키고 싶다"는 뜻을 거듭 밝히자 회장직에 올랐다.

순조로운 경영권 이양에 대한 보답 차원이었는지는 몰라도 박정구 회장의 형에 대한 예우는 남달랐다. 박성용 명예회장은 그룹의 자금 사정이 좋지 않은 상태에서도 문화·예술 사업 등 이상적인 아이디어를 곧잘 제기했다. 수요와 공급 원칙에 철저히 따르는 동생 박정구 회장으로서는 형의 제안에 별다른 실익이 없다는 사실을 누구보다 잘 알고 있으면서도 "그렇게 하시죠"라며 무조건 따랐다.

그러나 박정구 회장은 형과는 사뭇 다른 경영 스타일을 보였다. 경제 이론을 중요시했던 형과는 달리 본능적인 감각과 불도저식 추진력을 발휘하는 현장 중심의 경영방식을 택한 것이다. 이는 그가 연세대 법학과를 졸업하자마자 22세에 광주여객 영업과장으로 회사에 몸담 으며 현장경영을 익힌 경력자이기 때문이었다.

박정구 회장은 취임하자마자 아주생명을 인수, 금호생명으로 변경 해 보험업에 진출했다. 강원 설악과 전남 화순, 경남 충무, 제주 남원 에 잇따라 콘도를 개장, 미래의 유망분야인 관광·레저사업 부문을 확대하기도 했다. 또한 박정구 회장이 재임 시 가장 역점을 둔 사업은 중국 진출이었다. 항공·타이어·고속버스 분야를 중심으로 중국 시 장을 개척했다.

박정구 회장의 불도저식 경영은 1997년 이후 외환위기에서도 발휘 됐다. 계열사 간 합병·지분매각·청산 등을 통해 한계사업과 비주 력사업 부문을 과감히 접었다. 1997년 당시 32개였던 계열사를 2001 년 15개로 축소했다. 자본유치, 부동산 및 유가증권 매각, 유상증자 등을 통해 1997년 말 966%에 달했던 그룹 부채비율을 2001년 말 360%로 낮추는 등 재무구조를 개선시켰다.

대부분의 그룹 임직원들은 3대 박정구 회장을 풍부한 경험과 의리 를 앞세우며 선 굵은 경영을 펼친 경영인으로 기억하고 있다.

제4대 박삼구 회장

박정구 회장에 이어 4대 회장에 취임한 박삼구 회장은 5남 3녀 중에서 도 아버지 박인천 창업회장을 가장 닮은 아들로 꼽힌다. 수리에 밝고 매사에 적극적인 성격을 갖고 있다.

박삼구 금호아시아나그룹 회장이 2014년 9월 24일 서울 장충동 신라호텔에서 몽블랑
문화예술 후원자상을 받은 후 가족들과 기념사진을 찍었다. 이 상은 독일 몽블랑 문화재단이
주는 상으로, 큰형인 고 박성용 명예회장이 2004년 국내 최초 수상자로 선정된 이래
형제 수상은 처음이다. 왼쪽부터 아들 박세창 금호타이어 부사장, 며느리 김현정 씨, 이경렬 여사,
박 회장, 딸 박세진 씨, 사위 최성욱 김앤장 법률사무소 변호사.

    나이에 비해 생각하는 것이 젊어 '영원한 39(삼구) 세'라는 별칭도
갖고 있다. 높은 결단력과 추진력을 겸비해 한번 결정하면 물러서지
않는 원칙론자이기도 하다. 이런 그의 성격은 그룹 창사 이래 최고의
실적을 내는 업적을 이뤄 냈다.

    연세대 경제학과를 졸업한 뒤 22세 젊은 나이에 한국합성고무를 차
릴 정도로 경영인으로서의 '끼'를 발휘한 박삼구 회장은 그룹 총수이
면서도 재무·관리·세무회계 등에 정통해 그룹의 세세한 재무상태

까지도 훤히 꿰고 있다.

서구 금호아시아나그룹 고문은 "회장님이 업무 면에서는 섬세하고 치밀해 한 치의 오차도 허용하지 않지만 형님들을 모시거나 동생들을 보살피는 데는 넓은 포용력을 발휘한다"고 말했다.

형들을 생각하는 박삼구 회장의 정성은 극진했다. 2004년 박성용 명예회장이 세계문화예술 발전에 공헌한 공로로 독일의 몽블랑 문화 재단으로부터 '몽블랑 예술후원자상'을 받자 밤 11시에 형에게 달려가 깜짝 축하파티를 열어 주기도 했다.

또한 박삼구 회장은 잔정이 많다는 게 그룹 임직원들의 대체적인 평가다. 1998년 아시아나 사장이던 박삼구 회장이 외환위기 때 전년 도 입사자들이 1년간 무급휴가를 마치고 회사로 복귀하는 행사장에 서 5분간 말을 잇지 못하고 계속 눈물만 흘린 사실은 아직도 임직원 입에서 회자된다.

대림그룹

대림그룹, 디벨로퍼 사업으로 새 도약 추진

국내 최고(最古) 건설사 대림그룹이 2014년 위기를 맞았다. 경고등은
해외 공사현장에서 켜졌다. 대림그룹의 모태인 대림산업은 기업들이
줄도산하던 1997년 외환위기 때도 이듬해 2,251억 원의 영업이익(매
출 3조 9,033억 원)을 낸 기업이다.

그러나 해외에서의 '제 살 깎기 식' 저가 수주 전쟁은 실적 악화라는
상흔을 남겼다. 2014년 대림산업은 사우디아라비아와 쿠웨이트에서
발생한 4천억 원의 추가 비용으로 인해 1998년 이후 17년 만에 2,702
억 원의 영업손실(매출 9조 2,947억 원)을 기록했다.

하지만 국내에서는 2014년 재개발·재건축 시장에서 전년보다 14
배나 늘어난 2조 3,498억 원을 수주하며 GS건설을 누르고 1위에 오

르는 등 성공을 거뒀다. 대림산업은 2015년에도 2만 8천 가구를 분양하고 기업형 임대주택사업에도 적극 나선다는 계획이다. 위기에 강한 대림의 뚝심, 그 비결은 뭘까.

대림산업은 1939년 10월 인천 부평역에서 간판을 내걸고 건설 자재를 팔던 '부림상회'에서 시작됐다. 초창기에는 목재와 건자재상에서 출발했다. 경기 시흥에서 태어난 이재준 대림산업 창업주는 부친이 운영하던 서울 서대문 한일정미소에서 경영수업을 받으며 대림의 기반을 닦았다.

당시 부림상회는 원목을 개발해 사세를 키웠다. 광복 이후에는 군정청에 원목을 값싸게 인수해 팔기도 했다. 하지만 산림이 북한에 편재돼 있는 등 목재업의 한계를 느낀 창업주는 1947년에는 대림산업으로 사명을 바꾸고 건설업에 본격 진출했다. 부평경찰서 신축공사 수주는 건설업체로서 첫걸음을 내딛는 계기였다. 한국전쟁 때는 군시설 공사를 맡았고, 휴전 이후에는 재건 공사를 통해 회사를 키웠다.

1966년에는 국내 최초로 베트남에 진출해 해외건설시장을 개척했다. 창업주의 장남 이준용 대림산업 명예회장이 경영 일선에 뛰어든 것은 이때다. 경기고, 서울대 경제학과를 졸업하고 미국 덴버대에서 통계학을 전공한 이 명예회장은 영남대와 숭실대에서 교수로 근무하며 학자의 길을 가려 했다. 하지만 부친의 권유로 그해 대림산업에 계장으로 입사했다. 이후 유창한 영어 실력을 바탕으로 베트남에 이어 1973년 국내 최초로 중동에 진출해 해외 플랜트를 수출했다.

대림산업은 2015년 현재 35개 국가에서 플랜트, 댐, 도로, 공공주택 등 다양한 사업을 하고 있다. 국가기반시설인 경부고속도로를 비롯해 잠실주경기장, 포항제철, 국회의사당, 서해대교 등이 대림산업에 의해 탄생됐다. 1979년에는 호남에틸렌 주식 지분 80%를 획득하며 현재 그룹의 양대 축인 석유화학 분야에도 진출했다. 그러나 1986년 개관을 코앞에 두고 터진 독립기념관 화재사고 등 아픔을 겪기도 했다.

1세대가 대림산업의 토대를 만들고 건설업을 특화시켰다면, 2세대는 유화 부문으로 사업영역을 확장했다. 3세대인 이준용 명예회장의 아들 이해욱 부회장은 IMF 외환위기 당시의 변화와 혁신을 통한 위기 극복에 주력했다. 이를 위해 2000년 국내 최초로 'e편한세상'이라는 아파트 브랜드를 만들어 내 업계 판도를 바꿨다.

현재 3세대는 건설과 유화를 넘나들며 영역을 확대하고 있다. 2014년에는 자체 개발한 브랜드인 글래드(GLAD) 호텔을 여의도에 열었는데, 시공에서 운영까지 전 과정을 그룹이 맡기도 했다.

2015년 창립 76주년을 맞는 대림산업은 격동의 세월 동안 단 한 번의 법정관리나 워크아웃(재무구조개선) 없이 무난하게 위기를 넘어왔다. 무리한 사업 확장이나 불투명한 투자를 하지 않는 대림그룹의 사풍이 대대로 이어져 왔기 때문이다. 대림그룹의 2014년 재계 순위는 27위(공기업 제외 시 18위)로 자산 규모는 16조 3천억 원이다. 건설사업과 석유화학사업부 두 축으로 운영되는 대림산업 외에 대림코퍼레이션, 고려개발, 삼호, 대림자동차, 오라관광, 대림C&S 등 22개의 계열사가 있다. 상대적으로 기업 순위가 낮게 매겨진 것도 사업영역을 다각도로 확대해 수익을 늘리는 다른 기업들과 달리 오로지 건설과 유화에 사업 역량을 집중해 내실 다지기를 한 영향이 크다.

대림그룹 지분도

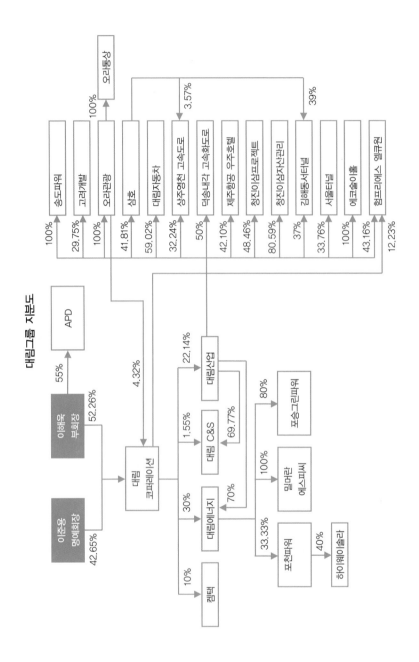

96

대림 매출액 및 영업이익

단위: 원

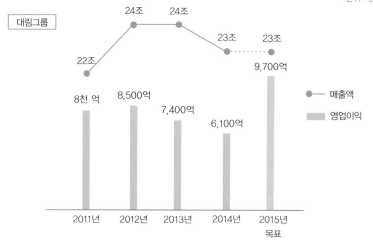

대림그룹

	2011년	2012년	2013년	2014년	2015년 목표
매출액	22조	24조	24조	23조	23조
영업이익	8천 억	8,500억	7,400억	6,100억	9,700억

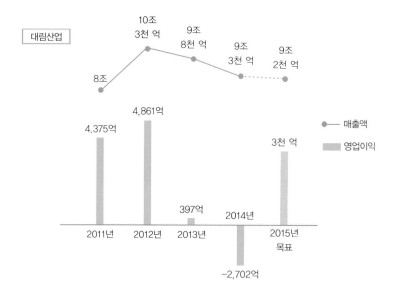

대림산업

	2011년	2012년	2013년	2014년	2015년 목표
매출액	8조	10조 3천 억	9조 8천 억	9조 3천 억	9조 2천 억
영업이익	4.375억	4,861억	397억	−2,702억	3천 억

3세 경영이 본격화되면서 변화의 속도도 조금씩 빨라지고 있다. 이해욱 부회장은 2015년 신년사에서 "디벨로퍼 사업을 적극 전개해 한 단계 도약하겠다"고 밝혔다. 디벨로퍼 사업은 프로젝트 기획 발굴에서 투자, 건설, 운영관리까지 전 과정을 아우르는 토털 솔루션 사업을 뜻한다. '한 우물 경영의 달인' 할아버지 이재준 창업주의 뚝심과 달리 다양한 전략을 구사하는 3세들의 경영이 어떤 결과를 낼지 재계가 주목하고 있다.

대림그룹의 전문경영인들

대림그룹을 이끄는 전문경영인(CEO)들은 대체로 공통점이 있다. 1970~1980년대 사회생활의 첫발을 대림에서 시작해 신입사원에서 최고경영자 자리까지 올랐다는 점이다. 30여 년의 파고를 함께 견디면서 회사의 성장을 도모해 온 충성도 높은 임직원에 대한 이준용 대림그룹 명예회장의 인사 철학이 엿보이는 대목이다.

대림그룹의 핵심인 대림산업은 대표이사가 4명인 공동 전문경영인 체제로 운영된다. 이해욱(47) 대표이사 부회장 외에 대표이사 3명이 건설(3명)과 석유화학부문(1명)을 이끌고 있다. 김동수(59) 대표이사 사장은 국내사업을, 이철균(58) 대표이사 사장은 해외사업을 책임지고 있다. 이해욱 부회장은 두 사업을 총괄한다. 석유화학사업부는 김재율(58) 대표이사 부사장이 맡고 있다.

이는 젊은 이해욱 부회장에게 쏠리는 업무 부담을 덜어 줌과 동시에 오랜 세월 쌓아 온 전문경영인들의 능력을 인정하고 동시에 책임

대림을 이끄는 사람들

이철균(58)
대림산업 대표이사 사장

김동수(59)
대림산업 대표이사 사장

김재율(58)
대림산업 대표이사 부사장

김진서(58)
대림코퍼레이션
대표이사 부사장

김종오(58)
고려개발 대표이사 부사장

유기준(61)
대림자동차 대표이사 사장

추문석(61)
삼호 대표이사 부사장

성을 강화하려는 의도로 해석된다. 이준용 명예회장 역시 전국경제인연합회 회의에 참석하는 것은 물론 회사에 매일 나와 경영 전반을 점검한다.

서울대 토목공학과 출신 김동수 대표는 1979년 신입사원으로 입사해 국내외 토목 현장에서 능력을 인정받은 정통 토목맨이다. 특히 우리나라 특수교량 기술을 진일보시켰다는 평가를 받는다. 국내 최대, 세계 4위급 현수교인 이순신대교를 국내 최초로 순수 국산기술로 시공하기도 했다.

이철균 대표는 용산공고 기계과를 졸업하고 대림산업에 입사, 35년 이상 해외 플랜트 한 분야에만 전념해 대림의 해외건설 붐을 이끌어낸 주역이다. 쿠웨이트, 인도네시아, 아랍에미리트연합 등 8개 국가에서 굵직굵직한 정유, 가스, 발전 플랜트 프로젝트를 수행했다.

2014년 대표이사로 취임한 김재율 대표는 LG화학 출신으로 한양대 화학공학과를 나왔다. 2000년대 중국에서 공장장과 법인장을 지내며 국내 석유화학제품 최대 수출국인 중국 시장에 정통한 경영자로 평가받는다.

대림그룹의 지주사 격인 대림코퍼레이션은 연세대 경영학과 출신 김진서(58) 대표이사 부사장이 수장을 맡고 있다. 김 대표는 자금, 금융 등 재무 분야에서 꾸준히 경력을 쌓아 오며 대림산업의 재무담당최고책임자(CFO)를 지낸 재무 전문가다.

이철균·김진서 대표와 같이 1981년 대림산업에 입사한 김종오 (58) 고려개발 대표이사 부사장은 서울대 토목공학과 출신으로, 대림산업 기술개발원장을 역임할 정도로 건설 계통의 기술력과 경험이 풍부하다는 평이다. 1988년 대림에 합병된 종합건설업체 고려개발의 수처리 사업, 철도 등 토목 분야를 맡아 왔다.

1986년 대림에 인수된 삼호에서는 서울대 건축공학과를 나온 추문석(61) 대표이사 부사장이 2013년부터 지휘봉을 잡았다.

서울대 금속공학과, 매사추세츠공대(MIT) 박사 출신의 유기준 (61) 대림자동차 대표이사 사장은 1986년 대우자동차에 입사해 2009년 GM대우 사장을 거쳤다.

대림그룹의 혼맥

3세 경영이 본격화된 대림그룹은 모태인 대림산업이 2014년 국내 건설시공능력 순위 4위에 오를 정도로 성장했지만 여전히 '조용한 가족, 조용한 기업'이고 싶어 한다. 경조사와 관련해 공개되는 것을 꺼리는 것은 창업자 때부터 3세에 이르기까지 일관된 흐름이다.

그러나 장자 중심의 보수적 가풍을 지닌 대림 가문의 혼사는 2·3세로 갈수록 실속 있고 화려한 정·재·학계 가문들과 연을 맺는다.

이준용(77) 대림그룹 명예회장의 부친인 이재준(수암) 대림산업 창업주는 조선 선조대왕의 일곱 번째 왕자인 인성군의 10대손으로, 경기 시흥에서 큰 정미소를 운영하는 부유한 집안에서 자랐다. 19세에 경기 수원 지역 대지주의 딸인 이경숙 씨와 결혼했다.

창업주 세대까지 비교적 평범했던 대림가의 혼맥은 2세로 들어서면서 본격적으로 정·재계와 인연을 맺는다. 2세 때부터는 연애결혼이 주를 이룬다.

이준용 명예회장은 1965년 이화여대 출신의 한경진 여사와 연애결혼했다. 장인인 한순성 씨는 천안 사업가 집안 출신이었다. 이 명예회장은 부인 한 여사와의 사이에 3남 2녀를 뒀다. 양가 부모의 반대로 어렵게 이룬 결혼이었던 만큼 부부애는 각별했다. 한국메세나협의회 부회장을 지낸 이 명예회장은 한 여사의 주도로 대림미술관을 운영하면서 다양한 문화공헌 사업을 벌이며 '대림'을 알려 왔다. 한 여사는 대림미술관 이사장을 맡았다. 49년간 부부의 인연을 맺은 한 여사는 2014년 12월 홀연히 이 명예회장의 곁을 떠났다.

이준용 명예회장의 동생 이부용 전 대림산업 부회장은 경희대 출신 이선희 여사와 결혼했다. 장인은 서울주철 회장과 헌정회 이사를 지낸 이종수 씨다.

3세로 가면서 혼맥은 더욱 넓어진다. 이준용 명예회장의 장남인 이해욱(47) 대림산업 부회장은 LG그룹 구자경 명예회장의 외손녀인 김선혜(44) 씨와 친지의 소개로 만나 연애결혼했다. 장모는 구자경 회장의 장녀 구훤미 여사, 장인은 희성금속 회장을 지낸 김화중 씨다. 즉 이해욱 부회장은 구본무 LG그룹 회장의 조카사위이자 구 회장의 외아들인 구광모(37) 상무와는 매형, 처남 사이가 된다.

LG그룹과의 가문 간 결속은 이것이 처음이 아니다. 이재준 창업주의 막내 동생인 이재연 아시안스타 회장은 LG그룹 구인회 창업주의 차녀 구자혜 여사와 결혼하여 대림과 LG 간 첫 번째 사돈을 맺었다.

이화여대 91학번인 김선혜 씨는 LG 가문 출신답게 프로야구 LG트윈스의 팬이다. 부인을 따라 LG 트윈스의 팬이 된 이해욱 부회장은 함께 야구 경기를 보러 야구장을 자주 찾는다. 2012년에는 이재용 삼성전자 부회장 부자와 이해욱 부회장 가족이 함께 야구장을 찾아 맥주를 마시며 삼성 라이온즈와 LG 트윈스의 대결을 응원하기도 했다. 동갑내기인 이해욱 부회장과 이재용 부회장은 경복고 동창으로, 역시 고교 동창인 정용진 신세계그룹 부회장과 함께 절친한 관계로 알려져 있다.

미국에서 개인 사업을 하는 이 명예회장의 차남 이해승(46) 씨는 미국 미주리대 물리학과 교수인 김현영 박사의 딸 경애(47) 씨와 혼인했다. 두 사람은 아들 신영(16) 군과 딸 유림(18)·지성(13) 양을

대림그룹 가계도

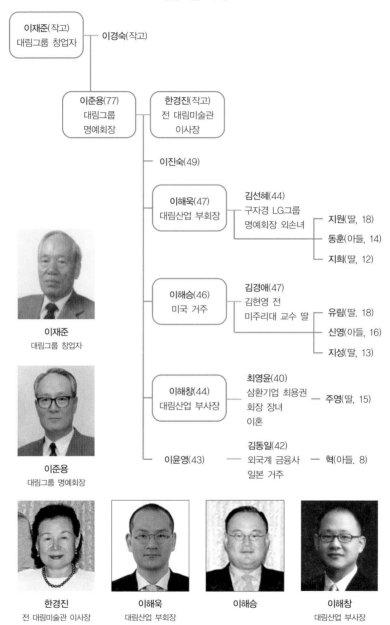

이재준(작고)
대림그룹 창업자 ─ 이경숙(작고)

이준용(77)
대림그룹
명예회장 ─ 한경진(작고)
전 대림미술관
이사장

이진숙(49)

이해욱(47)
대림산업 부회장 ─ 김선혜(44)
구자경 LG그룹
명예회장 외손녀

지원(딸, 18)
동훈(아들, 14)
지희(딸, 12)

이해승(46)
미국 거주 ─ 김경애(47)
김현영 전
미주리대 교수 딸

유림(딸, 18)
신영(아들, 16)
지성(딸, 13)

이해창(44)
대림산업 부사장 ─ 최영윤(40)
삼환기업 최용권
회장 장녀
이혼

주영(딸, 15)

이윤영(43) ─ 김동일(42)
외국계 금융사
일본 거주 ─ 혁(아들. 8)

이재준
대림그룹 창업자

이준용
대림그룹 명예회장

한경진
전 대림미술관 이사장

이해욱
대림산업 부회장

이해승

이해창
대림산업 부사장

됐다. 이 씨 가족은 현재 미국에서 살고 있다.

3남 이해창(44) 대림산업 부사장은 초창기 우리나라 토목 건설사업을 일군 3대 건설사 중 하나인 삼환기업 최용권 회장의 장녀 영윤(40) 씨와 연애결혼해 화제를 모았으나 5년 전 이혼했다.

이준용 명예회장의 장녀 진숙(49) 씨는 미혼이며, 막내딸 윤영(43) 씨는 외국계(일본) 금융사에 다니는 김동일(42) 씨와 결혼해 아들 혁(8) 군을 두고 있다.

대림산업 오너 일가는 다른 기업과는 다른 가풍이 있다. 이준용 명예회장은 부인 한경진 여사가 작고했을 때 외부에 바로 알리지 않고 서울 신문로 자택에서 장례를 치른 뒤에 소식을 전했다. 자식의 결혼식 때도 청첩장에 시간과 장소를 밝히지 않았다. 경조사비 등으로 외부에 민폐를 끼쳐서는 안 된다는 창업주의 철학이 영향을 미쳤다는 분석이다.

장남 16년 경영수업, 리더십 시험대에

대림그룹은 특별한 경영권 분쟁 없이 조용하게 승계가 이뤄지고 있다. 차기 대림그룹 회장으로 유력한 이해욱 대림산업 부회장은 이준용 대림그룹 명예회장의 장남이자 이재준 대림산업 창업주의 손자다. 이해욱 부회장은 대리로 입사해 2011년 대표이사 부회장 자리에 오르기까지 16년간 그룹의 두 축인 건설과 석유화학 부문을 오가며 철저하게 경영실무 수업을 받았다. 이해욱 부회장의 리더십은 17년 만에 찾아온 해외 발 대림그룹의 실적 위기 속에 시험대에 오른 상태다. 이 명예회장의 3남인 이해창 씨도 2015년 대림산업 부사장으로 안착했다. 미국에서 개인 사업을 하는 차남 이해승 씨는 한때 대림산업 석유화학사업부 과장으로 일했으나 지금은 그룹 경영에서 완전히 손을 뗀 상태다.

해외유학파 출신인 이해욱 부회장은 경복고를 졸업한 뒤 부친이 다녔던 미국 덴버대에서 경영통계학을 전공하고 컬럼비아대에서 응용통계학 석사과정까지 마쳤다. 업계는 경영과 수리를 결합한 통계학을 선택한 것조차 체계적인 경영수업의 일환이라고 보고 있다.

이해욱 부회장은 1995년 대림엔지니어링에 대리로 입사한 뒤 6년 만인 2001년 33세의 나이로 대림산업 상무 자리에 오른다. 대림그룹 상무들의 평균 나이가 52.9세인 것을 감안하면 초고속 승진을 이룬 셈이다.

내부에서 그의 평판이 괜찮은 것은 그만큼의 실적을 냈기 때문이다. 1998년 외환위기 당시 대림산업 구조조정실 차장으로 옮겨 간 이해욱 부회장은 한화석유화학과 공동출자해 여천 NCC를 세우고 2000년 다국적기업 바셀 사와 합작법인 폴리미래를 세워 석유화학 부문의 구조조정에 성공했다. 이후 재무위기 해결에 결정적 물꼬를 틈으로써 능력을 인정받았다.

이해욱 부회장이 2005년 대림산업 석유화학사업부 부사장이 됐을 때 부채비율은 1997년 395%에서 72%로 크게 낮아졌다. 보수적인 회사 분위기 속에서도 이 부회장은 국내 기업 최초로 아파트 브랜드 'e편한세상'을 도입해 '대림' 브랜드를 대중에 제대로 각인시키기도 했다. 재즈와 드럼 연주, 사진 등 예술적 조예도 상당해 2002년부터 대림미술관장도 맡고 있다.

그러나 2011년 대림산업 대표이사 부회장 취임 이후 1천억 원대의 과징금을 부과받고, 2014년 사우디아라비아 등 해외사업 부진에 따른 최악의 영업손실을 내면서 후계자 안착의 성공 여부를 결정할 갈림길에 서 있다.

현재 이해욱 부회장은 그룹의 지주사 격인 대림코퍼레이션의 지분을 부친 이 명예회장(61%)에 이어 32.1% 보유하고 있다. 2014년 7월에는 자신이 최대 주주(89.7%)로 있는 부동산개발관리업체 대림I&S에 자신의 대림산업 보유주식 전량을 매각해 현금(약 145억 원)을 확보하면서도 대림산업에 대한 지배력은 그대로 유지하기도 해 경영권 승계의 신호탄이라는 해석을 낳았다.

영동고를 졸업한 뒤 미국 유학을 다녀온 이해창 부사장은 금융권에서 일하다 2003년 비상장 종합물류회사 대림H&L에 과장으로 입사해 2008년 상무가 됐다. 이후 핵심인 대림코퍼레이션으로 옮기면서 3세 경영에 본격 참여했다.

대림의 문화사랑

대림미술관은 유난히 직장인들이 많이 찾는다. 대림산업 임직원들은 물론 점심때는 주변 사무실 직장인과 공무원들이 단골 관람객이다. 대림 관련업체들은 단체로 다녀간다. 회사 차원에서 직원들에게 문화활동을 적극 장려하기 때문이다.

대림이 문화예술에 각별한 관심을 갖는 것은 이준용 명예회장 부부

서울 종로구 통의동 경복궁 옆에 위치한 대림미술관.
화려하지 않지만 멋스러운 모습으로 자리하고 있다.

가 문화예술에 갖는 관심의 크기와 비례한다. 이 명예회장은 1994년 한국기업메세나협의회가 탄생할 때부터 부회장으로서 활발하게 문화예술 활동을 지원하고 있다.

대외 직함을 좀처럼 갖지 않으려는 이 명예회장이지만 이 단체의 부회장직을 맡은 것은 상당히 이례적이다. 여기에는 문화예술에 각별한 애정을 갖고 있는 한경진 여사의 역할도 크다. 한 여사는 대림미술관을 맡아 대림의 문화공헌 사업을 실질적으로 이끌었다.

대림미술관은 대림이 120억여 원을 출연해 문을 연 한국 최초의 사진 전문 미술관이다. 1993년부터 대전에서 운영해 온 한림갤러리가 모태인데, 1996년 대림문화재단을 설립하고 2002년 서울로 옮겨 대림미술관을 개관해 한 단계 발전시켰다. 이 미술관은 프랑스의 미술관 전문 건축가인 뱅상 코르뉘가 설계했다. 대지 253평에 지상 4층, 연면적 366평 규모다.

대부분의 기업은 미술관 설립 때 한 번 출연하는 것으로 끝나지만 대림은 운영에도 적극적이다. 문화에 대한 인식 수준이 낮은 현실에서 미술관이 자립운영하기에는 아직 어려운 실정이기 때문이다. 대림은 전시가 바뀔 때마다 직원들에게 전시를 관람토록 장려하고 경영 전략회의나 송년회 등 사내 각종 모임을 미술관에서 열기도 한다.

대림미술관은 최근 미술 관람객들로부터 '가장 핫한 미술관', '트렌드를 선도하는 미술관', '반드시 관람하고 싶은 미술관'으로 유명세를 떨치고 있다. 경복궁 서쪽에 위치한 이 미술관은 사립 미술관으로는 다소 늦게 문을 열었지만 지금은 이른바 '디자인 인류'들의 성지 반열에 올랐다.

대림산업 이재준 창업주

대림산업은 1976년 상장 이후 매년 주주들에게 기업 이익을 돌려주고 있다. 건설업체 가운데 오랫동안 빼놓지 않고 배당한 기업을 찾기란 여간 쉽지 않다. 40여 년 동안 배당을 거르지 않았다는 것은 대림이 부침이 심한 건설업계에서 오랜 전통을 지켜 온 명실상부한 전문 건설 업체임을 의미한다. 비슷한 시기에 같은 업종으로 출발한 현대건설이 다양한 분야로 사업을 늘린 것과 사뭇 다르다.

특히 단순 제조업에는 거의 손을 대지 않았다. 그래서 그런지 대림 산업이라고 하면 많은 사람들이 보수적인 기업 이미지를 떠올린다. 대림 스스로도 이를 인정한다. 그러나 변화를 거부하는 수구는 아니다. 단지 정통 건설기업에서 벗어나지 않고 조용하게 기업을 일구겠다는 것이 대림산업의 문화라고 할 수 있다.

이재준 대림산업 창업주는 경기도 시흥(현재 산본 신도시 일대)에서 부친 이규응 옹과 모친 양남옥 여사의 5남 4녀 가운데 차남(넷째)으로 태어났다. 이재형 전 국회의장이 이재준 창업주의 바로 손위 형이며 이재연 아시안스타 회장이 막내 동생이다. 부친은 장남에게는 공부를 시켰지만, 사업 기질이 보였던 차남에게는 장사를 배우라면서 보통학교만 졸업시킨 뒤 자기 밑에 두었다. 이때부터 부친이 경영하던 서울 서대문 한일정미소에서 경영수업을 받았다. 이것이 오늘날의 대림을 키우는 원동력이 됐다.

대림은 1939년 부평에서 목재와 건자재상으로 문을 연 '부림(富林) 상회'에서 출발했다. 초기 부림상회를 이끈 주인공은 3명. 이재준 창업주와 그의 고종 사촌형인 이석구 전 대림산업 사장, 이석구의 매제 원장희로 알려졌다. 사촌지간은 각각 1만 5천 원씩 출자했고, 원장희 씨는 1만 원을 출자했다는 것이다. 이석구 사장은 풍림산업 이필웅 회장의 부친으로, 결국 대림과 풍림의 뿌리는 부림상회로 같다.

부림상회는 원목을 개발, 사세를 키웠고, 광복 이후 군정청으로부터 원목을 값싸게 인수해 교실을 짓는 데 들어가는 목재 등을 만들어 팔기도 했다. 이후 사업이 번창해 1947년 건설업에 진출하면서 상호를 대림산업으로 바꾸어 오늘에 이르고 있다. 이즈음부터 우리나라 건설업이 시작됐다고 보면 된다. 당시 국내 건설업계를 대표하는 기업은 대림산업·현대건설·삼환기업 등이었다.

1949년부터는 건설업이 목재업을 앞질러 주력업종으로 자리 잡았다. 한국전쟁 중에는 피란민 수용소를 짓는 등 군시설 공사를 맡았고, 한국경제 재건기를 거치면서 굵직한 공사를 따냈다. 1958년 시작된 청계천 복구공사와 청계고가도로 건설, 경부고속도로, 소양강댐 건설 등 굵직한 사회간접자본시설 현장마다 대림의 깃발이 나부꼈다.

1960년에는 풍림산업을 인수, 자회사 형태로 두었다. 서울 영동·잠실·반포지구 개발과 광진교, 영동대교, 양화교 등 한강 다리 공사에도 대림의 흔적이 많이 남아 있다. 지하철 시대를 여는 데도 대림은 처음부터 참여했다. 동시에 해외공사 수주를 늘리는 등 사세를 키워 나갔다.

1954년에 설립한 서울증권은 외환위기를 겪으면서 1999년 구조조정 차원에서 소로스에 매각했다. 지금은 지분을 전혀 소유하지 않고 있다. 대림통상은 아예 동생 이재우 씨에게 떼어 줘 형제간 사업 분리를 마무리 지었다. 대림요업 역시 1998년 매각하면서 지분을 대림통상에 넘겼다. 창업주가 생전 계열분리를 통해 경영권 분쟁의 씨앗을 남기지 않았다.

창업주 형제, 이재형 전 국회의장

대림산업을 말할 때 흔히 이재형 전 국회의장을 끌어들인다. 동생인 이재준 창업주와 비교하기도 한다. 정계와 재계에서 각각 독특한 개성으로 주목받으며 거목으로 우뚝 섰던 인물들이다. 불의에 타협하지 않고 고집스러운 면모, 흐트러짐 없는 자세와 말을 아끼는 점에서 같았다. 이재형 전 국회의장은 자유당·공화당 시절 내내 골수 야당을 했다. 그래서 동생이 운영하는 대림은 자주 곤욕을 치렀다. 대림에서 정치자금을 대주지 않나 하는 의심과 함께 야당 정치인에 대한 압박 수단으로 대림은 수시로 세무사찰을 받아야 했다.

민정당 시절에도 이재형 전 국회의장과 이재준 창업주는 형제라는 혈연만을 가졌고, 이준용 명예회장은 이재형 전 국회의장과 백부와 조카라는 혈연 빼고는 아무런 관계를 맺지 않았다. 이재형 의장은 정치한다고 자금을 요구하지 않았고, 대림 역시 형이나 백부에게 베풀거나 받지도 않았다. 서로 철저하게 독립된 길을 걸어온 것이다.

이재준 창업주는 열아홉 되던 해 수원지역 대지주의 딸인 이경숙 씨와 결혼했다. 이 여사는 그러나 장남 이준용(현 대림산업 명예회장)을 낳은 지 4년 만에 세상을 떴다. 창업주는 박영복 여사와 재혼, 차남 이부용(71 · 전 대림산업 부회장)을 얻었다. 단출하게 두 아들만 두어 경영권 이양 등에서 큰 불협화음이 없었다.

이준용 명예회장은 부친과 달리 정규교육의 혜택을 입고 착실히 경영수업을 받았다. 경기고, 서울대 상대를 졸업한 뒤 미국 덴버대에서 통계학을 전공했으며, 귀국한 후에도 영남대와 숭실대에서 잠시 강의를 맡는 등 학자풍의 엘리트였다. 한경진 여사와 결혼한 후 1966년부터 대림산업에 출근했다. 경영참여와 관련, 이 명예회장은 "본격적으로 해외건설시장을 개척할 시기였는데 해외감각과 국제업무에 정통한 사람이 필요했고, 창업주의 강력한 요청도 있었다"고 밝혔다.

이준용 명예회장은 국내외 공사를 막론하고 창업주를 도왔다. 유창한 영어는 해외공사 수주는 물론 각종 문제 해결에 큰 도움이 됐다. 국내에서는 내실을 다지는 데 주력했다. 1978년 당시 부사장이었던 그는 건설업계 최초로 업무 전산화 작업을 추진하는 등 경영정보시스템 구축에 앞장섰다. 업계는 이 명예회장을 미래를 내다보는 혜안을 가진 인물로 평가하고 있다.

1979년에는 사장 자리에 오르면서 색깔을 내기 시작한다. 동생 이부용 씨는 상무로 승진했다. 건설과 양대 축을 이루는 유화 부문의 틀도 이때 마련됐다. 창업주가 목재상을 건설업으로 키웠다면, 이준용 명예회장은 여기에 유화 부문을 더해 건설과 석유화학의 양대 사업을 구축해 안정과 성장을 이룰 수 있는 기틀을 마련했다.

대림산업은 1966년 베트남 진출로 국내 최초 해외건설시장을 개척한 이래 중동건설 붐의 주도적 역할을 하면서 지금까지 해외건설 맥을 유지하고 있다. 잠실종합운동장 주경기장, 포항제철 등도 대림의 손을 거친 건축물이다.

하지만 호사다마라고 했던가. 대림은 국내외에서 뜻하지 않은 사고로 이미지가 실추되는 아픔을 겪어야 했다. 1986년에는 개관 11일을 앞두고 독립기념관에서 화재가 발생, 국민들에게 엄청난 충격을 주었다. 하지만 1987년 8월까지 당초보다 더 완벽한 복구공사로 전화위복의 계기를 삼는 저력을 보여 주기도 했다.

1988년에는 이란-이라크 전쟁의 피해를 보기도 했다. 이란 캉간 가스정제공장 현장에서 이라크 공군기의 무차별 폭격으로 13명이 죽고 19명이 부상을 당한 것이다. 가장 큰 피해자는 대림이었다. 그런데도 대림은 여론의 뭇매를 맞고 속죄양으로 몰리기도 했다. 대림 역사상 최대 위기였다.

대림은 그 뒤 국내 아파트 공사, 관공서 건물, 평화의 댐 공사 등 굵직한 일감을 따내면서 덩치를 키웠으나, 사업 다각화 등으로 몸집을 불린 다른 업체와 달리 한 우물만 고집, 업계 순위에서 상대적으로 밀렸다.

이재준 창업주는 조선 선조대왕의 7번째 왕자인 인성군(仁城君)의 10대손이다. 가문이 번창했기에 집안은 늘 북적댔다. 생가가 서울로 향하는 길목이라서 오고가는 손님이 끊이지 않았다. 조상으로부터 물려받은 500여 섬지기 자작농 겸 지주였고, 서울에서 큰 정미소를 운영하면서 경영의 덕목을 키워 나갔다.

창업주 세대는 대부분 평범한 가정과 연을 맺었다. 큰누이는 평범한 가정으로 출가했고, 둘째 누이도 작은 사업가에 시집갔다. 형님 이재형 전 국회의장 역시 평범한 집안의 류갑경 여사를 아내로 맞았다. 이재준 창업주도 예외는 아니다. 평범한 가정에서 배필을 맞았다. 아래 동생들도 일반적인 가문과 결혼을 올렸다.

하지만 막내 이재연 아시안스타 회장은 국내 굴지의 재계 가문과 혼인을 맺는다. LG그룹 구인회 창업주의 차녀 구자혜 여사와 결혼하면서 대림과 LG는 사돈의 연을 맺은 것이다. 이를 계기로 이 회장은 줄곧 LG그룹 경영에만 참여했다. LG카드 부회장을 지냈으며 LG그룹 고문으로 활동했다. 자녀들도 명문 가문과 연을 맺었다. 이준용 명예회장은 장인이 강세원 전 희성금속 사장, 박동복 전 금호전기 회장과 사돈관계를 맺고 있어 이들과는 한 다리 건너 사돈지간이다.

이준용 명예회장의 백부인 이재형 전 국회의장은 은행간부 출신인 배상준 씨 집안에서 큰며느리를 맞았다. 이어 큰딸은 원용덕 전 헌병사령관 아들에게 시집을 보냈다.

작은 사업가와 결혼했던 둘째 고모 이임출 여사의 딸은 윤용구 일

동제약 회장 아들과 혼인을 맺었다. 숙부 이재연 아시안스타 회장은 오세중 세방 회장과 추경석 전 건설교통부 장관 집안에서 며느리를 얻었다.

가족은 특별한 일이 없으면 일요일마다 이준용 명예회장 집에 모인다. 이 명예회장은 손자들이 보고 싶을 땐 아침 일찍 자식들 집을 찾곤 한다.

닮은꼴 창업주 부자

대림산업 이재준 창업주와 아들 이준용 명예회장은 여러 면에서 닮은 기업인이라는 평가를 받는다. 곁눈질하지 않고 한 우물을 파는 고집쟁이라는 점에서 같다. 76년 된 회사지만 건설에서 벗어난 적이 한 번도 없다. 건설이 제자리를 잡을 즈음해서 확장한 분야라고 해봤자 유화 부문 정도다.

덩치를 키우는 것을 자제한 점도 닮았다. "돌다리를 두드리고 건너라"는 말이 있지만 대림은 돌다리를 두드려 보고도 건너지 않는 회사다. 하지만 옳다 싶으면 금방 정상 궤도에 올려놓을 정도로 강한 추진력을 발휘하는 장점도 지녔다.

청탁은 하지도 않고 받을 줄도 몰랐다. 창업주는 인사 청탁에 있어서는 매우 단호해 부모님이 살아 돌아와 청탁해도 들어 줄 수 없다는 것이 그의 신념이었다. '빽'이나 동창생을 찾아다니면 아예 사람 취급을 하지 않았다. 박정희 대통령 생전에 청와대에서 들어온 인사 청탁을 거절한 일화도 있다. 그는 대통령의 부탁을 감히 거절할 수는 없겠지만, 본인이 경영 일선에서 물러서 있을 때면 몰라도 당시로서는 받아들일 수 없다고 말했다고 한다.

창업주와 명예회장 모두 쉽게 권력을 이용할 수 있었지만 사업가로서 자기 일에만 매달렸다. 이런 분위기는 지금도 이어져 형제간 독립된 사업을 일구거나 아예 발을 들여놓지 않는다. 친인척이 배제된 전문경영인 체제로 움직인다. 그래서 친인척들로부터는 '남남만도 못한 회사'라는 얘기를 듣기도 한다.

이준용 명예회장은 "대림은 대주주라고 무조건 경영에 참여하지 않는다. 본인의 의지와 그에 합당한 능력이 뒤따라야 경영에 참여할 수 있다"고 말한다. 친인척 경영에 있어 창업주와 똑같은 모습이다.

이준용 명예회장의 동생 이부용 씨는 대림산업 부회장을 지냈지만 지금은 대림산업 경영에서 완전히 손을 뗐다. 이 전 부회장은 대림통상 지분을 놓고 숙부와 싸움을 벌이는 모습을 보이기도 했지만 지금은 일선에서 물러났다.

부영그룹

임대주택사업을 기반으로 성장하다

임대주택사업을 기반으로 한 부영그룹의 성장은 가히 혜성(彗星) 수준에 가깝다고 재계는 평가한다. 10년 전만 해도 부영그룹은 재계의 주목을 받는 회사가 아니었다. 1990년대 후반 부영그룹의 시공능력 평가순위는 70~80위권 밖에 머물렀다. 1983년 자본금 5천만 원에서 시작한 그룹 자산은 2014년 4월 현재 16조 8,073억 원으로 커졌다. 공정거래위원회가 발표한 재계 서열은 27위(순수 민간기업 16위)까지 도약했고 2014년 부영주택의 시공순위는 16위까지 뛰어올랐다. 신흥기업의 출현에 뒷말도 무성했다. 하지만 세상에 공짜는 없다. 이렇게 성장하기까지 부영그룹 역시 숱한 부침과 위기의 역사를 넘어 왔다.

전남 순천 출신인 창업주 이중근 부영그룹 회장의 어린 시절은 가

난했다. 중학교를 마치고 상경한 이 회장은 고교를 졸업한 후 대학 (건국대 정치외교학과)에 진학했다가 바로 군 입대를 했다. 이 회장이 사업을 본격적으로 시작한 건 31세 되던 1972년 우진건설산업을 설립하면서다. 중동 특수로 순풍을 타던 회사는 국내 업체 간 과열경쟁과 세계 경기침체 속에 1978년 부도를 맞게 된다. 다행히 지인들의 도움으로 이 회장은 1983년 3월 부영그룹의 모태라 할 수 있는 삼신엔지니어링 인수 설립에 성공, 재기의 발판을 마련했다.

이 회장은 당시 임대아파트 단지가 저소득층의 집단 주거지라는 편견 때문에 대부분의 건설업체들이 기피했던 임대주택 건설사업을 움켜잡았다. 1984년 경기 부천의 부영아파트 280가구가 시작이었다. 1993년 '부영'으로 상호를 변경하면서 본격적인 주택개발사업이 진행됐다. 해마다 3천~1만 5천여 가구의 임대주택이 공급됐다.

건설업계에 엄청난 타격을 입혔던 1997년 외환위기는 부영에도 충격을 줬다. 하지만 건설업계의 도산으로 인한 신축 아파트 물량 부족은 전국적으로 전세난 해소를 위한 정부 정책으로 연결되면서 임대주택 공급 수를 오히려 늘리는 호재가 됐다. 건설사들이 분양 위주 물량을 줄일 때 부영은 임대아파트 공급 물량을 늘린 셈이다.

그 결과 1998년에는 일반분양 120가구, 임대용 9,813가구 등 총 9,933가구를 공급해 국내 민간주택 건설실적 1위로 올라서게 됐다. 1위는 2002년까지 5년간 계속됐다. 지금까지 4천억 원을 기증한 교육부문 사회공헌사업에 탄력이 붙은 것도 이때부터다. 하지만 연 매출 80억 원에 불과한 부영의 존재는 그다지 부각되지 않았다.

부영그룹 매출 및 영업이익 추이

단위: 원

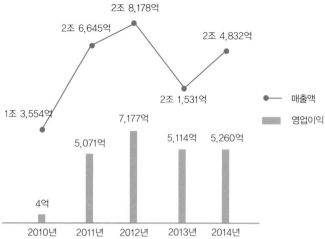

부영주택 매출 및 영업이익 추이

단위: 원

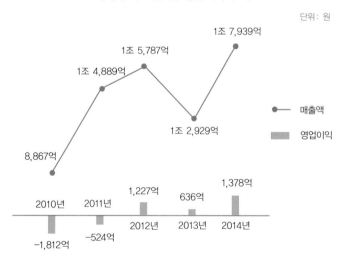

이 회장은 왜 임대주택사업에 집중했던 것일까. 이는 이 회장의 경영 철학인 '세발 자전거론'과 관련이 깊다. 달리지 않으면 쓰러지는 두발 자전거보다는 느리지만 잠시 멈춰도 쓰러지지 않는 세발 자전거의 안전성을 더 높이 산 셈이다. 이 회장은 "기업은 성장보다 존재하는 것이 더 중요하다"면서 "무리하게 확장하다 도산하면 직장 잃은 직원들과 가족들의 생계는 누가 책임지느냐"고 되묻는다.

일반분양처럼 큰 수익을 기대하기는 어렵지만 무주택 서민들이 항상 존재해 미분양 위험이 적은 임대주택은 사업 위험성이 상대적으로 낮아 안전하게 사세를 확장해 갈 수 있었다.

부영은 김대중 정부가 들어선 1998년부터 2004년까지 급속도로 팽창했다. 6년간 벌인 사업지역 수는 모두 115곳(7만 8천여 가구)으로 30년간 진행된 전체 사업지역(274곳)의 41.9%를 차지했다. 부영은 당시 전국 임대주택의 80%가량을 건설했다.

그러자 국민주택기금 지원금을 독식한다는 비판이 나오기 시작했다. 임대아파트를 지을 경우 한 가구당 필요한 공사비의 35%(3,500만~4천만 원)를 정부 국민주택기금으로부터 지원받는데, 한동안 전체 지원금의 절반 이상을 부영이 가져갔다. 실제로 1999년 부영이 받은 사업자금은 5,033억 원으로 다음 순위인 R건설(464억 원)보다 10배나 많았다. 당시 건설교통부(현 국토교통부)는 특혜 시비가 없다고 주장했지만 2004년 검찰이 협력업체의 공사대금을 부풀리는 방식으로 비자금을 조성했다며 이 회장을 구속시키면서 파장이 커졌다.

특히 2000년부터 4년간 이 회장이 한국주택협회장을 맡고, 이희호 여사가 초대이사장을 맡았던 자선단체 '사랑의 친구들'의 후원회장을

부영그룹 출자 지분도

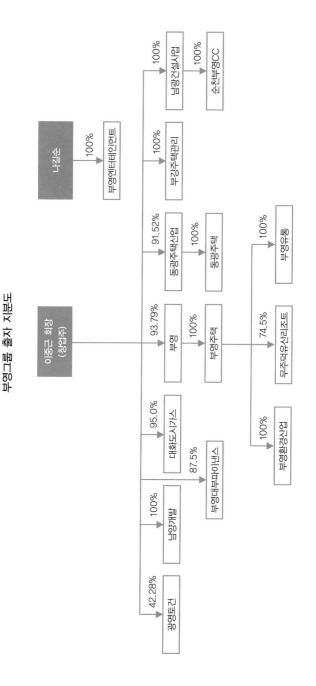

하면서 불법 대선자금 논란이 증폭돼 곤욕을 치렀다. 최근에도 부영은 분양원가 소송 등 전국적으로 120여 건의 소송을 진행하고 있다.

그럼에도 불구하고 부영의 업무 성적표는 조금씩 나아지고 있다. 2014년 부영그룹 전체 매출액은 2조 4,832억 원으로 전년보다 15% 올랐고 영업이익도 5,260억 원으로 소폭 증가했다. 핵심 계열사인 부영주택의 영업이익은 1,378억 원으로 전년보다 두 배 이상 껑충 뛰었다. 그해 5월에는 직원들의 연봉을 일제히 1천만 원가량 올려 화제가 되기도 했다.

현재 부영주택, 순천부영CC, 대화도시가스, 무주덕유산리조트 등 15개의 계열사를 보유한 부영은 공공임대아파트 분양 전환 시기가 도래하면서 매출이 대기업 반열에 올라섰다. 이중근 회장은 제주도 중문단지의 대형 복합리조트를 비롯해 호텔관광레저사업을 미래 성장 동력으로 삼고 있다. 이 회장이 여러 논란을 극복하고 25만 6천 가구의 임대·분양에 더해 부동산개발·금융·해외주택사업으로 부영그룹을 더 키워 갈지 주목된다.

이중근 회장의 통 큰 기부

이중근 부영그룹 회장은 졸업장이 가장 많은 경영인으로 꼽힌다. 기숙사를 기증받은 학교에서 고마움의 표시로 이 회장에게 명예 졸업장을 주기 때문이다. 배움에 대한 열정이 큰 만큼 후세 교육에 관한 한 국내외를 가리지 않고 선뜻 기부에 나선다. 이 회장은 교육사업에 대한 투자야말로 가장 관리하기 쉽고 장기적으로 볼 때 효율을 극대화할 수 있는 분야라고 생각한다.

이 회장은 "교육재화는 일회성이 아니라 계속해서 재생산되는 미래를 위한 투자"라고 강조했다. 현재까지 이 회장이 기증한 교육·복지시설은 기숙사 100여 개를 포함해 노인회관 등 165건이다. 2014년에는 세월호 참사 피해자를 위해 20억 원을 기부했다.

첫 기증한 교육시설은 1978년 2월 건립, 양도한 전남 순천공업전문대학이다. 이듬해 우진여자중·고교를 세웠고, 1990년대에는 순천, 목포에 부영초등학교를 잇따라 신축, 기증했다. 이 회장은 특히 기숙사 건립에 적극적이다. 이는 그의 어릴 적 교육환경과 무관치 않다. 이 회장은 "중학생(순천중) 때 순천 서면에서 읍까지 왕복 4시간이나 걸어 다녔다"면서 "학교에 기숙사가 있으면 학생들이 적어도 등·하교 시간만큼 더 공부할 수 있을 것"이라고 말했다.

이 회장은 자신이 이사장으로 있는 전남 화순 능주고(1994년)를 비롯해 지난 2월 제주 삼성여고와도 기숙사 건립 업무협약을 체결했다. '우주정원'을 의미하는 이 회장의 아호 '우정'(宇庭)을 따 기숙사 이름은 우정학사로 붙였다. 2014년에는 연세대에 학생 기숙사 우정원을, 서강대에 다목적 연구·학생회관인 우정원을 만들어 기증했다. 서울대 우정글로벌사회공헌센터(2013년), 고려대 우정정보통신관(2011년) 등도 이 회장 작품이다.

해외에서도 동남아 14개국에 600여 개의 초등학교를 지었다. 디지털피아노 6만 대, 교육용 칠판 60만 개도 기증했다. 이 회장은 정겨운 '한국 졸업식 노래'가 담긴 디지털피아노 기증이 양국 어린이 간 문화적 공감대 형성과 향후 상호 협력에 큰 도움이 될 것으로 보고 있

2011년 11월 동티모르 카노사초등학교 졸업식에서 졸업생들이 이중근(가운데)
부영그룹 회장에게 사랑의 하트를 그리며 고마움을 표시하고 있다.

다. 2012년에는 캄보디아에 1천여 명의 관중이 들어가는 '부영크메르
태권도훈련센터'를 준공해 태권도 국제화에 나섰으며, 베트남과 라오
스, 미얀마 등에도 태권도훈련센터 건립기금과 태권도협회 등을 지
원했다. 2015년 4월에는 세계태권도연맹에 1천만 달러를 지원하는
양해각서(MOU)를 체결했다.

　이런 공로를 인정받아 이 회장은 캄보디아 정부가 외국인에게 주는
최고 훈장인 대십자 훈장을 포함해 베트남, 라오스, 스리랑카, 동티
모르 등에서 2007년부터 지금까지 9개의 훈장을 받았다. 2014년 9월
에는 한국상록회로부터 사회에 봉사하고 바르게 살아온 사회 원로를
의미하는 '인간상록수'에 추대되기도 했다.

부영그룹의 혼맥

이중근(74) 부영그룹 회장의 가족사는 그야말로 베일에 꽁꽁 싸여 있다. 이 때문에 지금까지 언론에서도 부영가에 대해서는 제대로 다룬 적이 없다. 김대중 대통령 재임 시절 임대주택사업을 통해 사세를 크게 확장시키면서 '대통령 부인 이희호 여사의 처조카'라는 등 근거 없는 루머들이 떠돌아다니기도 했다. 자수성가형 부영가의 가맥, 혼맥은 단출하다.

이중근 회장은 1941년 1월 전남 순천에서 3남 2녀 중 셋째로 태어났다. 전주 이씨인 이 회장은 태조 이성계의 큰아버지인 완창대군 후손으로, 세종의 형 양녕대군의 후손인 이희호 여사와는 아무런 친인척 관계가 아닌 것으로 파악됐다. 부친 이호연 씨는 농사를 지었고 모친은 이 회장이 어릴 때 일찍 세상을 떴다.

형 이춘근 씨와 누나 이봉림 씨는 작고했고, 이신근(62) 동광종합토건 회장(썬밸리그룹 회장)이 막내 동생이다. 이신근 회장은 형과 마찬가지로 건설업을 하지만 부영과는 독립적인 사업체를 운영하고 있다. 여동생 이춘자(71) 씨의 남편은 전 부영건설 사장 출신인 이남형(71) 부영건설 고문이다. 이심(76) 대한노인회 회장은 각별한 대학동문이다.

이중근 회장은 순천중을 졸업한 뒤 상경해 지금은 없어진 상지고를 다녔다. 1960년에는 건국대 정치외교학과에 입학했다. 그러나 생활이 어려워진 이 회장은 학업을 중단하고 이듬해 군대(공군)에 입대했다. 동갑내기 나길순(74) 여사는 군대에서 나오자마자 지인의 소개로 만났는데, 이 회장이 먼저 청혼한 것으로 전해졌다.

　당시 이중근 회장은 서울 화곡동에서 소규모로 주택매매사업을 하다 회사원인 나길순 여사를 만났다. 전북 전주 출신의 나 여사는 평범한 가정의 딸이었다. 나 여사는 3남 성한 씨가 대표로 있는 부영엔터테인먼트를 비롯해 부영 계열사 이사와 감사 등을 맡고 있지만 경영에는 직접 관여하지 않는 것으로 알려졌다. 부영계열사 광영토건의 최대 주주였던 이영권(66) 대화알미늄 대표는 이 회장의 동서다.

　이중근 회장의 나길순 여사에 대한 사랑은 애틋하다. 이 회장은 주요 행사장에 나 여사를 항상 동반해 다닌다. 2014년 12월 출간한 책 《6·25 전쟁 1,129일》 머리말 말미에는 "반려자 나길순 님, 동행해 줘서 고마워요"라고 적었다. 이 회장은 부인과 공원 산책을 즐긴다. 두 사람은 성훈, 성욱, 성한, 서정 등 3남 1녀를 뒀다. 며느리들은 경영에 일절 참여하지 않고 남편들의 내조에만 신경 쓴다. 손주들은 6남 6녀다.

　장남 이성훈(48) 부영그룹 부사장은 이기수 전 고려대 총장의 장녀 이수진(43) 씨와 결혼했다. 이중근 회장이 고려대에 다목적 교육시설 우정학사를 지어 준 것은 사돈이었던 이 전 총장과의 관계와 무관치 않다는 게 지인들의 얘기다. 이성훈 부사장도 고려대 출신이다. 이 부사장 부부는 2남 1녀를 뒀다.

　이 부사장 외의 자식들은 모두 평범한 집안과 혼사를 치렀다. 미국 조지워싱턴대에서 유학 중인 차남 이성욱(46) 씨는 결혼해 미국에서 살고 있다. 부인 전은미(41) 씨와의 사이에 아들과 두 딸이 있다.

부영그룹 가계도

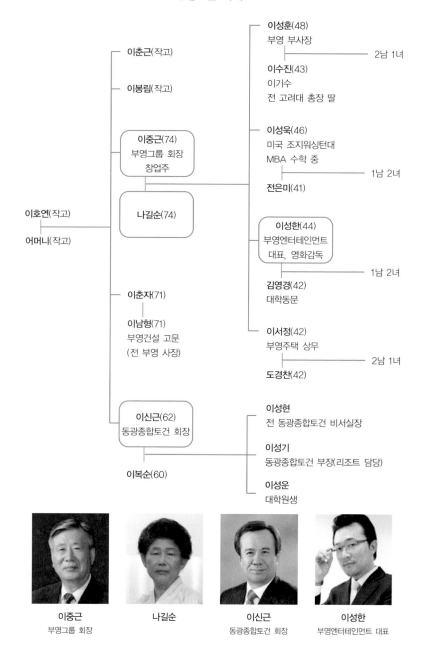

이춘근(작고)

이봉림(작고)

이호연(작고)
어머니(작고)

이중근(74)
부영그룹 회장
창업주

나길순(74)

이성훈(48)
부영 부사장 ─── 2남 1녀

이수진(43)
이기수
전 고려대 총장 딸

이성욱(46)
미국 조지워싱턴대
MBA 수학 중 ─── 1남 2녀

전은미(41)

이성한(44)
부영엔터테인먼트
대표, 영화감독 ─── 1남 2녀

김영경(42)
대학동문

이서정(42)
부영주택 상무 ─── 2남 1녀

도경찬(42)

이춘재(71)

이남형(71)
부영건설 고문
(전 부영 사장)

이신근(62)
동광종합토건 회장

이복순(60)

이성현
전 동광종합토건 비서실장

이성기
동광종합토건 부장(리조트 담당)

이성운
대학원생

이중근
부영그룹 회장

나길순

이신근
동광종합토건 회장

이성한
부영엔터테인먼트 대표

영화감독인 3남 이성한(44) 부영엔터테인먼트 대표와 부인 김영경(42) 씨는 캠퍼스 커플 출신 부부다. 이 대표는 서울의 한 사립대 경영학과를 다니다 같은 대학에 다니던 김 씨와 열애에 빠져 7년의 연애 끝에 결혼했다. 김 씨는 연애 시절 안정된 직장을 그만두고 영화 제작을 하겠다던 이 대표에게 "영화 하면 결혼하지 않겠다"고 엄포를 놓은 것으로 알려졌다. 하지만 세 아이(1남 2녀)의 가장이 된 뒤인 2006년 영화 일을 시작한 이 대표에게 끝내 백기를 들었다는 후문이다.

이 회장의 막내딸 이서정(42) 씨는 부영주택 상무로 경영수업을 받고 있다. 연애 결혼한 남편 도경찬(42) 씨는 그룹 내 다른 계열사에서 근무했었다. 둘 사이에는 두 아들과 딸이 있다.

부영그룹의 전문경영인들

부영그룹을 이끌고 있는 전문경영인(CEO)의 경우 두 가지 특징이 있다. 하나는 전직 공무원 출신이 많다는 것이고, 다른 하나는 미래 사업을 위한 전략적 전문가 영입에 공을 들인다는 점이다.

이길범(61) 무주덕유산리조트 사장과 김재홍(87) 대화도시가스 사장, 이영곡(64) 순천부영CC 사장은 모두 공무원 출신이다.

해양경찰청장 출신의 이길범 사장은 이중근 부영그룹 회장과 같은 건국대 동문이다. 광주시 기획관리실장을 역임한 김재홍 사장은 구청장, 시장, 군수 등을 지낸 지방행정 전문가로 해양도시가스 사장도 지냈다. 해군사관학교 출신 이영곡 사장은 해군 준장을 역임했다.

부영 관계자는 "리조트나 골프장의 경우 기술적 전문성보다 경영·

부영그룹의 전문경영인

이길범(61)
무주덕유산리조트 사장

안준호(62)
호텔&리조트 총괄사장

김시병(59)
부영주택 사장

김재홍(87)
대화도시가스 사장

이삼주(78)
부영주택 사장

이영곡(64)
순천부영CC 사장

최상태(61)
부영주택 사장

행정 능력이 필요해 영입한 것"이라고 설명했다. 일각에서는 부영그룹이 공무원 영입 효과를 노린 것으로 보고 있다.

그룹의 주력인 부영주택에는 3명의 사장이 있다.

이삼주(78) 부영주택 사장은 한국토지공사 인사처장 출신이다. 1998년 부영에 이사대우로 온 이후 14년 만에 용지·총무·영업 부문 사장 자리에 올랐다.

최상태(61) 부영주택 사장은 건설부문 사장으로, 광주대 토목과를 졸업한 삼환기업 전무 출신의 토목 전문가로 꼽힌다.

김시병(59) 부영주택 사장은 우리은행 부행장 출신의 전통적인 금융맨으로, 재무·영업·해외사업 사장을 맡고 있다.

호텔신라 출신 안준호(62) 호텔&리조트 총괄사장은 제주 중문 복합리조트단지 운영을 위해 영입됐다.

부영그룹의 후계구도

부영그룹의 후계구도는 오리무중이다. 그룹 내 절대권력으로 통하는 창업주 이중근 부영그룹 회장은 후계구도 논의에 대해 "아직 이르다"는 입장이다. 하지만 이미 자식들은 경영 전선에 뛰어든 상태다.

유학파인 장남 이성훈 부영그룹 부사장은 고려대 법대를 졸업한 뒤 미국 조지워싱턴대 법대 박사과정을 밟은 엘리트다. 금융감독원 전자공시에 따르면 이 부사장은 2014년 7월 이사에서 해임됐다. 이후 이 부사장의 부영 지분은 2.2%에서 1.6%로 낮아졌지만 장자답게 유일하게 주식을 보유하고 있다.

미국 유학 중인 차남 이성욱 씨는 고려대를 나온 뒤 조지워싱턴대에서 경영학 석사과정(MBA)을 밟고 있다. ㈜부영에서 임원, 부영파이낸스, 광영토건 등에서 이사를 맡았었다. 성욱 씨는 한국에 있을 때 투자신탁을 만들어 운영한 경험이 있다.

막내아들 이성한 씨는 영화감독이다. 부영엔터테인먼트 대표인 이 감독은 당초 건설사를 다니다 결혼한 뒤 꿈을 좇아 2006년 영화감독으로 변신했다. 자금난을 겪던 2011년, 영화 제작비 상당액을 그룹 계열사인 동광주택이 지원하고 이듬해 계열사 대화기건이 인수합병해 적자를 떠안으면서 논란이 일기도 했다. 현재 모친인 나길순 여사가 감사 신분으로 부영엔터테인먼트 지분을 100% 갖고 있다. 이 감독은 현재 그룹 계열사 광영토건 감사로 재직 중이며, 새로운 시나리

오를 모색하는 것으로 전해졌다.

부영 관계자는 "세 아들이 회사에 직간접적으로 관여하고 있지만 후계구도와 관련하여 아직 정해진 것은 없다"고 말했다.

OCI그룹

글로벌 태양광업계 리더 OCI그룹

60여 년 전통의 종합화학기업인 OCI그룹은 21세기 신재생에너지로 각광받는 태양광 전문기업으로 유명하다. 태양광발전의 기본 소재는 태양광을 전기로 바꿔 주는 폴리실리콘인데, OCI그룹은 중국 GCL, 독일 바커와 함께 폴리실리콘 제조 '세계 3강'으로 꼽힐 만큼 글로벌 그린에너지 메이커로서의 위상을 뽐내고 있다.

OCI그룹은 자산 규모 12조 원대로, 2013년 기준 국내 재계 서열 (공기업 제외) 23위에 올라 있다.

OCI그룹의 창업주는 국내 재계 마지막 '개성상인'으로 불리는 이회림 명예회장이다. 개성에서 송도보통학교를 졸업한 이회림 명예회장은 14세 때부터 도매상 손창선 상점에 취직해 송상(松商·개성을 중심으로 사업활동을 하던 상인)의 길을 걸었다. 1951년 서울에서 국내 최초의 수출업체인 개풍상사를 운영하면서 면사 등을 팔아 강원도 대한탄광(1955년) 등을 인수했다. 이렇게 번 돈으로 미국의 개발차관(AID)을 받아 1959년 OCI그룹의 모태인 동양화학을 설립했다.

동양화학은 국내 최초로 유리를 만드는 데 쓰이는 소다회를 제조하는 기초화학소재 업체로 첫발을 뗐다. 그러나 1968년 공장 준공 이후 일본과 미국의 소다회 제품이 범람해 적자와 재고가 쌓이면서 사업 초기부터 좌초 위기에 직면했다. 이회림 명예회장은 장남이자 OCI그룹을 승계한 이수영 회장을 회사에 불러들여 부자 경영을 시작했다.

미국 아이오와주립대에서 유학 중이던 이수영 회장은 전무이사 타이틀로 1970년 입사했다. 이후 1979년 사장, 1996년 회장으로 승진, OCI그룹을 이끌고 있다.

이수영 회장 합류 이후 당시 박정희 정부의 경제개발계획에 힘입어 동양화학은 위기를 극복했다. 이후 화이트카본을 생산하는 한불화학(1975년), 세제의 원료인 과산화수소 공장(1979년), 지금은 유니드로 개명한 한국카리화학(1980년), 실리카겔 공장(1988년), TDI 공장(1991년), 동우반도체약품(1991년) 등을 설립해 다양한 화학 분야로 진출하며 종합화학그룹으로서의 기틀을 마련했다.

업계가 IMF 구제금융의 후유증으로 고전하던 시기인 2000년, 동양화학은 당시 예금보험공사에 담보로 잡혀 있던 제철화학과 제철유화를 인수하며 또 한 번의 변신을 꾀했다.

제철화학과 제철유화는 포스코의 포항공장과 광양공장에서 배출되는 부산물인 콜타르를 정제해 피치 등 고부가가치 화학소재를 만들어

OCI 연혁

1959년	동양화학 출범
1964년	유니온 설립
1967년	삼광초자공업(현 삼광글라스) 설립
1968년	인천 소다회 공장 준공
1979년	과산화수소 공장 준공
1980년	한국카리화학(현 유니드) 설립
1982년	이테크건설 설립
1991년	석유화학 사업 시작
1994년	삼광유리공업 인수
1995년	미국 와이오밍 소다회 공장 인수
2000년	제철화학 및 제철유화 인수
2001년	동양화학에서 동양제철화학으로 사명 변경
2008년	폴리실리콘 사업 시작
2009년	동양제철화학에서 OCI로 사명 변경

내는 업체이다. 동양화학은 이듬해인 2001년 제철화학 및 제철유화
와 합병하면서 동양제철화학으로 거듭났다. OCI그룹에서 폴리실리
콘을 만드는 주요 기업이자 지주회사 격인 OCI는 당시 M&A를 계기
로 1990년대 후반까지 3천억 원대이던 매출이 2000년 기준 1조 6천억
원대로 5배 이상 확대됐다. 이수영 회장은 2004년 3월부터 6년간 한
국경영자총협회(경총) 회장을 맡으며 재계를 이끌었다.

OCI그룹(당시 동양화학)은 2006년 태양광산업의 핵심 원료인 폴리
실리콘 진출을 본격 선언하면서 다시 한 번 도약에 나섰다. OCI그룹
내 주력 회사인 OCI는 2008년 제 1폴리실리콘 공장(연산 5천 톤)의 상
업 생산이 시작된 후 제 2공장(1만 톤), 제 3공장(1만 톤)을 잇따라 건
설했다. 이후 이들 공장의 생산설비 합리화로 2011년 말 폴리실리콘
생산 능력을 4만 2천 톤으로 확대하면서 원가경쟁력을 확보해 세계 3

OCI그룹 매출 자산 증감 추이

단위: 원

12조 1,590억

11조 7,727억

12조 1,304억

9조 6,451억

7조 7,688억

7조 8,043억

● 자산총계

5조 2,367억

6조 3,408억

6조 1,949억

5조 6,504억

● 매출액

2009년	2010년	2011년	2012년	2013년	재계순위
32위	29위	24위	25위	23위	

위권의 폴리실리콘 메이커로 우뚝 섰다. 동양화학은 2001년 동양제철화학에 이어 2009년 회사명을 지금의 OCI로 바꿨다.

시련도 이어졌다. 2012년부터 중국을 위시로 한 태양광 공급과잉의 여파로 폴리실리콘 가격이 떨어지면서 태양광 업계가 어려움에 봉착했다. 이로 인해 OCI는 적자 전환했으며, OCI 계열인 넥솔론은 2014년 법정관리에 들어갔다. 2011년 60만 원대까지 치솟았던 OCI 주가는 2015년 3월 현재 10만 원대에 머물러 있다.

그러나 OCI그룹은 삼성정밀화학이 폴리실리콘 사업에서 사실상 손을 떼고, 웅진이 국내에서 관련사업을 거의 포기한 태양광에너지 업황 부진 속에서도 2014년 흑자 전환(연결 기준)에 성공했다. 폴리실리콘 시장은 호전되지 않아 OCI는 적자지만 석유석탄화학과 기초화학 분야에서의 안정적인 매출과 영업이익 창출로 태양광 분야 적자를 보전해 흑자를 냈다.

OCI그룹은 2015년을 기점으로 폴리실리콘과 태양광발전사업뿐 아니라 태양광에너지 저장시스템(ESS)에도 투자하며 성장동력을 확대할 방침이다. 이 계획이 순조롭게 진행되면 OCI는 태양광과 ESS 완제품을 모두 생산하는 명실상부한 태양광 전문업체로 거듭날 수 있다.

OCI그룹 측은 "태양광 시장이 유럽에서 미국, 중국, 일본 등으로 확대되고 있는 데다 이달 말 전북 군산 폴리실리콘 3공장 증설을 끝내면 OCI는 세계 폴리실리콘 수요량의 17%를 차지하는 생산 능력을 갖추게 된다"면서 "태양광 소재에서 발전사업으로까지 영역을 확대해 태양광 시장의 성장을 이끌겠다"고 말했다.

한 지붕 세 가족 독립경영

OCI그룹은 이수영 회장 3형제가 그룹 내 OCI 계열, 삼광글라스 계열, 유니드 계열을 각각 독립적으로 운영하고 있다. 창업주인 이회림 명예회장의 결정에 따른 것이다. 그러나 형제들이 OCI그룹의 주력이자 지주회사 격인 OCI 지분을 공동 보유하고 있어 2세들 간 지분 정리는 하지 못한 상태다.

OCI그룹은 2015년 3월 기준 국내 총 26개 기업을 보유하고 있다. 주력인 OCI 주식은 이수영 회장이 10.92%, 차남 이복영 회장이 5.49%, 3남 이화영 회장이 5.43%를 보유하고 있다. 나머지 여자 형제들과 3세들은 각각 0.5%에 못 미치는 지분을 가지고 있다. 송암문화재단(1.23%) 등을 포함해 오너 일가가 보유한 OCI 지분은 총 30.13%다. 다른 자회사는 오너 일가가 지분을 보유하는 대신 OCI를 통해 지배한다.

이복영 회장은 삼광글라스(22.04%)의 최대 주주이며, 이화영 회장은 유니드(17.3%), OCI상사(64.29%)의 대주주다. 2세대의 독립 경영 노선에 따라 3세 경영체제도 구체화됐다.

이수영 OCI그룹 회장의 장남 이우현 씨는 OCI 사장을 맡아 OCI그룹의 핵심인 태양광과 화학소재 분야를 이끌어 갈 계획이다. 차남인 이우정 씨는 OCI 계열의 태양광전지 재료인 잉곳과 웨이퍼 제조업체 넥솔론을 설립해 독자적인 길을 걷고 있다. 넥솔론은 태양광에너지 업황이 나빠지면서 2014년 법정관리에 돌입했으며, 오너 일가가 보유하던 지분은 거의 소각됐다.

이복영 삼광글라스 회장의 자녀들도 2011년 신재생에너지 소재업체인 쿼츠테크 지분을 매입하며 3세 경영에 시동을 걸었다. 이화영 유니드 회장은 외아들 우일 씨와 함께 유니드의 지배회사인 OCI상사의 최대 주주로 이름을 올렸다. 이화영 회장 부자는 OCI상사 지분의 100%를 보유하고 있다. 재계에서는 2세대에서 형제 경영을 하던 OCI그룹이 3세대에는 계열분리를 통한 독자노선 체제를 갖출 것으로 보고 있다.

마지막 송상의 후예들, 정·재계 화려한 혼맥 자랑

OCI그룹 일가는 정·재계로 이어지는 화려한 혼맥을 자랑한다. 박근혜 대통령과 인척관계로 연결되는가 하면, 한승수 전 총리와 사돈을 맺고 있고, '재계 혼맥의 허브'로 불리는 LG그룹과도 연결돼 있다. 이수영 OCI그룹 회장의 경기고 재계 인맥들도 눈에 띈다.

이회림 OCI그룹 명예회장은 1917년 4월 17일 개성시 만월동에서 전주 이씨 익현군 17대손인 부친 이영주 씨와 파평 윤씨 소정공파 34대손 윤효중 씨 사이에서 2남 3녀 중 장남으로 태어났다. 부친 이영주 씨는 백삼 교역을 하며 중국인과 거래가 많았는데, 1929년 대공황으로 문을 닫았다.

이회림 명예회장은 18세 때 삼촌의 소개로 황해도 태생의 개성 정화여학교 출신인 동갑내기 박화실 씨와 결혼해 3남 3녀를 두었다.

OCI그룹을 이끌고 있는 장남 이수영 회장은 경기고와 연세대 행정학과를 졸업하고 아이오와주립대 경영대학원을 졸업했다. 이 회장은 초등학교 동창이자 〈경향신문〉 기자 출신인 동갑내기 김경자(73) 씨와 결혼해 3남매를 두고 있다. 김경자 씨는 현재 OCI미술관장으로 활동하고 있다.

이수영 회장의 장남 이우현(47) OCI 사장은 김수연(38) 씨와 2011년 화촉을 밝혔다. 서강대 화학공학과 출신인 이 사장은 와튼스쿨 MBA를 졸업한 뒤 크레딧스위스퍼스트보스턴 등 외국계 금융사를 거쳐 지난 2005년 OCI에 전무로 입사했다. 9세 연하인 부인 김 씨는 14~15대 자유민주연합(자민련) 국회의원을 지낸 김범명 씨의 1남 1녀 중 장녀로, 서울대 음대와 미국 보스턴대에서 피아노를 전공했다. 둘 사이에는 1남 3녀를 두고 있다.

이수영 회장의 차남 이우정(46) 씨는 서강대 독어독문학과, 스위스 국제경영개발대학원 석사 출신으로 지금은 법정관리 상태인 OCI 계열의 넥솔론의 관리인을 맡고 있다.

1978년 고 이회림(맨 앞줄 오른쪽) OCI그룹 창업주의 회갑을 맞아 서울 성북동 자택 정원에서 부인 고 박화실(맨 앞줄 왼쪽) 여사 및 슬하 3남 3녀 가족이 함께한 모습.
맨 뒷줄 남성들은 왼쪽부터 둘째 사위 이응선 전 국회의원, 셋째 사위 이병무 아세아시멘트 회장, 3남 유니드 이화영 회장, 장남 OCI그룹 이수영 회장, 차남 삼광글라스 이복영 회장.
중간 줄 여성들은 왼쪽부터 차녀 이숙희 씨, 3녀 이정자 씨, 장녀 이숙인 씨, 셋째 며느리 이은영 씨, 큰며느리 김경자 씨, 둘째 며느리 박형인 씨. 고 박화실 여사가 안고 있는 아이는 장남 부부의 막내인 이지현 씨.

OCI미술관 부관장으로 재직 중인 이수영 회장의 딸 이지현(41) 씨는 법조계 원로의 자제이며 미 와튼스쿨 MBA 출신인 김성준(41) 씨와 결혼했다. 김성준 씨는 이수영 회장의 차남인 이우정 씨가 사장으로 있는 넥솔론에서 전무로 일한 바 있다.

삼광글라스를 경영하고 있는 이회림 명예회장의 차남 이복영 회장은 경복고, 서울법대와 미 오하이오주립대를 졸업했다. 부인 박형인 (63) 씨와의 사이에 2남 1녀를 두고 있다.

삼광글라스 계열인 이테크건설 전무로 있는 이복영 회장의 장남 이우성(37) 씨는 LS그룹 구자열 회장의 장녀인 구은아(33) 씨와 결혼했다. 이로써 OCI그룹은 재계 혼맥의 총본산으로 불리는 LG그룹과 연결됐다. 차남 이원준(31) 씨는 미혼이며, 삼광글라스 상무보로 재직 중이다. 장녀 이정현(38) 씨는 광고회사 제이씨데코 김주용(47) 대표와 결혼했다.

이회림 명예회장의 3남 이화영 유니드 회장 역시 LG가와 연결돼 있다. 경복고와 오하이오주립대 수학과를 졸업한 이화영 회장은 이철승 전 상공부 차관의 딸인 이은영(60) 씨와 결혼해 1남 1녀를 두고 있다. 이은영 씨의 친언니가 바로 GS그룹 허창수 회장의 부인인 이주영 씨다. LG그룹에 뿌리를 두고 있는 재계 서열 7위의 GS그룹과도 사돈을 맺고 있다.

이화영 회장의 사위는 이명박 대통령 시절 총리를 지낸 한승수 씨의 아들 한상준(43) 씨다. 이화영 회장의 장녀인 이희현(36) 씨가 한승수 전 총리의 며느리이다. 한상준 씨는 유니드에서 부사장으로 재직 중이다. 이 혼사를 통해 OCI는 박근혜 대통령과도 연결된다. 한승수 전 총리의 부인이 박근혜 대통령의 어머니인 육영수 여사의 조카다. 한 전 총리는 박근혜 대통령의 이종사촌 형부가 되는 셈이다.

이화영 회장의 아들 이우일(34) 씨는 미 엔디콧대에서 경영학을 전공했으며, 평범한 집안 출신인 문영규(26) 씨와 결혼했다.

이회림 명예회장의 장녀 이숙인(78) 씨는 재미교포 김일 씨와 결혼 후 미국에서 거주 중이다. 차녀 이숙희(75) 씨는 이응선 전 국회의원(81)과 결혼했다. 3녀 이정자(71) 씨는 이동녕 봉명그룹 회장의 차남

OCI그룹 가계도

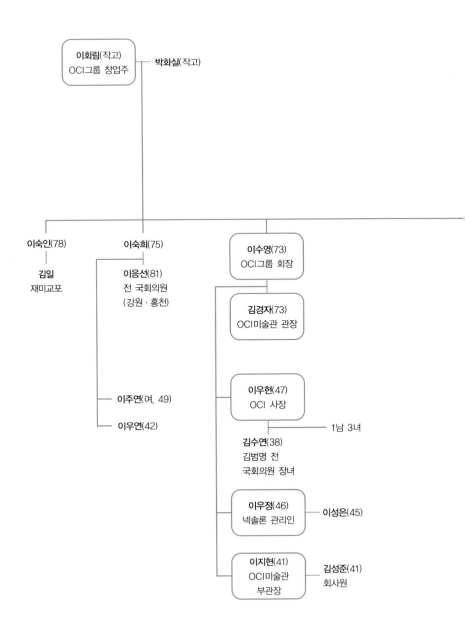

이회림(작고)
OCI그룹 창업주 ── 박화실(작고)

이숙인(78)

김일
재미교포

이숙희(75)

이응선(81)
전 국회의원
(강원·홍천)

이주연(여, 49)

이우연(42)

이수영(73)
OCI그룹 회장

김경자(73)
OCI미술관 관장

이우현(47)
OCI 사장 ── 1남 3녀

김수연(38)
김범명 전
국회의원 장녀

이우정(46) ── 이성은(45)
넥솔론 관리인

이지현(41)
OCI미술관
부관장

김성준(41)
회사원

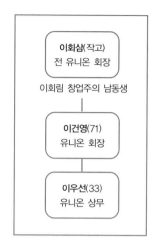

이회삼(작고)
전 유니온 회장

이회림 창업주의 남동생

이건영(71)
유니온 회장

이우선(33)
유니온 상무

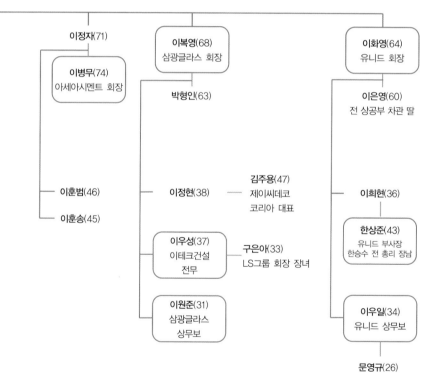

이정재(71)

이병무(74)
아세아시멘트 회장

이복영(68)
삼광글라스 회장

박형인(63)

이화영(64)
유니드 회장

이은영(60)
전 상공부 차관 딸

이훈범(46)

이훈송(45)

이정현(38)

김주용(47)
제이씨데코
코리아 대표

이희현(36)

한상준(43)
유니드 부사장
한승수 전 총리 장남

이우성(37)
이테크건설
전무

구은아(33)
LS그룹 회장 장녀

이원준(31)
삼광글라스
상무보

이우일(34)
유니드 상무보

문영규(26)

이회림	이수영	김경자	이병무
OCI그룹 창업주	OCI그룹 회장	OCI미술관 관장	아세아시멘트 회장

이복영	이화영	이우현	이우정
삼광글라스 회장	유니드 회장	OCI 사장	넥솔론 관리인

이지현	이우성	이원준	한상준
OCI미술관 부관장	이테크건설 전무	삼광글라스 상무보	유니드 부사장

이우일	이회삼	이건영	이우선
유니드 상무보	전 유니온 회장	유니온 회장	유니온 상무

인 이병무(74) 아세아시멘트 회장과 결혼했다.

한편 이수영 회장의 인맥은 경기고를 중심으로 이뤄져 있다. 경기고 56회 동기동창인 황해도 출신의 고려아연 최창걸 명예회장을 비롯해, 1년 선배인 박용성 전 중앙대 이사장(두산중공업 회장)과 막역한 사이다. 경복고를 졸업한 김상하 삼양그룹 회장과도 자주 연락할 정도로 교분이 있다. 이 회장에 이어 대한빙상경기연맹 회장을 맡았던 장명희 아시아빙상경기연맹회장과도 친분이 두텁다.

해외 기업들을 인수합병하면서 글로벌 인맥도 형성했다. 독일 화학기업인 데구 사의 닥터볼프 회장, 필리핀 타코의 팅 회장, 페루의 칸세코시 회장 등과도 친분이 있다.

이수영 회장의 장남인 이우현 OCI 사장은 동갑내기인 신세계 정용진 부회장과 친하게 지낸다. 한국타이어월드와이드의 조현식 사장과도 '절친'이다.

OCI그룹의 미술사랑

송암미술관은 OCI그룹 창업주인 이회림 명예회장이 2005년 인천시에 기증한 것이다. 1992년 이 명예회장이 건립한 이 미술관은 그가 생전 50여 년에 걸쳐 국내외에서 손수 수집해 온 수백억 원대의 고미술품 8,400여 점을 소장하고 있다. 미술관을 인천시에 기증한 것은 OCI의 모태인 동양화학이 1960년대 서해안 간척지를 매립해 소다회 공장을 건설한 이래 인천을 중심으로 그룹을 발전시켜 왔기 때문이다.

송암미술관에는 구한말과 일제강점기를 거치면서 일제에 의해 해외로 유출된 문화유산들이 상당수 있다. 이회림 명예회장이 개성에서 가게 점원으로 일하면서 우리 문화재에 대한 일제의 수탈을 목격하고 이를 안타깝게 여겨 우리 문화유산을 틈틈이 사 모았다고 한다.

이에 따라 현재 송암미술관에는 국보급인 겸재 정선의 그림 '노송

종로구 수송동에 위치한 OCI미술관

영지도'를 비롯하여, 엄청난 제작비를 들여 중국 퉁구 지방에 있는 광개토대왕비를 실물 복원한 '광개토대왕비'가 있다. 추사 김정희, 석파 이하응, 백범 김구의 친필과 조선시대를 대표하는 오원 장승업, 현재 심사정 등의 서화류 4천여 점과 고암 이응노, 운보 김기창의 작품도 소장 중이다. 송암미술관은 대지면적 4,400평에 지하 1층, 지상 2층, 연건평 765평 규모다.

개성상인 집안의 미술사랑은 여기서 끝나지 않는다. OCI는 서울 종로구 수송동에 있는 재단 전시관을 2010년 OCI미술관으로 개관해 운영하고 있다. 관장은 이회림 명예회장의 큰며느리이자 장남 이수영 회장의 부인 김경자 씨다.

OCI미술관은 주로 한국 현대미술과 관련된 전시에 초점을 맞춘다. 매해 신진작가들을 선정해 창작활동을 지원하며, 지방도시의 현대미술 활성화를 위한 지방순회전도 하고 있다.

OCI그룹은 "이회림 명예회장이 우리 고미술을 보존하기 위해 사재를 들여 조선시대 민화를 수집하고 북한의 현대미술 작품을 구매했다면 이수영 회장 세대에서는 한국 현대미술 발전에 이바지하기 위해 노력하고 있다"고 말했다.

효성그룹

정·관·재계 혼맥 화려한 '권문세가'

효성가문의 혼맥은 재벌가에서조차 혀를 내두를 만큼 화려함의 극치를 달린다. 전직 대통령들을 비롯해 주요 정·관·재계 인사의 집안들과 연결돼 있다. 상류층 사람들을 일컫는 '권문세가'(權門勢家)라는 말이 자연스레 연상될 정도다.

경남 함안의 대지주 아들로 태어난 조홍제 회장은 부친 조용돈 씨와 모친 안부봉 씨의 2남 4녀 중 장남이다. 15세에 진주의 대부호인 하세진 가문의 차녀 하정옥 여사와 결혼했다. 조홍제 회장은 하 여사와의 사이에 3남 2녀를 뒀는데, 효성가의 혼맥은 이들 2세부터 본격적으로 확장돼 3세 때 절정에 이르게 된다.

조홍제 회장의 장녀 조명숙 씨와 차녀 조명률(88) 씨는 각각 경남 진양 대지주 허정호(96) 전 서울신한병원 원장과 경남 산청 대지주 권동혁의 장남 권병규 전 효성건설 회장과 혼사를 맺었다.

장남인 조석래(80) 효성그룹 회장은 2015년 3월 22일 작고한 재무부 장관 출신 송인상 한국능률협회 명예회장의 3녀 송광자(71) 여사와 32세 때 결혼했다. 경기여고, 서울대 미대를 졸업한 송 여사는 공예작가로, 2년 전에도 전시회를 열었으며 경운박물관장을 맡고 있다.

조석래 회장은 처가로 인해 이회창 전 한나라당(현 새누리당) 총재와 노태우 전 대통령과 사돈의 사돈으로 발전했다. 송인상 명예회장의 장녀 송원자(76) 씨는 단암산업 회장인 이봉서(79) 전 상공부 장관과 인연을 맺었으며, 이봉서 전 장관의 3녀인 이혜영(43) 씨는 이회창 전 총재의 장남 이정연(52) 씨와 부부가 됐다. 송 명예회장의 차녀 송길자(73) 씨는 신명수 전 신동방 회장과 결혼했는데, 그의 장녀 신정화(46) 씨는 노태우 전 대통령의 장남 재헌(50) 씨와 결혼했다가 2013년 이혼했다.

조석래 회장은 아들 셋을 낳았다. 장남 조현준(47) 효성 사장은 2001년 이희상 동아원그룹 회장의 3녀 이미경(40) 씨와 화촉을 밝혔다. 미국 뉴잉글랜드 음대를 졸업한 이미경 씨는 전두환 전 대통령의 3남 전재만 씨의 부인 이윤혜 씨의 동생이다. 조현준 사장과 전재만 씨는 동서 간이 되는 셈이다. 이로써 효성가는 전두환 전 대통령과도 사돈의 사돈이 됐다.

차남 조현문(46) 고문 변호사는 2003년 이부식 전 과학기술처 차관의 장녀 이여진(42) 씨와 결혼했다. 이여진 씨는 1997년 외무고시에 합격해 청와대 의전비서관실에서 노무현 전 대통령의 영어 통역을 맡았다가 조 회장 부부의 눈에 들어 조현문 씨와 인연을 맺었다.

3남 조현상(44) 효성 부사장은 2009년 김여송〈광주일보〉사장의 딸 김유영(35) 씨와 백년가약을 맺었다. 김여송 사장은 특장차 제조업체 광림의 대표이사로, 김용주 행남자기 회장과 사촌 간이다. 비올리스트인 유영 씨는 서울대 음대 수석 입학 이후 줄리아드 음대와 예일대 음대에서 학·석사를 받았다. 26세에 뉴욕대 조교수에 임용됐고 2004년부터 세계적인 첼리스트 요요마의 실크로드 앙상블 단원에 발탁돼 협연을 벌여 온 실력파다.

창업주 조홍제 회장의 차남 조양래(78) 한국타이어 회장은 지인의 소개로 홍긍식 전 변호사협회장의 딸인 홍문자(74) 여사와 혼인했다. 둘은 2남 2녀를 뒀다. 장남 조현식 한국타이어월드와이드 사장은 차동완 카이스트 교수의 딸 차진영(38) 씨와 결혼했다. 차 교수는 설경동 대한전선 창업주의 둘째 사위다.

차남 조현범(43) 한국타이어 사장은 이명박 전 대통령의 3녀 이수연(40) 씨를 배필로 맞았다. 이렇게 조양래 회장은 이명박 전 대통령과 사돈이 됐다. 이수연 씨의 큰아버지인 이상득 전 국회의원은 구자두 LG인베스트먼트 회장과 사돈이다.

조양래 회장의 장녀 조희경(49) 미국 뉴욕 FDU 수학과 교수는 노정호(53) 연세대 법대 교수와 결혼했으며, 차녀 조희원(48) 씨는 재미교포와 결혼해 미국에서 살고 있다.

창업주 조홍제 회장의 막내아들 조욱래(66) DSDL(옛 동성개발) 회장은 김종대 전 농림부 차관의 딸 김은주(60) 여사와 결혼했다. 2남 1녀 중 맏이인 조현강(40) DSDL 사장은 교육자 집안의 딸 한유리 씨

효성그룹 가계도

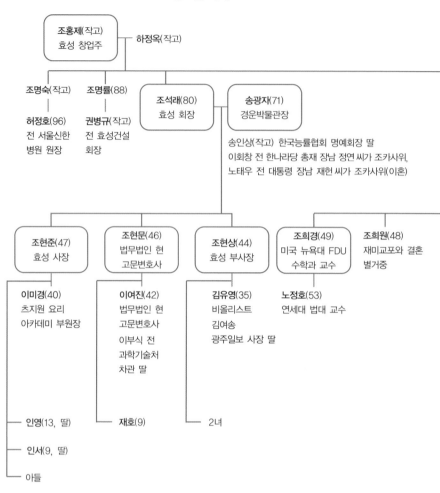

조홍제(작고)
효성 창업주 ─ 하정옥(작고)

조명숙(작고)
허정호(96)
전 서울신한
병원 원장

조명률(88)
권병규(작고)
전 효성건설
회장

조석래(80)
효성 회장

송광자(71)
경운박물관장

송인상(작고) 한국능률협회 명예회장 딸
이회창 전 한나라당 총재 장남 정연 씨가 조카사위,
노태우 전 대통령 장남 재헌 씨가 조카사위(이혼)

조현준(47)
효성 사장

조현문(46)
법무법인 현
고문변호사

조현상(44)
효성 부사장

조희경(49)
미국 뉴욕대 FDU
수학과 교수

조희원(48)
재미교포와 결혼
별거중

이미경(40)
츠지원 요리
아카데미 부원장

이여진(42)
법무법인 현
고문변호사
이부식 전
과학기술처
차관 딸

김유영(35)
비올리스트
김여송
광주일보 사장 딸

노정호(53)
연세대 법대 교수

인영(13, 딸)

재호(9)

2녀

인서(9, 딸)

아들

조홍제
효성 창업주

조석래
효성 회장

송광자
경운박물관장

조양래
한국타이어 회장

조욱래
DSDL 회장

조현준
효성 사장

조현문
법무법인 현 고문변호사

조현상
효성 부사장

조희경
미국 뉴욕대 FDU 수학과 교수

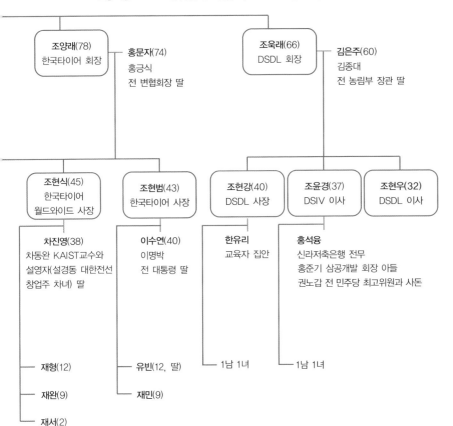

조양래(78)
한국타이어 회장

홍문자(74)
홍긍식
전 변협회장 딸

조욱래(66)
DSDL 회장

김은주(60)
김종대
전 농림부 장관 딸

조현식(45)
한국타이어
월드와이드 사장

조현범(43)
한국타이어 사장

조현강(40)
DSDL 사장

조윤경(37)
DSIV 이사

조현우(32)
DSDL 이사

차진영(38)
차동완 KAIST교수와
설영자(설경동 대한전선
창업주 차녀) 딸

이수연(40)
이명박
전 대통령 딸

한유리
교육자 집안

홍석융
신라저축은행 전무
홍준기 삼공개발 회장 아들
권노갑 전 민주당 최고위원과 사돈

재형(12)

재완(9)

재서(2)

유빈(12, 딸)

재민(9)

1남 1녀

1남 1녀

조현식
한국타이어 월드와이드 사장

조현범
한국타이어 사장

조현강
DSDL 사장

조윤경
DSIV 이사

조현우
DSDL 이사

와 혼사를 맺었고 1남 1녀를 두었다. 조욱래 회장의 장녀 조윤경(37) DSIV 이사는 홍준기 삼공개발 회장의 아들 홍석용 신라저축은행 전무와 결혼해 1남 1녀를 뒀다. 조윤경 씨의 시아버지는 권노갑 전 민주당 최고위원과 사돈 관계다.

3명의 전직 대통령과 사돈을 맺은 효성가는 경영 면에서는 장자 중심의 보수적인 원칙을 중시한다. 하지만 집안 내에서는 창업주 조홍제 회장부터 며느리의 사회활동을 적극적으로 권유하는 등 합리적이고 개방적인 분위기인 것으로 전해졌다.

안갯속인 3세 후계구도

선대가 그랬듯이 순탄하게 흘러갈 것 같았던 효성그룹의 후계구도가 법적 소송으로 삐걱거리고 있다. 효성을 이끌 후계자에 대해 재계에서는 장자인 조현준 효성 사장을 가장 유력하게 보고 있다. 안갯속인 효성그룹의 후계구도는 어떻게 풀어질까.

조석래 효성 회장의 장남인 조현준 사장은 보성중을 졸업한 뒤 미국 명문 세인트폴고교로 유학가서 예일대에서 정치학을 전공했다. 일본 게이오대에서 정치학 석사학위를 받은 조 사장은 일본 미쓰비시상사에서 일하다 1997년 효성에 경영기획팀 부장으로 입사했다. 6년만인 2003년 부사장에 오른 조 사장은 4년 뒤 사장 자리에 앉았다.

현재 조현준 사장은 효성 섬유·정보통신사업그룹장(PG) 겸 전략본부장(사장)을 맡고 있다. 오랜 유학생활로 다양한 인적 네트워크를 가진 조 사장은 영어, 일어, 이탈리아어에도 능통한 것으로 알려졌다. 팀플레이를 중시하는 '야구경영론'으로 "부모들이 입사를 추천하는 회사"로 만들고 싶다고 밝히기도 했다.

입사 이후 국내 최초로 전 사원의 급여체제를 연봉제로 전환하고 주력 산업인 스판덱스 부문의 글로벌 생산기지를 확대해 2010년 세계 시장점유율 1위를 일궈 냈다.

조석래 회장의 차남인 조현문 법무법인 현 고문 변호사는 부친에게 물려받은 7.1%의 효성 지분을 모두 정리하고 2013년 완전히 회사를 떠났다. 2014년 형과 동생 조현상 효성 부사장이 대주주로 있는 그룹 계열사 대표를 검찰에 고발해 논란이 일었다.

조현문 변호사는 서울대 인류학과를 수석 입학·졸업하고 미국 하버드대 로스쿨을 마친 후 뉴욕 주에서 변호사로 활동하다 1999년 효성에 입사했다. 국제변호사로서 잃어버린 효성 도메인을 미 법원에 제소해 되찾아오는 등 역량을 발휘해 조석래 회장 부부의 기대를 한껏 받기도 했다. 하지만 2011년 회사에서 나가 후계 경쟁에서 사실상 배제됐다.

조석래 회장의 3남인 조현상 효성 부사장은 연세대를 거쳐 미국 브라운대 경제학과를 졸업한 뒤 1998년 외환위기 당시 그룹의 사내 컨설턴트 역할을 맡아 경영에 참여했다. 이후 일본 NTT커뮤니케이션에서 한국지사 설립을 주도해 성공했다. 2000년 효성에 복귀한 조 부사장은 2001년 이사에서 11년 만에 효성 산업자재산업그룹장(PG) 겸 전략본부 부사장에 올랐다. 2006년 굴지의 타이어업체인 미국 굿이어 사 등의 대규모 계약을 따내면서 타이어코드 시장 1위를 삼켰다. 친화력이 있으며 사내 사회공헌활동을 주도하고 있다.

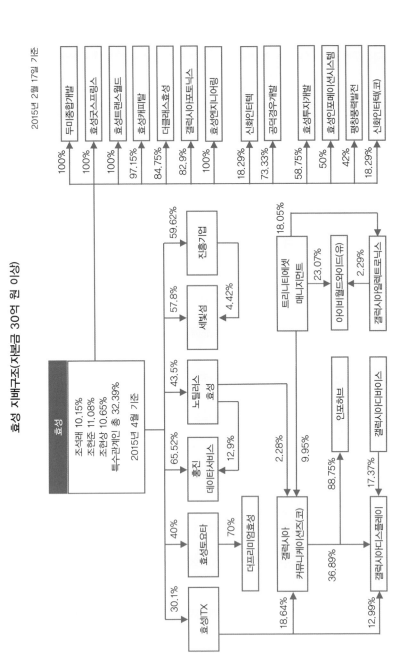

효성 지배구조(자본금 30억 원 이상)

2015년 2월 17일 기준

효성의 지분은 2015년 4월 기준 조석래 회장 10.15%, 조현준 사장 11.08%, 조현상 부사장 10.65%로 배분돼 있다. 조 회장은 암 수술로 건강 상태가 좋지 않은 상태다. 이런 가운데 3형제간 화해가 이뤄질 가능성도 조심스레 제기되고 있다. 2015년 3월 별세한 송인상 한국능률협회 명예회장의 빈소에 송 명예회장이 생전에 가장 아꼈다는 외손주 조현문 변호사가 찾아왔기 때문이다. 2년 만에 만난 3형제가 화목했던 예전으로 돌아가려면 풀어야 할 숙제들이 많지만, 극적인 전환도 배제할 수 없다.

위기를 기회로, 2015년 1분기 사상 최대 실적

2014년 한 해 안팎으로 힘든 시기를 보낸 효성그룹은 2016년 창사 50주년을 앞두고 재도약을 준비하고 있다. 저유가로 인한 업황 부진으로 2014년 3분기 150억 원의 당기순손실을 기록해 적자전환한 데다 세금 추징에 따른 부채비율 상승과 재무구조 악화로 신용등급이 A+에서 A로 강등됐지만 위기를 기회 삼아 세계 최강의 글로벌 화학소재 기업으로 거듭난다는 각오다.

경남 함안 출신인 창업주 조홍제 효성그룹 회장은 1962년 56세의 늦은 나이에 효성물산을 세우며 독자 경영의 길에 나섰다. 삼성그룹 창업주 이병철 회장과 삼성을 동업하다 이 관계를 청산하면서다. 조 회장은 이를 "내가 70년을 살아오는 동안 내리지 않으면 안 되었던 수많은 결단 중에 가장 현명한 결단이었다"고 회고하면서 스스로를 '늦되고 어리석다'고 여기며 호를 '만우'(晚愚)라고 지었다. 조 회장은

1966년 나일론 원사를 생산하는 동양나이론(현 효성)을 세우면서 종합 화섬사로의 도약을 시작했다.

부친의 요청으로 조석래 회장이 경영에 뛰어든 것은 이때부터다. 경기고를 졸업하고 일본 와세다대, 미국 일리노이공대에서 공학을 전공한 조 회장은 동양나이론 울산공장을 지으며 성공리에 나일론 사업을 안착시켰다.

1971년에는 국내 최초로 민간 기업연구소를 세워 신제품 개발과 품질 개선을 통해 섬유사업 경쟁력을 한 단계 끌어올렸다. 폴리에스터와 세계 시장점유율 1위인 '꿈의 섬유' 스판덱스 개발은 이렇게 이뤄졌다. 2011년에는 무게는 철의 4분의 1, 강도는 10배 이상 강한 신소재 탄소섬유를 처음 개발했다. 최근에는 10여 년간 500억 원의 연구비를 투자해 1938년 나일론이 개발된 이후 가장 획기적인 소재로 평가 받는 최첨단 고성능 신소재 폴리케톤 개발에도 성공했다. 나일론보다 충격강도는 2.3배 강하고 내마모성이나 기체 차단성도 최고 수준이다. 효성은 현재 연산 5만 톤 규모의 폴리케톤 공장 건립을 추진하고 있다.

창업주 조홍제 회장은 부실기업인 조선제분과 한국타이어도 인수해 정상화시켰다. 자동차 수요 급증을 예상해 타이어코드 기술을 개발했고, 1979년 국내 처음으로 폴리에스터 타이어코드를 만들어 냈다. 2006년에는 미국, 유럽, 남미 등의 해외 타이어코드 공장을 인수하고 중국, 베트남에까지 글로벌 생산기지를 확보해 폴리에스터 타이어코드의 생산량과 세계 시장점유율을 모두 1위로 만들어 놨다. 1975년에는 한영공업을 인수해 효성중공업으로 바꾸고, 초대형 변압기 등 송배전 분야에서도 괄목할 만한 성과를 이뤘다. 이에 따라 초창기 150억 원에 불과했던 매출은 2014년 말 현재 700배가량 늘어난 12조 원으로 증가했다. 사업장 수도 국내 11개, 해외 13개국 37개로 급증했다.

위기도 수차례 넘겼다. 효성은 1983년 오일쇼크 때 채산성 등이 악화되자 그룹 경영정상화 방안을 발표해 24개 계열사를 합병, 매각, 청산해 8개 기업으로 대폭 정리했다. 조석래 회장은 재무구조 개선을 위해 현재 가치로 10조 원에 달하는 개인 자산을 처분해 당시 1만 6천여 명의 근로자를 해고하지 않고 위기에서 구해 내기도 했다.

IMF 외환위기가 찾아온 1997년에도 효성은 혁신경영 선포식을 갖고 효성물산, 효성중공업 등 4개 회사를 ㈜효성으로 통폐합하고 재무구조를 개선해 위기에서 벗어났다.

2014년은 특히 힘든 한 해였다. 조석래 회장은 검찰에 불구속 기소됐고, 조 회장의 차남 조현문 변호사는 형 조현준 사장을 검찰에 고발했다.

그러나 효성은 2015년 1분기 사상 최대 실적을 내며 아들 조현준 사장, 조현상 부사장 등 3세 후계경영을 가속화하고 있다. 2015년 1분기 효성의 매출액은 2조 7,929억 원으로 역대 최고치를 경신했다. 특히 스판덱스를 중심으로 한 해외 제조법인의 수익성이 좋아지면서 영업이익은 2,222억 원으로 2014년 1분기보다 두 배 이상 껑충 뛰었다. 6만 원대에 머물던 주가도 2015년 1월 중순 7만 원대를 처음 돌파한 이후 5월 현재 11만 7,500원(21일 종가 기준)으로 5개월 만에 70% 이상 올랐다.

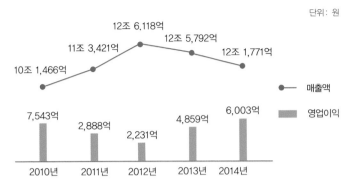

효성그룹 5년간 매출 및 영업이익

단위: 원

12조 6,118억

11조 3,421억

12조 5,792억

10조 1,466억

12조 1,771억

● 매출액

■ 영업이익

7,543억

2,888억

6,003억

2,231억

4,859억

2010년   2011년   2012년   2013년   2014년

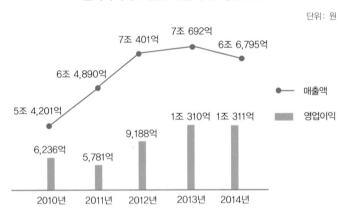

한국타이어 5년간 매출액 및 영업이익

단위: 원

7조 692억

7조 401억

6조 4,890억

6조 6,795억

5조 4,201억

● 매출액

■ 영업이익

1조 310억   1조 311억

6,236억

5,781억

9,188억

2010년   2011년   2012년   2013년   2014년

2014년 효성의 매출은 12조 1,771억 원이었다. 전년보다 3.2% 줄었지만 영업이익은 6,003억 원으로 전년보다 23.6% 늘어 3년 연속 증가했다. 공정거래위원회의 2014년 대기업 순위에 따르면 효성은 25위(공기업 제외)로 계열사는 44개, 자산총액은 11조 2천억 원이다.

한국타이어와 DSDL

사업영역을 확장해 가는 형과 달리 '한 우물 경영'을 하는 창업자 조홍제 회장의 차남 조양래 회장이 경영하는 한국타이어는 무난히 좋은 실적을 이어 가고 있다. 국내 시장점유율 1위인 한국타이어의 2014년 매출은 6조 6,795억 원으로 전년 대비 소폭 감소했지만 영업이익은 1조 311억 원으로 5년 연속 상승세를 이어 갔다.

3남인 조욱래 DSDL(옛 동성개발) 회장은 27세의 젊은 나이에 대전 피혁 사장에 올라 10년 만에 대성, 효성금속, 효성기계, 동성개발 등 계열사를 8개로 늘렸지만 외환위기로 많은 어려움을 겪었다. 현재 부동산 전문개발업을 중심으로 호텔, 식음료사업을 벌이는 DSDL은 2014년 330억 원의 매출을 올렸다.

미래에셋그룹

벤처캐피탈 20년 만에 금융 대기업으로 변신

1997년 7월 서울 강남구 신사동의 한 작은 사무실에서 7명의 금융투자 전문가와 사무직 여직원 3명 등 10명이 모여 자본금 100억 원으로 '미래에셋벤처캐피탈'을 설립했다. 다음 달인 8월 10억 원 규모의 '미래에셋투자자문'이 문을 열었다. 처음부터 자산운용사로 시작하지 않은 이유는 당시 자산운용사는 설립허가를 받을 수 없었고, 아직 주식시장이 크지 않은 상태에서 투자자문사는 인지도가 약했기 때문이다. 당시 벤처 열풍에 따라 인지도가 있는 벤처캐피탈로 시작했다.

이렇게 자본금 100억 원으로 시작한 회사는 약 20년 만에 자산운용사, 증권, 보험사 3개 축을 중심으로 26개 계열사를 거느리며 운용자산만 180조 원에 이르는 재계 순위 33위의 '미래에셋그룹'으로 성장

1999년 12월 서울 영등포구 여의도동 미래에셋빌딩에서 열린 미래에셋증권 출범 기념사진. 미래에셋 창립의 주역인 박현주(오른쪽) 미래에셋그룹 회장과 최현만(왼쪽) 미래에셋생명 부회장의 16년 전 모습.

했다. 직원 10명으로 시작한 회사에서는 현재 4천 명 가까운 임직원이 일하고 있다. 2003년 홍콩을 시작으로 해외진출과 금융수출을 시작했고, 현재 미국, 영국, 캐나다, 인도, 호주, 중국, 브라질 등 세계 12개국 진출에 성공했으며, 해외에서 운용 중인 자산만 19조 원에 이른다.

국내에 몇 명 남아 있지 않은, 특히 부침이 심한 금융업에서 찾아보기 어려운 샐러리맨 신화의 상징으로 박현주(56) 미래에셋그룹 회장이 있다. 박 회장의 일생이 곧 미래에셋그룹의 성장사이라고 해도 지나치지 않다.

박현주 회장은 고려대 경영학과 2학년 때 '자본시장의 발전 없이 자본주의는 발전할 수 없다'는 내용의 강의를 듣고 투자에 호기심을 느껴 어머니 김유례 씨가 보내 준 생활비로 증권투자를 하면서 투자 인생을 시작했다. 이후 1985년 27살의 나이로 중구 회현동 코리아헤럴드빌딩의 33제곱미터 넓이 사무실에 투자자문사인 내외증권연구소를 세웠다.

하지만 박현주 회장은 곧 개인투자자로서 투자를 전문으로 한다는 데 한계를 느껴 사무실을 닫은 후 본격적으로 증권업에 뛰어들기 위해 1986년 동양증권에 입사한다. 이후 동원증권(현 한국투자증권)으로 자리를 옮긴 박 회장은 영업 실력을 인정받아 1991년 33세의 나이에 동원증권 을지로 중앙지점장이 됐다. 국내 증권사 최연소 지점장의 탄생이었다.

이후에도 박현주 회장은 승승장구했다. 박 회장이 이끄는 동원증권 을지로 중앙지점은 전국 1등 지점이 되는 쾌거를 이뤘다. 1994년에는 압구정지점장으로 자리를 옮겼고, 여기서도 전국 증권사 지점 가운데 약정고 1위의 기록을 세웠다. 1995년에는 이사급인 강남본부장으로 승진했다. 외국계 증권사로부터 연봉 10억 원이라는 파격적인 조건에 스카우트 제의를 받기도 했다.

그러나 박현주 회장은 돈 욕심 때문에 회사를 옮기기보다는 스스로 회사를 만들어 경영자가 되고 싶은 마음이 컸다. 1997년 6월 당시 회사에서 이름을 날리던 구재상 압구정지점장(50·현 케이클라비스 투자자문 대표, 전 미래에셋자산운용 부회장), 최현만 서초지점장(53·현 미래에셋생명 부회장) 등을 주축으로 회사를 나와 '미래에셋벤처캐피탈'을 만들었다.

시기는 좋지 않았다. 박현주 회장이 창업할 때인 1997년 말에는 외환위기가 시작되면서 금리는 연 30%까지 치솟고 코스피 지수는 300

대까지 하락했다. 하지만 박 회장에게는 시장을 읽는 본능적인 눈이 있었고, 위기는 곧 기회로 바꿀 수 있었다. 운용자금의 95%를 고금리 채권에, 5%를 선물에 투자했다. 채권과 선물로 수익을 거둔 후 주식에 투자했다. 비관론이 만연했던 시대였지만 한국 시장이 지나치게 저평가됐다는 믿음이 더 컸다.

1998년 외환위기 당시 박 회장은 자신의 이름을 따 국내 최초로 뮤추얼펀드 '박현주 1호'를 출시했다. 주변에서는 만기 기간이 있는 폐쇄형 구조인 뮤추얼펀드가 실패할 것이라는 의견이 지배적이었다. 하지만 세상의 예상과 달리 500억 원 규모로 출범한 '박현주 1호'는 발매 2시간 30분도 안 돼 마감됐다. 수익률은 100%를 넘었다. 외환위기로 금융투자업계에 대한 불신이 팽배했지만 투명한 구조에다 장기투자의 필요성, 무엇보다도 운용사 대표의 이름을 건 상품에 대한 신뢰가 작용한 결과였다.

이때의 성공을 바탕으로 미래에셋은 2005년 SK생명(현 미래에셋생명)을 인수하는 등 증권과 보험업을 같이 하는 금융 대기업으로 성장하기 시작한다. 박 회장이 보험업에 진출한 것은 자산운용을 하기 위해서는 장기적 상품 특성을 띤 보험업을 필수적으로 보유해야 했기 때문이다. 다만 은행업은 고려하지 않았다. 박 회장은 자산운용업으로 출발한 미래에셋이기 때문에 회사의 출발점이자 최대의 경쟁력인 자산운용업에 집중해야 한다고 판단했던 것이다.

위기의 순간도 있었다. 뮤추얼펀드인 박현주 1호의 성공에 이어 2000년 박현주 2호 펀드를 선보였지만 정보기술(IT) 열풍에 지나치게 주가가 올랐던 라이코스 등 IT 관련 주가가 급락하면서 이에 투자

미래에셋그룹 주요 계열사 영업이익 · 단기순이익 비교

2014년 기준(단위: 원)

미래에셋증권	2,138억
	1,493억
미래에셋생명	846억
	710억
미래에셋자산운용	864억
	530억

■ 영업이익
■ 당기순이익

자료: 금융감독원 전자공시시스템

했던 미래에셋은 30~40% 손실을 기록했다.

하지만 더욱 뼈저린 아픔은 2007년 10월 출시돼 국내에 펀드 붐을 일으킨 '인사이트펀드'가 대규모 손실을 일으킨 일이다. 여러 나라의 다양한 자산에 투자한다는 것을 강조한 이 펀드는 출시 보름 만에 4조 원어치가 팔려 화제를 모았다. 하지만 2008년 세계적 금융위기로 투자자들의 원금이 절반 이상 손실이 나기도 했다. 이때의 실패는 자산운용의 대명사로 알려진 미래에셋의 이미지를 떨어뜨리는 계기가 됐다. 인사이트펀드 이후 미래에셋은 글로벌자산배분펀드, 대체투자 등 펀드를 더욱 다양화하고 있다. 이후 미래에셋자산운용은 세계적으로 우량한 기업에 투자 비중을 높여 가면서 수익률을 개선했고, 2014년 11월말에 플러스로 돌아섰다.

강력한 1인 리더십 체제, 포스트 박현주는?

미래에셋 관계자와 미래에셋에 몸담았던 이들, 금융투자업계 관계자들의 이야기를 들어보면 미래에셋이 만들어진 1997년만 하더라도 박현주 회장은 어느 정도 규모의 회사로 키우겠다는 뚜렷한 목표는 없었다. 하지만 창업 이후 눈덩이 불어나듯 미래에셋이 커질 수 있었던 것은 미래에셋그룹의 창업주인 박 회장의 1인 리더십이 강력하게 작용했기 때문이다.

이런 맥락에서 미래에셋에서 박현주 회장의 영향력은 절대적이다. 박 회장의 1인 리더십은 장기적으로 볼 때 불안요소로 작용할 수도 있다. 금융투자업계 관계자는 "박 회장의 강력한 리더십이 어떻게 보면 독선적이라고 할 수 있겠지만 대규모 기업을 키우는 리더라면 누구나 그런 면은 가지고 있을 것"이라면서도 "미래에셋그룹에서 박 회장의 절대적인 1인 지배체제가 점차 강화되는 것은 분명하다"고 말했다.

이에 대해 미래에셋은 "박 회장은 창업자로서 절대적인 지분을 가지고 있으면서 그룹의 큰 전략을 고민하고, 9년 전부터 시행된 부문대표제를 통해 권한이양과 전문성에 기반한 시스템경영을 하고 있다"고 밝혔다.

박현주 회장은 미래에셋컨설팅 지분 48.69%를 보유하고, 다시 미래에셋컨설팅이 미래에셋자산운용 지분 32.9%를 보유하는 식으로 회사를 운영하고 있다. 또 박 회장은 미래에셋캐피탈 지분 48.69%를 보유하고, 미래에셋캐피탈이 미래에셋증권 지분 38%, 미래에셋생명 지분 26.24%를 각각 소유하면서 회사 경영권을 쥐고 있다.

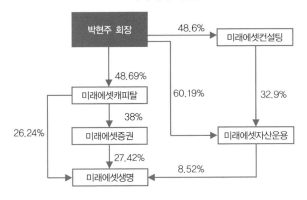

미래에셋 지분구조

하지만 정부의 여신전문금융업법(여전법) 개정 추진에 따라 캐피탈 대주주 등과의 거래 제한이 강화되면 지분 정리가 필요한 상황이다. 미래에셋은 미래에셋캐피탈의 지주사 전환 문제는 장기적인 이슈라는 관점을 유지하고 있다.

박현주 회장은 자녀들에게 회사를 물려주지 않겠다고 공언했다. 창업 공신인 최현만 미래에셋생명 부회장 등이 있지만 그룹 내 박 회장의 지배력이 절대적이라는 점에서 최 부회장으로의 권력 이동은 쉽지 않을 것으로 보인다.

최근 박 회장의 장녀인 박하민(25) 씨가 미래에셋자산운용 홍콩법인에 입사하면서 회사를 자녀에게 물려주는 후계자 양성 단계에 돌입한 게 아니냐는 지적이 나왔다. 하지만 그룹 측은 장녀가 회사를 물려받기 위해 입사한 것이 아니라 부동산 관련 업무를 해와 그룹 내에 자연스레 입사한 것이라고 해명했다.

농사꾼의 아들 '자본시장의 신화'로 꽃피다

"누구에게나 그러하듯 나에게도 어머니는 인생의 스승이자 최고의 조언자였다. 시골을 떠나 서울에서 대학생활을 할 때 어머니는 생활비를 1년에 한 번만 주셨다. 돈을 계획적으로 쓰고 관리하는 습관을 가르치기 위해서였다."

박현주 미래에셋그룹 회장은 2007년에 쓴 저서 《돈은 아름다운 꽃이다》에서 이처럼 어머니에 대한 각별한 애정을 드러냈다. 박 회장의 가족관계에 대해서 구체적으로 드러난 것은 없지만, 지금의 박 회장이 있게 한 사람은 박 회장의 어머니 김유례 여사였다.

박현주 회장의 아버지 박하장 씨는 7남매 가운데 3남으로 태어났다. 일제강점기 시절 태어나 물려받은 것이 많지 않았고 평범하게 자랐다. 주변 사람들로부터 인품이 훌륭하다는 칭찬이 자자했다. 광주광역시 광산구 지죽동에서 벼·보리 농사를 했던 그는 주변에서 돈을 꿔달라는 사람들이 있으면 불평 하나 없이 자기의 것을 아낌없이 나눠주곤 했다고 한다.

하지만 아버지는 박현주 회장이 지역 명문 광주일고 합격통지서를 받던 날 심장마비로 갑작스럽게 별세했다. 평소 건강하던 아버지의 갑작스러운 죽음에 인생의 허무함을 이른 나이에 느낀 박현주 회장은 방황하게 된다. 그런 박 회장을 다잡아 준 것은 어머니였다. 남편을 일찍 보내고 2남 2녀를 홀로 키웠지만 점점 가세를 불릴 정도로 수완이 좋기도 했다. 박 회장이 미래에셋을 창업할 때도 어머니가 사둔 땅을 팔아 사업자금을 마련했을 정도였다.

박현주 회장의 주변 관계자는 "박 회장의 어머니가 예전에 '현주 사주를 보면 부자가 될 것이라고 했다'는 말을 자주 했었다"며, "박 회장이 사업가 기질이 있는 것은 그의 어머니가 머리가 뛰어나게 좋았고 그것을 박 회장이 닮았기 때문인 것 같다"고 말했다.

여섯 살 연하인 부인 김미경(50) 씨는 연세대 영어영문학과 출신으로 박현주 회장과는 연애 결혼했다. 김 씨가 박 회장을 부모님께 소개했을 때 장인과 장모는 박 회장이 증권회사에 다니는 것을 탐탁지 않게 여겼다고 한다. 당시 금융업계에서는 은행이 최고 직장이었고, 증권사는 '한탕주의가 판치는 곳'이라는 부정적 이미지가 있었기 때문이다. 박 회장은 향후 증권업의 발전 방향에 대해 두 시간 동안 달변으로 '사활을 건 브리핑'을 해 가까스로 결혼 승낙을 얻어냈다고 한다.

'CEO스코어'에 따르면 부인 김 씨가 보유한 미래에셋 주식의 가치는 913억 원으로, 재벌 총수 부인들 가운데 3번째로 주식 자산이 많다. 김 씨는 미래에셋자산운용 지배의 핵심인 미래에셋컨설팅 지분 10.2%를 보유했다.

박현주 회장의 자녀는 2녀 1남으로, 모두 미래에셋컨설팅의 지분을 8.19%씩 가지고 있다. 장녀인 박하민 씨는 미국 코넬대 인문학부에서 사학을 전공한 뒤 조기 졸업해 맥킨지코리아와 다국적 부동산컨설팅업체 CBRE에서 근무하였고, 현재는 미래에셋자산운용 홍콩법인 소속으로 해외부동산 투자 업무를 맡고 있다. 차녀인 박은민(22) 씨는 미국 듀크대에서, 장남인 박준범(21) 씨는 미국 세인트루이스 워싱턴대에서 유학 중이다.

박현주 회장의 형과 여동생 또한 모두 사회적으로 성공했다. 열두

박현주 회장 가계도

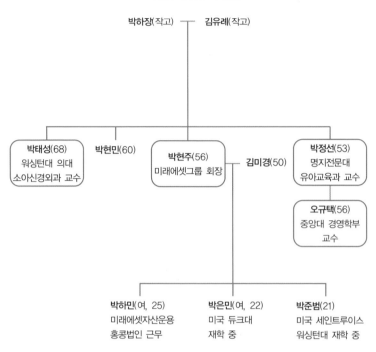

박하장(작고) ─── 김유례(작고)

박태성(68)
워싱턴대 의대
소아신경외과 교수

박현민(60)

박현주(56)
미래에셋그룹 회장 ─── 김미경(50)

박정선(53)
명지전문대
유아교육과 교수

오규택(56)
중앙대 경영학부
교수

박하민(여, 25)
미래에셋자산운용
홍콩법인 근무

박은민(여, 22)
미국 듀크대
재학 중

박준범(21)
미국 세인트루이스
워싱턴대 재학 중

박태성
워싱턴대 의대
소아신경외과 교수

박현주
미래에셋그룹 회장

박정선
명지전문대 유아교육과 교수

오규택
중앙대 경영학부 교수

살 위인 박 회장의 맏형 박태성(68) 씨는 워싱턴대 의대 소아신경외과 교수로 재직 중으로, 뇌성마비 분야에서 세계적으로 유명하다.

누나인 박현민(60) 씨는 공무원 남편을 여의고 홀로되었는데, 이를 안타깝게 여긴 박현주 회장이 박현민 씨와 조카인 송성원, 송하경 씨에게 그룹의 지주회사 격인 미래에셋캐피탈 지분을 줬다고 알려졌다. 박현민 씨는 0.52%, 송성원, 송하경 씨는 각각 0.06%씩 지분을 가지고 있다.

여동생인 박정선(53) 씨는 명지전문대 유아교육과 교수다. 매제인 오규택(56) 중앙대 경영학부 교수는 한국채권연구원장을 지냈고 현재 금융위원회 산하 공적자금관리위원회 민간위원으로 활동하고 있다. 오 교수는 박현주 회장과 광주일고 동기동창이기도 하다.

창업 3인방, 박현주 · 최현만 · 구재상

박현주 미래에셋그룹 회장은 지연과 학연을 싫어한다고 공개적으로 밝힌 바 있다. 회사 내 정치를 용납하지 않는다고 강조하기도 했다. 이처럼 사람을 만나는 것에 까다로운 박 회장이기에 특정 모임을 둘러싸고 구설에 오른 적이 별로 없다.

하지만 박현주 회장의 주변 인물들을 살펴보면 동원증권으로 엮여 있다는 인상을 준다. 박 회장은 광주광역시 출신으로 지역 명문인 광주일고, 고려대 경영학과를 졸업하고 동원증권에 입사했고, 퇴사 후 미래에셋그룹을 만들었다. 이런 인연으로 묶인 이들이 미래에셋그룹의 정점에서 각 부문을 이끌어 가고 있기도 하다.

박현주 회장과 함께 미래에셋그룹 창업 3인방 가운데 1명이자 그룹의 2인자인 최현만 미래에셋생명 부회장은 전남 강진 출신에 광주고, 전남대 정치외교학과를 졸업했다. 동원증권 서초지점장으로 일하다 박 회장과 함께 미래에셋을 만든 최 부회장은 동원증권이라는 끈으로 오래전부터 연결돼 있다. 박 회장은 1989년 동원증권 을지로 중앙지점장으로 있던 시절 당시 대리였던 최 부회장과 구재상 케이클라비스투자자문 대표(전 미래에셋자산운용 부회장)를 처음으로 만났다.

최현만 부회장은 미래에셋이 출범했을 때 관리와 영업을 책임진 바 있다. 인품이 따뜻하다는 평이다. 그는 미래에셋생명 전 지점을 1년에 한 번 이상 직접 찾아가 살펴보기 위해 전국을 돌아다니고 있다.

박현주 회장, 최현만 부회장과 함께 미래에셋그룹을 창업한 '미스터 펀드' 구재상 케이클라비스투자자문 대표는 1988년 연세대 경영학과를 졸업하고 동원증권에 입사, 압구정지점장을 지내다 박 회장과 손을 잡았다. 그룹 내에서 자산운용을 맡던 구 대표는 2012년 미래에셋자산운용 부회장 자리를 떠나 독립해 케이클라비스투자자문을 운영하고 있다.

박현주 회장, 최현만 부회장의 뒤를 이어 그룹 서열 3번째인 정상기(55) 미래에셋자산운용 부회장 역시 동원증권과 한남투신에서 근무한 후 1998년 미래에셋자산운용 관리본부장을 맡으며 그룹에 합류했다.

미래에셋그룹은 다른 회사와 다르게 각 부문에 관리 책임자를 둔 것이 특징이다. 대표이사가 부사장급이어서 사장이 대표이사보다 직책이 더 높다. 이처럼 부문 대표제를 실시하는 것에 대해 박 회장은

미래에셋그룹 사람들

최현만(53) 미래에셋생명 부회장	**정상기**(55) 미래에셋자산운용 부회장	**조웅기**(50) 미래에셋증권 홀세일, 기업RM, 트레이딩 부문 각자 대표이사 사장	**변재상**(51) 미래에셋증권 리테일, 해외, 경영서비스 부문 각자 대표이사 사장	**구재상**(50) 케비클라비스투자자문 대표 (전 미래에셋자산운용 부회장)

"실무를 결정하는 권한을 관리책임자에게 줘서 믿고 써야 하며, 그 사람이 능력을 발휘해 면을 성장시키고 다시 면과 면이 만나 조직의 체계를 구축할 수 있다"고 말하며 조직의 유연성을 강조하기도 했다.

때문에 주요 계열사인 미래에셋증권은 조웅기(50) 사장이 홀세일·기업RM·트레이딩 부문 각자대표이사를 맡고 있고, 변재상(51) 사장이 리테일·해외·경영서비스 부문 각자대표이사를 맡고 있다.

박현주 회장의 인맥

김정태 전 국민은행장은 박현주 회장이 동원증권에 자리를 갖게 한 인연이 있고 평소 존경의 대상으로 자주 언급되기도 했다. 김 전 행장은 박 회장의 형 박태성 씨의 광주일고 동기동창이기도 하다. 박 회장은 저서 《돈은 아름다운 꽃이다》에서 광고회사 전흥의 박정하 회장, 김석동 전 금융위원장 등을 인생의 큰 바위 얼굴로 존경을 표했다.

장인환(55) KTB자산운용 사장과 송상종(54) 피데스투자자문 사장은 박현주 회장과 광주일고 동기동창이자 동원증권에서 함께 일하기도 했다. 송 사장은 미래에셋 창업에 잠시 참여하기도 했다.

코오롱그룹

코오롱그룹, 한국 섬유역사 산증인

코오롱그룹의 역사는 대한민국 섬유의 역사라고 해도 과언이 아니다. 1954년 12월 이동찬 명예회장이 설립한 '개명상사'는 당시 생소한 나일론사를 국내에 처음으로 들여왔다. 당시만 해도 우리나라 소비자들은 나일론에 대한 개념조차 없던 터라 고전을 면치 못했다. 하지만 양말은 물론 의류까지 나일론의 수요가 확대되면서 사업이 번창했다. 코오롱(KOLON)이라는 이름도 코리아 + 나일론(Korea + Nylon)의 합성어다. 한국 기업 최초의 영어 사명으로 'KORLON'으로 표기하다 1968년 'KOLON'으로 변경했다.

이원만 창업주와 이동찬 명예회장은 1957년 4월 12일 한국 최초의 나일론 제조회사인 한국나이롱주식회사(현 코오롱인더스트리㈜)를 설립했다. 스트레치 나일론 생산쯤은 우리 손으로 해낼 수 있다는 믿음을 갖고 과감히 도전장을 던진다는 각오로 설립한 회사다.

같은 해 11월 스트레치 나일론 공장 건립의 첫 삽을 떴고, 이듬해인 1958년 10월 총 건평 1,500평의 공장을 준공했다. 싸고 질긴 합성섬유를 접한 소비자들은 말 그대로 열광했다. 그 덕분에 1963년에 국내 최초로 나일론을 생산한 일일 생산 2.5톤 규모의 나일론 원사 제조 공장은 4년 만인 1967년 4배가 성장해 하루 10톤 규모의 공장으로 도약했다. 초기 코오롱의 전성기이기도 하다.

1960년대 섬유제품 수출은 주로 수입한 섬유를 가공해 수출하는 형태를 벗어나지 못했다. 코오롱은 섬유산업을 수출산업으로 만들기 위해서는 저렴한 가격에 원사를 확보하는 일이 필수라고 생각해 폴리에스터 원사 생산에 돌입했다. 결국 코오롱은 이를 기반으로 1973년 타이어코드 사업에도 진출했다. 등산이라는 개념조차 모호했던 1970년대, 코오롱상사는 코오롱스포츠 브랜드를 출시해 등산의류와 용품 등을 선보였다.

창립 20주년을 맞으면서 코오롱은 또 한 번의 도전을 시작했다. 기존 섬유사업 외에 필름, 비디오테이프, 메디컬사업 등 비섬유 부문에 대한 투자를 확대하기로 한 것이다. 1988년에는 정보기술(IT) 소재 필름을, 1991년에는 냉동·냉장식품 포장에 사용되는 나일론 필름을 국내 최초로 생산했다. 연산 1천만 권 규모의 비디오테이프 공장을 준공한 것도 같은 맥락이었다.

또한 코오롱은 1993년 세계에서 3번째로 머리카락 굵기의 1천~1만 분의 1에 불과한 초극세사를 이용하는 첨단 섬유소재 샤무드를 생

코오롱그룹 연혁

1935년	이원만, 아사히공예사 설립
1954년	개명상사 설립 – 코오롱그룹 시발점
1967년	한국나이롱주식회사 설립(현 코오롱인더스트리㈜)
1958년	스트레치 나일론사 제조공장 준공
1963년	한국 최초 나일론 원사공장 준공(일산 2.5톤)
1969년	한국포리에스텔주식회사 설립
1977년	이동찬 사장, 코오롱그룹 회장 취임
1983년	삼영신약 인수(현 코오롱제약)
1990년	코오롱정보통신 설립
1996년	이웅열 코오롱그룹 회장 취임
2009년	㈜코오롱, FnC코오롱 합병
2010년	㈜코오롱 지주회사 출범 코오롱인더스트리 출범
2011년	코오롱인더스트리, 캠브리지코오롱 흡수합병 코오롱글로벌 출범(코오롱건설, 코오롱아이넷, 코오롱B&S 합병)
2013년	중국지주사 설립(중국 상하이)

산했다. 2002년에는 액정표시장치용 광학산 필름과 프리즘 필름, 2005년에는 국내 최초로 강철보다 강한 섬유 헤라크론(아라미드) 양산에 성공했다. 이 과정에서 코오롱의 포트폴리오는 첨단부품과 소재산업 중심으로 재편됐다.

계열사 간 합병과 사업부문 분할도 진행했다. 모기업인 ㈜코오롱을 중심으로 2007년 코오롱유화㈜ 합병, 2008년 원사사업 부문 물적분할, 2009년 8월 FnC코오롱㈜와의 합병법인 출범 등이 대표적이다. 코오롱그룹은 2009년 12월 31일 지주회사 체제로 전환했다.

코오롱은 현재 또 한 번 변신 중이다. 화학섬유 제조와 건설, 무역에 주력하던 사업영역을 하이테크 산업 및 고부가가치 서비스업으로 확대하고 있다. 바이오 신약과 웨어러블 기술이 대표적 사례다.

코오롱그룹 연도별 매출

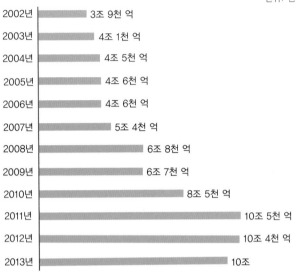

단위: 원

2002년	3조 9천 억
2003년	4조 1천 억
2004년	4조 5천 억
2005년	4조 6천 억
2006년	4조 6천 억
2007년	5조 4천 억
2008년	6조 8천 억
2009년	6조 7천 억
2010년	8조 5천 억
2011년	10조 5천 억
2012년	10조 4천 억
2013년	10조

코오롱생명과학㈜은 세계 최초 퇴행성관절염 세포유전자 치료제인 '티슈진-C'를 국내에서 임상 3상을 진행 중이며, 미국에서도 임상 3상을 준비하고 있다.

코오롱인더스트리㈜는 유기태양전지 연구·개발에 주력하고 있다. 유기태양전지는 유기물 기반으로 제작된 태양전지로, 기존 무기 태양전지에 비해 가볍고 유연하며 형태 및 색상 구현이 자유롭다는 장점이 있다. 이 기술을 이용하면 태양전지는 실외가 아닌 실내에서도 이용할 수 있다. 의류, 포장지, 벽지, 소형 전자기기 등 사용범위도 다양하다. 또한 2013년 수소연료전지 차량의 핵심부품인 연료전지용 수분제어장치를 세계 최초로 상용화하는 데 성공했다.

코오롱플라스틱㈜은 차세대 경량화 신소재로 주목받고 있는 열가

소성 탄소섬유 복합소재, '컴포지트'(KompoGTe)를 개발하고 시장 확대에 나서고 있다. 코오롱플라스틱의 열가소성 탄소섬유 복합소재는 기존 소재에 비해 무게는 대폭 줄이면서도, 우수한 강도와 가공성 등을 갖춰 연비를 획기적으로 개선시킬 수 있는 신소재이다.

이 같은 성과는 연구에 대한 투자가 바탕이 됐다. 코오롱은 미래신수종 산업 발굴과 인재 육성을 위해 2011년 8월 대전 카이스트 내에 '코오롱-KAIST 라이프스타일 이노베이션센터'를 열었다. 아울러 서울 강서구 마곡지구에 약 2,464억 원을 투자해 그룹 차원의 연구·개발(R&D) 센터인 '미래기술원'도 신규 건립할 계획이다. 2017년 8월 완공 예정인 이 시설은 기업의 향후 100년을 책임질 싱크탱크이기도 하다.

코오롱그룹의 혼맥

코오롱 가문은 아들이 귀한 집안이다. 그나마 창업주 이원만 회장은 슬하에 2남 4녀를 뒀지만, 이동찬 명예회장은 1남 5녀, 이웅열 회장도 1남 2녀다. 경영에는 장남만 참여하고 딸이나 사위, 처가와 친·인척은 경영에서 철저히 배제하는 원칙을 고수한다. 사돈의 8촌까지 사업에 뛰어드는 다른 기업들과는 다소 차이가 있다.

과거 이동찬 명예회장과 숙부인 이원천 전 사장 간의 경영권 분쟁이 일부 영향을 끼친 것으로 보인다. 실제 창업주 때는 사위들의 경영 참여가 적지 않은 편이었지만 이 명예회장이 경영권을 승계한 뒤 이런 원칙이 굳어졌다. 이 명예회장의 속내는 그의 자서전에서 잘 드러난다. "사위들이 처가 덕을 보고 한 자리하겠다면 득보다 해가 된다는 것을 잘 알고 있다."

이원만 창업주는 초기에는 자녀들을 평범한 집안과 인연을 맺게 했다. 하지만 사업 성공 이후에는 국내 명문가로 눈을 돌린 모습이 역력하다.

장남 이동찬 명예회장은 1944년 "학병에 끌려가기 전 장가부터 가라"는 부친의 강요로 맞선을 본 지 1주일 만에 신덕진 씨와 결혼했다. 장녀 이봉필(82) 씨는 1954년 고향 인근에 사는 임승엽 씨와 혼인했다. 임승엽 씨는 삼경물산 사장을 거쳐 그룹 부회장까지 역임했다. 차녀 이애란(73) 씨는 노영태(73) 씨와, 3녀 이미자(71) 씨는 포항 지주가의 장남이자 전 한국바이린 사장인 박성기(76) 씨와 결혼했다. 차남 이동보(66) 전 코오롱TNS 회장은 김종필 전 총리의 장녀 김예리(64) 씨와 결혼했다가 헤어졌다. 막내딸 이미향(61) 씨는 식품종합 그룹으로 성장한 SPC그룹 허영인(66) 회장의 부인이 됐다.

이동찬 명예회장의 장녀인 이경숙(69) 씨는 1969년 당시 공화당 의장 서리였던 이효상 전 국회의장의 3남이자 영남대 교수로 재직한 이문조(75) 씨와 결혼했다.

차녀 이상희(66) 씨는 고홍명 한국빠이롯드 회장의 장남 고석진 씨와 결혼했다. 고석진 씨는 코오롱제약(옛 삼영신약) 사장을 거쳐 빠이롯드전자 회장을 지냈다.

3녀 이혜숙(63) 씨는 이학철 고려해운 창업주의 장남인 이동혁(68) 씨와 결혼했다. 고려해운 회장을 지낸 그는 서울대 경제학과와 미국 컬럼비아대 석사 출신으로, 국내 해운업계에서는 처음으로 대만과

코오롱 가계도

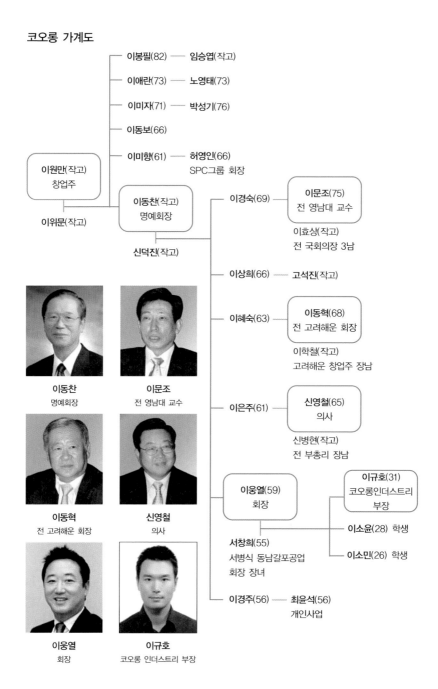

이원만(작고)
창업주

이위문(작고)

이봉필(82) — 임승엽(작고)

이애란(73) — 노영태(73)

이미자(71) — 박성기(76)

이동보(66)

이미향(61) — 허영인(66)
SPC그룹 회장

이동찬(작고)
명예회장

신덕진(작고)

이경숙(69)

이문조(75)
전 영남대 교수

이효상(작고)
전 국회의장 3남

이상희(66) — 고석진(작고)

이혜숙(63)

이동혁(68)
전 고려해운 회장

이학철(작고)
고려해운 창업주 장남

이은주(61)

신영철(65)
의사

신병현(작고)
전 부총리 장남

이웅열(59)
회장

서창희(55)
서병식 동남갈포공업
회장 장녀

이규호(31)
코오롱인더스트리
부장

이소윤(28) 학생

이소민(26) 학생

이경주(56) — 최윤석(56)
개인사업

이동찬
명예회장

이문조
전 영남대 교수

이동혁
전 고려해운 회장

신영철
의사

이웅열
회장

이규호
코오롱 인더스트리 부장

홍콩 등 동남아 항로를 개척했다.

4녀 이은주(61) 씨는 신병현 전 부총리 겸 경제기획원 장관의 장남 신영철(65·의사) 씨와 결혼했다.

5녀 이경주(56) 씨는 개인 사업을 하는 최윤석(56) 씨와 결혼했다.

이웅열(59) 회장은 큰누이 이경숙 씨의 소개로 1983년 서병식 동남 갈포공업 회장의 장녀 서창희(55) 씨를 아내로 맞았다. 서창희 씨는 이화여대에서 불문학을 전공했다. 이 명예회장의 딸과 며느리들은 모두 이화여대 동문이다. 이 회장 부부는 이규호(31) 씨와 이소윤 (28) 씨, 이소민(26) 씨 등 1남 2녀를 두고 있다. 장남 이규호 씨는 현재 코오롱인더스트리㈜ 부장으로 재직 중이다.

현재 코오롱가의 안주인인 서창희 씨는 자녀들이 장성한 이후 사회 공헌활동에 적극 나서고 있다. 코오롱그룹 임직원의 배우자와 가족들로 구성된 '코오롱가족 사회봉사단' 총단장을 맡고 있다. 코오롱그룹 비영리 재단법인인 '꽃과 어린왕자' 이사장도 담당한다.

이웅열 회장의 소통과 '배지 경영'

1977년 코오롱인더스트리에 입사한 이웅열 회장은 1985년 미국 뉴욕지사와 일본 도쿄지사에서 근무했으며, 아시아지역본부장 등을 역임했다. 미국 유학생활을 통해 일찌감치 쌓은 글로벌 감각을 토대로 코오롱그룹의 해외사업 전략을 이끌었다.

㈜코오롱 대표이사 등을 거쳐 그룹 회장으로 취임한 시기는 1996년이다. 회장 취임 이후에도 2002년 중국 시장 진출, 2013년 중국 지

주회사 설립 등 코오롱그룹의 세계화를 주도했다. 2006년에는 '라이프스타일 이노베이터'라는 비전을 발표했다. 나일론 도입과 생산으로 한국 의복생활에 혁신을 일으킨 코오롱이 다양한 분야에서 전 세계인의 라이프스타일을 혁신하겠다는 포부다.

이웅열 회장은 화학섬유 제조와 건설, 무역에 주력하던 코오롱그룹의 사업영역을 하이테크 산업 및 고부가가치 서비스업으로 확대시켰다. 바이오 신약과 웨어러블 기술이 대표적이다.

코오롱생명과학이 20년 이상 개발해 온 '티슈진-C'는 세계 최초의 퇴행성관절염 세포유전자 치료제로, 상용화를 눈앞에 두고 있다. 치료제는 임상실험 등을 거쳐 내년 하반기쯤 출시될 계획이다.

웨어러블 디바이스 개발 소재로 주목받는 유기태양전지, 세계 최초로 상용화에 성공한 연료전지용 수분제어장치, 국내 최초로 상용화에 성공한 전자섬유 '히텍스' 등은 이 회장이 심혈을 기울여 온 코오롱의 미래 먹을거리다.

코오롱은 지주회사인 ㈜코오롱이 그룹을 이끌어 가고 있다. 이 회장은 ㈜코오롱의 지분 47.38%를 보유하고 있다.

이웅열 회장의 별명은 '행동파'다. 회사가 어려움에 처할 때 숨거나 피하기보다는 직접 나서 돌파구를 마련해 왔다. 그룹 회장 취임 2년 만인 1998년 외환위기로 경영이 어려움에 빠지자 신속한 구조조정을 단행했다. 2000년대 중반 노조 파업으로 회사가 어려움을 겪자 현장으로 달려가 근로자들과의 대화에 나서기도 했다. 그의 발품은 '신뢰'라는 가치를 챙겼다. 덕분에 2007년 4월 ㈜코오롱(현 코오롱인더스트리)

창립 50주년 기념행사에서 노조와 손을 맞잡고 '항구적 무파업'을 선언하며 노사 상생의 모범적 사례를 만들 수 있었다.

2014년 12월에는 10년간 이어 온 정리해고자 시위대와의 갈등도 직접 해결했다. 이미 대법원은 코오롱이 2005년 진행한 정리해고에 대해 '경영상황으로 인한 불가피한 조치'라는 판결을 내렸다. 하지만 사측은 노사 상생·문화 발전을 위한 기부금을 제3의 기관에 전달하고, 정리해고자들과 시위를 끝내기로 합의했다. 이동찬 명예회장이 생전에 강조했던 '노사불이'(勞使不二)의 뜻이기도 하다.

마우나오션리조트 사고 당시에도 이 회장은 보고를 받은 직후 현장으로 달려갔다. 사고 발생 약 9시간 만인 오전 6시쯤 사과문을 발표하고 사고 수습을 지휘하는 한편 사재를 출연해 유족들의 아픔을 위로하고 사고 후유증을 최소화했다.

'배지 경영'은 이웅열 회장의 소통방식이다. 임직원에게 매년 경영방침을 형상화한 배지를 착용하게 함으로써 그룹의 미래상을 임직원과 공유한다. 2014년에는 '마음을 더하고 열정을 곱하며 서로 힘든 것을 나누면 무한대의 성공을 이뤄 낸다'는 뜻으로 '□ + O × △ ÷ = ∞'라는 공식을 새긴 '더하고 곱하고 나누기 배지'를 만들어 나눠 줬다. 2015년에는 철저한 실행과 목표달성에 주력하자는 의미를 담은 '타이머 2015 배지'를 선보였다.

코오롱의 후계구도를 말하기는 아직 이르다는 평이 지배적이다. 하지만 회사 안팎에서는 장남 이규호 체계가 조만간 가시화할 것이라는 전망이 구체화되고 있다. 코오롱은 이동찬 명예회장 이후 장남만 경영에 참여하는 장자일계(長子一系) 원칙을 이어 오고 있기 때문이다. 이웅열 회장의 장남 이규호 씨는 미국 코넬대에서 호텔경영학을 전공한 뒤 2012년 입사해 현재 코오롱인더스트리㈜ 경영지원본부에서 부장으로 재직 중이다. 이 부장은 코오롱인더스트리㈜ 구미공장, 코오롱글로벌㈜ 건설 현장 등을 거치며 현장경험을 쌓았다.

재계에서는 보기 드물게 부자가 모두 현역으로 국방의 의무를 마쳤다. 이웅열 회장은 전방 근무를 자원해 비무장지대(DMZ) 수색대에서, 이규호 부장은 경기 동두천시 포병여단에서 각각 육군 병장으로 만기 제대했다. 특히 이 부장은 일병이었을 당시 레바논 유엔 평화유지군에 지원해 동명부대 소속으로 파병을 가기도 했다.

이규호 부장은 재벌가 3세답지 않게 소탈한 성격이다. 미국 유학시절에는 자동차 없이 자전거를 타고 통학했고, 구미공장 근무 시에도 대중교통으로 출퇴근했다. 이 부장은 여전히 개인 소유의 승용차가 없다. 사적인 약속이 있을 때면 여동생들과 함께 쓰는 기아차 '쏘울'을 타고 다니는 것으로 알려졌다. 함께 일한 임직원들은 이규호 씨가 겸손하지만 업무에는 적극적으로 임한다고 입을 모은다.

코오롱그룹을 이끄는 사람들

코오롱그룹의 지주회사인 ㈜코오롱의 안병덕(58) 사장은 1982년 코오롱상사에 입사해 회장비서실과 부속실에서 근무했으며, 코오롱인더스트리 부사장, 코오롱글로벌 대표이사 사장을 거쳐 2014년부터 ㈜코오롱을 이끌고 있다. 비서실과 주요 계열사 경영진을 두루 거친 그의 경험은 ㈜코오롱이 그룹 컨트롤타워로서의 역할을 수행하는 기반 이기도 하다.

안 사장의 일에 대한 열정과 성실함은 상상을 초월한다. 입사 이후 33년간 단 한 번도 휴가를 가지 않았다는 사실이 이를 증명한다. 지난 2월 모친상을 당했을 때도 발인 다음날 바로 업무에 복귀했을 정도 다. 친화력이 뛰어나고 딱 한 번 만난 직원도 이름과 얼굴을 기억해 먼저 인사할 정도로 관찰력이 남다르다.

박동문(57) 사장은 코오롱의 주력 기업인 코오롱인더스트리㈜를 이끈다. 1983년 코오롱상사에 입사해 ㈜코오롱 인도네시아법인 최고 재무책임자(CFO), 코오롱글로텍 대표이사 부사장, 2010년 코오롱 글로텍 사장 겸 코오롱아이넷 대표이사 사장을 역임했다. 박 사장은 '기본을 바탕으로 생각이 젊은 회사'라는 경영철학을 가지고 회사의 혁신과 성장을 주도하고 있다.

박 사장은 경기 불황에도 타이어코드를 비롯한 자동차 소재 제품들 의 실적 확대를 이뤄 냈다. 특히 패션 부문에서 중국 코오롱스포츠 매 장 수를 180여 개로 늘리고 럭키슈에뜨, 쿠론, 슈콤마보니 등의 인기 브랜드를 론칭해 성공적인 결과를 일궜다.

윤창운(61) 코오롱글로벌㈜ 사장은 1981년 코오롱건설 기획실에 입사했으며, 코오롱그룹 회장비서실, 코오롱SPB사업부를 거쳐 코오 롱과 SKC의 PI FILM 합작회사 SKC코오롱PI의 대표이사를 역임했 다. 합작사 설립 후 직원들과 많은 시간을 함께하며 양사 직원이 하나 로 어우러지는 데 많은 노력을 기울였다. 그 결과 국내 시장점유율을 약 90%까지 끌어올리며 2013년 매출 400억 원을 달성했다. 2014

코오롱그룹 전문경영인

안병덕(58)
㈜코오롱 사장

박동문(57)
코오롱인더스트리㈜ 사장

윤창운(61)
코오롱글로벌㈜ 사장

최석순(50)
코오롱글로텍㈜ 사장

이우석(58)
코오롱생명과학㈜
코오롱제약㈜ 사장

이해운(59)
코오롱패션머티리얼㈜
대표이사

장희구(56)
코오롱플라스틱㈜
대표이사

이수영(47)
코오롱워터앤에너지㈜
대표이사

이호선(56)
코오롱베니트
대표이사

년 코오롱글로벌㈜ 사장에 취임한 이후에도 현장 직원들과의 소통을 최우선으로 삼는다. 불필요한 관행은 철저히 배제하는 스타일이다.

최석순(50) 코오롱글로텍㈜ 사장은 40대에 대표이사 사장에 올랐다. 1986년 코오롱상사㈜로 입사한 후 코오롱그룹 전략사업팀을 거쳐 코오롱글로텍㈜ 화이버사업본부장, AM사업본부장 등 주요 사업을 총괄했다. 2012년 대표이사 취임 후 중국 염성법인 추가 설립 등 글로벌 네트워크를 확장했다. 자동차 시트용 인조가죽 시장 진입 및 지오닉 등의 신규사업 개발로 사업영역을 넓혀 가고 있다.

이우석(58) 코오롱생명과학㈜ 사장은 1978년 행정고시 22회 출신으로 산업자원부 국제협력과장, 장관 비서관, 총무과장 등을 지냈다. 2000년 오랜 공직 생활을 접고 코리아이플랫폼을 창업했다. 2006년 당시 코리아이플랫폼이 코오롱 계열로 편입되면서 코오롱과 인연을 맺었다. 현재는 코오롱제약과 코오롱생명과학, 미국 티슈진(Tissue Gene Inc.) 3개 사 대표이사를 맡고 있다. 통찰력과 분석력이 뛰어나 핵심을 짚어낸 뒤 빠르게 결정해 행동으로 옮긴다는 평을 듣는다.

이해운(59) 코오롱패션머티리얼㈜ 대표이사는 1982년 ㈜코오롱에 입사한 후 30여 년간 연구·개발(R&D)과 생산기술 업무를 담당한 정통 엔지니어다. 코오롱인더스트리 구미공장장, 환경안전기술본부장 등을 거쳐 나일론, 폴리에스터 등 코오롱의 모태 사업에도 정통하다. 2014년 대표이사로 취임한 뒤 사업영역을 기존의 원사, 원단에서 나노섬유까지로 확대시켰다. 한 달 중 12일 이상은 고객과 직접 만나는 현장경영으로 유명하다.

장희구(56) 코오롱플라스틱㈜ 대표이사는 1986년 ㈜코오롱에 입사해 ㈜코오롱 구매팀장, 도쿄사무소장, 코오롱플라스틱 사업본부장을 거쳐 2014년 코오롱플라스틱 대표이사가 됐다. 별명은 '고참 영업사원'이다. 아무리 바빠도 매주 고객사를 직접 방문해 고객의 목소리를 경청하고 직급에 상관없이 담당자를 만나 불편사항이나 요구사항을 듣는다. 평직원들과 자유롭게 의견을 주고받는 것으로 유명한 최고경영자(CEO)다.

이수영(47) 코오롱워터앤에너지㈜ 대표이사는 2003년 코오롱그룹에 입사해 경영전략팀장, 신사업팀장, 코오롱워터앤에너지 전략사업본부장 등을 거쳐 2013년 코오롱워터앤에너지 대표이사로 임명됐다. 코오롱그룹 최초의 여성 CEO이기도 하다. 트렌드를 읽는 눈이 뚜렷하고 기획력과 추진력을 겸비했다는 평을 받는다.

이호선(56) 코오롱베니트 대표이사는 LG전자와 LG IBM에서 직판영업과 전략기획 등을 담당하다 2002년 코오롱정보통신 상무로 입사했다. 코오롱아이넷, 코오롱글로벌 등을 거쳐 2014년 코오롱베니트 대표이사로 취임했다. 취임 후 그룹 내 정보기술(IT) 서비스와 솔루션 사업을 성공적으로 통합해 사업과 재무구조를 안정적으로 재편하는 성과를 거뒀다.

‖ 코오롱그룹 이웅열 회장가 ‖

풍운아 이원만 창업주

코오롱 창업주인 이원만 회장과 이동찬 명예회장은 부자간이면서도 사업 동지이자 인생의 동반자였다. 이원만 창업주가 그룹의 외연을 넓히고 사업의 '바람막이'가 돼줬다면, 이동찬 명예회장은 그룹의 안살림을 챙겼다. 부자는 동업자로서 40년 가까이 함께 일하며 코오롱의 기틀을 만들었다. 이동찬 명예회장이 2세이면서 창업 1.5세대로 불린 까닭이다.

부자는 사업 파트너로서 환상의 듀엣이었지만 가정적으로는 한때 애증의 관계였다. 기업가보다 정치가로서 더 알려진 이원만 창업주는 워낙 풍류를 즐기는 성격인 데다, 이동찬 명예회장이 초등학교 4학년 때 남은 전답마저 처분하고 사업을 위해 훌쩍 일본으로 떠나 버렸기 때문이다. 이동찬 명예회장은 어린 나이에 모친과 누이동생을 돌보며 가장 역할을 해야만 했다.

그러나 선친은 이 명예회장에게 부러움의 대상이기도 했다. 선친의 호방한 성품과 능숙한 화술 등은 당시 정·재계에서 유명했다. 이 창업주는 술을 많이 하는 편은 아니었지만 술자리에서 재담으로 좌석을 압도했으며, 투박한 경상도 사투리는 '문화재'로 불릴 정도였다.

이원만 창업주는 1930년대 초 일본으로 건너가 사업 기반을 닦았으

며, 해방 후에는 국내 최초로 나일론을 들여와 국내 섬유산업을 개척
했다. 1957년에는 국내 첫 나일론사 제조공장인 한국나이롱㈜(현 코
오롱인더스트리㈜) 을 설립했으며, 1963년에는 나일론 원사공장을 지
었다. 그는 또 한국산업수출공단 창립위원회 위원장을 맡아 오늘의
구로공단과 구미공단을 조성하는 산파 역할을 했다.

　이원만 창업주는 정계에도 발을 들여 대한민국 초대 참의원과 6, 7
대 국회의원을 지냈으며, 이를 기반으로 인맥 만들기에 탁월한 수단
을 발휘했다. 이 때문에 이 창업주는 1960~1970년대 정·재계의 대
표적인 인물로 꼽혔다.

1.5세대 창업주 이동찬 명예회장

"피폐한 조국 경제를 일으키고 헐벗은 국민들이 따뜻한 옷을 입게 하
는 일도 애국이다."

　이동찬 명예회장이 광복 후 직물공장을 차리며 한 애기다.

　"인간생활의 풍요와 인류문명 발전에 이바지한다"는 지론으로 국민
의(衣) 생활에 많은 변화를 일으켰다.

　'가장의 짐'을 일찍 떠안은 탓에 이동찬 명예회장은 근검절약이 몸
에 배어 있었다. 한번은 이 명예회장이 1947년부터 50여 년 이상 신
던 슬리퍼를 비서실에서 새 것으로 바꿨다가 된통 야단을 맞고 쓰레
기통을 뒤져 간신히 찾은 적도 있다. 또 이 명예회장의 점심 메뉴는
주로 된장찌개와 칼국수, 수제비 등이었으며, 삼복더위도 부채와 선
풍기로 보냈다.

2004년 1월 13일 서울 하얏트호텔에서 열린 고 이동찬 명예회장의 회혼례에서 코오롱 일가가 기념사진을 찍고 있다. 사진 왼쪽부터 이웅열 회장 부인인 서창희 꽃과 어린왕자 재단 이사장, 첫째 이경숙 씨, 첫째 사위 이문조 씨, 둘째 이상희 씨, 고 신덕진 여사, 넷째 사위 신영철 씨, 고 이동찬 명예회장, 셋째 이혜숙 씨, 넷째 이은주 씨, 막내 이경주 씨, 장남 이웅열 회장, 셋째 사위 이동혁 씨.

이동찬 명예회장은 15세 때 경리사원으로 부친의 사업을 돕기 시작한 지 35년 만인 1977년 코오롱 회장에 올랐다. 그는 등산식, 마라톤식으로 표현되는 꾸준한 내실경영으로 그룹의 체질을 다져 놓은 이후 섬유와 무역에 치우친 사업구조를 건설과 화학으로 확대했다. 1980년대에는 전자소재와 합성섬유 등 신업종으로 영역을 더욱 넓혔다.

이동찬 명예회장은 1982년부터 1996년 1월까지 한국경영자총협회 회장을 맡았으며, 1983년부터 3년간 한국섬유산업연합회 회장을 지냈다. 또한 1982년 기업인으로서는 최고의 영예인 '금탑산업훈장'을 받는 등 49년간 기업인으로서 대내외의 존경을 받았다. 1992년에는

194

개인에게 수여되는 국내 최고의 훈장인 국민훈장 '무궁화장'을 기업인으로서는 최초로 수장했다.

이동찬 명예회장은 대한농구협회 회장과 대한골프협회 회장, 2002 한·일월드컵대회 조직위원회 초대위원장도 역임하며 아마추어 스포츠 발전과 국가 이미지 제고에 이바지했다. 특히 코오롱 구간마라톤대회, 코오롱 마라톤팀 등을 창설해 대한민국 마라톤의 전성기를 이끌어 손기정 선수 이후 56년 만인 1992년 바르셀로나올림픽에서 황영조 선수가 마라톤 금메달을 따내는 쾌거에 기여했다.

1996년 1월 이동찬 명예회장은 10년 이상 경영수업을 받은 장남 이웅열 회장에게 그룹 경영권을 물려주고 선친처럼 명예회장으로 물러났다. 퇴임 이후 미술작품 활동에 전념한 이 명예회장은 1992년 고희전(古稀展), 2001년 팔순전(八旬展)에 이어 2009년에는 미수전(米壽展)을 열었다. 2001년부터는 '우정선행상'(牛汀善行賞)을 제정해 2014년 11월 8일 고인이 되기 전까지 선행인들에게 직접 시상할 만큼 애정을 표했다.

KT&G

가장 성공한 민영화 기업

KT&G를 말할 때 흔히 '가장 성공한 민영화 기업'이라는 수식어가 따라붙는다. 공기업인 한국담배인삼공사가 2002년 말 민영화한 기업인 KT&G는 민영화 이후 적극적인 기업 인수로 기존의 담배, 인삼을 넘어 제약과 화장품, 부동산업까지 다양하게 사업을 확장하고 있으며, 주력사업인 담배와 홍삼은 해외시장까지 장악하고 있다. 공기업 시절에는 상상할 수 없었던 일이다. 민영화 이후 공격적인 경영이 가능했기에 이뤄 낸 성과인 셈이다.

KT&G의 모태는 1899년 대한제국 궁내성 내장원 삼정과다. 이후 1948년 재무부 전매국, 1952년 전매청으로 개편됐고, 1987년 한국전매공사가 창립됐다. 이때까지 국내 담배시장에서 제조·판매 독점권

KT&G 민영화까지 연혁

1899년	궁내성 내장원 삼정과
1948년	재무부 전매국
1952년	전매청
1987년	한국전매공사
1989년	한국담배인삼공사
1997년	상법상 주식회사로 전환
1999년	KGC인삼공사 자회사로 분리
2002년	KT&G 출범

을 행사했다. 담배시장이 개방된 이듬해인 1989년에는 한국담배인삼공사로 바뀌었다. 공사는 1997년 공기업 경영구조 개선 및 민영화에 관한 법률에 의해 상법상 주식회사로 전환했다.

KT&G의 민영화 작업은 1993년 10월 당시 김영삼 대통령이 공기업 경영쇄신방안 수립을 지시하면서 시작됐다. 1998년 7월 정부의 공기업 민영화 계획이 발표되면서 KT&G의 민영화 작업이 본격적으로 진행됐다. 이어 1999년 KGC인삼공사가 자회사로 만들어졌다. 같은 해 기업공개(IPO)를 통해 한국거래소에 상장했고, 2001년 7월 담배사업법이 개정, 시행됐다. 잎담배 전량수매제도와 담배제조 독점권은 폐지되고 제조 허가제가 도입됐다. 이후 KT&G는 해외증권을 발행하고 룩셈부르크 증권거래소에 상장됐다.

2002년 12월에는 임시주주총회를 통해 사명을 '한국담배인삼공사'에서 'KT&G'로 바꾸면서 법률상 완전한 민영기업으로 전환했다. 기업명인 KT&G는 한국담배인삼공사(Korea Tabacco & Ginseng)의 약자라고 아는 사람이 많지만, 실제로는 '한국의 내일과 세계'(Korea Tomorrow & Global)라는 의미다.

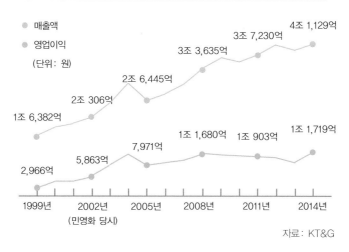

KT&G 민영화 전후 현황 비교

	시가총액	임직원 수	궐련제조공장 (인쇄 포함)	잎담배 가공공장
2002년(민영화 당시)	3조 원	4,768명	6개	2개
2014년	11조 원	4,077명	4개	1개

● 매출액
● 영업이익
(단위: 원)

4조 1,129억

3조 7,230억

3조 3,635억

2조 6,445억

2조 306억

1조 6,382억

1조 1,680억   1조 903억   1조 1,719억

7,971억

5,863억

2,966억

1999년   2002년   2005년   2008년   2011년   2014년
         (민영화 당시)

자료: KT&G

자회사인 KGC인삼공사는 '공사'라는 이름 때문에 공기업이라는 오해를 받지만 민영화 이전 한국담배인삼공사가 1999년 인삼사업부를 분리해 세운 100% 자회사다. 여전히 공사라는 이름이 붙는 것에 대해 인삼공사는 "홍삼의 해외수출 부분이 큰데, 회사 이름이 바뀌게 되면 정통 '고려삼'이라는 브랜드 이미지가 흔들릴 수 있어 이름만 공사를 유지하는 것"이라고 설명했다.

민영화 이후 KT&G의 성과는 꽤 눈부시다. KT&G의 매출액은 2002년 2조 306억 원에서 2014년 4조 1,129억 원으로 102.5% 증가했다. 영업이익도 같은 기간 5,863억 원에서 1조 1,719억 원으로 99.9% 뛰었다. KT&G의 시가총액은 민영화 이전 3조 원에서 현재

약 11조 원으로 4배 가까이 성장했다.

KT&G의 성장에는 공격적인 기업 인수가 한몫했다. 2004년 영진약품공업을 사들인 데 이어 2011년 소망화장품을 인수해 제약 및 화장품 사업에 진출했다. 해외사업 확대를 위해 2011년에는 인도네시아 담배기업인 트리삭티 사(社)도 인수했다.

성과를 내기까지 어려움도 있었다. 2010년 국내 담배시장 점유율이 50%대로 떨어지자 노동조합은 임직원의 10%가량을 감축하는 데 합의했다. 임직원 수는 공사 창립 당시인 1987년 1만 3,082명에서 민영화 당시인 2002년 4,768명, 2014년 3월 현재 4,077명으로 크게 줄었다.

민간기업식 경영전략은 담배제품 제조에서도 드러났다. 당시 대기업에서 적용하던 브랜드 매니저 시스템을 도입했다. 필립모리스 하면 말보로, 브리티시 아메리칸 토바코 하면 던힐 같은 유명 담배가 떠오르는 반면 KT&G만의 뚜렷한 브랜드는 없어 나온 대책이었다. 브랜드 매니저를 도입해 각 담배의 브랜드 고유 특성을 살리고 마케팅에 집중한 결과 에쎄와 보헴 같은 KT&G만의 브랜드가 구축될 수 있었다.

또 2000년 출시된 담배 '타임'을 시작으로 연구·개발(R&D)에 집중 투자했다. 덕분에 국내 시장점유율도 점차 회복세를 보이고 있다. 2004년 77.3%에 달했던 시장점유율은 2008년 66.1%, 2009년 62.3%로 점차 내리막길을 걸었다. 하지만 브랜드 구축 작업과 R&D 과정을 거치면서 2011년 59.0%, 2012년 62%, 2013년 61.7%, 2014년 62.3%로 상승 추세로 돌아섰다.

KT&G의 최고경영자들

1989년 한국담배인삼공사 시절부터 민영화 이후 KT&G라는 이름으로 바뀌어 현재에 이르기까지 역대 최고경영자(CEO)들은 민영화 직전을 제외하고 모두 내부 승진으로 CEO 자리에 올랐다. 전임 사장들이 모두 사장직에서 물러난 뒤에도 여러 분야에서 활발하게 활동했다는 점도 특이할 만하다.

한국담배인삼공사 출범과 함께 임기를 시작한 1대 사장인 홍두표 (80) 전 사장은 1989년 4월부터 1992년 1월까지 사장직을 맡았다. 홍 전 사장은 〈중앙일보〉 사장과 한국방송광고공사 사장 등을 역임한 뒤 한국담배인삼공사 사장을 맡았고, 이후 한국방송협회장, 한국관광공사 사장 등을 맡은 뒤 현재 JTBC 상임고문으로 있다.

2대 사장인 김기인(75) 전 사장은 1992년 1월부터 1995년 1월까지 공사를 책임졌다. 김 전 사장은 행정고시 13회 출신으로 관세행정 업무에 집중하다 1991년 관세청장 자리까지 오른 뒤 인삼공사 사장을 맡았다. 김 전 사장은 이후 법률사무소 김앤장 고문으로 영입됐다.

3대 사장인 김영태(73) 전 사장은 1995년 1월부터 1997년 6월까지 사장직을 맡았다. 경제관료 출신인 김 전 사장은 경제기획원 차관을 거쳐 1994년 한국토지개발공사 사장 자리에 올랐다. 이후 담배인삼공사 사장직을 맡았고 외환위기 직전인 1997년 6월 산업은행 총재직을 맡았다. 이어 새한 회장직에 오른 뒤 2002년 법무법인 세종 고문으로 자리를 옮겼다.

1~3대까지 외부 출신이 사장직을 맡았다면, 4대부터는 내부 출신

이 승진해 사장 자리에 오르고 있다. 4대 사장인 김재홍(76) 전 사장은 1997년 12월부터 2000년 12월까지 사장직을 수행한 첫 내부 출신 사장이다. 그는 KT&G의 전신인 전매청 9급 공무원으로 회사에 몸담은 이래 사장까지 오른 전무후무한 인물로, 퇴임한 뒤에는 2012년 6월까지 KT&G 복지재단 이사장을 맡았다.

민영화 이후의 첫 사장인 5대 곽주영(63) 전 사장은 검정고시를 통해 부산대 기계공학과에 들어간 뒤 기술고시에 합격, 전매청에 입사해 사장까지 오른 입지전적 인물이다. 그는 2001년 3월부터 2004년 3월까지 KT&G를 이끌었다.

6대 곽영균(64) 전 사장도 내부 승진을 통해 2004년 3월부터 2010년 2월까지 6년에 걸쳐 사장직을 맡았고, 당시 실적을 크게 올려 최초 연임에 성공했다. 현재 KT&G 복지재단 이사장직을 맡고 있다.

7대 사장인 민영진(57) 현 KT&G 사장은 2010년 사장으로 선임됐고 2013년 연임해 지금까지 KT&G를 이끌어 오고 있다. 경북 문경 출신인 민 사장은 건국대 농학과를 졸업하고 기술고시에 합격한 뒤 전매청에 들어왔다. KT&G 마케팅본부장, 해외사업본부장 겸 사업개발본부장, 생산부문장, 생산부문장 겸 R&D부문장 등 주요 요직을 두루 맡았다.

민영진 사장이 KT&G호의 선장을 맡은 2010년 당시 KT&G의 국내 담배시장 점유율이 50%대로 떨어지는 등 어려운 시기를 맡았지만 임직원 감축과 해외시장 진출 확대 등으로 경쟁력을 회복했다는 평가를 받고 있다. 민 사장은 세계 5위 담배회사 사장답게 하루 한 갑씩 담배를 피우는 애연가다.

KT&G 역대 사장리스트

1대 홍두표 사장
1989. 4. ~ 1992. 1.
1935년생 / 인천
서울대 사회학과
중앙일보 사장
한국관광공사 사장

2대 김기인 사장
1992. 1. ~ 1995. 1.
1940년생 / 부산
서울대 행정학과
관세청장

3대 김영태 사장
1995. 1. ~ 1997. 6.
1942년생 / 서울
서울대 법학과
경제기획원 차관
산업은행 총재

4대 김재홍 사장
1997. 12. ~ 2000. 12.
1939년생 / 경남 진주
영남대 화학공학과
KT&G 복지재단 이사장

5대 곽주영 사장
2001. 3. ~ 2004. 3.
1952년생 / 전남 구례
부산대 기계공학과

6대 곽영균 사장
2004. 3. ~ 2010. 2.
1951년생 / 서울
서울대 무역학과
KT&G 복지재단 이사장

7대 민영진 사장
2010. 2. ~ 현재
1958년생 / 경북 문경
건국대 농학과

양대 사업 담배·홍삼 수출 효자

KT&G가 가장 성공한 민영화 기업으로 불리는 것은 민영화 후 다른 대기업의 경영 기법을 그대로 따와 회사의 성장을 이룰 수 있었기 때문이다.

하지만 '성공한 민영화 기업'이라는 말 자체를 완전히 정부의 그늘을 벗어났다는 의미로 이해하기는 어렵다. 때문에 KT&G가 당면한 과제와 미래도 이와 관련될 수밖에 없는 게 현실이다.

KT&G의 핵심 사업인 담배사업 관련 법규를 기획재정부가 관할하기 때문에 회사로서는 어쩔 수 없이 정부의 영향을 벗어날 수 없다. 또 KT&G의 지분구조를 보면 대주주는 2015년 2월 말 지분 매각을 발표한 기업은행(지분율 7.55%)이다. 이 밖에도 공기업일 때의 직원들이 민영화가 된 현재 임원이 돼 있고 개인이 회사를 소유한 상황이 아니기 때문에 여전히 정부의 눈치를 볼 수밖에 없다는 분석도 있다. 이런 여러 가지 이유 때문에 사장 교체기에 크고 작은 구설수로 홍역을 치르는 게 KT&G다.

KT&G가 직면한 가장 큰 과제는 주력사업이 받은 타격을 회복하는 일이다. 담배와 홍삼 판매가 주력사업인 KT&G는 경기에 관계없이 무난히 실적을 올리는 이른바 경기방어형 기업이지만 건강 문제, 담뱃세 인상이란 논란은 항상 제기되는 문젯거리다. 담뱃세 인상 정책에 따라 KT&G는 2015년 1월 1일부터 기존 담뱃값을 갑당 2천 원씩 인상했다. 담뱃값 인상에 따라 KT&G의 수익도 오를 것으로 생각할 수 있겠지만, 정부의 인상 방침이 발표된 후 금연이 늘면서 판매량은 감소한 상황이다.

또 2015년 5월 말 마침내 담뱃갑에 흡연 폐해를 나타내는 경고 그림을 의무화하는 내용을 골자로 한 '국민건강증진법 일부 개정안'이 임시국회를 통과했다. 개정안에 따르면 담배 제조사들은 담뱃갑의 앞면과 뒷면 면적의 30% 이상을 흡연경고 그림으로 채워야 하며, 경고 문구까지 포함해서 면적의 50% 이상을 채워야 한다. 이를 어길 경우 담배 제조사는 1년 이하의 징역이나 1천만 원 이하의 벌금을 내야하고, 최악의 경우에는 제조 허가권이 취소될 수 있다. 2016년 12월경 이 법이 시행될 경우 담배 사업이 가장 큰 주력 사업인 KT&G로서는 창사 이래 가장 큰 타격을 받을 수 있다.

이 밖에도 2014년 국민건강보험공단이 KT&G와 필립모리스 코리아, 브리티시 아메리칸 토바코 코리아 등 담배회사들을 상대로 537억 원의 손해배상을 청구하여 법정 공방이 이어지고 있다는 점도 KT&G에 부담으로 작용하고 있다.

최근 통과된 이른바 '김영란법'도 KT&G에 타격을 줄 전망이다. 김영란법에 따르면 공직자 등이 100만 원 이상의 금품이나 향응을 받으면 대가성과 직무 관련성을 따지지 않고 처벌하도록 돼 있다. 홍삼은 기업에서 많이 선호하는 고가 상품으로, 어느 정도 판매가 줄어들 가능성이 크다.

또 다른 악재는 KT&G의 지분 7.55%를 보유한 1대 주주인 기업은행의 지분 매각이다. 2015년 2월 말 기업은행은 운영자금을 마련하기 위해 KT&G 주식 951만 485주(지분율 7.55%)를 처분한다고 발표했다. 금융투자업계에서는 기업은행의 KT&G 지분 매각이 어떤 방식으로 이뤄질지 결정되지 않은 상황이기 때문에 KT&G에 불확실성이 커져 주가에 상당한 부담을 줄 것으로 전망하고 있다.

이처럼 각종 어려움에 처한 KT&G를 이끄는 민영진 사장은 2015년이 임기 마지막 해다. 연말 새로운 사장 선임을 두고 혼란이 예상된다. 일단 KT&G는 2015년에는 민 사장이 이뤄낸 경영 실적의 주된 성과였던 해외사업 확장에 더 박차를 가하겠다는 전략을 세웠다.

건강을 해치는 담배와 함께 건강보조식품인 홍삼을 동시에 파는 회사. 아이러니하지만 담배와 홍삼은 KT&G를 굴러가게 하는 양대 사업이다. KT&G에 따르면 특히 2015년은 해외 담배판매량이 국내시장을 추월하는 원년이 될 것으로 예상하고 있다.

세계 50개국에 수출하는 KT&G는 세계 담배시장에서 필립모리스, 브리티시 아메리칸 토바코, 제이티, 임페리얼 토바코 등 빅4에 이어 5위를 차지하고 있다. 1999년 해외 판매수량 26억 개비, 판매금액 1,476만 달러에 불과했던 것이 2014년에는 16배 성장한 343억 개비를 팔았고 판매금액은 43배 뛴 6억 3천만 달러를 기록했다.

특히 에쎄 제품의 성장이 두드러진다. 에쎄는 현재 전 세계 초슬림 담배 소비자 3명 가운데 1명이 애용하는 담배로 자리 잡았다. KT&G의 해외담배 판매량 가운데 에쎄 비중은 절반 정도에 달한다. 1996년 첫 발매 이후 2014년까지 에쎄의 해외 누적 판매량은 1,603억 개비에 달하며, 이를 길이로 환산하면 지구 약 400바퀴를 도는 것과 같다는 것이 KT&G 측의 설명이다. 이 밖에도 KT&G는 해외시장에서 입지를 탄탄하게 구축한 에쎄의 1위 굳히기는 물론 보헴 브랜드를 제2의

에쎄로 자리 잡게 한다는 전략도 세웠다.

KT&G의 자회사 KGC인삼공사의 해외진출 무기는 홍삼이다. 인삼공사 전체 매출의 12%, 960여억 원은 해외 수출 비중으로, 특히 한류 열풍에 따라 더욱 주목받고 있다. 인삼공사의 홍삼 제품은 전 세계 40여 개국에 수출되고 있고 해마다 한국 인삼류 전체 수출의 50% 이상을 담당하고 있다. 인삼공사는 중국 상하이, 대만 타이베이, 미국 LA, 일본 도쿄 등지에 법인을 설립해 고려삼(한국산 6년근 홍삼)을 홍보하고 있다.

앞으로는 홍삼의 중동 진출도 활발해질 전망이다. 2014년 뿌리삼과 수출용 홍삼정, 홍삼정 플러스 3종이 할랄 인증을 받았다. 이슬람교도는 이슬람 율법에 따라 도살 처리된 할랄 음식만을 먹을 수 있어 이슬람권에 식품을 수출하기 위해서는 할랄 인증이 필수적이다. 인삼공사는 이슬람권(중동 + 인도네시아)에서 2014년 803만 달러의 매출을 기록했으며, 2015년 매출 목표는 1,050만 달러이다.

KT&G의 주요 임원들

KT&G에서는 민영화 시기부터 전통적으로 내부 출신이 승진해 사장직에 오르는 만큼 주요 임원들의 면모도 눈여겨볼 만하다. 이들 모두가 공기업 시절 입사해 민영화가 된 다음 임원 자리에 올라 KT&G의 격변기를 겪어 왔고, 현재 KT&G의 중심이 돼 회사를 성장시키는 데 주력하고 있기 때문이다.

함기두(58) 수석부사장은 충남 서산 출신으로 방송통신대 법학과

KT&G의 주요 임원들

함기두(58)
수석부사장

백복인(50)
부사장(생산 R&D부문장 겸
전략기획본부장)

방경만(44)
글로벌본부장

김준기(58)
KGC인삼공사 대표이사 사장

를 졸업하고 1977년 전매청에 입사해 영업국장, 마케팅국장, 마케팅본부장, 영주공장장 등을 두루 역임한 마케팅 전문가다.

백복인(50) 부사장(생산 R&D부문장 겸 전략기획본부장)은 경북 경주 출신으로 영남대 조경학과를 졸업한 뒤 1993년 한국담배인삼공사에 입사했다. 글로벌본부 터키법인장, 마케팅본부 마케팅실장, 마케팅본부장 등을 맡아 왔다.

방경만(44) 글로벌본부장은 KT&G가 주력으로 미는 해외사업을 진두지휘하고 있다. 서울 출신으로 한국외국어대 경제학과를 졸업한 뒤 1998년 담배인삼공사에 입사해 영업본부 마케팅국 브랜드매니저, 글로벌본부 해외사업실장, 비서실장, 마케팅본부 브랜드실장 등을 거쳤다.

KGC인삼공사의 김준기(58) 대표이사 사장은 경기 출신으로 방송통신대 경영학과를 졸업하고 1982년 전매청에 입사해 마케팅본부 마케팅국장, 제주본부장, 경기본부장, 영업본부장 등을 거친 영업 전문가다. 2014년 KGC인삼공사 사장에 취임해 회사를 이끌고 있다.

교보생명그룹

교보생명의 과제, 미래 먹을거리 발굴

"갈수록 보험업의 미래가 불투명해지고 있다. 새로운 미래 성장동력이 필요하다."

2014년 신창재(62) 교보생명 회장은 이같이 말하며 우리은행 인수에 대한 굳은 의지를 보였다. 교보생명 이사회는 우리은행 인수전 참여에 신중할 것을 조언했다. 평소 조용한 리더십을 보이는 신 회장이지만 이처럼 우리은행 인수에 강한 관심을 보인 것은 그만큼 생명보험산업의 미래 성장동력에 대한 불투명성이 컸기 때문이다.

교보생명의 미래 먹을거리를 찾는 일, 포스트 신창재를 찾는 일, 이 두 가지가 신 회장이 해결해야 할 도전과제다.

삼성생명, 한화생명, 교보생명 등 생명보험업계 빅3 가운데 유일하게 오너 경영으로 움직이는 곳이 바로 교보생명이다. 업계 부동의 1위 삼성생명의 뒤에는 삼성그룹이, 2위 한화생명의 뒤에는 한화그룹이 든든하게 뒷받침하고 있다. 하지만 교보생명은 오직 교보생명 밖에 없기 때문에 든든한 울타리를 기대할 수 없다는 게 금융권의 인식이다.

그룹의 가장 큰 부문인 생명보험 외에 교보증권, 교보문고 등 주요 계열사들이 있지만 교보생명에 비하면 규모가 매우 작다. 교보생명이 만들어졌을 당시와 달리 현재 수많은 보험사가 등장하고 저금리에 경기불황마저 좀처럼 해소되지 않으면서 보험업의 전망도 어두워진 상황이다.

하지만 교보생명은 2014년 11월 28일 우리은행 경영권 매각(지분 30%)을 위한 일반 경쟁 입찰에 참여하지 않았다. 교보생명 측은 "은행업에 무조건 진출하겠다는 것은 아니었다"며 "입찰 참가 여부에 대한 최종결정권은 이사회에 있는데 이사회는 처음부터 가격이 적정해야 입찰에 참여하겠다는 신중한 입장이었다"고 설명했다.

반면 금융권에서는 오너 경영 회사에 공적 자금이 투입된 은행을 넘겨도 괜찮을지에 대한 우려가 금융당국에 있었고, 민영화가 흐지부지되면서 눈치를 본 교보생명이 인수에 참여하지 않은 것으로 보고 있다.

생보업계 관계자는 "교보생명의 현재 재무상태 자체는 탄탄하고 큰 문제가 없다"면서도 "문제는 앞으로 5~6년 후다. 위험도 없지만 성장의 기회도 좀처럼 찾기 어려운 데다 보험업 자체 전망도 밝지 않기 때문에 우리은행 인수로 그나마 비슷한 금융업종에 진출해 사업다각화

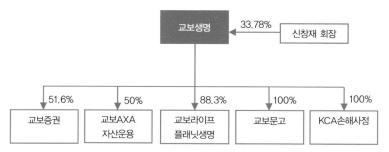

교보생명 지분 구조

를 하려 했던 것"이라고 분석했다.

　대형 생보업계 가운데 유일한 오너 경영체제인 교보생명에 시장이 관심을 가지는 또 한 가지 사항은 후계구도다. 교보생명이 공식적으로 말하는 후계구도는 '미정'이다. 교보생명의 지분구조를 보면 신창재 회장 일가 가운데 신 회장이 33.78%로 가장 많은 지분을 가지고 있고, 그 다음으로 사촌인 신인재 필링크 사장이 2.53%, 신 회장의 누나들인 신경애 씨와 신영애 씨가 1.71%, 1.41%를 각각 보유하고 있다.

　신창재 회장의 장남 신중하(34) 씨와 차남 신중현(32) 씨의 지분은 하나도 없다. 다른 기업 오너 자녀들은 대학 졸업 후 일찌감치 아버지 회사에 입사해 경영수업을 쌓지만 신 회장의 아들들은 교보생명에 근무하지도 않는다. 평소 일과 사생활을 철저하게 구분하는 신 회장이기에 아들들이 어떤 일을 하고 있는지 드러난 바는 없다. 다만 금융권에 따르면 신중하 씨는 미국 뉴욕대를 졸업했고, 투자은행(IB)인 크레디트스위스퍼스트보스턴(CSFB)에서 인턴으로 근무한 경험이 있는 것으로 전해진다.

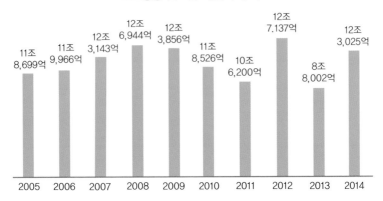

교보생명 연도별 매출액 추이

교보생명 관계자는 "신 회장도 보험사 경영과 관련 없는 의사로 재직하다 늦은 나이에 경영자로 변신한 만큼 현재 자녀들이 교보생명에 다니지 않고 있다고 해서 꼭 후계구도에서 멀어졌다고 볼 수는 없다"며 "신 회장은 경영능력을 검증받아야 진정한 경영자라고 말하곤 했다"고 밝혔다.

금융권에서는 금융업계 가운데 보기 드물게 주인과 간판이 바뀐 일 없이 보험업 하나만을 파고든 교보생명이 저력이 있는 만큼 지금의 위치를 지켜낼 수 있을지 주목하고 있다. 신 회장이 2000년 서울대의대 산부인과 교수에서 최고경영자(CEO)로 변신한 때는 교보생명이 외환위기 이후 큰 시련을 맞은 때였다. 거래하던 대기업이 연쇄 도산하면서 2조 4천억 원에 달하는 막대한 손실을 입었다. 그 여파로 2000년 교보생명은 2,540억 원의 적자를 냈다. 생존을 걱정할 만큼 큰 위기였다. 탄탄한 재무구조 덕에 위기를 자력으로 극복할 수 있었지만 이때부터 외형에서 2위 자리를 한화생명에 내줬다.

신 회장은 취임 후 대대적인 경영 혁신에 착수했다. 외형 경쟁을 중단시키고 영업조직을 정예화해 중장기 보장성 보험 위주로 마케팅 전략을 전환하고 보험사 본연의 모습을 찾아갔다. 그 결과 취임 14년이 지난 후 3,500억 원 수준이던 자기자본은 6조 6천억 원으로 18배가량 늘었다. 공정거래위원회에 따르면 계열사 13개를 보유한 교보생명은 공기업 포함 자산규모 재계 47위다. 또 보험사의 재무건전성 지표인 지급여력비율(RBC)은 글로벌 우량보험사의 기준(200%)을 훌쩍 넘어, 2014년 말 기준 271.3%를 기록하고 있다.

25년째 명물, '광화문 글판'

25년째 광화문 사거리의 명물인 서울 종로구 종로1가 교보생명 본사 외벽의 '광화문 글판'은 1991년 1월 평소 문학을 사랑하던 신용호 교보생명 창립자의 제안으로 만들어졌다. 첫 문안은 "우리 모두 함께 뭉쳐 경제활력 다시 찾자"(1991년 1월)는 격언이었다.

광화문 글판이 지금의 감성적인 모습으로 바뀌기 시작한 것은 1998년부터다. 1997년 말 우리나라에 외환위기가 닥치면서 고통과 절망을 겪는 이들이 많아지자 신용호 창립자는 "기업 홍보는 생각하지 말고 시민들에게 위안을 주는 글판으로 운영하자"고 제안했다. 이듬해 봄, 고은 시인의 '낯선 곳'에서 따온 "떠나라 낯선 곳으로 그대 하루하루의 낡은 반복으로부터"(1998년 2월)라는 문안이 걸렸다.

교보를 대표하는 이들

김해준(58) 교보증권 대표는 업계 불황 속에서도 2014년 3연임에 성공하면서 능력을 인정받았다. 네 번째 임기를 보내는 김 대표는 장흥고와 전남대 경제학과를 졸업한 뒤 KDB대우증권에서 자산관리영업본부장 등을 지낸 투자은행(IB) 분야의 전문가다. 그는 2005년 교보증권으로 자리를 옮겨 IB투자본부장 등을 지낸 뒤 2008년 6월부터 대표이사직을 맡고 있다.

안효준(52) 교보악사(AXA) 자산운용 대표는 한국을 비롯해 미국과 호주 등 국내외 자산운용업계에서 경력을 쌓은 전문가다. 안 대표는 부산대 경영학과를 졸업한 뒤 호주 국립경영대학원(AGSM)에서 경영학 석사(MBA)를 받고 미국과 호주 등에서 펀드매니저 등으로 일했다. 국민연금으로 자리를 옮겨 해외증권 · 주식운용실장을 맡았으며, 2013년 11월부터 교보악사자산운용 대표이사직을 맡고 있다.

국내 최초 온라인 생명보험사 교보라이프플래닛을 책임지고 있는 이학상(49) 대표는 미국 메릴랜드주립대 수학과를 졸업한 뒤 코네티컷주립대에서 석사과정을 밟았고, 교보생명에서 리스크관리지원실장, 상품지원실장 등을 맡았다. 이후 2013년 e-Business 사업추진단 담당임원으로 교보라이프플래닛 창립을 준비했고, 창립 첫 대표로 취임했다.

허정도(52) 교보문고 대표는 서울대 동양사학과를 졸업한 뒤 교보생명 경영기획팀장, 변화지원팀장 등을 역임했다. 그는 2012년 8월부터 교보문고 대표이사를 맡고 있다.

김해준(58)　　　　안효준(52)　　　　이학상(49)　　　　허정도(52)
교보증권 대표　　교보악사자산운용 대표　　교보라이프플래닛 대표　　교보문고 대표

뿌리 깊은 독립운동가 집안의 '큰 산'

"교보생명을 창립한 것은 어려웠던 시절 우리나라가 발전하기 위해서는 무엇보다 우수한 인적 자원을 키워 내고 민족 자본을 형성해 경제 자립의 기반을 구축하는 길밖에 없다고 생각했기 때문입니다. 그래서 아무도 관심을 갖지 않는 보험사업에 일생을 바치기로 결심했습니다. 앞으로 소망이 있다면 교육과 민족을 사랑한 기업가로 영원히 남고 싶습니다."

신용호 교보생명 창립자가 국내 금융계 인사로는 처음으로 2000년 아시아생산성기구(APO) 국가상을 수상했을 때 남긴 소감이다. 보험의 선구자로 불리는 신 창립자는 그가 바란 대로 사람들의 기억 속에 남게 됐다.

신용호 창립자의 집안은 일제 식민지배에 항거한 뿌리 깊은 독립운동가 집안이다. 신 창립자는 1917년 8월 아버지 신예범 선생과 어머니 유매순 여사의 6남 가운데 5남으로 태어났다. 신 창립자와 함께 교보생명 창업을 도운 막내 신용희 전 회장을 제외하고 아버지와 다른 형제들은 모두 애국운동에 몸담았다.

아버지가 독립운동을 하며 잦은 옥살이를 하는 바람에 어머니가 가장 노릇을 해 어려웠던 집안 환경에서 자란 신용호 창립자는 유달리 몸이 약했다. 일곱 살 때 폐병에 걸려 죽는다는 선고도 받았는데, 열 살 때쯤 병은 나았지만 학교를 가지 못했다. 그는 낮에는 밭에서 일하는 대신 '책 속에 길이 있다'는 어머니의 가르침에 따라 밤에는 책을 읽었다. '천일독서'(千日讀書)를 목표로 각종 위인전과 철학서, 고전, 사서 등을 닥치는 대로 섭렵했다.

다독가인 신용호 창립자는 문학가가 되길 꿈꿨다. 하지만 어려운 집안을 일으키기 위해 사업을 했고, 실패했다. 그러던 가운데 전쟁 후 먹고살기 힘들어도 어떻게든 자식 교육에 투자하는 한국 부모들의 교육열을 보고 신 창립자는 '교육보험'을 생각했다.

1954년 당시 정부가 보험업을 재개시켰지만 먹고살 돈도 없어 보험에 들 여유가 없는 데다 기존 생명보험 회사들이 대부분 휴면 상태라 보험에 대한 인식이 좋지 않았다. 신용호 창립자는 그런 상황에서 1958년 8월 서울 종로1가 60번지의 2층짜리 건물에서 직원 46명과 함께 교보생명의 전신인 '대한교육보험주식회사'를 창립했다. 창립이념은 '국민교육 진흥'과 '민족자본 형성'이었다.

당시 회사명에 '생명보험'이 들어가야 한다는 보험법 4조 규정 때문에 회사명에 '교육보험'이라는 말을 넣을 수 없었다. 그러나 신용호 창립자는 포기하지 않았다. 당시 경제정책 실세였던 김현철 재무부 장관을 만나기 위해 하루도 거르지 않고 그의 집 앞에서 기다린 지 반년 만에 독대할 수 있었다. 장관도 신 창립자의 의견이 옳다는 것을 인정하고 예외적으로 '대한교육보험' 상호 사용을 승인했다.

교보가의 혼맥

1943년, 중국에서 한창 양곡 수송사업을 크게 벌이던 신용호 창립자는 아버지가 위독하다는 전보를 받고 급히 귀국했다. 도착해 보니 아버지는 건강한 모습으로 그를 맞아 주셨다. 더욱 놀라운 것은 "내일모레가 네 장가가는 날이다"는 아버지의 한마디. 결혼을 시키려고 거짓 소식을 보낸 것이다. 당시 남자 26세는 혼기를 놓친 나이였지만 그는 벌인 사업 때문에 아직 결혼할 때가 아니라고 여겼다. 도망칠 마음까지 먹었다고 고백하며 배려를 바랐으나 아버지가 식음을 전폐하고 드러눕는 바람에 결혼식을 치렀다.

부인 유순이 씨는 당시 보통학교를 졸업하고 2년제 전수학교까지 마친 명문가 출신 규수. 사업에 전력을 쏟느라 가정에 소홀했던 남편을 탓하지 않고 어려운 형편 속에서 묵묵히 2남 2녀를 길러 냈다.

교보가의 혼맥은 정·재계와 얽히고설킨 다른 대기업들처럼 화려하지는 않다. 첫째 신영애(66) 씨는 함병문(68) 전 서울의대 마취과 교수와 결혼해 2남 1녀를 뒀다.

둘째 신경애(64) 씨는 서울고등법원 판사, 국회 공직자윤리위원장 등을 역임한 박용상(71) 언론중재위원장과 결혼해 1남 1녀를 뒀다.

현재 교보생명을 이끌고 있는 셋째이자 장남인 신창재(62) 교보생명 회장은 2010년 지병으로 사망한 정혜원 전 봄빛여성재단 이사장과의 사이에 중하(34), 중현(32) 씨 두 아들을 두고 있다. 두 아들 모두 미혼이다.

사별 3년 후인 2013년 11월, 신창재 회장은 박지영(41) 씨와 선으로 만나 화촉을 밝혔다. 박지영 씨는 이화여대 중어중문학과를 졸업한 뒤 같은 대학 대외협력처에서 근무했고, 업무능력을 인정받아 외부에서 상을 받기도 했다. 결혼 후 현재 일을 그만둔 상태다. 박지영 씨는 예술가 집안에서 자랐다. 아버지는 조각가인 박병욱 전 한국미술협회 부회장이고 오빠는 박지훈 건국대 예술학부 교수다.

신창재 회장의 결혼은 극비리에 이뤄졌다. 평소 사생활과 경영활동을 엄격하게 분리하는 신 회장은 결혼식을 올린 지 한 달 뒤 임원회의에서 "저 결혼했습니다. 더 이상 아무것도 묻지 마세요"라고 말하며 선을 그었다.

신용호 창립자의 막내 신문재(54) 씨는 미국에서 산업디자인을 전공했다.

신용호
교보생명 창립자

신용희
전 교보생명 회장

신평재
대산 신용호 기념사업회 감사

신창재
교보생명 회장

신인재
필링크 사장

교보생명그룹 가계도

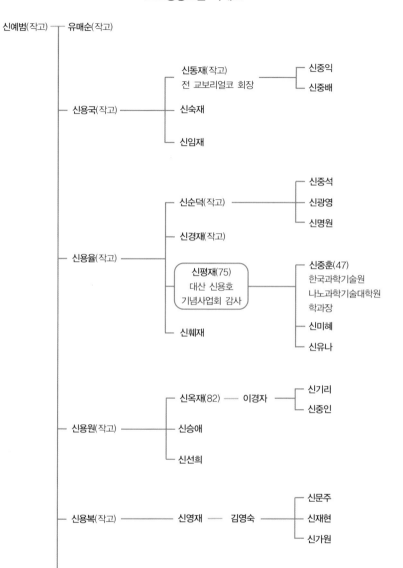

신예범(작고) ┬ 유매순(작고)

신용국(작고)
- 신동재(작고) 전 교보리얼코 회장
  - 신중익
  - 신중배
- 신숙재
- 신임재

신용율(작고)
- 신순덕(작고)
  - 신중석
  - 신광영
  - 신명원
- 신경재(작고)
- 신평재(75) 대산 신용호 기념사업회 감사
  - 신중훈(47) 한국과학기술원 나노과학기술대학원 학과장
  - 신미혜
  - 신유나
- 신훼재

신용원(작고)
- 신옥재(82) ─ 이경자
  - 신기리
  - 신중인
- 신승애
- 신선희

신용복(작고) ─ 신영재 ─ 김영숙
- 신문주
- 신재현
- 신가원

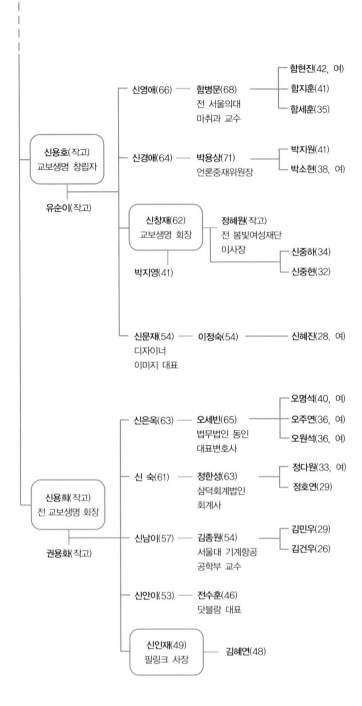

신용호(작고)
교보생명 창립자
유순이(작고)

신영애(66) ─ 함병문(68)
전 서울의대
마취과 교수

함현진(42, 여)
함지훈(41)
함세훈(35)

신경애(64) ─ 박용상(71)
언론중재위원장

박지원(41)
박소현(38, 여)

신창재(62)
교보생명 회장
박지영(41)

정혜원(작고)
전 봄빛여성재단
이사장

신중하(34)
신중현(32)

신문재(54) ─ 이정숙(54) ─────── 신혜진(28, 여)
디자이너
이미지 대표

신용희(작고)
전 교보생명 회장
권용화(작고)

신은옥(63) ─ 오세빈(65)
법무법인 동인
대표변호사

오명석(40, 여)
오주연(36, 여)
오원석(36, 여)

신 숙(61) ─ 정한성(63)
삼덕회계법인
회계사

정다원(33, 여)
정호연(29)

신남이(57) ─ 김종원(54)
서울대 기계항공
공학부 교수

김민우(29)
김건우(26)

신안이(53) ─ 전수훈(46)
딧블랑 대표

신인재(49)
필링크 사장

김혜연(48)

산부인과 의사에서 보험사 최고경영자(CEO)가 되기까지 신창재 교보생명 회장의 이력은 다른 CEO에 비해 독특하다.

신창재 회장은 40세가 되던 1993년 아버지 신용호 창립자의 뜻에 따라 의사 자리를 떠나 대산문화재단 이사장으로 교보생명에 발을 들여놓으면서 경영자로서의 삶을 시작했다. 1996년 11월 교보생명 부회장, 2000년 5월 교보생명 회장으로 취임한 뒤 16년째 회사를 이끌어 오면서 신 회장은 의사에서 경영인으로의 변신에 성공했다.

신창재 회장은 공과 사를 철저히 하는 경영인으로 손꼽힌다. 의사 시절 골프도 즐기고 술과 담배도 많이 했지만 교보생명에 들어오면서부터 모두 끊었다.

신창재 회장의 인맥을 보면 분야에 관계없이 다채롭다. 신 회장은 서울대 의대 출신으로 병원 진료 외의 직업을 가진 사람들의 모임인 '경의지회'(境醫之會) 회장을 맡고 있다. 2010년 창립한 경의지회는 의대 출신으로서 다른 분야에서 일하는 사람들이 경험과 고충을 서로 나누자는 취지에서 만들었다. 경의지회 멤버로는 안철수 의원과 부인 김미경 서울대 교수, 신상진 전 의원, 김철준 한독 사장, 손지웅 한미약품 부사장, 이원식 한국화이자 부사장 등이 있다. 특히 멤버 가운데 경의지회 창립을 주도했고 서울대병원 병원장과 두산그룹 회장 등을 지낸 박용현 두산연강재단 이사장과 가까운 사이로 전해진다.

경기고 동문으로는 김석동 전 금융위원장과 하영구 은행연합회장 등이 가까운 사이로 꼽힌다. 신 회장과 이들은 경기고 68회 동기로 막

1996년 고 신용호(오른쪽 세 번째) 교보생명 창립자가 기업인 최초로 대한민국 금관문화훈장을 받은 뒤 기념사진을 찍고 있다. 사진 왼쪽부터 조해녕 전 총무처 장관, 신창재 교보생명 회장(당시 서울대의대 의사), 이도선 전 교보생명 회장, 이수성 전 국무총리, 신용호 창립자, 김영수 전 문화체육부 장관, 이중효 전 교보생명 사장.

역한 사이로 알려졌다. 또 신 회장은 1993년부터 대산문화재단 이사장을 맡은 경력으로 문학계 인사들과도 폭넓게 교류하고 있다.

세계보험협회(IIS) 부회장을 맡고 있는 신창재 회장은 해외 금융보험업계와도 두루 친분을 쌓고 있다. 마이클 모리세이 IIS 회장을 비롯해 교보생명의 주주인 프랑스 악사(AXA) 그룹의 앙리 드 카트리에 회장, 일본 메이지야스다생명의 세키구치 겐이치 전 회장, 네기시 아키오 사장 등 글로벌 보험사 최고경영자들과도 친분이 두텁다.

"이 사통팔달, 한국 제일의 목에 방황하는 청소년을 위한 멍석을 깔아 줍시다. 와서 사람과 만나고, 책과 만나고, 지혜와 만나고, 희망과 만나게 합시다. 이곳에 와서 책을 서서 보려면 서서 보고, 기대서 보려면 기대서 보고, 앉아서 보려면 앉아서 보고, 베껴 가려면 베껴 가고, 반나절 보고 가려면 반나절 보고, 하루 종일 보고 싶으면 하루 종일 보고, 그리고 다시 제자리에 꽂아 놓고 사지 않아도 되고, 사고 싶으면 사들고 가도 좋습니다."

신용호 교보생명 창립자는 《대산(大山) 신용호》라는 평전에서 당시 세인의 반대를 무릅쓰고 금싸라기 땅인 종로1가 1번지 교보빌딩 지하에 교보문고를 세운 일에 대해 이 같은 논리로 동의를 이끌어냈다고 밝혔다. 한국의 미래를 모토로 만든 교육보험에도 청소년들의 지적 수준과 나라의 성장은 비례한다는 확신이 담겨 있다. 창업 이념도 국민교육 진흥과 민족자본 형성이다.

독립운동가 집안에서 태어난 다섯째 아들

신용호 창립자는 1917년 8월 전남 영암군 덕진면 노송리 솔안마을에서 부친 신예범 선생과 모친 유매순 여사의 6남 중 5남으로 태어났다. 아버지가 독립운동을 하며 잦은 옥살이를 하는 바람에 어머니가 가장 노릇을 했다. 형편이 어려운 데다 형들이 각종 애국운동으로 집안을 돌보지 않아 어린 마음에도 그가 살림을 도와야 한다고 생각했기 때문이다.

낮에는 밭에서 일하는 대신 '책속에 길이 있다'는 어머니의 가르침에 따라 밤에는 책을 읽었다. 동생의 책은 물론 주변에 보이는 책은 닥치는 대로 가져다 보았다. 겨울엔 잠과 싸우기 위해 방에 불도 때지 않고 책을 읽다 동상에 걸리기 일쑤였다. 당시 '천일독서'를 목표로 각종 위인전, 철학서, 고전, 사서를 섭렵했다. 비록 학교 문턱에는 가지 못했지만 '사람은 책을 만들고 책은 사람을 만든다'는 독서철학으로 스스로 내실을 다졌다.

함께 교보생명 창업을 도운 막내 동생 신용희 전 회장을 제외하고 다른 형제들은 대부분 애국운동에 몸담았다.

큰형인 신용국 옹은 일제강점기에 항일운동을, 광복 후에는 청년 노동운동을 했다. 그 장남인 신동재 씨는 2000년까지 교보의 부동산 관리 전문 자회사인 교보리얼코 회장을 지냈다.

둘째 형 신용율 옹도 항일운동에 몸담았으며, 그 둘째 아들 신평재 씨는 한일은행 상무로 재직하다 1991년 제의를 받고 교보생명 사장 등을 역임했다.

셋째 형 신용원 옹은 도쿄음악학교를 졸업한 뒤 항일음악가로 활동하다 납북됐다.

넷째 형 신용복 옹은 일제 당시 조선생명 지사장을 지냈다.

막내 동생 신용희 전 회장은 목포상고를 나와 산업은행에서 일하다 한국전쟁 이후 줄곧 신 창립자를 도와 함께 일했다. 1967년 교보생명 창립 이후에는 30년간 교보에 몸담으며 부사장, 회장 등을 지냈다. 그의 아들인 신인재 보드웰 인베스트먼트 사장은 현재 교보생명 지분을 2.53% 갖고 있다. 신 사장은 신용호 창립자에게 경영권을 승계받은 장남 신창재 교보생명 회장으로부터 함께 일하자는 제의를 받기도 했지만 자신의 길을 고집했다. 최근 이동통신사에 솔루션을 공급하는 코스닥 상장업체 필링크의 대표이사 직함도 얻게 됐다.

교육열을 사업으로 연결한 기지, 교육보험의 탄생

신용호 창립자는 약관이 되던 해에 서울로 갔고, 이어 1936년 중국에서 양곡 수송사업을 벌였다. 광복과 함께 중국에서 10년간 닦은 기반을 버리고 빈손으로 귀국했다. 1946년 귀국 후 첫 사업으로 전북 군산에 '민주문화사'라는 출판사를 냈으나 외상 책값이 회수되지 않아 간판을 내렸다.

그렇게 몇 차례 사업에 실패한 뒤 문득 중국에서는 아이들을 학교에 보내지 않지만 한국에서는 논 한 뙈기 없어도 아이들을 학교에 보내는 강한 교육열이 있다는 생각이 떠올랐다. 한국 부모들의 교육열은 무형원자재인 것이다. '생로병사'(生老病死) 중 유일하게 보험이 빠져 있는 '생' 부문에 교육보험을 끼워 넣어 상품화하기로 했다.

당시 보험에 대한 인식은 형편없었다. 일제강점기 보험은 수탈 방식이자 보신(保身) 방편이었다. 더욱이 당시는 1인당 국민소득이 50달러도 미치지 못해 보험에 들 여유가 없었다. 1954년 정부가 보험업을 재개시켰으나 기존 생명보험 회사들이 대부분 휴면상태에 있을 만큼 보험업은 쑥대밭이었다.

그러나 세상이 험난해서인지 국민의 80%가 담배를 피우고 있었다. 그때 그의 재기가 번뜩였다. 담배를 피우는 사람들을 찾아가 "담배를 끊고 그 돈으로 보험을 들면 아들을 대학에 보낼 수 있다"고 설득한 것이다.

지독한 완벽주의와 파격 인사

신용호 창립자는 지독하다 싶을 만큼 완벽하고 집요하다는 평을 받는다. 1977년 명예회장, 1985년 창립자 등으로 경영 일선에서 물러난 뒤에도 1990년대 후반까지 신입사원 면접에 직접 참여했다.

사업을 시작한 지 3년이 지나도 실적이 저조해 본사 부장, 실장, 임원까지 나서 손을 들라고 권하자 그들을 나가게 한 뒤 '급료는 후불로 주겠다'는 광고를 통해 간부 사원을 다시 구한 일화는 지금까지 전해진다.

창업 10년 만인 1967년 회장으로 물러난 뒤 2000년 아들 신창재 씨가 교보생명 회장에 취임하기까지 33년간 무려 사장이 10여 차례나 바뀌었다. 경영 안정을 위해 최고경영진을 쉽게 바꾸지 않는 업계의 관행과는 다른 것이다. 교보의 임원 인사는 상식을 뛰어넘어 기발하고 파격적이란 평이 나오는 이유다.

2000년부터 경영 일선에 나선 신창재 회장은 취임 초기 잠시 전문경영인을 두기도 했으나 현재까지 대표이사로서 직접 경영현안을 챙기며 교보생명을 16년째 이끌고 있다.

신용호 창립자는 '죽고 나면 손해'란 보험에 대한 당시 인식을 바꾸는데 초점을 맞춰 교육보험 1호인 '진학보험'을 세계 최초로 내놓았다. 죽어야 혜택을 주는 게 아니라 부모가 돈을 적립해 자녀가 초·중·고등학교를 진학할 때마다 학자금을 주는 상품이다.

먼저 단체들을 공략했다. 군인 단체 저축성 보험인 일명 '화랑계약'을 고안했다. 잦은 군의 이동에 탈락 계약이 늘어 성과는 없었지만 포기하지 않았다. 군 이동에도 추적·관리되는 시스템을 도입, 1967년 육군과 170억 원의 단체계약을 맺었다. 파죽지세로 해군·한전 등 대형 단체들과 꾸준히 계약하는 개가를 올리며 승승장구했다.

판매 창구도 강화했다. 종로 기독청년회관(YMCA)에서 대학생을 모아 보험강좌를 실시한 것을 계기로 대학지부를 설치, 대학생도 판매 채널로 끌어들였다. 지방 유지를 직접 찾아다니며 기관장으로 영입하기도 했다.

상품에도 신용호 창립자의 기지가 엿보인다. 암 상품은 그가 처음 개발했다. 뿐만 아니라 보편적인 성인병도 하나씩 보험상품으로 만들었다. 보험업계 전산화 발상을 추진한 최초의 인물도 바로 그였다. 1974년 학자금 선지급 업무를 처음 전산화했고, "컴퓨터를 모르면 간부가 될 수 없다"며 전 사원을 상대로 '컴퓨터 활용능력 자격인증제'도 실시했다.

신용호 창립자는 인생을 이야기할 때 전반은 '맨손가락으로 생나무를 뚫는 과정'이고, 후반은 '생나무 뚫는 것을 많은 사람들 앞에서 보인 과정'이라 비유했다. 인생은 장애의 연속이지만 강한 정신력만 있다면 아무리 높고 힘든 목표라도 달성할 수 있다는 게 그의 철학이다.

이 같은 열성과 집념으로 1958년 당시 6대 생보사 중 막둥이로 태어난 교보생명은 창립 5년 만에 보유계약 56억 원으로 업계 3위, 1964년엔 보유계약 100억 원 돌파로 업계 2위에 오른 뒤 1967년 설립 9년 만에 업계 정상에 섰다. '맨손가락으로 생나무를 뚫은' 쾌거가 아닐 수 없다.

인생의 다른 한 축, 교보문고

교육보험은 대세가 아니었다. 1980년 들어 경제성장과 함께 늘어나는 사교육비를 감당할 수 없는 시절이 오면서 보험만으로는 교육비를 해결할 수 없게 됐다. 변하는 고객 욕구에 따라 양로보험, 종합보장생활보험 등 일반 생명보험 상품의 비중이 커졌다. 교육보험만으로는 경쟁력이 떨어지자 1995년 '교보생명'으로 사명도 바꾸었다.

자산이 늘어나면서 관련 계열사도 속속 설립했으나 모두 보험으로 맡긴 고객의 돈을 운용하기 위한 금융 계열사였다. 부동산관리 전문회사인 교보리얼코(1979), 교보증권(1994) 등 총 9개 자회사를 세우면서 교보를 오늘날 35조 원 규모의 금융 자본으로 성장시켰다.

그중 금융과 동떨어진 업종이 하나 있다. 바로 교보문고(1980)다. 교육을 통한 민족부흥을 창업 이념으로 삼고 있는 만큼 따지고 보면 업종의 본질은 같다는 설명이다.

1980년 종로1가 1번지에 사옥 교보빌딩이 세워지자 신용호 창립자

228

는 지하에 서점 설립을 제안했다. 온갖 연줄을 동원하며 지하아케이드 자리 쟁탈전이 벌어지던 때였다. 간부들은 채산성이 약하다며 서점이 들어서는 것은 상식적이지 않다는 의견을 냈고, 손해가 나면 보험회사에 악영향을 미친다는 이유로 당시 허가관청인 재무부도 반대하고 나섰다.

"우리 회사가 돈벌이를 목적으로 한다면 이 자리에는 당연히 으리으리한 고급상가를 들여야 합니다. 하지만 이 값진 땅에 책방을 크게 열어 청소년과 시민이 자유롭게 이용토록 한다면 그 효과가 어느 정도나 될지 상상해 보십시오."

손해가 나더라도 청소년의 정신역량을 키우는 일인 만큼 자신이 떠맡겠다고 설득했다. 1985년에는 일반 독자뿐 아니라 학자들을 위해 80만 종의 세계 논문도 공급했다. 지방사옥을 세울 때마다 학생과 시민들이 교보문고 지점 설치를 요구했을 정도다. 대전, 성남, 대구, 부산, 부천, 강남 등에 속속 지점을 열었다. 광화문에 있는 교보문고를 찾는 고객 수는 일평균 11만 명, 연간 4천만 명에 달한다. 삶의 두 축이 교보생명과 교보문고라고 지적했을 정도로 애착도 컸다.

그러나 말년을 맞아 또다시 병마가 찾아왔다. 77세가 되던 1993년, 회사 정기 건강검진에서 간 기능에 석연치 않은 징후가 발견됐다. 담도암이었다. 의사들은 그에게 맛있는 음식 많이 먹고, 기운 있을 때 여행을 다녀오라는 처방을 내렸다. 사형선고였던 셈이다. 그는 암과 싸우며 여생을 보내느니 살든 죽든 결판을 내겠다고 마음먹고 불가능하다는 담도암 수술을 감행했다.

수술 후 그는 중환자실에서 목에 구멍을 뚫고 2개월이나 암흑 속에

서 지내야 했다. 중환자실에서 나온 뒤 재활 물리치료 반년 만에 골프
장에 다시 나갈 수 있었다. 근력운동과 식이요법으로 건강을 유지하
면서 1990년대 후반까지 업무를 보고받는 등 경영에 관여했다. 그러
나 8년 뒤 암이 간으로 전이되면서 몸이 약해졌다. 결국 2003년 9월
19일 서울대병원에서 노환으로 숨을 거두었다. 향년 86세였다.

이랜드그룹

보세 옷가게서 10조 원 기업으로

시작은 미약했으나 그 끝은 창대했다. 1980년 자본금 500만 원으로 이화여대 앞에 세운 약 6.6제곱미터 넓이의 작은 보세 옷가게 '잉글랜드'는 35년이 지난 2015년 현재 패션, 외식, 리조트 등으로 사업을 확대하고 있다. 2013년 말 연결 기준 자산 7조 7천억 원, 매출 10조 원대, 국내외 직원 수 5만여 명의 재계순위 49위 이랜드그룹으로 급성장했다.

2015년 창립 35주년을 맞는 이랜드는 '의(衣)・식(食)・주(住)・휴(休)・미(美)・락(樂)' 6대 사업영역에서 250여 개 브랜드, 30여 개 계열사를 보유하고 있다. '최초'라는 타이틀도 여러 번 썼다. 이랜드월드가 보유한 국내 최초 제조유통일괄화(SPA) 브랜드 스파오, 국

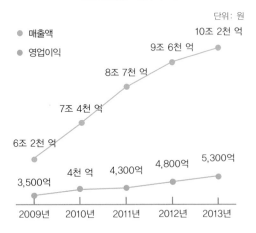

이랜드그룹 매출 추이

단위: 원

- 매출액
- 영업이익

10조 2천 억

9조 6천 억

8조 7천 억

7조 4천 억

6조 2천 억

3,500억　　4천 억　　4,300억　　4,800억　　5,300억

2009년　　2010년　　2011년　　2012년　　2013년

내 최초 여성 SPA 브랜드 미쏘 등을 포함해 이랜드리테일이 1994년 국내 최초로 문을 연 도심형 아울렛 매장 2001아울렛 등이 대표적이다. 또 일찌감치 중국에 진출했고 중국 시장 내 인기 한국 의류 브랜드 순위에서 1위를 차지하는 등 중국에서 가장 성공한 기업으로 꼽히는 게 바로 이랜드다.

　이처럼 이랜드가 짧은 시간에 거대 기업으로 성장할 수 있었던 힘은 M&A에 있다. 이랜드 창립 때부터 현재까지 이뤄진 M&A 건수만 20여 건이다. 시작은 1995년 인수한 영국 의류 브랜드 글로버롤이었고, 최근 인수 건으로는 2014년 인수한 풍림리조트 청평점과 서귀포점이 있다.

　이랜드의 M&A는 "죽어 가는 곳을 인수해 부활시킨다"는 박성수(62) 회장의 의지로 이뤄진다. 이랜드가 인수해 가장 성공한 사례로는 뉴코아백화점이 꼽힌다. 이랜드는 앞서 1994년 지하철 2호선 당산

역 인근에 국내 아울렛 스토어의 효시인 '2001아울렛'을 열었다. 이 점포는 '백화점을 할인한다'는 슬로건으로 당시 큰 반향을 일으켰다. 이후 2004년 뉴코아백화점을 인수하고 아울렛으로 전환해 유통업계 후발주자로서는 보기 드물게 성공 사례를 남겼다.

하지만 외형을 키운 게 최근 들어 독이 되고 있다. 잇따른 M&A로 그룹 내 자금부족 현상이 심화되고 있기 때문이다. 부실기업을 사서 되살리는 것이어서 인수비용뿐만 아니라 그만큼의 신규 투자가 필요하다.

한국신용평가(한신평)는 이랜드그룹의 2014년 9월 말 연결 기준 차입금 규모는 4조 8천억 원으로 수익 창출력 대비 과중하다는 평가를 내렸다. 부채비율은 366.4%, 차입금 의존도는 58.3%로 높은 수준이다. 한신평에 따르면 차입금 대부분이 1~2년 내에 만기가 도래하는 단기 차입금 위주로 구성돼 자금의 질이 좋지 않다.

또 계열사에 제공한 지급보증은 이랜드월드와 이랜드리테일에 재무 부담으로 작용하고 있어 그룹 재무구조에 빨간불이 켜지기 직전이다. 이 때문에 이랜드그룹의 신용등급도 그룹 명성에 비해 상당히 떨어지는 편이다. 한신평이 이랜드그룹 내 주력 계열사인 이랜드월드와 이랜드리테일에 부여한 신용등급은 BBB+ 수준이다.

이런 상황에서 이랜드의 비장의 무기는 '상장'이다. 이랜드는 대구 달서구에 있는 테마파크 '이월드'를 제외하고는 상장사가 전무하다. 그나마 상장사인 이월드도 인수한 회사라 처음부터 이랜드가 원해서 만들어진 상장사는 없는 셈이다. 상장사가 없어 이랜드 경영상황에 대해 알기 어려운 데다 이랜드 경영의 중심인 박성수 회장이나 박성

이랜드 지분구조

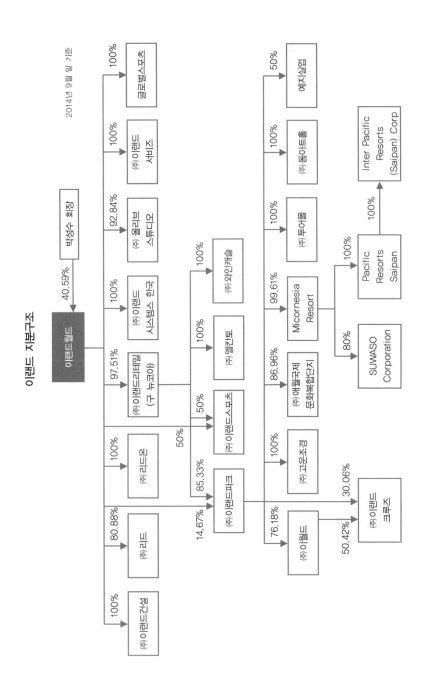

2014년 9월 말 기준

박성수 회장

40.59%

이랜드월드

- 100% 글로벌스포츠
- 100% (주)이랜드 서비스
- 92.84% (주)올리브 스튜디오
- 100% (주)이랜드 시스템스 한국
- 97.51% (주)이랜드리테일 (구 뉴코아)
  - 100% (주)와인캐슬
  - 100% (주)엘칸토
  - 50% (주)이랜드스포츠
  - 85.33% (주)이랜드파크
    - 14.67%
    - 100% (주)고운조경
    - 86.96% (주)애월국제 문화복합단지
    - 99.61% Micornesia Resort
      - 100% Pacific Resorts Saipan
        - 100% Inter Pacific Resorts (Saipan) Corp
      - 80% SUWASO Corporation
    - 100% (주)투어몰
    - 100% (주)동아트홀
    - 50% 예지실업
    - 76.18% (주)이월드
      - 50.42%
    - 30.06% (주)이랜드 크루즈
- 50% (주)이랜드스포츠
- 100% (주)리드온
- 80.88% (주)리드
- 100% (주)이랜드건설

234

경 부회장 등 회장 일가는 등기임원이 아니다. 등기임원이 아니기에 연간 보수 공개 대상에서도 벗어나 있다. 이랜드가 '책임경영'과 거리가 멀다는 지적이 나오는 이유다.

재계 관계자는 "상장하게 되면 기업에 대한 사정이 낱낱이 공개되는데, 이럴 경우 견제당할 가능성이 커져 꺼리는 것"이라면서도 "기업가치가 커 상장을 요구하는 이들이 많은 데다 재무 부담을 덜 수 있는 최후의 방법으로 상장이 있기 때문에 언젠가는 주요 계열사를 상장시킬 수밖에 없을 것"이라고 말했다.

이랜드의 미래 성장동력을 보면 M&A와 해외 진출에 초점이 맞춰져 있다. 박성수 회장은 7년 단위로 경영전략을 만든다. 그는 2015년 초 신년사에서 "2021년까지 해외매출 비중 60%를 달성하고 글로벌 200대 기업에 진입할 것"이라고 경영목표를 밝혔다. 또 "1조 원 이상 대형 성장엔진 10개가 가동되고 중역 300명, 총 임직원 30만 명으로 성장해 나갈 것"이라고 강조했다.

박성수 회장이 이처럼 강조하는 해외사업은 이미 이랜드의 주요 사업으로 자리매김했다. 이랜드는 1994년 중국 상하이에 생산지사를 설립하고, 1996년 이랜드 브랜드를 출시해 중국 패션시장에 본격적으로 진출했다.

중국 시장에서의 성공 비결은 현지화다. 빨간색을 선호하는 중국인 성향에 맞춰 매장 로고 색깔을 빨간색으로 했고, 중국인들이 좋아하는 단어인 '이렌'(衣戀)으로 회사명을 바꿨다. 특히 이랜드 중국 법인은 100% 직영체제로, 백화점 입점 원칙을 중국 진출 이후 내내 고수하고 있다. 과거 브렌따노 브랜드가 백화점 수수료가 높아 입점하지 못해 중저가 이미지에서 벗어나지 못했고, 이는 이랜드 의류 브랜드의 한계로 작용했다. 이 때문에 박 회장은 중국에서만큼은 처음부터 백화점에 입점하여 고급 브랜드의 이미지를 만드는 전략을 썼다.

또 이랜드는 최근 엔화 가치하락으로 일본 브랜드와의 경쟁에서 밀려 일본 내 모든 스파오 매장이 철수한 가운데 앞으로는 대만과 홍콩 등 중화권에 좀더 집중하는 것으로 해외사업 방침을 수정했다.

이랜드그룹의 대표 임원들

이랜드그룹은 능력 중심으로 엄격하게 직원을 평가하는 회사다. 이 때문에 승진도 빠르고 연차가 낮더라도 팀장을 맡는 일도 있으며, 차별이 거의 없어 여성 직원 비중이 다른 기업에 비해 높은 편이다.

이랜드의 직원 평가체제는 크게 두 가지로 나뉜다. 하나는 개인이 각자 프로젝트를 정해 매출이 오른다든지 하는 성과를 내고 업무 능력을 평가받는 것이다. 또 다른 하나는 직원들이 내는 업무 성과를 모두 객관화·점수화하는 '이셀'이라는 평가방식이다.

평소 박성수 회장은 "측정할 수 없는 것은 평가할 수 없다"고 말해 왔고, 이렇게 해서 만들어진 평가방식이 이셀로, 5년 동안 시행해 오고 있다. 기업평가 사이트인 '잡플래닛'에 따르면, 점수화하기 어려운 것도 평가하고 단기간에 실적을 내야 하는 경우가 많은 데다 프로젝트가 실패하면 언제 그랬냐는 듯이 빠르게 팀을 해체하고 급속도로 인사이동이 이뤄져 직원들 사이에 불만이 꽤 있는 상황이다.

이랜드그룹의 대표 임원들

최종양(53)
이랜드월드 사장

김일규(57)
이랜드파크 대표이사

이광일(55)
이랜드리테일 대표이사

이처럼 엄격한 이랜드그룹에서 능력을 인정받아 박성수 회장을 보좌하는 그룹 내 대표 임원으로는 3명이 있다. 이들 모두 이랜드 초창기 시절인 1980년대 입사해 회사 생활을 시작했고, 박 회장과 마찬가지로 종교가 기독교라는 공통점이 있다.

이랜드그룹의 지주회사이자 그룹 패션사업 중심인 이랜드월드를 이끄는 수장은 최종양(53) 사장이다. 최 사장은 성균관대 화학공학과를 졸업하고 1986년 이랜드에 입사해 1994년 중국 신사업 드림팀 책임자를 맡았으며, 중국 법인 대표이사, 뉴코아 대표이사 등을 역임했다. 현재 이랜드월드뿐만 아니라 중국 이랜드 법인장까지 겸임하고 있다. 이랜드의 중국 진출 성공을 이끈 주역인 최 사장은 중국 부임 전 중국 관련 서적 100권을 독파하고 부임 후에는 기차로 6개월간 중국 전역을 순회한 일화로 유명하다.

이랜드그룹의 리조트사업 분야 등을 맡고 있는 이랜드파크는 김일규(57) 대표이사가 2013년부터 이끌고 있다. 김 대표는 2014년 말 정기 임원 인사에서 부사장으로 승진했다. 그는 고려대 신문방송학과를 졸업하고 1984년 이랜드에 입사해 해외법인 뉴욕지사 본부장, 해외법인 영국 법인장, 미국 후아유 본부장 등 해외사업을 주로 도맡아왔다.

2014년 이랜드리테일 대표이사에 오른 이광일(55) 대표는 동국대 토목공학과를 졸업하고 1985년 이랜드에 입사해 언더우드 본부장, 태국지사장, 2001아울렛 대표이사 등 주요 직책을 두루 거쳤다.

이랜드그룹의 일인자 박성수 회장

이랜드그룹 내에서 박성수 회장의 지배력은 절대적이다. 여동생인 박성경(57) 부회장이 그룹의 2인자로 있지만 지분은 하나도 없다. 이랜드그룹의 지주사인 이랜드월드 지분을 박 회장은 40.59%, 부인 곽숙재 씨는 8.05% 가지고 있다. 이들 외에 박 회장 일가 가운데 지분을 가지고 있는 이는 없다. 박 부회장이 오빠인 박 회장을 대신해 대외활동을 하고 있지만 그룹의 주요 사안을 결정하는 절대적인 힘은 박 회장이 오롯이 지니고 있다.

이랜드에서 꺼리는 박성수 회장을 지칭하는 말로 '은둔의 경영자'라는 표현이 있다. 말 그대로 대외적으로 나서지 않아 가족관계나 사적인 면모 등에 대해 거의 알려진 게 없기 때문이다. 수년 전 부친상과 모친상을 당했음에도 주변에 알리지 않고 조용히 치러 뒤늦게 직원들이 알아 당황했을 정도다.

다만 박성수 회장이 독실한 기독교 신자로서 밝힌 간증과 강연 내용, 그룹 내외 관계자 등의 이야기를 종합해 볼 때 지금의 그를 있게 한 사람은 어머니였다. 그의 어머니는 중소기업을 운영했고 덕분에 박 회장은 유복하게 자랐다. 그의 어머니의 경영철학은 '가격은 2분의 1, 2배 가치'라는 이랜드의 모토를 만드는 계기가 됐다. 박 회장의 어머니는 품질은 좋게 만들면서도 값은 올려 팔지 않았고, 그런 서비스를 통해 많은 고객들을 단골로 만들었다.

이런 어머니 밑에서 자란 박성수 회장은 지역 명문인 광주일고를 졸업하고 연세대 식품공학과에 입학했지만 적성에 맞지 않아 재수 후 서울대 건축공학과에 들어갔다. 그러나 졸업할 즈음 박 회장은 온몸에 힘이 빠지는 희귀병에 걸렸다. 수년간 투병 끝에 겨우 완치됐지만 취업할 시기를 놓쳤다.

장사에 뛰어들 수밖에 없었다. 그의 나이 27세였던 1980년 이화여대 앞에 약 6.6제곱미터 넓이의 보세 옷가게 '잉글랜드'를 세웠다. 가게 이름은 패션의 중심이 신사의 나라 영국(잉글랜드)이라는 생각에 지은 이름이었다. 잉글랜드가 문을 연 게 이랜드그룹의 시작이다.

이대 앞 상권은 지금은 주춤하지만 과거 유행의 중심지였다. 이곳에서 인정받은 박성수 회장은 1986년 잉글랜드라는 이름을 지금의 '이랜드'로 바꾸고 법인화했다. 법인명을 만들 때 지명을 넣는 것이 금지됐기에 잉글랜드라는 이름을 그대로 쓸 수 없었던 것이다.

법인화 이후 패션 기업으로서의 행보를 본격화했다. 이랜드가 내놓은 브렌따노, 헌트, 언더우드 브랜드의 제품은 이른바 대박을 터뜨렸다. 1993년 이랜드의 브랜드 판매 가맹점만 2천 개를 넘었다.

박성수 회장이 작은 보세 옷가게를 대기업 그룹으로 성장시킬 수 있었던 두 번째 힘은 독서다. 그는 재계에서 독서왕으로 유명하다.

이랜드그룹 연혁

1980년	잉글랜드 창업
1986년	이랜드 법인 등록
1989년	아동복 진출
1990년	시계 주얼리, 여성 캐주얼 진출
1993년	매출 5천 억 달성
1994년	유통업, 외식업, 내의 진출, 패션 중국 진출
1996년	호텔사업 진출
2002년	매출 1조 달성
2004년	매출 2조 달성, 뉴코아 인수
2006년	매출 4조 달성
2009년	매출 5조 달성, 한국콘도 인수, 국내 최초 SPA 브랜드 스파오 출시
2010년	중국 의류사업 매출 1조 달성
2011년	엘칸토 인수
2012년	코치넬레 인수, 외식사업 중국 진출
2013년	매출 10조 달성, 케이스위스 인수
2014년	풍림리조트 인수, 켄싱턴 제주호텔 개장, 서울 이랜드 FC 창단, 패션·외식 브랜드 대만 진출, 중국 티니위니 5천 억 돌파
2015년	패션 브랜드 홍콩 진출

승진하거나 부서를 옮길 때 직원들이 관련 서적을 꼭 읽는 독특한 문화가 생긴 것도 박 회장에 기인한다. 박 회장의 어머니는 독서광으로 집안에 책이 가득해 박 회장은 어린 시절부터 책으로 둘러싸인 환경에서 자랐다. 그가 희귀병으로 수년 동안 누워 지낼 때 읽은 책만 수천 권이었고 현재 살고 있는 강남지역으로 이사 갈 때 옮겨진 책 분량만 트럭 5대분 정도였다고 전한다.

박성수 회장의 이랜드가 설립될 수 있었던 마지막 힘은 종교다. 그는 재계에서 가장 독실한 기독교 신자로 손꼽힌다. 그가 간증을 통해 밝힌 기독교에 빠지게 된 계기는 대학 시절 여동생인 박 부회장이 책상 위에 놓아 둔 《성령 충만한 비결을 아십니까?》라는 책을 읽은 일이다. 앞으로 어떻게 살아야 할지 고민이 많던 시절에 그 책으로 깨달음을 얻은 박 회장은 1970년대 성도교회 대학부 초창기 당시 옥한흠 목사의 첫 제자로 제자훈련을 받기도 했다. 이후 박성수 회장은 대외활동에는 나서지 않더라도

사랑의 교회 시무장로와 연세대 채플 강사 등은 지냈을 정도로 종교활동에 열심이었다.

박성수 회장이 스스로 혼란스러웠을 때, 또 몸이 아팠을 때 역경을 이겨 낼 수 있었던 배경에 종교의 힘이 컸던 만큼 이랜드그룹 자체에도 종교색이 드러나 여론의 입방아에 자주 오르내린다. 또 이랜드 면접을 본 취업준비생들 가운데는 면접 때 기독교를 믿을 의향이 있느냐는 질문을 받은 이들도 있다.

이런 독특한 기독교 문화 때문에 이랜드에는 다른 회사에서 찾아보기 어려운 '사목'(社牧)이 있다. 회사 내 목사로, 매년 연말 승진자를 발표하기에 앞서 사목이 설교하는 시간이 있다고 한다. 또 조직별로 직원들끼리 성경 공부 등을 하는 모임이 있기도 하다.

종교의 영향으로 술 마시는 회식이나 접대가 거의 없고 대신 직원들끼리 뭉쳐 체육대회나 노래 페스티벌, 수련회 같은 사내 행사가 빈번하게 열린다. 이에 대해 '건전하다', '종교색이 지나치다' 등으로 직원들의 평가가 엇갈리곤 한다.

박성수 회장의 가족관계에 대해 알려진 것은 거의 없다. 부인 곽숙재 씨는 이랜드 초창기 시절 입사한 직원이었다고 알려졌다. 곽 씨는

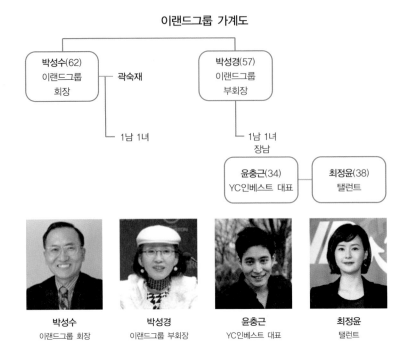

이랜드그룹 가계도

박성수(62)
이랜드그룹
회장

곽숙재

박성경(57)
이랜드그룹
부회장

1남 1녀

1남 1녀
장남

윤충근(34)
YC인베스트 대표

최정윤(38)
탤런트

박성수
이랜드그룹 회장

박성경
이랜드그룹 부회장

윤충근
YC인베스트 대표

최정윤
탤런트

내조에만 힘쓰고 있다.

박 회장 내외 슬하에는 1남 1녀가 있다. 아직 20대 대학생인 데다 박 회장이 경영자로서는 젊은 축에 속해 후계구도를 논하기에는 이르다는 게 이랜드 측의 설명이다. 하지만 재계에서는 여타 창업주가 있는 대기업이 그렇듯 언젠가는 박 회장의 자녀들이 경영수업을 차근차근 받아 박 회장의 뒤를 이을 것으로 전망하고 있다.

이랜드의 창업 공신이자 박 회장의 여동생인 박성경 부회장은 이화여대 섬유예술학과를 졸업하고 이랜드에 합류했다. 이후 브렌따노 등의 브랜드 의류 디자인 등을 맡아 지금의 이랜드를 키워 내는 데 큰 공을 세웠다. 박 부회장은 "박 회장이 예상한 건 한 번도 틀린 적이 없다"며 평소 가장 존경하는 사람으로 오빠인 박 회장을 언급하기도 했다. 박 부회장의 남편은 별도 사업을 운영하는 것으로 알려졌고 두 사람 사이에는 1남 1녀가 있다.

박성경 부회장의 장남인 윤충근(34) YC인베스트 대표는 이랜드와 무관한 사업을 하고 있어 그 역시 후계구도와는 거리가 있는 것으로 알려졌다. 윤충근 대표의 부인은 탤런트 최정윤(38) 씨로, 당시 재벌가의 며느리가 됐다며 화제를 모으기도 했다.

희귀품 수집 20년, 존 레넌 기타 등 3천여 개

대외활동을 꺼리는 박성수 회장의 이름이 언론에 등장할 때는 바로 경매에서 낙찰받을 때다. 그는 독특한 경매물품은 어떤 값을 치르더라도 낙찰받는다. 박 회장의 희귀품 수집 경력은 20년이 넘고, 모은 희귀품만 3천여 개가 넘는다.

수집한 희귀품들은 이랜드의 주요 사업장 곳곳에 인테리어 소품으로 전시돼 있다. 마이클 잭슨이 스릴러 투어 때 입은 의상부터 존 레넌의 기타, 마돈나의 영화 의상 등 223개가 외식 브랜드 애슐리 매장에 진열됐다. 박성수 회장은 이런 희귀품들을 최종적으로 이랜드가 세울 테마도시 내 박물관 10~15곳에 전시할 계획이다.

쓸 때는 통이 크지만 절약할 때는 누구보다도 자린고비 정신을 보이는 게 박성수 회장이다. 박 회장 남매는 평소 검소한 편이다. 박 회장 본인은 구형 카니발을 오래 전부터 타고 다니며 비행기도 이코노미석만 이용한다. 그들의 집무실에는 화려한 소파 대신 간단한 회의용 책상만 있다고 전해진다. 또 집에는 도우미를 두지 않아 박 회장의 집은 부인 곽숙재 씨가, 박성경 부회장의 집은 박 부회장이 직접 살림을 도맡아 한다.

특히 박 부회장은 한 중국 대형유통업체 회장을 만날 때 직접 담근 김치를 선물로 주는 등 정성을 보였고, 이에 감동한 회장이 1년에 한 번씩 박 부회장을 만나는 등 깊은 신뢰 관계를 쌓은 일화도 있다.

이 밖에도 박 회장 남매는 패션회사의 수장답게 남다른 패션감각을 가진 것으로 유명하다. 특히 박 회장은 한때 야구단을 인수하려 했을 정도로 야구를 좋아하는 야구팬답게 야구모자나 야구점퍼를 즐겨 입곤 한다.

태영그룹

장남 윤석민 부회장으로 이어진 후계구도

윤세영 회장의 장남 윤석민(51) 태영건설 부회장 겸 SBS미디어홀딩스 부회장이 태영그룹에 입사한 것은 26년 전이다. 서울에서 태어난 윤석민 부회장은 휘문고를 거쳐 서울대 화학공학과와 대학원, 미국 하버드대 경영대학원 경영학 석사를 마치는 등 이른바 엘리트 코스를 밟았다. 적어도 경제계 인맥은 아버지 못지않게 화려하다.

정의선 현대자동차 부회장, 허세홍 GS칼텍스 부사장 등과는 고등학교 동문이다. 조현문 전 효성 부사장, 정지선 현대백화점 회장 등과도 대학원에서 만나 좋은 관계를 맺고 있다. 한 살 위인 최재원 SK그룹 수석부회장과는 하버드대 경영대학원 선후배지간이다.

태영은 후계구도를 일찌감치 결정했다. 윤석민 부회장은 현재 태영건설 지분 27.1%를 보유한 최대 주주다. 부인 등 특수관계인을 포함하면 지분율이 30%를 넘어 지배력도 단단한 상태다. 윤 부회장은 학업을 마친 1989년 26세라는 나이에 태영건설 기획담당 이사로 입사했으며, 1996년에는 서울방송(현 SBS) 기획조정실 이사대우 직함을 달았다. 이후 경영심의실장, 기획편성본부장 등의 자리를 거치면서 방송 업무를 익혔다.

하지만 2세 경영자라는 꼬리표가 여전히 붙어 다닌다. 호프데이 행사를 여는 등 직원들과의 교감을 강화했지만 뿌리내리기는 쉽지 않았다. '세습경영'을 반대하는 노조와 시민단체의 목소리에 한때 자회사인 SBSi 대표이사로 자리를 옮기기도 했다. 이후 2009년에는 지주회사인 SBS미디어홀딩스 대표이사 부회장에 취임했다. 특히 2011년 윤세영 회장이 경영 일선에서 한발 물러나고 나서는 윤석민 부회장이 그룹 전반에서 전면에 나섰다.

지분구도 등을 보면 사실상 경영권을 넘겨받은 셈이지만 승계작업이 완전히 마무리됐다고 보기에는 이르다. 아버지가 맨손으로 일궈낸 회사인 만큼 여전히 아버지의 영향력이 적지 않다. 최근 경영악화 등을 이유로 윤세영 회장이 복귀했다는 점이 이를 방증한다. 지난 3월 윤 회장은 16년 만에 태영건설 사내이사로 복귀했다. 1999년 사내이사에서 물러난 후 회장직만을 유지했지만, 최근 그룹 실적이 악화되면서 윤 회장 스스로 팔을 걷어붙인 것으로 보인다.

태영건설은 2014년 575억 원(연결기준)의 순손실을 봤다. 매출액의 70% 이상을 차지하던 공공분야 공사가 줄어든 데다 입찰과정의 담합 문제로 공정거래위원회로부터 과징금 200억 원을 부과 받은 게

태영그룹 주요 계열사 현황

태영그룹 매출액 추이

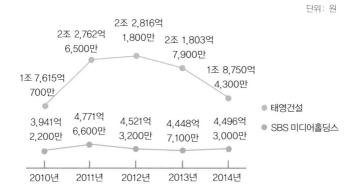

손실을 키운 화근이었다. SBS가 2014년 브라질월드컵 중계권 구입에 7,500만 달러(당시 환율 환산액 900억여 원)를 투입한 것도 수익성 악화에 영향을 미쳤다. 야심차게 시작한 인제스피디움 사업도 상황이 좋지 않다. 경영 악화라는 당면 과제를 윤 부회장이 어떻게 해결하느냐에 관심이 모인다.

윤석민 부회장은 자수성가한 아버지의 교육 덕분인지 주변에서 소탈하고 성실하며, 직장에서는 누구에게든 겸손한 태도를 보인다는 얘기를 자주 듣는다. 세간의 관심이 몰리는 방송사를 소유한 가문이지만 좀처럼 사생활에 대해 좋지 않은 소문이 새나오지 않을 정도로 자기 관리 역시 철저하다.

윤 부회장은 인문학부터 예술, 체육까지 관심사도 다양하다. 국립중앙박물관 재계 후원회인 '박물관의 젊은 친구들'(YFM) 회원으로 박물관 유물 공부 모임, 후원금 모금 등에도 참여 중이다. 한때 대한스키협회장직을 맡기도 했다. 부인 이상희 씨와의 사이에 1남 2녀를 두고 있다.

가족 중 그룹 경영에 참여하는 이는 윤 부회장 외에 막내 윤재연(49) 씨가 있다. 윤재연 씨는 2014년부터 태영그룹의 골프와 레저 부문 계열사인 블루원 대표이사 사장으로 근무 중이다. 윤재연 씨는 이화여대 영문과 졸업 후 스위스와 미국에서 관광경영학을 공부했고, 이후 태영레저 대표이사 등을 거쳤다.

윤세영 회장의 첫째 윤수연(52) 씨는 현대그룹 광고 제작을 대행하는 ISMG코리아 대표이사인 황두연(53) 씨와 결혼한 뒤 현재 투자회

태영그룹 가계도

```
          윤세영(82)        변금옥(80)
          태영그룹 회장      전 치과의사
```

윤수연(52, 여)	윤석민(51)		윤재연(48, 여)
몬티스월드와이드 대표이사	태영건설 부회장 및 SBS 미디어홀딩스 부회장	이상희	블루원 대표이사

황두연(53)
ISMG코리아 대표이사

└ 1남 2녀

윤세영
태영그룹 회장

윤수연
몬티스월드와이드 대표이사

윤석민
태영건설 부회장 및
SBS 미디어홀딩스 부회장

윤재연
블루원 대표이사

사 몬티스월드와이드 대표이사를 맡고 있다. 첫째 사위인 황두연 대표는 미국 위스콘신대 경영학 석사 출신으로, 연세대에서 도시공학 박사학위를 받았다.

맨손으로 '태영' 일군 윤세영 회장

태영그룹을 설립한 윤세영(82) 회장은 해방 전인 1933년 강원 철원군 동송면 오지리에서 윤현구 씨와 임복희 씨의 2남 2녀 중 막내로 태어났다. 오지리는 10대째를 이어 오며 해평(海平) 윤씨 집안이 옹기종기 모여 살던 작은 동네였다. 선대로 올라가면 참판과 부사, 현감이 흔할 정도로 뼈대 있는 가문이었지만 어떤 이유에서인지 벼슬길에서 멀어지면서 오지리 사람들은 한학과 농사일에만 전념했다.

윤세영 회장이 관인초등학교를 졸업하던 1946년 38선 이북에 위치한 오지리는 북한군이 장악하고 있었다. 그해 윤씨 가족은 정든 고향을 빠져나와 월남했고, 경기 포천 등을 거쳐 1948년 서울 종로구 명륜동에 터를 잡았다. 새 터전에 정착하기도 전에 터져 버린 전쟁은 윤씨 가족에게 평안한 삶을 허락하지 않았다. 서울이 인민군에게 점령되자 당시 경기상업중학교를 다니던 윤세영 회장은 의용군으로 끌려갈 위기에 처했다가 다행히 남보다 작은 체구로 강제 징집을 면할 수 있었다.

윤씨 가족은 1951년 1·4 후퇴를 맞아 남쪽으로 피란을 결정했다. 하지만 이 과정에서 가족이 뿔뿔이 흩어졌다. 전쟁이 끝난 후 윤세영 회장은 아버지가 전쟁 통에 돌아가셨다는 비보를 접했다. 어떤 과정으로 유명을 달리했는지도 알 수 없었다. 그나마 다행이라면 어머니를 비롯한 나머지 가족과 다시 상봉할 수 있었다는 것이다.

넉넉지 않은 살림이었지만 어머니 임 씨의 교육열은 대단했다. 다시 서울로 올라온 윤 회장은 서울고를 거쳐 1년간의 재수생활을 통해

1956년 서울대 법과대학에 입학했다. 대학교 2학년 때 논산훈련소에 입소한 그는 어려운 집안형편 등을 고려해 통역장교에 지원했다. 지금은 상상도 못 할 일이지만 그는 춘천에서 군 복무를 하면서 서울대생으로 학업을 이어갔다.

꿈에 그리던 학교였지만 출석은 불가능했다. 당시는 교실에 비치된 출석부에 학생이 직접 도장을 찍는 식이어서 친구들에게 아예 도장을 맡겼다. 직접 이름을 불러 확인하는 수업은 친구들이 대신 대답해 주는 식이었다. 이수성(전 국무총리), 정해창(전 대통령 비서실장), 최동규(전 동력자원부 장관) 등 쟁쟁한 인물들이 어렵게 학업을 이어가는 친구를 도와줬다.

하지만 시험은 봐야 했다. 특별휴가를 내고 서울에 올라와 친구들의 노트를 빌려 벼락치기를 했다. 나름 최선을 다했지만 전국에서도 수재들만 모인 학교에서 수업도 듣지 못한 그가 벼락치기만으로 좋은 성적을 낼 수는 없었다. 그렇게 윤 회장은 남들보다 1년 6개월 늦은 1961년 9월 서울대 법학과를 졸업했다.

1961년에 아내 변금옥(80) 씨를 만났다. 아내와 서울대 치과대 동기 동창인 외사촌 형수가 "좋은 처자가 있다"며 종로5가에 치과를 개업한 변 씨의 병원 주소 등을 일러 줬다. 몰래 병원을 찾은 윤 회장은 곱게 한복을 입고 진료를 보는 변 씨에게 푹 빠졌다. 결국 두 사람은 1년여간 사귀다 결혼했다.

변 씨의 집안도 고향을 떠나 월남한 아픈 기억이 있었다. 변 씨의 아버지 변원규 씨는 일본에서 익힌 날염 기술로 평양에 원일방직을 세운 사업가였지만 분단으로 모든 것을 버리고 남한으로 내려왔다.

그녀가 대학을 졸업하기 전 사망한 아버지를 대신해 변 씨는 가족을 부양해야 하는 상황이었다.

훗날 처남들 중 일부는 태영그룹과 SBS에서 매형의 사업을 도왔다. 대한스키협회 회장을 지낸 변탁 씨는 전 태영건설 대표이사, 변건 씨는 전 SBS 임원, 변용 씨는 원도시건축 대표, 변철 씨는 태영매니지먼트 대표이사로 근무했다. 모두가 힘든 시기였지만 가정은 단란했다. 윤 회장과 변 씨는 1남 2녀(수연, 석민, 재연)를 뒀다.

윤세영 회장은 봉명그룹에서 사회생활을 시작했다. 공화당 3선 의원이자 사업가인 이동녕 봉명그룹 회장을 8년간 모셨다. 몸은 봉명 소속이었지만 업무는 의원 보좌관이 주였다. 4대 민의원을 거쳐 6대 국회에 진출해 국방위원을 하던 이동녕 의원은 자신을 보좌할 사람을 물색하던 중이었다. 이동녕 의원의 부인과 윤세영 회장의 장모가 막역한 사이였고, 양가가 동향이었다는 점도 두 사람을 이어 준 계기가 됐다.

윤세영 회장은 보좌관 생활을 마친 뒤에도 이동녕 의원을 '어르신'이라고 부르며 마음으로 존경한다. 사실 의원 보좌관은 사업가로 알려진 윤 회장에게는 다소 엉뚱한 경력이다. 하지만 윤세영 회장은 의원 보좌관으로서 8년간 쌓은 정계와 재계의 인연이 훗날 자신에게 큰 자산으로 남았다고 회고한다.

윤세영 회장의 1호 자산, '화려한 인맥'

윤세영 회장은 유독 고등학교와 대학교 때 맺은 인연에 애정이 깊다. 그는 자서전에서 "서울고와 서울대 법과대학 때 만난 친구들은 모든 면에서 나보다 월등히 나았고, 덕분에 오늘날의 내가 있지 않나 생각한다"고 회고했다. 인맥은 화려하다. 정치·경제·학계·법조계까지 각계각층에서 왕성한 활동을 펼쳤고 지금도 현역으로 활동 중인 인사가 즐비하다.

우선 1956년 입학한 서울대 법과대학 동기 중 장관급을 지낸 이들만 12명에 달한다. 서울대 총장과 국무총리를 지낸 이수성 씨, 법무부 장관을 거쳐 노태우 대통령 비서실장을 지낸 정해창 좋은합동법률사무소 대표변호사, 윤영철 전 헌법재판소장, 최동규 전 동력자원부 장관, 안우만 전 법무부 장관, 최상엽 전 법무부 장관, 송언종 전 광주시장 등이 대표적이다. 이들 중 특히 정해창 변호사와는 골프를 자주 즐기는 60년 지기 친구다. 정 변호사는 골프광인 윤세영 회장이 홀인원 하는 모습을 두 차례나 목격했다.

국회의원을 지낸 이들 중 강신옥, 김의재, 이재창, 이상하, 이석용, 허남훈 씨와도 동기 동창이다.

윤 회장은 일반인들에게는 '도투락'이란 이름으로 익숙한 봉명기업 창업자 이동녕 전 의원의 보좌관 역할 덕분에 여의도를 중심으로 한 정치계에도 누구보다 넓은 인맥을 갖고 있다. 이때 알게 된 박관용 전 국회의장과는 40년 지기다. 윤세영 회장이 다섯 살 위지만 젊은 시절 나이를 확인하지 않은 채 친해져 말을 놓게 됐다.

윤세영 회장 인맥

이수성
전 국무총리

정해창
전 노태우 대통령 비서실장

윤영철
전 헌법재판소장

안우만
전 법무부 장관

박관용
전 국회의장

고종진
전 두산그룹 사장

김진선
전 강원지사

경제계 인맥으로는 고종진 전 두산그룹 사장, 대우조선 대표이사를 지낸 홍인기 한국증권연구원 고문, 송영수 전 한진중공업 부회장, 이태원 전 ㈜한진 사장, 정우모 태영인더스트리 상근고문 등이 있다. 이 밖에도 세종대 총장을 지낸 양승규 박사(전 서울대 법대 교수), 제일은행장 출신인 신관식 씨와도 막역한 사이다.

윤세영 회장은 고향인 강원도를 꼼꼼히 챙기는 것으로도 유명하다. 1998년 윤 회장이 강원도민회장을 하던 시절 만난 김진선 전 강원도지사와도 친분이 깊다. 김 전 지사는 지인들에게 "강원엑스포를 준비하던 당시 발 넓은 윤세영 회장 덕에 도민회 회원 숫자를 150만 명에서 300만 명까지 늘릴 수 있을 정도였다"면서 "2018년 평창 동계올림픽을 유치할 때도 윤 회장은 내 멘토였다"고 말했다.

이동녕 의원이 정계를 은퇴한 1971년부터 미륭건설 등에 다니던 윤세영 회장은 1973년 태영개발주식회사를 설립했다. 태영(泰榮)이라는 이름은 서울고 동기 동창으로 투자자가 돼준 정태근 씨의 태(泰)자와 강백영 씨의 영(榮)자를 한 자씩 따와 지은 것이다. 돈 문제가 얽히더라도 우정은 변치 말자는 일종의 묵계였다. 당시 창업 자금은 300만 원. 하지만 회사가 커지면서 서로 불신이 쌓였고, 결국 윤세영 회장은 어음 등을 발행해 친구들의 지분을 모두 인수하며 동업을 접었다.

창업 3년 만에 위기는 찾아왔다. 초기 모자란 자금 탓에 남의 회사 건설장비를 빌리는 편법으로 면허를 딴 것이 화근이었다. 갑자기 들이닥친 정부 실사에 그는 면허가 취소될 위기에 처했다. 당시 정계에 끈을 대 가까스로 면허 취소를 막았다. 이 과정에서 윤세영 회장은 '원칙'과 '정직'이라는 두 가지 큰 교훈을 얻었다. 두 단어는 윤 회장이 지금까지 내세우는 인생철학이기도 하다.

창업 이후 5년은 고난의 연속이었다. 당시 도급순위 606위인 영세 건설사에 돈이 되는 공사를 맡기는 이는 없었다. 일단 창덕궁 보수공사 등 문화재 보수공사를 따내 근근이 버텼다. 그러나 윤세영 회장에게도 기회는 왔다. 1977년 선유수원지 공사와 1981년 가락지구 토지구획정리 사업을 수주한 것이다.

게다가 1980년도 후반부터는 전국에 건설 붐이 일었다. 1986년 서울아시안게임과 1988년 서울올림픽 특수로 정부 발주 공사도 눈에 띄게 늘었다. 1980년대 후반에는 용인CC 등 골프장 건설사업에 손을 댔다. 때가 되면 사무실을 이리저리 옮겨 다녀야만 했던 회사는 여의도에 사옥을 지을 수 있을 만큼 성장했다. 당시만 해도 여의도 사옥이 훗날 SBS의 첫 터전이 될 줄은 상상도 못 했다. 1989년 태영은 도급 순위 1군 건설사에 오르면서 기업공개를 하게 됐다.

1990년도에 들어서 태영은 사업 다각화에 나섰다. 기존 정수처리장과 하수처리장 건설사업을 넘어 고속도로, 교량, 지하철, 신도시 기반시설, 항만시설 등으로 사업을 확장했다. 점차 공공사업 등이 줄어든다는 점을 감안해 주택과 민간 부문으로 영역을 넓혀 나갔다.

사업 다각화의 하이라이트는 방송사업 진출이다. 방송법 개정에 따라 1990년 9월 1일 정부가 민방 설립 참가신청 공고를 냈고, 태영이 신청서를 냈다. 당시 정부·여당은 기존 KBS와 MBC 외 민간 방송사 설립을 허가하는 방송법 개정을 추진했다. 정국은 시끄러웠다. 당장 야당 소속 문공위원들은 방송구조 개편을 내각제 개헌을 통한 장기집권 음모라고 비판했다. 언론학 교수 61명도 성명을 통해 민방 도입과 공영방송에 대한 법적 통제 강화에 반대한다는 목소리를 냈다. 결국 방송법 개정안은 여야 정치권의 난상토론 끝에 몇 가지 독소조항을 제외하고 국회를 통과했다.

하지만 논란은 이어졌다. 같은 해 10월 31일 태영이 민방 사업자로 선정되자 일각에서 특혜 의혹을 제기한 것이다. 당시 태영은 국민에겐 낯설고 작은 회사였다. 민방사업에 도전장을 던진 이들 중에는 농심, 인켈, 중소기업중앙회, CBS, 일진 등 쟁쟁한 기업이 적지 않았다. 태영의 주력 사업인 건설 분야는 방송과 연관성이 없다는 지적도 일었다. 이듬해 3월 라디오방송을 시작한 SBS 서울방송은 같은 해 12월 9일 TV 전파를 처음 송출하게 된다.

윤세영 회장의 '스포츠 사랑'

윤세영 회장의 스포츠 사랑은 남다르다. 1981년 서울시 핸드볼협회 회장을 맡은 이후 서울시 체육회 이사, 한국프로농구연맹 초대 총재, 대한골프협회 회장 등을 역임했다. 프로농구의 뿌리를 내리게 해 한국체육언론인회가 선정한 '한국농구 100년을 빛낸 얼굴 100인'에 이름을 올리기도 했다. 특히 2012년에는 평창 동계올림픽 유치의 공로를 인정받아 체육훈장 청룡장을 받기도 했다.

이 중 으뜸은 골프다. SBS 출범 이후 정규 편성에 골프 중계를 넣은 것도, 자회사 SBS골프를 설립한 것도 윤세영 회장의 취향과 신념이 반영된 것으로 보인다. 또한 건설업을 하며 블루원 용인CC를 건

2012년 런던올림픽 대회장에서 함께한 윤세영 회장(왼쪽)과 윤석민 부회장(오른쪽).

설한 것을 시작으로 보문과 상주 등에서 골프장을 운영 중이다.

그는 1970년 이동녕 전 의원에게 물려받은 중고 클럽으로 골프를 시작했다. 첫 라운딩은 지금은 사라진 능동의 서울CC였다. 구력만 45년. 평생 한 번 하기도 쉽지 않은 홀인원을 4번이나 경험했다. 한 번은 정확히 클럽에 맞아 홀컵으로 빨려 들어갔고, 나머지는 굴러가다 들어갔다. 윤 회장이 2004년 〈서울대 동문회보〉와의 인터뷰에서 밝힌 핸디캡은 16이다. 18홀 기준으로 88타인 셈이지만 실제 실력은 이보다 훨씬 낮은 점수인 것으로 알려졌다. 구력으로 따지면 누구에게도 뒤지지 않는 그의 골프철학은 "인생도 골프도 과욕은 금물"이다.

삼천리그룹

2대에 걸친 60년 동업 역사

친구끼리 동업하면 우정도 잃고 돈도 잃는다는 말이 있다. 하지만 2대
에 걸쳐 철저한 동업자 관계를 유지하며 견실한 기업을 일궈 온 이들
이 있다. 2015년 창립 60주년을 맞은 삼천리의 창업주 이장균 명예회
장(1920~1997)과 유성연 명예회장(1917~1999)이다.

두 사람은 한국전쟁으로 혈혈단신 남한에 내려와 맨손으로 견실한
에너지 기업을 일궈 냈다. 이들은 마지막 순간 각자 평생 간직해 온
동업서약서를 남기고 떠났다. 이 동업서약서에는 "한 사람이 세상을
떠나면 다른 사람이 남은 가족의 생계를 책임진다", "투자 비율이 다
르더라도 수익은 절반씩 나눈다", "한 사람이라도 반대하면 중요한 의
사결정을 할 수 없다"는 등의 5개 조항이 담겨 있다. 아버지들의 약속

은 여전히 두 집안의 금과옥조다.

현재 삼천리그룹을 이끌고 있는 이만득(59) 회장의 부친 이장균 명예회장은 1920년 6월 27일 함경남도 함주에서 아버지 이황주 씨와 어머니 윤윤옥 씨 슬하의 6남매 중 차남으로 태어났다. 조부 때부터 가세가 기울어 어려워진 가정형편 속에서 자란 이 명예회장은 7~8세 무렵부터 '소년 지게꾼'이 되어 공사장에서 자갈을 짊어 날라야 했다. 힘든 와중에도 이 명예회장은 밤이 되면 하루도 빠지지 않고 야학에 나가 공부를 했다. 이런 노력들이 결실을 거둬 주북공립보통학교 3학년에 편입했다. 이후 4년간의 학창생활은 이 명예회장의 유일한 정규 학업이었다.

이장균 명예회장은 보통학교 졸업 이후 흥남질소비료공장 사원을 거쳐 토목건설 현장의 서기로 일했다. 성실한 성품을 인정받아 함남 토목회사의 하도급을 시작했고 이는 사업가로서의 첫걸음이기도 하다. 사업 수완도 좋았다. 이 명예회장은 소련군이 함흥에 진군하자 시내에 '민흥상회'를 차려 군을 상대로 장사했다. 그러다가 소련군이 좋아하는 통조림을 구하려 수소문하던 유성연 명예회장과 운명의 만남을 갖게 됐다. 의형제 이상의 관계로 발전한 두 사람은 '8인계'를 조직해 더욱 가까워졌다.

영원한 동업자로 남은 유성연 명예회장은 1917년 함경남도 삼평면 부흥리에서 아버지 유봉주 씨와 어머니 김 씨의 2남 4녀 중 막내로 태어났다. 부친의 사업 실패로 곤궁한 삶이 이어졌지만 소년은 똘똘했다. 유 명예회장은 어린 시절 서당에서 《명심보감》을 공부하고 11세가 되던 해에 4년제 삼평보통학교에 입학했다. 남보다 늦은 학업이었

삼천리는 2대에 걸쳐 우애 좋은 동업자 경영을 하는 기업으로 유명하다. 왼쪽부터 창업주인 고 이장균 명예회장과 고 유성연 명예회장.

지만 유 명예회장은 보통학교 4년을 우등으로 졸업하고 함흥제일보통학교 5학년에 편입했다. 보통학교를 졸업한 뒤에는 평양사범학교에 관비(官費) 장학생으로 입학했다. 당시 평양사범 입학시험은 함경도에서 200여 명이 응시해 9명만 합격했을 만큼 어려운 관문이었다.

졸업 후 삼호보통학교, 영정보통학교 등에서 교사 생활을 한 유성연 명예회장은 해방 이후 경제활동에 투신해 나라 경제를 위해 큰일을 하겠다는 포부를 안고 사업에 뛰어들었다. 당시 유 명예회장은 함흥 선덕비행장에 주둔한 소련 공군을 상대로 미군 군수물자, 초콜릿, 통조림, 담배, 술 등 식료품 장사를 시작했다. 그러나 한국전쟁 발발로 모든 것을 포기해야 했던 유 명예회장은 우여곡절 끝에 남한으로 내려와 거제도 난민수용소에 잠시 수용됐지만 수용소를 빠져 나와 미군을 상대로 토산 기념품을 팔기 시작했다.

서울에서 재회한 두 사람은 1955년 '삼천리연탄기업사'를 설립했다. 서민들의 연료인 신탄(炭)을 제조해 파는 과정에서 앞으론 무연탄이 가정 연료로 귀하게 쓰일 것이라고 판단했다. 삼천리가 설립된 1950년대는 온 나라가 '재건'이란 기치에 매달리던 때다. 하지만 당시 남한의 석탄 생산량은 북한보다 터무니없이 모자랐다. 정부는 석탄 증산이 무엇보다 시급하다는 판단에 따라 막대한 탄광 복구비를 투입했고 석탄 수송을 위한 철도도 건설했다.

예상은 적중했다. 질 좋은 원탄을 쓴 삼천리 연탄은 시중에서 불티나게 팔렸다. 특히 1964년 개발한 22공탄은 고품질 연탄의 대명사처럼 회자됐다. 시장의 뜨거운 반응에 힘입어 창업 10년 만인 1965년 연탄 공장은 최초 설립 당시보다 52배나 성장할 정도였다.

삼천리는 1970년 삼척탄좌를 인수하면서 일대 전환점을 맞이했다. 석탄을 안정적으로 수급할 수 있게 됐기 때문이다. 당시에는 드물게 한 기업이 석탄 채굴부터 연탄 생산까지 수직계열화를 이뤘다는 점도 의미가 깊다. 결국 8년 뒤인 1978년 삼천리는 국내 1위 연탄기업에 올라섰다. 사업이 번창하면 동업 관계는 금이 가게 마련이지만 두 집안의 관계는 오히려 단단해졌다. 두 사람의 이야기는 1985년 KBS 드라마 '열망'의 소재가 될 만큼 세간의 주목을 받았다.

하지만 석탄만으로는 살아남을 수 없었다. 1986년 서울아시안게임과 1988년 서울올림픽을 계기로 대기오염 문제와 환경보호가 화두로 떠오르면서 여전히 석탄 비중이 적지 않았던 당시 에너지 업계에는

삼천리 최근 실적

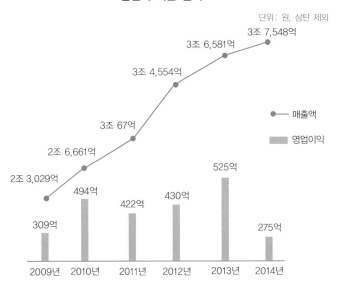

단위: 원, 삼탄 제외

3조 7,548억

3조 6,581억

3조 4,554억

3조 67억

2조 6,661억

2조 3,029억

● 매출액

▬ 영업이익

525억

494억

430억

422억

309억

275억

2009년 2010년 2011년 2012년 2013년 2014년

삼천리 지분 소유 현황

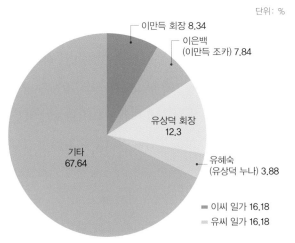

단위: %

이만득 회장 8.34

이은백
(이만득 조카) 7.84

유상덕 회장
12.3

유혜숙
(유상덕 누나) 3.88

기타
67.64

▬ 이씨 일가 16.18
▬ 유씨 일가 16.18

동업서약 내용대로 양쪽 집안 소유 지분이 16.18로 동일.

커다란 파도가 일었다. 석탄보다 운송이 쉽고 오염물질도 적은 도시가스가 새로운 에너지원으로 대두했다. 삼천리는 이런 변화를 읽고 있었다. 1982년 경인도시가스를 인수, 도시가스 사업에 진출했다. 가정용은 물론 산업용 수요 개발에 힘을 쏟은 덕에 삼천리는 국내 최고 도시가스 기업으로 변화할 수 있었다.

당시 도시가스는 가정용이라는 인식이 강해 기업은 물론 정부도 용도 변경을 시도해 본 적이 없었다. 정부를 설득해 1985년 국내 최초로 산업용 가스를 공급하게 된 삼천리는 최고의 자리를 이어 갔다. 1987년에는 액화석유가스(LPG)를 액화천연가스(LNG)로 전환해 국내 최초로 도시가스에 공급하면서 삼천리는 한국 도시가스 산업을 선도하는 기업으로 자리매김하게 됐다.

삼천리그룹의 혼맥

경제계부터 정·관계를 아우르는 다른 기업들의 화려한 혼맥과 비교하면 삼천리그룹의 혼맥은 매우 소탈해 보일 정도다. 이장균 명예회장은 2남 2녀를 두었지만 결혼에 대해서는 자녀들의 의견을 우선시했다. 집안이나 배경보다는 며느리와 사위들의 됨됨을 가장 먼저 봤다. 며느리는 소박한 성품을, 사위들은 사람됨과 능력을 중요시했다. 화려함보다는 내실을 기하는 기업문화와 닮아 있다.

장남 이천득 씨는 1987년 지병으로 36세 나이에 세상을 떴다. 평범한 집안의 유계정(65) 씨와의 사이에 은백(42)·은아(40)·은미(39) 씨 등 1남 2녀를 두었다. 장남 이은백 부사장은 현재 삼천리 미주본부장으로 삼천리의 해외 생활문화사업을 담당하고 있다.

차남인 이만득(59) 회장은 고려대 경영학과를 졸업한 뒤 1981년 가발을 수출하는 삼천리의 계열사였던 미성상사로 처음 입사해 경영수업을 받았다. 이 회장은 1977년 전혜연(60) 씨와 결혼해 은희(37)·은남(36)·은선(33) 씨 등 3녀를 낳았다. 부인 전 씨의 부친은 예비역 대령 출신으로 같은 이북 출신 실향민이다.

이만득 회장과 부인 전 씨의 결혼 스토리에서 부친 이장균 명예회장의 성격을 그대로 읽을 수 있다. 이 회장은 친구의 소개로 전 씨를 만나다가 해병대에 자원입대했다. 이장균 명예회장은 아들이 군 복무 중에도 열애 중이라는 사실을 알고는 두 사람을 불렀다. 이때는 5월 5일로 전 씨의 생일이어서 휴가 나온 이 회장이 친구들과 저녁식사를 함께 하고 있었는데 두 사람을 집으로 급히 호출한 것이다.

영문을 모르고 집으로 달려간 두 사람은 이장균 명예회장이 전 씨를 꼼꼼히 뜯어보더니 "됐다. 결혼해라. 결혼식은 10일 후인 5월 15일 오후 5시로 잡자"라고 말해 너무 놀랐다. 두 사람은 귀를 의심했지만 이 명예회장은 "며느리가 착실하고 몸 건강하기만 하면 됐지, 뭘 바라겠느냐. 혼수는 일절 없이 식을 올리자"라며 두 사람을 독려했다. 혈혈단신 월남한 이 명예회장은 아들을 빨리 결혼시키고 싶은 생각에 혼례를 서둘렀다고 이만득 회장은 회고한다.

이만득 회장의 장녀 이은희 씨는 성균관대를 졸업한 뒤 현재 플로리스트로 활동 중이다. 롯데관광개발 김기병 회장의 차남 김한준(44) 씨와 결혼했다. 차녀 이은남 씨는 미국 UC어바인에서 미술을 전공했고, 수원대 이인수 총장의 아들인 이주한(36) 씨와 결혼했다. 3녀 이

이장균 회장 가계도

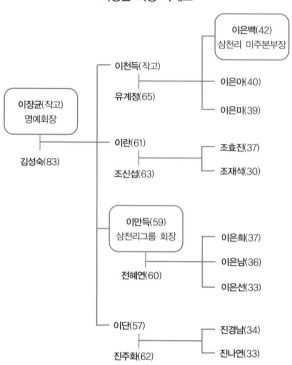

유성연 회장 가계도

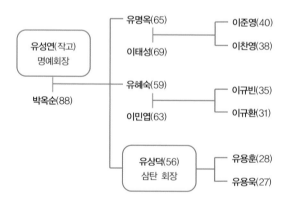

이장균	유성연	이만득	유상덕	이은백
명예회장	명예회장	삼천리그룹 회장	삼탄 회장	삼천리 미주본부장

은선 씨는 UC버클리에서 경제학을 전공한 뒤 코리아리서치센터 박영준 회장의 장남 박태영(34) 씨와 결혼했다.

이장균 명예회장의 장녀 이란(61) 씨는 이화여대를 졸업한 이후 서울대 통계학과 교수인 조신섭(63) 씨와 결혼했다. 조 교수는 1986년부터 서울대 통계학과 교수로 재직 중이며 한국통계학회장을 역임한 석학이다.

차녀 이단(57) 씨는 진주화(62) 씨와 결혼했다. 진 씨는 서울대 경영학과를 졸업한 뒤 미국 페퍼다인대에서 경영전문대학원(MBA)을 마쳤다. 2002년 삼천리 대표이사를 지냈다.

유성연 명예회장은 박옥순(88) 여사와의 슬하에 1남 2녀를 뒀다. 유명예회장이 새사람을 맞는 기준도 이장균 회장의 집안과 비슷하다. 집안 배경보다는 능력을 중요시하고 사람됨을 우선시한다.

외아들인 유상덕(56) 회장은 고려대 경영학과를 졸업한 후 1989년 삼척탄좌개발 상무이사로 재직하다 1993년 삼탄 회장에 올랐다. 용훈(28)·용욱(27) 씨 등 두 아들을 뒀다.

장녀인 유명옥(65) 씨는 이태성(69) 씨와 결혼했다. 이 씨는 미국

스티븐스대 기계과를 졸업한 뒤 2001년 삼천리USA 대표이사로 재직했다. 준영(40)·찬영(38) 씨 등 두 아들이 있다.

차녀인 유혜숙(59) 씨는 이민엽(63) 씨와 혼인했다.

60년 넘게 인연을 이어 온 두 집안은 3세 자녀들이 상대방 집안의 2세 회장에게 '삼촌'이라고 부를 정도로 여전히 가깝다.

'삼천리호'를 이끄는 CEO들

삼천리그룹은 한번 맺은 인연을 가족처럼 오래 이어 가는 기업 문화를 가지고 있다. 그만큼 임원들의 임기도 긴 편이다. 일선 최고경영자(CEO)에게 전권을 주는 책임경영체제로도 유명하다.

한준호(70) 삼천리 회장은 서울대 법학과를 졸업한 후 경희대 대학원 행정학 박사과정을 마쳤다. 행시 10회로 동력자원부 자원개발국장, 산업자원부(현 산업통상자원부) 자원정책실장, 장관급인 중소기업특별위원장 등 주요 공직을 거친 에너지와 자원개발 분야 전문가다. 4년간 한국전력 사장을 지낸 뒤 2007년 삼천리 부회장으로 옮겼고 3년 만인 2010년 회장으로 승진했다. 도시가스 사업 중심이던 삼천리가 지역난방 등 집단에너지 사업으로 영역을 넓히는 데 일조했고 안산복합화력발전소를 준공해 에너지기업의 토대를 마련하는 데도 이바지했다는 평을 받는다.

한준호 회장은 등산예찬론자다. 그는 평소 직원들에게 "산을 오를 때는 왼발과 오른발이 같이 움직여야 정상에 오를 수 있다"는 말을 자주한다. 모든 구성원이 각자 위치에서 최선을 다해야 개인도 기업도 목표를 이룰 수 있다는 얘기다.

이찬의(61) 삼천리 사장은 연세대 응용통계학과를 졸업한 후 1988년 삼천리 그룹기획실에 입사했다. 삼천리 이사, 삼탄 기획조정실 전무, 삼천리제약 부사장 등을 거쳤다. 2002년부터 2009년까지 인도네시아 현지법인인 키데코 대표이사, 2011년부터 2013년까지 삼탄 대표를 맡았다.

이찬의 사장은 인도네시아 파시르 광산을 세계 5대 유연탄광으로 성장시킨 주역으로, 2010년 동탑산업훈장을 수상했다. 이론과 현장을 두루 경험한 에너지 전문가로 2015년 창립 60주년을 맞는 삼천리의 변화와 혁신을 주도하고 있다. 직원과의 소통을 중요시하며 부드러우면서도 강력한 지도력을 가진 CEO라는 평을 받는다.

현치웅(62) 삼천리ES 사장은 중앙대 화학공학과를 졸업하고 1992년 삼천리에 입사해 에너지기술연구소장, 삼천리ES 부사장을 거쳐 2012년부터 삼천리ES 사장을 맡고 있다. 현 사장은 삼천리ES를 히트펌프(GHP)를 판매·설치하는 기업에서 종합 에너지 솔루션 기업으로 변화시켰다. 에너지 절약 컨설팅, 신재생에너지 등 사업분야에서 3년 만에 매출을 6배로 늘리는 등 삼천리ES의 빠른 성장을 주도하고 있다. 직장생활은 즐거워야 한다는 게 그의 지론이다.

하찬호(54) 삼천리ENG 대표이사는 동국대 회계학과, 연세대 경영대학원을 졸업했다. 가스 및 열 배관 사업을 통해 에너지를 필요한 곳까지 이어 주는 역할을 한다.

울산대 전기공학과를 졸업한 김진규(62) 에스파워 대표이사는 안산복합화력발전소 준공을 통해 삼천리그룹의 민자발전 사업을 이끌

삼천리를 이끄는 CEO들

한준호(70)
삼천리 회장

강태환(67)
삼탄 부회장

이찬의(61)
삼천리 사장

현치웅(62)
삼천리ES 사장

김성국(60)
삼탄 사장

이창훈(58)
키데코 대표

김진규(62)
에스파워 대표

하찬호(54)
삼천리 ENG 대표

고 있다.

차봉근(49) 휴세스 대표이사는 영남대 화학공학과, 서강대 경영대학원(MBA)을 졸업했으며 집단에너지 전문기업인 휴세스의 대표이사직을 맡고 있다.

이재균(51) 삼천리자산운용 대표이사는 서울대 국제경제학과를 거쳐 영국 리딩대에서 투자금융 석사학위를 취득했다. 자산운용 및 기업금융은 물론 해외 에너지인프라 투자 전문가다.

삼천리엔바이오 대표이사인 박종운(51) 대표는 서울시립대 환경공학과를 졸업했다. 환경공학 박사로 상하수도 분야의 최고전문가로 통한다.

삼천리그룹의 또 다른 축인 삼탄은 삼척탄좌를 모태로 해 자원개발이라는 한길만 걸어온 회사다.

삼탄 강태환(67) 부회장은 고려대 경영학과를 졸업하고 삼천리 기술투자 상무이사를 거쳐 2007년부터 삼탄의 대표이사 부회장을 맡고 있다. 삼탄의 글로벌화를 이끈 주역으로 키데코를 세계 5대 유연탄광으로 발돋움시켰다. 인도네시아 민자발전 사업 및 가스생산 사업 등 신사업 진출을 지휘하며 삼탄을 글로벌 자원 에너지기업으로 성장시켰다.

김성국(60) 삼탄 사장은 국민대 토목공학과를 졸업한 뒤 파시르 광산과 자카르타 사무소 등에서 근무한 해외자원 전문가다. 키데코와 가스생산회사 페르타-삼탄가스의 대표이사를 거쳤다.

서울대 자원공학과를 졸업한 이창훈(58) 부사장도 키데코를 이끄는 주축이다. 세계 5대 유연탄광인 파시르 탄광에서 연 4천만 톤을 생산한 주역이다.

비에너지 분야로 '영토' 확장 지속

이만득 회장은 취임과 동시에 회사 체질 개선에 나섰다. 이에 취임 이듬해인 1994년 매출액 2,184억 원을 달성하는 성과를 이뤘다. 삼천리 하면 여전히 사람들은 연탄을 떠올린다. 그만큼 연탄 사업의 이미지가 강한 이유겠지만, 사실 오해다.

1997년에는 도시가스 시장점유율 약 17%를 차지하며 도시가스 1위 기업에 올랐다. 1998년 외환위기로 많은 기업이 도산하는 상황에서도 오히려 전년 대비 25% 늘어난 5,789억 원의 매출을 올리며 승승장구했다. 현재 경기 13개 시와 인천 5개 구 약 283만 가구에 연간 37억여 세제곱미터의 도시가스를 판매하고 있다. 창업 이래 매년 흑자경영을 이어 오고 있다는 점도 주목할 만하다.

삼천리그룹은 새로운 먹을거리를 모색하는 데도 한창이다. 기존 에너지 사업은 물론 환경, 금융, 생활문화 서비스 등 비에너지 분야에까지 사업영역을 확대하고 있다.

발전 사업을 수행하는 에스파워는 2014년 11월 수도권 서남부 최대 규모인 834메가와트급 안산복합화력발전소의 상업운전을 개시했다. 이는 80만 가구가 동시에 사용할 수 있는 전력량이다.

삼천리ES는 에너지 효율화 사업과 에너지 재생 사업을 중점적으로 추진하는 에너지 솔루션 기업으로 성장하고 있다. 일본 공조기 1위 업체 얀마와의 기술제휴를 통해 GHP(가스엔진히트펌프)를 독점 공급하고, GE 엔바허와의 업무제휴로 폐열 발전을 공급하는 등 고효율 친환경 에너지 시스템 분야에서 국내 최대의 실적과 기술력을 보유하고 있다.

삼천리ENG는 그룹이 펼치는 각종 에너지 사업의 원활한 수행을 돕는다. 가스 공급망과 열 배관망 공사를 진행하는 배관 사업을 진행하며, 인천 및 경기 일원 10곳에 천연가스 충전소를 건설하여 위탁운영하고 있다.

휴세스는 화성 향남지구와 수원 호매실지구 2만여 가구에 열을 공급하고 있다. 향후 공급 가구 수를 8만 5천여 가구까지 확대한다는 계획이다.

현재 경영을 맡고 있는 이만득 회장(왼쪽)과 유상덕 회장.

에너지 전문 자산운용사인 삼천리자산운용은 글로벌 네트워크를 기반으로 유망 투자대상을 발굴하는 게 주요 업무다. 2013년 1,800억 원 규모의 미국 가스 프로세싱 플랜트 지분투자, 2014년 6,500억 원 규모의 미국 가스운송 파이프라인 회사 지분투자를 진행했다. 2015년 1월에는 한국 최초로 미국 화력발전소 지분을 인수하는 등 지속적인 사업확장을 도모하고 있다.

하수처리 운영기업인 삼천리엔바이오는 수처리 운영기술을 바탕으로 다양한 환경분야에서 사업영역을 확장하고 있다.

삼천리는 최근 생활문화 사업까지 진출했다. '차이797'과 '게스트로펍'이라는 2개의 외식 브랜드를 만들어 총 7개 매장을 운영 중이다. 미국 디즈니랜드 인근에 위치한 호텔을 인수하는 등 해외 생활문화

사업 역시 확장하고 있다. 그 결과 1993년 이만득 회장 취임 초기 매출액 2,200억 원대의 중견기업이었던 삼천리는 2014년 기준 매출액 3조 7,500억 원의 중견그룹으로 성장했다.

이만득 회장의 '골프경영론'

이만득 삼천리그룹 회장은 만능 스포츠맨이다. 매일 오후 헬스클럽에서 1시간 동안 땀을 흘리고 주말이면 골프를 치며 경영전략을 가다듬는다. 핸디캡 5 수준으로 아마추어 골프대회에서 여러 차례 우승컵을 거머쥐기도 했다.

이만득 회장은 골프에서 기업경영의 원리를 배울 수 있다며 '골프경영론'을 설파하고 있다. 이 회장은 "골프를 치면서 기업경영에 필요한 많은 영감을 얻는다"면서 "골프와 경영의 가장 큰 공통점은 자기 자신과의 싸움"이라고 말한다.

또 골프의 고수는 14개의 클럽을 고루 잘 쓸 줄 알아야 하는 것처럼, 기업가들도 다양한 경영 요소를 잘 활용해야 한다는 점을 골프를 통해 배웠다고 한다. 이만득 회장은 "경영자는 인사, 자금, 기획, 홍보 등 다양한 요소를 잘 활용해야 기본적 조건에 맞는 조화로운 경영을 할 수 있고 훌륭한 성과를 거둘 수 있다"고 강조한다.

이어 골프의 코스 전략과 경영의 코디네이션이 '닮은 꼴'이라는 점도 지적한다. "골프에서 좋은 성과를 낼 수 있는 코스와 그렇지 못한 코스의 전략이 다르듯이 경영에서도 각각의 사업분야마다 특징을 고려해 사업부문을 코디네이션하는 것이 중요하다"는 게 골프경영론의 핵심이다. 골프 고수들은 아무리 쉬운 코스라도 티샷을 하기 전에 머릿속에 자신만의 전략을 수립하고, 특히 어려운 코스는 더 복잡한 전략을 세우게 된다는 것이다. 이 회장은 "이번 코스에서는 파(PAR·기준 타수)가 힘들겠다고 판단되면 보기(BOGEY·기준 타수보다 1타 더 치는 것)를 위한 전략을 세운다"면서 "그리고 다음 코스에서는 버디를 잡아야겠다는 전체적인 전략을 짠다"고 말했다. 경영도 사업분야마다 이익이 많이 날 때와 적게 날 때가 있지만 모든 부분을 고려해 전략을 세워야 한다는 주장이다. 작은 곳에 집착하지 않고 사업 전체를 크게 바라보고 전략 수립과 투자를 감행해야 성공적인 경영이 가능하다는 얘기다.

이 회장은 끝으로 "골프공은 같은 자리에 떨어지는 경우가 거의 없어 매번 새로운 위치에서 플레이를 해야 한다"면서 "기업도 마찬가지로 매년 같은 환경에서 경영할 수 없다는 점에 유의한다"고 말했다. 경영환경은 수시로 변하는 만큼 새 변화에 대처할 수 있는 능력을 갖춰야 한다는 뜻이다.

아모레퍼시픽그룹

창립 70돌 아모레퍼시픽의 어제와 오늘

2015년 70세로 고희(古稀)를 맞은 '아모레퍼시픽그룹'의 역사는 두 부분으로 요약된다. 1기는 서성환 창업주가 화장품업계 최초로 연구실을 만들고 최초의 한방화장품을 만들어 내며 도약한 시기였다. 2기는 창업주가 닦아 놓은 품질을 바탕으로 창업주의 차남 서경배(52) 회장이 글로벌 화장품 회사로 확장한 시기다. 아모레퍼시픽의 전신인 태평양을 넘어 세계로 뻗어 나가는 2기는 현재 진행 중이다.

서경배 회장은 재계에 '차남 신화'를 일으킨 주역이다. 약 20년 전 서성환 창업주는 장남인 서영배(59) 태평양개발 회장에게 금융과 건설 계열사를, 차남인 서경배 회장에게 화장품업체인 태평양(현 아모레퍼시픽)을 각각 맡겼다. 20년 후 성적표를 보면 서경배 회장의 아모레퍼시픽그룹은 총자산 5조 4,580억 원에 11개 계열사, 임직원 수 1만 3,473명의 거대 기업으로 성장했다.

서경배 회장이 이처럼 아버지에게 물려받은 회사를 급성장시킨 데는 선택과 집중이 주효했다. 서 회장은 연세대 경영학과를 졸업하고 코넬대 경영대학원을 수료한 뒤 1987년 7월 태평양에 입사하면서 그룹에 발을 들였다. 이후 태평양제약 사장, 태평양 기획조정실 사장, 태평양 대표이사 사장 등 주요 요직에서 경영능력을 닦았다.

특히 서경배 회장이 태평양 대표이사 사장에 오른 1997년은 외환위기 직전으로 국내 경제가 어려워졌던 시기다. 이때 회사는 화장품 외에 건설과 증권, 패션, 프로야구단과 프로농구단 등 문어발 같은 사업을 진행하며 경영난을 겪고 있었다.

서경배 회장은 선택과 집중에 따라 화장품 하나만을 보는 전문회사로 방향을 바꿨다. 이후 2006년 6월 지주회사인 아모레퍼시픽그룹과 사업회사인 아모레퍼시픽의 분할을 마무리하면서 그룹의 방침인 미와 건강을 중심으로 핵심사업을 집중적으로 키워 왔다.

이처럼 그룹이 어려운 시기를 넘어 성장한 밑바탕에는 품질이 있다. 서성환 창업주가 1954년 국내 화장품업계 최초로 연구실을 만든 이후 아모레퍼시픽은 끊임없이 연구·개발(R&D)에 투자해 왔다. 아모레퍼시픽이 버는 돈의 평균 3% 내외로 투자는 계속되고 있다. 서경배 회장도 아모레퍼시픽에서 나오는 화장품은 마스카라를 빼고 기초 화장품부터 매니큐어까지 모두 고객의 입장에서 사용해 보며 품질을 확인하고 있다. 마스카라를 사용해 보지 않는 이유는 '바르기 어려워서'라고 한다.

아모레퍼시픽그룹 구조

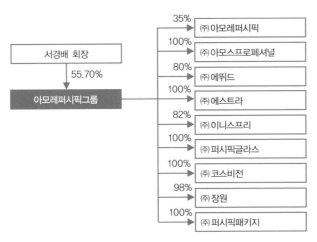

	35%	㈜아모레퍼시픽
	100%	㈜아모스프로페셔널
	80%	㈜에뛰드
서경배 회장 55.70% → 아모레퍼시픽그룹	100%	㈜에스트라
	82%	㈜이니스프리
	100%	㈜퍼시픽글라스
	100%	㈜코스비전
	98%	㈜장원
	100%	㈜퍼시픽패키지

　이렇게 해서 만들어진 아모레퍼시픽 제품에는 거의 최초라는 수식어가 붙었다. 1951년 11월 국내 최초 순식물성 'ABC포마드'를 출시했고, 1964년 8월에는 오스카 브랜드로 국내 최초로 화장품을 수출했다. 이어 1966년 세계 최초 한방화장품인 'ABC인삼크림'을 내놓았고 이는 현재 '설화수'의 기초가 됐다. 2008년에는 여성들이 화장대 앞에 앉아 있는 시간을 획기적으로 줄인 쿠션 파운데이션을 세계 최초로 선보였다.

　제품 혁신을 끊임없이 이룬 아모레퍼시픽그룹이 주목한 것은 해외시장이다. 아모레퍼시픽은 다른 기업보다 일찌감치 중국 시장에 진출해 터를 닦아 놓았다. 1993년 중국 선양에 현지법인을 설립했고, 선양, 창춘, 하얼빈 등 동북 3성을 중심으로 백화점 등에 마몽드와 아모레 브랜드를 공급하며 제품을 알려 왔다. 꾸준히 투자한 아모레퍼시픽의 해외사업은 2010년 약 3,360억 원의 매출을 기록하며 처음으로 흑자 전환했다.

아모레퍼시픽이 해외 소비자들의 지지를 받아 앞으로 더 성장할 것이라는 전망은 화장품업계나 금융투자업계 관계자들의 일치된 관측이다. 2015년 초 서경배 회장은 시무식에서 "글로벌 확산에 힘을 쏟아야 하고, 이를 위해 중국과 아시아 지역의 고객 조사와 연구에 더욱 박차를 가해야 한다"고 강조하기도 했다.

하지만 아모레퍼시픽의 해외사업이 항상 승승장구한 것만은 아니다. 아모레퍼시픽의 회사 이름을 따 만들 정도로 회사의 자존심이라 볼 수 있는 최고가 브랜드 '아모레퍼시픽'(AP)이 일본 시장에서 철수했고, 국내 면세점 일부 매장에서도 판매를 중단했다. 전략의 실패였다. 일본 내 경기불황, 엔화 약세 등으로 AP는 일본인들의 지지를 받지 못한 것으로 알려졌다.

서경배 회장은 2014년 11월 중국 상하이 뷰티사업장 준공기념 기자간담회에서 "지난 10년간 계속 마이너스 성장을 한 일본 백화점에 AP를 출시한 게 실수였다. 시장 분석을 잘못한 것이지 제품 자체는 훌륭하다"고 말했다.

글로벌 기업으로 성장한 아모레퍼시픽의 3기는 어떻게 될까. 서경배 회장의 나이가 2015년 현재 52세로 젊기 때문에 후계구도를 말하는 것은 이르다는 평이다. 하지만 서 회장의 장녀인 서민정(24) 씨가 뒤를 잇지 않겠냐는 게 중론이다. 서 씨는 미국 코넬대 경영학과를 졸업한 뒤 아버지인 서 회장이 졸업한 코넬대 대학원에서 경영학 석사(MBA) 과정을 밟고 있다.

서 씨는 공부 중이라 그룹 경영에는 관여하지 않고 있지만 아모레퍼시픽그룹과 아모레퍼시픽, 이니스프리, 에뛰드의 지분을 가지고 있어 후계구도를 준비하기 위한 실탄이 충분하다. 서 씨는 외할아버지인 신춘호(85) 농심 회장으로부터 농심홀딩스 지분까지 받아 국내에서 가장 젊은 부호로 꼽힌다. 또 2005년 에뛰드하우스가 문을 열 때 당시 10대였던 서 씨가 아버지 서 회장에게 이런저런 조언을 하는 등 일찌감치 경영 센스를 보였다고 한다. 때문에 서 씨가 학업을 마친 뒤 아버지처럼 그룹 계열사에 입사해 차근차근 경영수업을 받을 가능성이 높다.

아모레퍼시픽그룹 주요 임원과 계열사 대표들

아모레퍼시픽그룹 주요 임원 중 백정기(62) 아모레퍼시픽그룹 부회장은 서울대 경제학과를 졸업하고 미국 컬럼비아대 대학원 경제학 박사과정을 수료했다. 백 부회장은 아모레퍼시픽의 전신인 태평양에 입사해 인력개발연구원 부원장, 경영지원실 전무, 아모레퍼시픽 인사총무부문 부사장 등을 두루 역임한 뒤 BGF리테일 대표이사 사장을 맡기도 했다.

심상배(59) 아모레퍼시픽 사장은 고려대 산업공학과를 졸업하고 고려대 경영대학원을 수료한 뒤 태평양 사업지원담당 상무, 사업지원부문 전무, 아모레퍼시픽 생산물류혁신부문 부사장, 생산/R&D부문 대표이사 부사장 등 요직을 거쳤다.

아모레퍼시픽 주요 계열사인 이니스프리를 이끌고 있는 안세홍

아모레퍼시픽그룹 주요 임원

백정기(62)	심상배(59)	안세홍(54)	권금주(44)
아모레퍼시픽그룹 부회장	아모레퍼시픽 사장	이니스프리 대표이사	에뛰드 대표이사

(54) 대표이사는 부산대 화학과, 서강대 경영대학원을 졸업하고 아모레퍼시픽에서 시판사업부장, 에뛰드에서 에뛰드CM장을 거친 뒤 이니스프리로 자리를 옮겨 대표이사 자리에 오른 인물이다.

권금주(44) 에뛰드 대표이사는 계열사 대표들 가운데 유일한 여성으로, 그룹의 여성인력 가운데 선두를 달리고 있다. 권 대표이사는 2014년 12월 임원 인사에서 라네즈사업부 상무로 있다 대표이사로 승진하는 등 남성 임원 중심의 아모레퍼시픽그룹에서 여풍(女風)을 일으킨 주역이다. 권 대표이사는 단국대 일어일문과를 졸업했고 이니스프리 마케팅 디비전(Division)장, 아모레퍼시픽 마몽드 디비전장, 라네즈 디비전장, 에뛰드 전략 디비전장 등을 역임하며 주요 화장품 브랜드 성장을 도왔다.

화장품 한 우물 판 해방둥이 기업

"태평양 만큼이나 큰 기업을 만들고 태평양을 건너 세계로 진출하겠다."

2003년 작고한 서성환 아모레퍼시픽그룹 창업주는 국내 화장품산업을 이끈 선구자다. 아모레퍼시픽그룹은 1945년 9월 5일 창립됐다. 광복과 함께 태어난 이른바 '해방둥이 기업' 아모레퍼시픽이지만 기업의 역사는 1945년 이전 서성환 창업주의 어머니로부터 시작됐다.

서성환 창업주는 1924년 7월 황해도 평산군 적암면에서 아버지 서대근 씨와 어머니 윤독정 씨의 3남 3녀 가운데 차남으로 태어났다. 서성환 창업주 가족은 창업주가 소학교 시절인 1930년 좀더 나은 생활을 찾아 개성으로 이사했다. 가족의 생계는 어머니 윤 씨가 책임졌다. 전 재산을 털어 조그마한 상점을 열고 잡화를 취급하다 화장품 제조에 눈을 돌렸다.

윤 씨는 당시 대부분의 여성들처럼 정규교육을 받지 못했지만 사업가로서의 자질은 뛰어났다. 개성에는 인삼 매매업에 종사하는 사람들이 많아 소득 수준이 높았고, 때문에 상류층이 머릿기름으로 쓰는 동백기름이 잘 팔렸다. 이 사실을 간파한 윤 씨는 직접 동백기름을 짜 만든 머릿기름을 팔았고, 이를 기점으로 사업영역을 확대했다.

윤 씨는 1932년부터 민간에서 전해 내려오던 미안수를 자가 제조법으로 만들어 판매했으며, 구리무(크림), 가루분(백분) 등으로 화장품 제조의 종류와 품목을 넓혔다. 솥을 걸어 놓고 그 안에 물과 기름을 섞어 손으로 만든 가내수공업 화장품은 품질이 우수하다는 입소문을 타 큰 인기를 끌었다. 윤 씨는 여기에 자신감을 얻어 '창성상점'(昌盛商店)이라는 생산자 명칭을 표기했다.

서성환 창업주는 1939년 중경보통학교를 졸업한 뒤 화장품 사업에 본격적으로 뛰어들었다. 그는 개성에서 자전거를 타고 내려와 서울 남대문시장에서 글리세린과 향료, 빈 병을 사는 일을 도맡으며 개성 상인으로서의 자질을 키워 갔다. 또 어머니로부터 화장품 제조법도 직접 배웠다.

광복을 맞아 서성환 창업주는 어머니가 세운 창성상점의 이름을 '태평양상회'로 바꿨다. 1947년 개성을 떠나 서울 회현동에 자리를 잡았고 이때 부인 변금주(87) 씨를 만나 결혼했다.

서성환 창업주는 광복 이후 혼란스러운 시기를 틈타 위조 화장품이 기승을 부리던 때에도 어머니에게 물려받은 품질 경영을 강조했다. 이렇게 만들어진 태평양상회의 1호 제품은 '메로디크림'이었다. 이후 한국전쟁이 터졌다. 서 창업주는 피란길에도 화장품 원료를 가지고 부산으로 내려갈 정도로 화장품 사업에 집념을 보였다.

서성환 창업주는 1954년 후암동에서 업계 최초로 연구실을 만들면서 현재 아모레퍼시픽그룹의 성장 비결인 품질의 기틀을 마련했다. 이후 1956년 용산으로 이전하면서 회사는 성공 가도를 달린다. 현재의 그룹명인 '아모레퍼시픽'에서 '아모레'라는 브랜드명은 오원식 전 부사장이 1961년 작명했다. 당시 인기를 끌었던 이탈리아 가곡 '아모레미오'(Amore Mio·난 당신을 사랑합니다)에서 따 왔다.

서성환 창업주와 부인 변 씨 사이에는 2남 4녀가 있다. 아모레퍼시픽가(家)의 혼맥을 보면 정·관계, 기업인, 언론인으로 방대하게 연결된다. 대부분 서 창업주가 평소 친분이 있었던 집안의 가장들과 중매 형식으로 결혼한 것으로 알려졌다. 다만 사돈 관계를 맺었던 최주호 전 우성그룹 회장, 박세정 대선제분 회장과는 자녀들의 이혼으로 혼맥이 끊어졌다. 또 막내인 서경배(52) 회장을 제외하고 일가 가운데 아모레퍼시픽그룹에 몸담고 있는 사람은 없다.

서성환 창업주의 차녀 서혜숙(65) 씨는 이화여대 사회생활과 출신으로 김일환 전 내무장관의 3남인 김의광(66) 씨와 결혼했다. 김 씨는 연세대 정치외교학과를 졸업하고 태평양(아모레퍼시픽)의 계열사인 장원산업 회장으로 활동하는 등 4명의 사위 가운데 유일하게 장인 회사의 경영에 참여했다. 현재 서울 종로구 인사동에서 목인갤러리·박물관을 운영하고 있다.

3녀 서은숙(62) 씨는 최두고 국회건설위원장의 차남인 최상용(63) 씨와 결혼했다. 최 씨는 고대구로병원 간담췌외과 교수다.

넷째이자 장남인 서영배(59) 태평양개발 회장은 고려대 경영학과를 졸업하기 전부터 그룹 경영에 참여했다. 그는 일본 와세다대 대학원을 수료한 뒤 1990년 태평양증권 부사장을 거쳐 토목, 건축 등의 사업을 하는 태평양개발 회장을 맡고 있다. 태평양개발의 2014년 매출액은 1,191억 원이었다. 그는 방우영(87) 〈조선일보〉 명예회장의 1남 3녀 가운데 장녀인 방혜성(55) 태평양학원(성덕여중·성덕고) 이사와 결혼했다.

막내이자 차남인 서경배 아모레퍼시픽그룹 회장은 신춘호 농심 회장의 막내딸인 신윤경(47) 씨와 1990년 결혼했다. 서성환 창업주는 신춘호 회장과 서로 경제단체 요직을 맡으면서 가까워졌고, 사돈관

아모레퍼시픽그룹 가계도

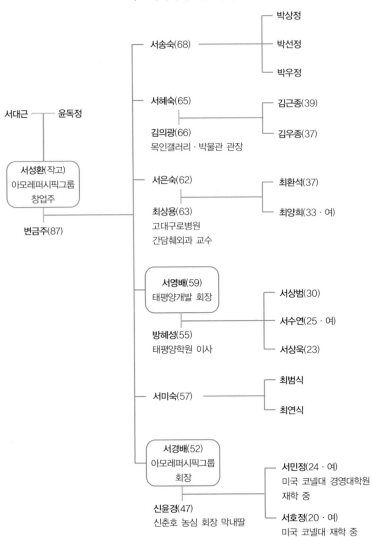

- 서대근 — 윤독정
  - **서성환**(작고)
    아모레퍼시픽그룹
    창업주
  - 변금주(87)
    - 서송숙(68)
      - 박상정
      - 박선정
      - 박우정
    - 서혜숙(65)
      - **김근종**(39)
      - **김우종**(37)
    - **김의광**(66)
      목인갤러리 · 박물관 관장
    - 서은숙(62)
      - **최환석**(37)
      - **최양희**(33 · 여)
    - **최상용**(63)
      고대구로병원
      간담췌외과 교수
    - **서영배**(59)
      태평양개발 회장
      - **서상범**(30)
      - **서수연**(25 · 여)
      - **서상욱**(23)
    - **방혜성**(55)
      태평양학원 이사
    - 서미숙(57)
      - **최범식**
      - **최연식**
    - **서경배**(52)
      아모레퍼시픽그룹
      회장
      - **서민정**(24 · 여)
        미국 코넬대 경영대학원
        재학 중
      - **서호정**(20 · 여)
        미국 코넬대 재학 중
    - **신윤경**(47)
      신춘호 농심 회장 막내딸

서성환
아모레퍼시픽그룹 창업주

서영배
태평양개발 회장

서경배
아모레퍼시픽그룹 회장

계까지 맺게 됐다. 서 회장도 아버지의 뒤를 이어 서울상공회의소 부
회장을 맡고 있고, 지난 3월 연세대 상경경영대학 제24대 동창회장
에 선출되면서 대외활동 폭을 넓히고 있다.

서경배 회장 부부 사이에는 2녀가 있다. 장녀는 서민정(24) 씨로,
미국 코넬대 대학원에서 경영학 석사(MBA) 과정을 밟고 있다. 차녀
서호정(20) 씨도 언니가 졸업한 미국 코넬대에 재학 중이다.

서경배 회장 '세계 200대 부자' 등극

서경배 아모레퍼시픽그룹 회장은 2014년부터 언론에 가장 많이 언급
된 최고경영자(CEO) 가운데 한 명이다. 세계 200대 부자, 아모레퍼
시픽 주식과 관련된 얘기에 빠지지 않고 등장하는 사람이 바로 서 회
장이다.

〈블룸버그〉가 집계한 세계 억만장자 명단(2015년 4월 16일 기준) 에
따르면 200위 안에 든 한국인 부자는 서경배 회장을 포함해 이건희 삼
성그룹 회장(81위), 이재용 삼성전자 부회장(172위) 등 3명뿐이다.

특히 서 경배 회상은 재산이 88억 달러로 전년 대비 약 61% (33억 달러) 급증해 세계 부자 순위 가운데 155위를 기록하면서 이재용 부회장을 앞서기도 했다.

이처럼 서경배 회장이 세계적인 부호로 꼽히게 된 것은 유가증권시장에서 황제주로 꼽히는 아모레퍼시픽의 주가 상승 덕분이다. 액면분할 전 아모레퍼시픽 주가는 한때 400만 원을 넘으며 장중 사상 최고가를 기록하기도 했다. 아모레퍼시픽 주가는 2년여 전부터 급등하기 시작했다. 지주회사인 아모레퍼시픽그룹과 사업회사인 아모레퍼시픽이 분할된 2006년 6월 아모레퍼시픽 주가는 평균 40만 9,500원 수준이었다. 이후 2010년 6월 평균 104만 1천 원으로 100만 원을 넘었다. 이어 2014년 8월 평균 211만 원으로 200만 원 고지를 깬 뒤 2015년 3월 평균 355만 5천원으로 300만 원대도 돌파했다.

이처럼 아모레퍼시픽 주가가 끝을 모르고 오르자 서경배 회장은 2015년 3월 액면분할을 결정했다. 유통 주식 수를 늘려 투자자들의 참여를 쉽게 하기 위해서다. 아모레퍼시픽과 아모레G의 보통주와 우선주 액면가가 5천 원에서 10분의 1인 500원으로 분할됐다. 돌아온 황제주 아모레퍼시픽의 주가는 2015년 현재 30만 원대 후반으로, 시가총액은 포스코를 제치고 6위로 올라서며 5위권 진입을 눈앞에 두고 있다.

아모레퍼시픽 주가가 뛰고 거래가 활발해지면서 이건희 회장에 이어 국내 주식 부호 2위인 서경배 회장이 보유한 주식 평가액은 2015년 초보다 3조 5,989억 원(59.2%) 뛴 9조 6,730억 원을 기록했다.

이처럼 아모레퍼시픽 주가가 꾸준히 오르는 이유는 외국인 관광객

아모레퍼시픽그룹 매출 추이

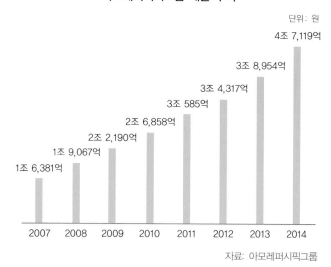

단위: 원

4조 7,119억

3조 8,954억

3조 4,317억

3조 585억

2조 6,858억

2조 2,190억

1조 9,067억

1조 6,381억

2007 2008 2009 2010 2011 2012 2013 2014

자료: 아모레퍼시픽그룹

아모레퍼시픽 주가 추이

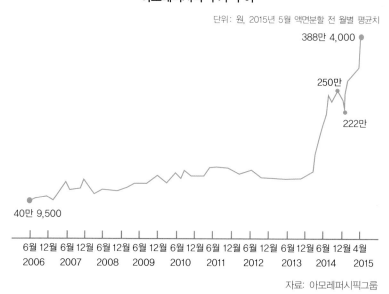

단위: 원, 2015년 5월 액면분할 전 월별 평균치

388만 4,000

250만

222만

40만 9,500

6월 12월 6월 12월 6월 12월 6월 12월 6월 12월 6월 12월 6월 12월 6월 12월 6월 12월 4월
2006　　2007　　2008　　2009　　2010　　2011　　2012　　2013　　2014　 2015

자료: 아모레퍼시픽그룹

증가로 면세점 내 아모레퍼시픽 화장품 매출이 크게 늘었기 때문이
다. 아모레퍼시픽은 2014년 매출액은 전년 대비 25% 늘어난 3조
8,740억 원, 영업이익은 52.4% 늘어난 5,638억 원을 기록하며 사상
최대 실적을 냈다.

아모레퍼시픽은 2015년에도 기록할 만한 실적을 낼 전망이다.
2014년 성장세를 바탕으로 그룹은 2015년 매출액과 영업이익을 2014
년보다 13%, 15% 이상 각각 늘리겠다고 목표를 정해 놨다.

삼양그룹

삼양그룹 대 잇는 가족경영

"재계 랭킹 몇 위 어쩌구 하는 언어의 마술에 홀려 방만한 기업경영을
해 사회에 물의를 일으키고 도리어 나라 발전에 걸림돌이 되는 그런
기업은 되지 않았다."

김상홍 삼양그룹 명예회장의 자서전《늘 한결 같은 마음으로》에
나오는 글이다. 김 명예회장의 심정은 삼양그룹 경영의 핵심을 그대
로 드러낸 말이기도 하다.

2015년 91년째를 맞는 삼양그룹은 흔히 "돌다리도 수없이 두드려
본 뒤 건너가는 기업"이라는 평가를 받아 왔다. '우보(牛步) 경영', '내
실경영', '보수경영', '정도경영'이라는 수식어가 따라다닌 것도 이런
맥락에서다. 세계적으로 기업 평균 수명이 30년이라는 점을 감안하

먼 놀라운 저력이 아닐 수 없다.

이런 안정 지향적인 기업경영은 IMF 외환위기 때 빛을 발했다. 부채비율이 높았던 대부분의 기업은 무너졌지만 삼양그룹은 그때나 지금이나 탄탄한 재무구조를 유지하고 있다. 2014년 기준 삼양그룹은 매출액 4조 1,097억 원, 부채 1조 5,677억 원, 부채비율 59%를 유지하고 있다. 같은 기간 지주회사인 삼양홀딩스는 영업수익 2,134억 원, 부채총액 2,785억 원, 부채비율 27%다.

'수성'의 기업인, 김상홍 명예회장

삼양그룹이 튼실한 경영구조를 유지하는 데는 김상홍 명예회장의 공이 크다. 김 명예회장은 1956년 34세에 삼양사 사장에 취임했다. 부친 김연수 회장으로부터 회사를 물려받은 것이지만 80년이 넘게 기업을 온전히 지켜 온 '수성'(守城)이 그의 최대 업적이다.

김상홍 명예회장이 우리나라 대표 기업을 지켜 온 데는 어렸을 때부터 부친으로부터 철저하게 받은 경영수업 덕이 컸다. 김연수 창업주는 1944년 일본 와세다대를 다니던 김상홍 명예회장을 만주로 불러 삼양사가 운영하던 매하농장에서 일을 시켰다. 사장 아들이라고 특혜를 베풀지 않고 농장 직원들과 똑같이 숙식하고 생활하도록 했다.

김상홍 명예회장은 해방 이후 고국으로 돌아와서는 호텔 경영인의 꿈을 꾸기도 했다. 이때 창업주는 "무슨 일이든 성공해 맨 윗사람이 되려면 우선 그 분야의 제일 밑바닥에서부터 시작하여 기초를 익혀야 된다"며 조선호텔에서 접시 닦기와 객실 담당(벨보이)부터 맡도록 권했다.

이후 1947년 제헌의원이던 나용균 씨의 추천으로 수도경찰청(내무부 치안국) 경위로 특채돼 경찰에 입문했다. 그는 4년간 경찰관으로 복무하다 1952년 큰아버지인 김성수 씨가 부통령직에서 사임하자 총경직에서 퇴직했다. 이때부터 김상홍 명예회장은 경영인으로서 길을 걷기 시작했다.

김상홍 명예회장은 부친에게 받은 경영수업이 혹독하리만큼 철저했다고 회고한다. 창업주는 회사의 맨 밑바닥 일부터 배우라고 지시했는데, 이에 주산, 부기, 기장은 물론 고용노무 작업, 구매자금 조달 등 실무 업무부터 맡아야 했다. 김상홍 명예회장은 일본 와세다대를, 김상하 회장은 서울대를 졸업했지만 상업고교 출신처럼 주산을 열심히 배워야 했다.

김상홍 명예회장은 50세가 넘어서도 창업주 앞에서는 의자에 마주 앉는 일조차 삼갔다고 한다. 부친을 지근거리에서 모셨지만 "아버지 그림자도 안 밟겠다"며 어려워했다.

이처럼 혹독한 '문하생' 생활을 보낸 김상홍 명예회장은 1950년대 제당사업을 전개할 때는 부친을 그림자처럼 따라다니며 설탕 영업의 골간을 만들었다. 1970년대에는 제당업이 정상에 오르자 경영 다각화의 일환으로 금융업에 진출, 삼양종합금융을 인수했다. 그러나 삼양종합금융은 물론 1대 주주였던 전북은행에도 삼양사 직원을 단 한 명도 파견하지 않는 등 자율과 원칙을 지킨 경영인으로 평가받는다.

김상홍 명예회장은 삼양그룹의 장수 비결에 대해 "욕심내지 않고 우리가 잘하는 것만, 그것도 능력이 닿는 범위 내에서만 사업을 해왔

고 김상홍 명예회장 일가. 앞줄 왼쪽부터 김량 삼양홀딩스 부회장의 장녀 민지 씨, 부인
고 차부영 여사, 외손녀 윤혜영 씨, 김윤 삼양홀딩스 회장의 장남 건호 씨, 김상홍 명예회장,
장녀 유주 씨. 뒷줄 왼쪽부터 큰 며느리 김유희 씨, 김윤 회장, 차녀 영주 씨, 김윤 회장의 차남
남호 씨, 김량 부회장의 장남 태호 씨, 둘째 며느리 장영은 씨, 김량 부회장, 사위 윤영섭 씨.

다"며, "정말 힘든 일이긴 했지만 우리가 잘하는 제조업체에만 집중하
면서 넘치지도 않고 부족함도 없는 중용정신을 지켜 왔다"고 말했다.
이처럼 그의 경영철학은 '제조업을 통해 건전하게 돈을 벌어야 하고,
수익성이 좋다고 아무 사업이나 하지 않는다'는 것으로 집약된다.

　전국경제인연합회 회장을 맡았던 정주영 전 현대그룹 명예회장은
부회장을 함께 맡았던 김 명예회장에 대해 "과묵 침착하며 절제를 아
는 선비, 중용의 참뜻을 실천해 온 외유내강형의 단아한 신사"라고 평

가했다.

　김상홍 명예회장은 1996년 동생인 김상하 회장에게 그룹회장직을 넘겨주고 자신은 명예회장으로 물러났으며, 2010년 타계했다.

삼양의 제 2탄생, 김상하 그룹회장

김상하(90) 그룹회장은 김상홍 명예회장과 함께 창업주로부터 물려받은 회사를 성장 궤도에 정착시킨 주역이다. 서울대 정치학과를 졸업한 김상하 그룹회장은 1949년 삼양사에 몸담은 뒤 줄곧 부친과 김상홍 회장을 도왔다. 1952년 일본 도쿄사무소 첫 주재원으로 파견돼 삼양사 공장설계와 전문가 채용을 맡으며 본격적으로 경영 일선에 뛰어들었다.

　김상홍 명예회장과 김상하 회장은 형제간이긴 해도 서로 닮은 점보다는 다른 점이 더 많았다. 명예회장이 조용히 지내기를 좋아하는 반면 김상하 회장은 적극적인 사회활동을 했다. 명예회장이 사람을 가려서 만나며 단조로움을 즐겼던 반면, 김상하 회장은 이런저런 사람을 폭넓게 사귀는 성격이며 스포츠와 여행을 좋아했다. 때문에 그룹 경영에서도 꼼꼼한 명예회장이 관리를 맡고, 활동적인 김상하 회장이 영업전선에 나서는 등 형제간 역할분담을 이뤘다.

　실제로 김상하 회장은 유창한 일어 실력과 깨끗한 인품으로 재계에서는 국제감각이 뛰어난 대표적인 일본통으로 꼽혔다. 특히 1988년부터 12년간 최장수 대한상공회의소 회장을 역임하는 등 많게는 100여 개의 대외 직함을 수행할 정도로 전방위 활동을 벌였다.

김상하 회장은 이런 왕성한 대외활동을 바탕으로 제조업 중심으로 삼양의 성장을 진두지휘했다. 폴리에스테르 사업의 경우 10년에 걸친 증설을 이끌어 국내 최대 폴리에스테르 업체로 위상을 높였다. 1980년대에 집중된 화학, 의약 등의 사업 다변화에도 주도적 역할을 했다. 또한 폭넓은 대외 교분을 토대로 미쓰비시화학, 미쓰이와의 각종 기술제휴 및 합작이 추진돼 삼양화성, 삼남석유화학을 설립했다.

김상하 그룹회장은 소탈하면서 모가 없는 성품이지만 그룹 경영에서는 진퇴를 명확히 제시하는 '외유내강형'의 기업가라는 평가를 받는다. 1990년대 국내 폴리에스테르 업체들이 신·증설을 활발하게 진행했지만 그는 화학섬유 사업의 한계를 감안해 대규모 증설 프로젝트를 중단했다. 또한 섬유본부에서 신사업으로 오랫동안 검토해 샘플 제작까지 끝낸 폴리에스테르 필름 사업도 사업의 구조적 경쟁력과 취약성을 들어 사업을 중단하는 어려운 결정을 내리기도 했다.

김상하 회장은 명예회장을 모시는 데도 깍듯했다. 김상홍 회장이 경영 일선에서 물러난 후에도 세세한 부분까지 수시로 의견을 구했다. 김상하 회장은 서울 성북동에 형 집과 담장 하나 사이를 두고 함께 살았는데, 담장 중간에 쪽문을 만들어 수시로 오갈 수 있는 '핫라인'까지 설치해 놓았었다.

김상홍 명예회장은 자서전에서 "동생과 집을 나란히 짓고 살게 된 것은 동생이 스스로 땅을 함께 사고 집도 순서대로 나란히 짓고 살아온 덕"이라며 "아우는 본래 2층집을 짓고 싶었는데 순전히 나 때문에 일조권을 염두에 두고 단층집을 짓고 산다"며 돈독한 형제애를 소개했다.

김상하 회장은 2004년 3월 김상홍 명예회장의 장남이자 조카인 김윤 삼양홀딩스 회장에게 '대권'을 물려줬다. 아들인 김원 씨는 삼양홀딩스 부회장을 맡고 있다. 이로써 1975년부터 30년간 지속된 2세 형제경영에 이어 3세 사촌 형제간 공동경영 시대의 막이 올랐다.

결혼도 자식 뜻대로

김상홍 명예회장과 김상하 그룹회장은 창업주처럼 자식들의 결혼과 관련해 정략결혼을 요구하기보다는 본인들의 의사를 최대한 들어 주는 스타일을 지켰다.

김상홍 명예회장의 장남 김윤(63) 회장은 친구들 모임에서 부인 김유희(56) 씨를 처음 만났다. 김윤 회장은 이화여대를 졸업한 김 씨를 보고 첫눈에 반해 데이트를 신청했다고 한다. 김 회장은 김 씨가 상당한 미모를 갖추고 있는 데다 집안 대대로 친척들이 이대 출신이 많다는 점도 맘에 들었다고 고백한다. 김 회장은 웬만한 행사에는 부인과 동행할 정도로 '부인 사랑'이 남다르다.

김원(58) 부회장도 친구들끼리의 모임에서 부인 배주연(51) 씨를 만나 열애 끝에 결혼에 성공했다.

반면 김량(61) 삼양홀딩스 부회장은 김정렬 전 국방부 장관의 중매로 부인 장영은(56) 씨와 혼인했다. 김상홍 명예회장과 김 전 장관의 집안이 오래전부터 친해 자연스레 연결되었으며, 김 전 장관은 장영은 씨의 부친인 장지량 전 공군참모총장과 막역한 사이어서 혼인을 주선했다.

삼양그룹 가계도

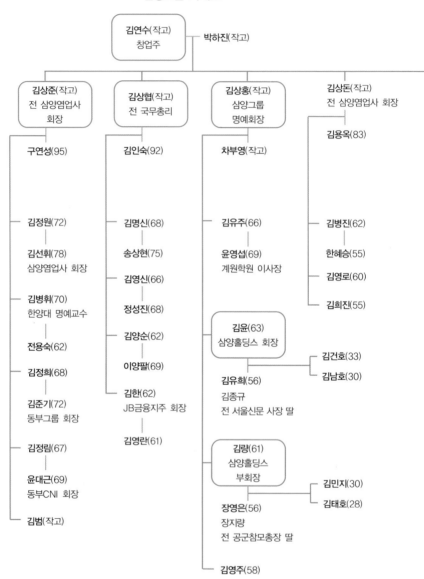

김연수(작고) 창업주 ─── 박하진(작고)

김상준(작고) 전 삼양염업사 회장
　구연성(95)
　김정원(72)
　김선휘(78) 삼양염업사 회장
　김병휘(70) 한양대 명예교수
　전용숙(62)
　김정희(68)
　김준기(72) 동부그룹 회장
　김정림(67)
　윤대근(69) 동부CNI 회장
　김범(작고)

김상협(작고) 전 국무총리
　김인숙(92)
　김명신(68)
　송상현(75)
　김영신(66)
　정성진(68)
　김양순(62)
　이양팔(69)
　김한(62) JB금융지주 회장
　김영란(61)

김상홍(작고) 삼양그룹 명예회장
　차부영(작고)
　김유주(66)
　윤영섭(69) 계원학원 이사장
　김윤(63) 삼양홀딩스 회장
　김유희(56) 김종규 전 서울신문 사장 딸
　　김건호(33)
　　김남호(30)
　김량(61) 삼양홀딩스 부회장
　장영은(56) 장지량 전 공군참모총장 딸
　　김민재(30)
　　김태호(28)
　김영주(58)

김상돈(작고) 전 삼양염업사 회장
　김용옥(83)
　김병진(62)
　한혜승(55)
　김영로(60)
　김희진(55)

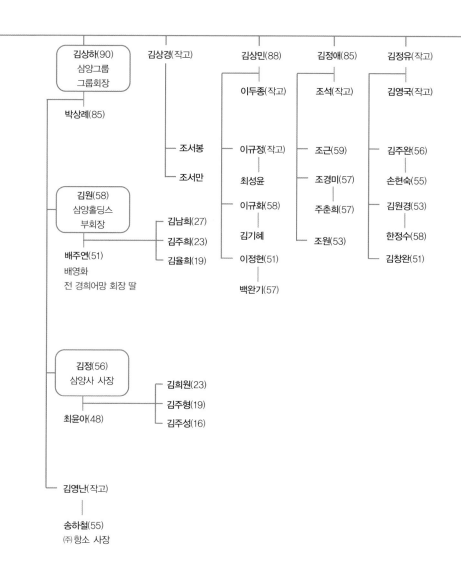

김상하(90)
삼양그룹
그룹회장

박상례(85)

김원(58)
삼양홀딩스
부회장

배주연(51)
배영화
전 경희어망 회장 딸

김정(56)
삼양사 사장

최윤아(48)

김영난(작고)

송하철(55)
㈜항소 사장

김상경(작고)

조서봉
조서만

김남희(27)
김주희(23)
김율희(19)

김희원(23)
김주형(19)
김주성(16)

김상민(88)

이두종(작고)

이규정(작고)
최성윤
이규화(58)
김기혜
이정현(51)
백완기(57)

김정애(85)

조석(작고)

조근(59)
조경미(57)
주춘희(57)
조원(53)

김정유(작고)

김영국(작고)

김주완(56)
손현숙(55)
김원경(53)
한정수(58)
김창완(51)

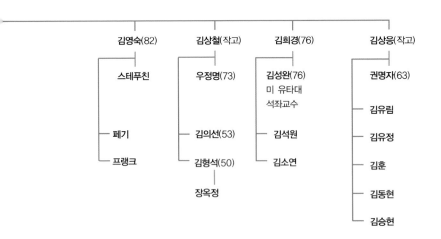

김영숙(82)   김상철(작고)   김희경(76)   김상응(작고)

스테푸친   우정명(73)   김성완(76)   권명자(63)
                               미 유타대
                               석좌교수   김유림

페기   김의선(53)   김석원   김유정

프랭크   김형석(50)   김소연   김훈

             장옥정   김동현

                                                        김승현

‖ 삼양사 창업주 김연수 ‖

'삼양설탕'(현 '큐원설탕')으로 익숙한 삼양사는 한국 근대경제사를 주도한 명문 기업이다. 호남 거부의 후예인 김연수 창업주는 일제 치하인 1924년 순수 민족자본으로 기업을 설립, 황무지 같은 경영환경 속에서도 한국 기업의 명맥을 이었다. 김연수 창업주는 형인 인촌(仁村) 김성수 씨가 〈동아일보〉를 설립하고 꾸려가도록 뒷받침했고, 여러 차례 재산을 털어 고려대와 고려중앙학원의 기틀을 마련하도록 뒤에서 도왔다.

창업주의 어린 시절

김연수 창업주는 1896년 10월 1일 전라도 고부군 부안면 인촌리에서 부친 김경중 씨와 모친 장흥 고 씨 사이의 차남으로 태어났다. 김연수 창업주의 부친은 1만 5천 석 지기의 호남 최대 거부였고 학문에도 조예가 깊었다. 부친은 일제하에서 나라가 영영 없어지는 것으로 알고 당시 저명한 사학자들을 은밀히 불러 《조선사》를 17권이나 엮을 정도로 민족애가 투철했다

　김연수 창업주는 어린 시절 외롭게 지냈다. 부모는 그가 태어나기 전 3명의 아들과 한 명의 딸을 일찍 잃었기 때문이다. 게다가 한 명뿐인 형 인촌은 큰아버지인 김기중 씨가 대를 이을 아들이 없자 양자로

보내졌다.

어릴 적 김연수 창업주는 몸이 허약해 자식을 잃은 경험이 있는 부모의 애를 끓게 했다. 이런 이유로 개구쟁이처럼 장난이 심하고 활발했던 인촌과는 달리 김 창업주는 조용한 것을 좋아했고, 과묵하고 내성적인 성품을 지녔다.

27세에 경영인으로 출발

김연수 창업주는 15세 되던 1910년 12월 8일 자신보다 두 살 위인 박하진 씨와 혼인을 맺었다. 결혼 이후 그는 일본으로 건너가 중학교와 고등학교를 거쳐 교토제대 경제학부를 졸업했다.

김연수 창업주는 고국으로 돌아온 이듬해인 1922년 형의 권유로 경성직뉴와 경성방직의 전무와 상무에 취임, 경영인의 삶을 시작했다. 김 창업주는 '별표' 고무신과 '태극성표' 광목을 대히트시킴으로써 일본자본과 맞서는 최대의 민족회사를 일궜다.

김연수 창업주는 또한 농촌 재건을 위해 소작농을 협동농업 형태로 결합한 근대영농을 시작했다. 이를 발판으로 1924년 삼수사(三水社)를 설립해 호남 일대의 소유 농토에 대한 근대화 작업에 나섰다. 장성, 줄포, 고창, 명고, 신태인, 법성, 영광농장을 차례로 개설해 기업형 농장으로 탈바꿈시켰다. 간척사업에도 눈을 돌려 손불농장과 해리농장의 2개 지역에 1,070정보의 농토를 만들었다.

1931년에는 상호를 삼양사(三養社)로 바꾸었다. 어느 날 한 작명가가 찾아와 '물 수'(水)를 '만인의 양식'이라는 뜻인 '기를 양'(養)으로 바꿀 것을 권했다고 한다.

김연수 창업주는 만주벌 개척에도 나섰다. 5개 협동농장을 개설한 데 이어 봉천에 남만방적을 설립했다. 남만방적은 한국기업 최초의 해외생산법인이다. 그러나 1945년 해방으로 만주 사업장들을 고스란히 놓고 철수하는 아픔을 겪어야 했다.

제당업으로 재기에 나서

해방을 겪으면서 반민특위 사건으로 옥고를 치른 김연수 창업주는 한국전쟁 이후 해체 상태에 놓였던 삼양사 재건에 나섰다. 그는 재기의 발판으로 제당업과 한천제조업을 선택했다. 당시 설탕은 수입에 의존해 온 대표적인 외화소비 품목이었기 때문이다. 울산 바닷가를 메워 그곳에 제당공장과 한천공장을 건설했다.

그는 1956년 삼양을 제당으로 키우면서 주식회사 삼양사를 출범시켰다. 자신이 대표이사 회장에 취임했고, 사장에 3남 김상홍 씨, 상무에 5남 김상하 씨를 앉혔다. 3남과 5남이 삼양사를 맡는 전통은 3세에도 그대로 이어져 삼양그룹은 현재 김상홍 씨의 장남 김윤 씨와 김상하 씨의 장남 김원 씨가 삼양홀딩스 회장과 부회장을 맡고 있다. 둘째 아들들인 김량 씨와 김정(56) 씨도 각각 삼양홀딩스 부회장과 삼양사 사장으로 재직하고 있다.

또한 당시 삼양사보다 수익률이 높았던 해리염전을 삼양염업사라는 별개의 회사로 독립시키고 맏아들 김상준 씨를 사장에 임명해 경영을 맡겼다. 제3공화국 때 문교부 장관, 제5공화국 때 국무총리를 역임한 차남 김상협 전 고려대 총장에게도 삼양염전의 지분 25%를 떼어 주어 형제간 경영권을 일찌감치 교통정리했다.

재계의 거목으로

김연수 창업주는 1962년 설립한 삼양수산을 통해 다양한 어종을 가공, 수출하는 등 한때 냉동선만 21척을 보유할 정도로 수산업에도 주력했다. 이처럼 제당과 수산업으로 재기에 성공한 김 회장은 4·19 혁명으로 자유당 정권이 무너지자 한국경제협의회(현 전국경제인연합회) 회장에 취임, 한국 재계의 얼굴이 되었다.

경영이 본궤도에 오르자 김연수 창업주는 전주방직을 인수, 삼양모방㈜을 설립했다. 이어 1969년 전주에 대단위 폴리에스테르 공장을 건설했다. 이로써 1970년대 들어 삼양은 국내 초창기 산업의 중심이었던 제당으로 확고한 제조업체로의 변신을 이룩했다. 이 당시 삼양은 매출액에서나 기업선호도에서 상위를 차지하는 국내 정상급 기업으로 우뚝 섰다.

김연수 창업주는 사업에 투신한 지 만 53년이 되던 1975년 회장에 3남 김상홍 씨, 사장에 5남 김상하 씨를 임명하는 등 '2세 경영'을 출범시키고 은퇴했다. 창업주 나이 80세 때였다. 은퇴 후 농촌으로 돌아가 마지막 열정을 쏟다가 1979년 84세의 일기로 생애를 마감했다.

김연수 창업주는 기업경영에만 몰두하지 않았다. 고려대와 고려중앙
학원의 운영기금을 출연한 것을 비롯해 양영회와 수당장학회를 설립,
교육사업에도 힘썼다.

문성환 삼양사 사장은 "창업주는 두 재단을 통해 대학생 2만여 명에
게 대학등록금을 비롯해 하숙비, 책값, 소정의 용돈까지 장학금으로
대줬다"고 회고했다. 이런 창업주의 혜택을 받은 대표적인 인물로는
한덕수 전 국무총리, 오세철 연세대 명예교수 등이 꼽힌다.

경성방직의 회계를 맡아 창업주를 도왔던 국어학자 이희승 박사는
"수당(秀堂·김연수 창업주의 호)은 돈 쓰는 데도 일가견을 가진 사람
으로, 만금을 쓰면서도 기업경영에는 한 푼을 아꼈다"고 그의 용전
(用錢) 철학을 전했다.

김연수 창업주는 경쟁회사에 관대했던 묵묵한 성격의 경영인으로
도 정평이 나 있다. 1966년 삼양의 경쟁회사인 삼성창업주 이병철 회
장이 운영하던 한국비료가 이른바 '사카린 밀수사건'으로 곤욕을 치렀
다. 임원들이 "사카린 없는 삼양설탕"이라는 문구로 대대적인 광고전
을 벌이자고 수차례 건의했지만 받아들이지 않은 사례는 그의 성품을
읽는 일화로 경영인들에게 지금껏 회자되고 있다.

김연수 창업주는 부인 박하진 씨와의 사이에 7남 6녀를 두었다. 김 창업주 가문은 정계·관계·학계·언론계·재계·교육계 등과 거미줄처럼 얽힌 방대한 혼맥을 형성하고 있다. 그러나 김 창업주의 성격이 소탈해 자식들에게 정략결혼을 요구하기보다는 평범하고 무난한 결혼을 시켰다는 게 대체적인 평이다.

김 창업주는 특히 자녀들 대부분을 중매결혼으로 짝 지웠지만 사위와 며느리를 고르는 기준은 당시로서는 상당히 진보적이었던 것으로 전해진다. 그는 사위를 고를 때는 가문을 따지지 않고 사람 됨됨이와 능력을 위주로 보았고, 며느리는 후덕한 집안 출신의 신여성이기를 원했다. 특히 사돈가의 위치를 보고 정혼하지 않은 것으로 유명해, 그의 직접 사돈 가운데 정·관·재계의 거물은 눈에 띄지 않는다. 김 창업주의 며느리들 가운데 위로 3명은 이화여전 출신 등으로 당시 김 창업주가 원했던 신여성들의 표본이 많았다.

반면 창업주의 형인 인촌 김성수 씨도 9남 4녀를 두어 대가를 이뤘는데, 장남인 김상만 〈동아일보〉 명예회장의 직계 자손들은 화려한 혼맥을 자랑한다. 고려대 이사장이자 〈동아일보〉 전 회장인 장손 김병관 씨는 장남 김재호(51) 〈동아일보〉 대표이사 사장을 이한동 전 총리의 차녀인 이정원(48) 씨와 결혼시켰고, 차남 김재열(47) 제일기획 사장은 이건희 삼성그룹 회장의 차녀인 이서현(42) 제일모직 사장과 결혼했다.

김연수 창업주 자녀들의 혼맥을 살펴보면, 장남 김상준 씨는 당시 집안과 각별하게 지내던 이화여대 총장 김활란 박사의 소개로 1943년 구영숙 씨의 맏딸 연성(95) 씨를 부인으로 맞았다. 김상준 씨는 보성 전문 상과를 나와 조흥은행에 근무할 때였고, 연성 씨는 이화여전 음대를 졸업한 직후였다.

김상준 씨는 3명의 딸을 출가시켜 정·관·재계 인맥을 형성했다. 장녀 김정원(72) 씨의 부군은 고려대와 국가대표팀에서 축구선수로 활약한 김선휘(78·삼양염업사 고문) 씨다. 차녀 김정희(68) 씨는 5공 시절 당시 거물 정치인이었던 김진만 씨의 맏며느리로 보내 동부그룹 김준기(74) 회장을 사위로 맞았다. 3녀 김정림(67) 씨는 윤천주 전 문교부 장관의 장남 윤대근(69) 씨와 결혼했다. 윤대근 씨는 현재 동부CNI 회장을 맡고 있다. 장남 김병휘(70) 씨는 한양대 명예교수이며 차남 김범 씨는 개인 사업을 했다.

김연수 창업주의 차남 김상협 전 국무총리는 해방 직후 고려대 부교수 시절, 의사 김준형 씨의 2남 3녀 가운데 맏딸 김인숙(92) 씨와 연애결혼에 성공했다. 김인숙 씨도 니혼조시대학을 나온 당시 보기 드문 일본 유학 신여성이었다.

김상협 전 총리는 1남 3녀를 두었는데, 3명의 사위가 모두 교수인 것이 이채롭다. 김 전 총리는 형제 중에서 공부를 가장 잘했다고 한다. 5년제였던 경복중학교를 4년 만에 졸업하고 일본으로 건너가 도쿄대(당시는 도쿄제대) 법학부 정치학과를 나온 수재였다. 이 때문인지 김 전 총리는 학자 사위들을 좋아했다.

김상협 전 총리의 장녀 김명신(68) 씨는 전 서울대 법대 송상현(75) 교수와 혼인했다. 송 교수는 송진우 전 〈동아일보〉 사장의 손자다.

차녀 김영신(66) 씨는 정성진(68) 서울대 공대 교수와 혼인했다. 정 씨는 정태섭 변호사의 아들이다. 막내딸 김양순(62) 씨의 부군 이양 팔(69) 박사도 고려대 경제학과 교수였다. 외아들 김한(62) 씨는 JB 금융지주 회장으로 있다.

3남 김상홍 명예회장은 구 치안본부 재직시절 수원 갑부 차준담 씨의 2남 2녀 가운데 맏딸 차부영 씨와 백년가약을 맺었다. 차부영 씨는 이화여고와 이화여전을 나온 재원이었다.

김상홍 명예회장은 2남 2녀 가운데 장남 김윤 씨를 전 〈서울신문〉 김종규 사장의 딸 김유희 씨와 혼인시켜 벽산그룹 김인득 회장과 한 다리 건너 사돈이 됐다. 차남 김량 씨는 장지량 전 공군참모총장의 막내딸 장영은 씨와 백년가약을 맺었다. 장영은 씨의 오빠 장대환 씨는 〈매일경제신문〉 정진기 창업주의 사위로, 현재 매경미디어그룹 회장이다. 장녀인 김유주(66) 씨는 사업가 윤주탁 회장의 차남 윤영섭 (69·계원학원 이사장) 씨에게 시집보내 윤 회장과 직접 사돈 간인 박태준 포항제철 회장과 연결되었다. 윤영섭 씨의 남동생인 윤영식 씨가 박 회장의 장녀 박진아(58) 씨와 결혼했다.

4남 김상돈 씨는 한국전쟁 직후 김유황 전 광장㈜ 부사장의 딸 김용옥(83) 씨와 결혼했다. 김상돈 씨는 맏형인 김상준 씨의 중매로 장남 김병진(62) 씨를 축구협회 부회장과 축구대표팀 감독을 지낸 한흥기 씨의 딸인 한혜승(55) 씨와 맺어 줬다.

5남 김상하 전 회장은 삼양사 설탕공장 설립 관계로 일본에서 일하던 1953년 아비지의 부름을 받고 귀국, 바로 공무원 출신인 박규원 씨의 딸 박상례(85) 씨와 혼인했다. 김상하 전 회장은 외동딸인 김영난

씨를 송하철(55·주식회사 항소 사장) 씨와 결혼시켜 송삼석 모나미 회장의 막내며느리로 보냈다. 장남 김원 씨는 배영화 경희어망 회장 딸인 배주연 씨와 맺어 줬다. 차남 김정 씨는 전 KBS 앵커 출신 최동호 씨의 딸 최윤아(48) 씨와 결혼했다.

6남 김상철 씨는 사업을 하던 우근호 씨의 딸 우정명(73) 씨를 부인으로 맞았다.

7남 김상응 씨는 공무원 생활을 했던 권오경 씨의 5녀 중 3녀 권명자(63) 씨와 결혼했다.

장녀 김상경 씨는 아폴로 박사 조경철 씨와 결혼 후 이혼해 조서봉(필립), 조서만(조지) 등 두 아들을 두고 있다.

차녀 김상민(88) 씨의 남편은 이두종 씨로, 활발하게 삼양사의 경영에 참여했다. 온양 지주의 아들로 자란 이두종 씨는 1956년 삼양사 과장으로 입사해 이 회사의 대표이사 부사장까지 올랐다. 1984년 회사를 떠난 뒤에도 삼양그룹이 운영하는 재단법인 양영회와 수당장학회 이사장을 역임했다.

3녀 김정애(85) 씨는 교육계에 몸담았던 조종립 씨의 아들 조석 씨와 결혼했다. 조석 씨는 서울대 상대 출신으로, 결혼 후인 1957년 삼양사에 사원으로 입사, 총무부장·경리부장·이사·상무·대표이사 부사장을 거쳐 전 삼양제넥스 상임고문까지 역임했다.

4녀 김정유(작고) 씨의 남편은 전 서울대 김영국 부총장이다. 인천에서 사업을 하던 김덕창 씨의 3남으로 인천이 낳은 천재로 불리었다. 김영국 교수는 서울대 정치학과 총동창회장을 지낸 김상하 전 회장의 후배이자 매제인 셈이다. 김정유 씨는 외동딸인 원경(53) 씨를 한정수(58) 전 충남대 교수와 결혼시켰다.

5녀 김영숙(82) 씨는 미국인 스테푸친과 결혼, 딸 페기, 아들 프랭크를 두고 미국에서 살고 있다.

6녀 김희경(76) 씨도 교육자였던 김종규 씨의 아들 김성완(78·전 삼양사 의약사업 고문) 교수와 결혼, 미국에 거주하고 있다. 김성완 씨는 미국 유타대 석좌교수로, 인공심장 분야의 권위자다.

애경그룹

창립 61년 비상하는 애경그룹의 힘

"인맥이라고 할 만한 사람들을 알지도 못하고, 술을 먹거나 함께 어울리는 대상이 모두 형제들이다. 네 남자가 모여 자주 밥을 먹는 것이 전부다."

채형석 애경그룹 총괄부회장이 입버릇처럼 하는 말이다. 애경그룹은 장영신 회장의 3남 1녀가 똘똘 뭉쳐 우애로 움직이는 기업이다. 장회장은 애경그룹 창립 50주년을 맞은 2004년 본사 회장실을 비웠고, 결재도 채형석 총괄부회장에게 모두 맡기고 중요한 사안만 보고받고 있다. 이후 채 총괄부회장은 2006년 그룹을 생활·항공 부문, 화학부문, 유통·부동산개발 부문 등 3개 부문으로 나눴다. 유통·부동산개발 부문은 동생인 채동석 부회장에게, 생활·항공 부문은 매제인 안용찬 부회장에게 맡겨 그룹을 이끌어 오고 있다.

볼썽사나운 형제간 다툼이 없는 기업이라는 점은 애경그룹 임직원들이 느끼는 자부심이다. 애경가(家)는 장 회장을 중심으로 화목함을 유지하고 있다. 매달 한 번 이상은 장영신 회장의 주도 아래 같이 모여 식사도 하고 가족 구성원의 생일이면 모든 가족이 다 모일 정도로 수시로 얼굴을 마주한다.

외형에 신경 쓰지 않고 내실을 다진다는 점도 애경그룹의 강점 중 하나다. 애경그룹에는 대부분의 기업이 두고 있는 대관(對官) 업무 담당자가 없다. 정·관계에 휘둘리지 않고 사업에만 집중하겠다는 의지다. 또 1985년 완공된 서울 구로구 구로동의 6층짜리 그룹 사옥은 지은 지 30년이 지났지만 리모델링을 하지 않고 있다. 이 건물에 채형석 총괄부회장의 집무실이 있다. 13제곱미터 정도 넓이의 사무실에 어디선가 쓰던 것을 가져온 소파와 책상, 책장, 에어컨이 전부다. 입사 때 사용했던 삼성 계산기를 그대로 쓸 정도로 검소하다.

장영신 회장의 경영 첫걸음이 화학 부문을 키우는 것이었다면, 채형석 총괄부회장의 경영 시작점은 유통 부문이다. 1985년 애경유지공업의 생활용품 사업을 애경산업에 넘기고 전문 화학 계열사를 설립하면서 애경유지공업은 지주회사로서의 역할만 하게 됐다. 이듬해 채형석 총괄부회장이 애경유지공업 대표로 취임하면서 구로동 공장 부지의 활용방안 등 신규사업을 물색하다가 유통업으로 방향을 잡아 백화점 사업을 추진하게 됐다. 1993년 애경백화점 구로점이 시작이었다.

채형석 총괄부회장은 동생인 채동석 부회장과 함께 2007년 삼성플라자 인수를 주도하여 지금의 AK플라자로 이름을 바꿨고, 평택점, 원주점 등을 추가해 백화점을 5개로 늘렸다. 2014년 말 AK플라자 수원점에 10~20대 젊은 층을 위한 종합쇼핑몰 AK&과 특1급 호텔 노보텔 앰버서더 수원을 열며 호텔 사업에도 진출했다. AK플라자는 2014년 매출 2조 1,500억 원을 기록하며 백화점 업계 4위로 올라서는 성과를 거뒀다.

2018년에는 지하철 2호선과 경의선, 공항철도가 만나는 홍대입구역 근처 2만 844제곱미터 사업부지에 지상 17층 규모의 쇼핑몰 AK& 2호점과 특2급 비즈니스호텔(310개 객실)을 세울 계획이다.

애경그룹 내부에서 돈 먹는 하마로 꼽히던 항공사업은 이제 그룹의 신성장동력으로 탈바꿈했다. 2005년 1월 설립된 제주항공은 생활용품과 화학 부문에만 힘써 왔던 애경그룹에는 생소한 분야였다. 또 국내 항공산업은 대한항공과 아시아나항공으로 양분된 시장이라 저비용항공사(LCC) 제주항공의 성공 가능성은 더욱 낮게만 보였다. 실제로 설립 이후 2010년까지 5년 연속 적자를 내며 주변에서는 사업을 접어야 하는 게 아니냐는 지적도 나왔다.

하지만 채형석 총괄부회장은 제주항공에 대한 공격적인 투자를 멈추지 않았다. 결국 설립 10년 만인 2014년 매출 5,106억 원, 영업이익 295억 원, 당기순이익 320억 원을 기록했다. 설립 초기 37명이던 임직원은 1천 명을 넘었다. 누적 탑승객도 2,500만 명을 돌파했고, 2015년 하반기 LCC 최초로 상장을 추진하고 있다.

제주항공은 2015년 1월 25일 창립 10주년을 맞아 2020년까지 아시아 지역 60개 노선에 취항하고 연평균 20% 이상의 매출 신장을 통해

애경그룹 최근 10년간 매출액 추이

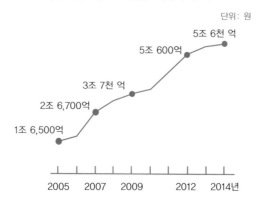

단위: 원

5조 6천 억

5조 600억

3조 7천 억

2조 6,700억

1조 6,500억

2005   2007   2009   2012   2014년

애경그룹 조직도

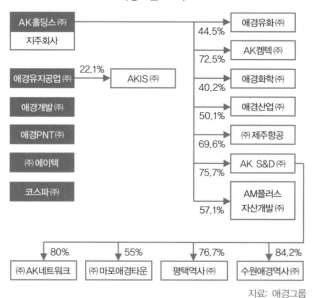

자료: 애경그룹

314

매출 1조 5천억 원의 동북아 최고 LCC로 성장한다는 계획을 발표하는 등 공격 경영을 멈추지 않고 있다.

제주항공 성장의 주인공으로는 장영신 회장의 외동딸 채은정 애경산업 부사장의 남편인 안용찬 부회장이 있다. 안 부회장은 채형석 총괄부회장과 대학시절부터 가깝게 알고 지낸 사이다. 채 총괄부회장은 안 부회장에 대해 "평소 성실하고 훌륭한 사람이라고 생각하고 있었는데 어느 날 보니 여동생의 남자친구가 돼 있었고, 유학생활을 마친 뒤 애경으로 꼭 와줄 것을 청했다"고 말했다. 실제 안 부회장은 미국 폰즈 사를 거쳐 1987년 애경산업 마케팅부로 입사, 애경그룹에 발을 들여놓았다.

부동산개발은 애경그룹의 또 다른 성장 주춧돌이다. 그 중심에는 2008년 출범한 부동산개발 계열사인 AM플러스자산개발이 있다. 이 회사는 홍대입구, 부산 광복동, 광주 충장로 인근의 쇼핑센터(Y'Z PARK)를 운영하며, 오피스텔 및 복합주거형 아파트 개발사업 등을 진행한다. AM플러스자산개발은 역세권 위주의 도심 공동주택을 개발해 오피스텔 리모델링, 다양한 시설과 문화를 결합한 복합 테마단지 조성 등으로 2017년까지 매출 1조 4천억 원 달성을 목표로 한다.

재벌가에 드문 '연애 가정'

애경그룹 오너가는 모두 다른 오너가들에서 찾아보기 드문 연애결혼으로 가정을 꾸렸다. 장영신 회장은 남편인 채몽인 애경그룹 창업주와 이웃사촌으로 어렸을 때부터 서로 알고 지내던 사이다. 채 창업주는 장 회장이 미국으로 유학 가기 전부터 애정 공세를 펼쳤고, 미국까지 따라가 무려 3년 11개월 동안 마음을 고백했다. 장 회장은 졸업 후 서울로 돌아와 23세이던 1959년 6월 서울 신당동성당에서 결혼식을 올렸다.

부모의 뜨거운 연애결혼 영향 덕분인지 장영신 회장의 3남 1녀 대부분 대학시절 상대를 만나 어머니 장 회장보다 더 빨리 결혼했다. 장 회장의 첫째인 채형석 애경그룹 총괄부회장은 1982년 성균관대 경영학과 4학년 재학 당시 학교에서 만난 홍미경 AK플라자 문화아카데미 고문을 보고 첫눈에 반했다. 그는 친구로부터 홍 고문을 소개받아 교제 1년 만에 결혼했다. 홍 고문의 아버지는 인천교대 음대 교수를 지낸 음악가다.

채 총괄부회장 부부 사이에는 1남 2녀가 있다. 외할아버지의 음악적 재능을 이어받은 장녀 채문선 씨는 미국 맨해튼음대에서 성악을 전공하고 애경산업에서 근무했다. 채 씨는 소개팅으로 만난 이운형 세아그룹 회장의 장남인 이태성 세아홀딩스 전무와 2013년 결혼했다. 둘은 2014년 아들을 낳았다. 채 총괄부회장의 집무실에는 손자 사진으로 가득할 정도로 애정이 각별하다. 채 총괄부회장의 둘째인 채수연 씨는 미국 코넬대를 나왔고, 셋째인 채정균 씨는 미국 뉴욕대 재학 중에 한국으로 돌아와 군 복무 중이다.

장 회장의 둘째 채은정 애경산업 부사장은 외숙모가 같은 아파트에서 살던 안용찬 애경그룹 부회장을 소개해 줘 대학교 3학년 때 결혼했다. 안 부회장은 미국 펜실베이니아대 와튼스쿨 경영학 석사(MBA) 과정 당시 잠시 한국에 들렀을 때 채 부사장을 만났다. 안 부회장의

애경그룹 가계도

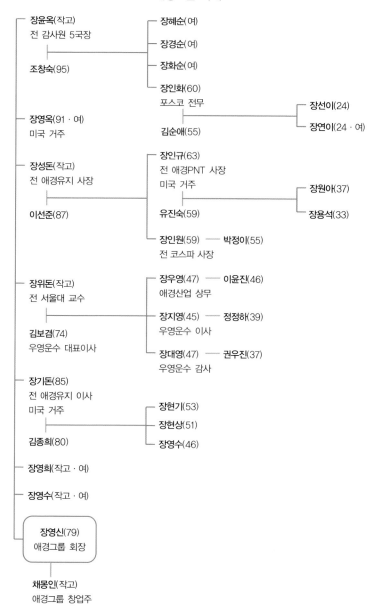

- 장윤옥(작고)
  전 감사원 5국장

  조창숙(95)

  - 장혜순(여)
  - 장경순(여)
  - 장화순(여)
  - 장인화(60)
    포스코 전무

    김순애(55)
    - 장선이(24)
    - 장연이(24 · 여)

- 장영옥(91 · 여)
  미국 거주

- 장성돈(작고)
  전 애경유지 사장

  이선준(87)

  - 장인규(63)
    전 애경PNT 사장
    미국 거주

    유진숙(59)
    - 장원아(37)
    - 장용석(33)

  - 장인원(59) ─ 박정이(55)
    전 코스파 사장

- 장위돈(작고)
  전 서울대 교수

  김보겸(74)
  우영운수 대표이사

  - 장우영(47) ─ 이윤진(46)
    애경산업 상무
  - 장지영(45) ─ 정정하(39)
    우영운수 이사
  - 장대영(47) ─ 권우진(37)
    우영운수 감사

- 장기돈(85)
  전 애경유지 이사
  미국 거주

  김종희(80)

  - 장현기(53)
  - 장현상(51)
  - 장영수(46)

- 장영희(작고 · 여)

- 장영수(작고 · 여)

- 장영신(79)
  애경그룹 회장

  채몽인(작고)
  애경그룹 창업주

애경그룹 가계도

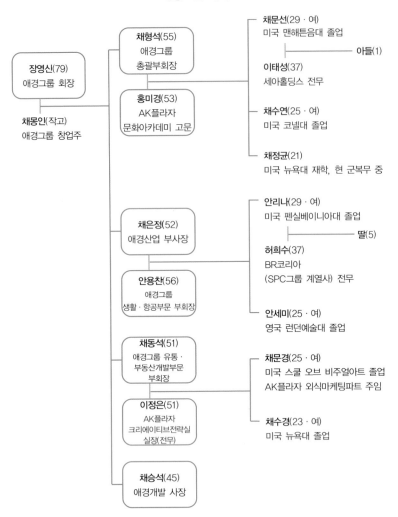

장영신(79)
애경그룹 회장

채몽인(작고)
애경그룹 창업주

채형석(55)
애경그룹
총괄부회장

홍미경(53)
AK플라자
문화아카데미 고문

채문선(29·여)
미국 맨해튼음대 졸업

아들(1)

이태성(37)
세아홀딩스 전무

채수연(25·여)
미국 코넬대 졸업

채정균(21)
미국 뉴욕대 재학, 현 군복무 중

채은정(52)
애경산업 부사장

안용찬(56)
애경그룹
생활·항공부문 부회장

안리나(29·여)
미국 펜실베이니아대 졸업

딸(5)

허희수(37)
BR코리아
(SPC그룹 계열사) 전무

안세미(25·여)
영국 런던예술대 졸업

채동석(51)
애경그룹 유통·
부동산개발부문
부회장

이정은(51)
AK플라자
크리에이티브전략실
실장(전무)

채문경(25·여)
미국 스쿨 오브 비주얼아트 졸업
AK플라자 외식마케팅파트 주임

채수경(23·여)
미국 뉴욕대 졸업

채승석(45)
애경개발 사장

장영신
애경그룹 회장

채형석
애경그룹 총괄부회장

홍미경
AK플라자 문화아카데미 고문

채은정
애경산업 부사장

안용찬
애경그룹
생활·항공부문 부회장

채동석
애경그룹 유통·부동산
개발부문 부회장

이정은
AK플라자 크리에이티브
전략실 실장(전무)

채승석
애경개발 사장

아버지 안상호 씨는 미국 엔지니어링 회사인 Fluor Korea 대표를 지냈다.

채 부사장의 장녀 안리나 씨는 미국 펜실베이니아대를 졸업했고 허영인 SPC그룹 회장의 차남 허희수 BR코리아(SPC그룹 계열사) 전무와 결혼해 딸을 두고 있다. 차녀인 안세미 씨는 영국 런던예술대를 졸업했다.

장 회장의 셋째 채동석 애경그룹 부회장은 성균관대 철학과 3학년 때 미팅으로 만난 동갑내기 이정은 AK플라자 크리에이티브 전략실 실장(전무)과 결혼했다. 이 실장의 아버지 이병문 씨는 박정희 대통령 시절에 예편한 4성 해병대 사령관 출신으로, 아세아시멘트 회장을 지냈다. 둘 사이에는 2녀가 있는데, 장녀 채문경 씨는 미국 스쿨 오브

비주얼아트를 졸업하고 현재 AK플라자 외식마케팅파트 주임으로 근무 중이다. 차녀 채수경 씨는 미국 뉴욕대를 졸업했다.

장영신 회장의 막내 채승석 애경개발 사장은 1999년 방송인 한성주 씨와 결혼한 뒤 10개월 만에 이혼했다. 지금껏 혼자 지내고 있다. 애경개발은 경기 광주시에 있는 중부컨트리클럽을 운영하는 회사다.

'애경의 역사' 만든 장영신 회장

"아이들이 클 때까지 아버지의 유업(遺業)을 잘 지키고 있다가 성년이 되면 물려주리라. 애경을 내가 맡아 아이들과 똑같이 건실하게 성장시키리라."

장영신(79) 애경그룹 회장이 자서전 《밀알 심는 마음으로》에서 밝힌 속마음이다. 국내 1호 여성 최고경영자(CEO), 터프우먼 마담 장(張), 여걸 등 걸출한 여성 경영인을 나타내는 온갖 수식어가 붙는 이가 바로 장 회장이다. 장 회장은 남편인 채몽인 애경그룹 창업주가 남긴 생활용품 기업을 현재 매출액 5조 6천억 원대의 생활용품, 유통, 항공, 부동산 기업으로 변신시킨 주역이다.

장영신 회장의 CEO로서의 경력이 곧 애경의 역사다. 애경그룹은 무역회사인 대륭산업(1945년 설립)이 전신이지만, 비누 제조업으로 출발했던 애경유지공업주식회사의 설립일인 1954년 6월 9일을 창립기념일로 삼고 있다.

장영신 회장은 1970년 막내아들(채승석 애경개발 사장)을 낳은 지 사흘 만에 남편을 심장마비로 떠나보낸 뒤 1주기가 끝난 1972년부터

2012년 장영신 애경그룹 회장 희수연(77세) 때 찍은 가족사진. 맨 앞줄 가운데 장영신 회장.
두 번째 줄 왼쪽부터 장 회장의 둘째 채은정 애경산업 부사장의 장녀 안리나 씨, 차녀 안세미 씨,
첫째 채형석 총괄부회장의 차녀 채수연 씨, 장녀 채문선 씨, 채 총괄부회장의 부인 홍미경
AK플라자 문화아카데미 고문, 셋째 채동석 부회장의 부인 이정은 AK플라자 크리에이티브
전략실 실장, 채 부회장의 차녀 채수경 씨, 장녀 채문경 씨. 뒷줄 왼쪽부터 둘째 채 부사장의
사위 허희수 BR코리아 전무, 둘째 채 부사장, 채 부사장 남편 안용찬 부회장,
첫째 채 총괄부회장의 장남 채정균 씨, 첫째 채형석 총괄부회장, 셋째 채동석 부회장.

경영에 참여했다. 장 회장의 나이 36세 되던 해다.

당시는 회사가 LG그룹의 모태인 비누제조사 락희화학과 경쟁을 벌이며 사업 확대에 박차를 가하던 시기였다. 장영신 회장이 경영참여를 선언하자 시댁과 친정은 물론 회사 임원들까지 반대하고 나섰다. 평범한 가정주부였던 장 회장이 경영 문외한인 데다 여성의 사회활동을 보기 어려웠던 시대였기 때문이다. 그럼에도 장 회장은 남편의 회사를 성장시켜 자녀들에게 전해 주겠다는 의지를 꺾지 않았다.

장영신 회장은 남편이 계획만 했던 석유화학 원료제조 분야를 애경의 미래지표로 삼았다. 생활용품 산업에는 한계가 있지만 본격적인 화학공업은 가능성이 무한하다고 판단했기 때문이다. 또 장 회장의 대학 전공이 화학이었던 점도 한몫했다. 1970년부터 애경유화, 애경화학 등 기초화학 관련회사를 속속 설립했고, 이 분야는 지금까지도 애경에서 매출 비중 40% 이상을 차지하는 주력 사업군이다.

위기도 있었다. 1973년 1차 오일쇼크로 직격탄을 맞은 삼경화성(1970년 설립한 무수프탈산 제조사로 현재의 애경유화)이 공장을 가동한 지 1년도 안 돼 원료공급이 중단될 위기를 맞았다.

이때 장영신 회장은 한국에 파견돼 있던 걸프 사의 미국인 사장을 만나 물물교환 중개를 요청했고 미국인 사장은 "그런 일을 왜 우리에게 부탁하느냐"고 물었다. 이에 장 회장은 "삼경화성은 한국의 석유화학 사업 발전에 크게 기여할 기업이다. 한국의 석유화학 사업이 발전해야 걸프 사에도 이익이 될 게 아닌가"라고 당당하게 요구했다.

결국 걸프 사의 주선으로 원료를 차질 없이 공급받아 위기를 넘길 수 있었다. 이때 큰 위기를 모면한 삼경화성은 연 매출 1조 원이 넘는 현재의 애경유화가 됐다.

장영신 회장은 남편이 설립한 애경유지공업도 소홀히 하지 않았다. 1983년 중앙연구소를 설립해 생활용품 사업의 기반을 다졌고, 미국 취스브로 폰즈 사와는 화장품 제조관련 기술제휴를 맺고 1984년 애경 폰즈를 설립해 화장품 사업에 진출했다. 이런 투자와 노력으로 생활용품 기업 애경산업이 탄생했다.

장 회장은 경영 일선에 있는 동안 '5 to 9' 원칙을 지켰다. 매일 오전 5시 기상과 함께 조간신문을 읽고 그날 하루의 주요 업무를 계획하는 것을 시작으로 관청과 은행이 문을 여는 오전 9시 이전까지 새 사업이나 프로젝트 기획, 결재 업무를 모두 처리했다.

'여장부' 장 회장의 어린 시절은 부유했다. 1936년 서울에서 아버지 장회근 씨와 어머니 문금조 씨의 4남 4녀 가운데 막내딸로 태어났다. 아버지는 당시 일본 와세다대에서 영문과를 졸업한 대지주의 아들, 어머니도 당시 일본 귀족학교인 쓰다여대 영문과를 나온 재원이다.

부모님의 영향으로 4남 4녀 모두 공부를 잘했다. 장 회장의 큰오빠인 장윤옥 씨는 감사원 5국장까지 지냈고, 미국으로 이민 간 큰언니 장영옥 씨는 서울대 음대에서 피아노를 전공했다. 둘째 오빠인 장성돈 전 애경유지 사장은 서울대 화학과를 졸업했다. 셋째 오빠 장위돈 씨는 서울대 정치외교학과 교수, 박정희 대통령 시절 청와대 정치담당특별보좌관, 이집트 총영사, 에콰도르 대사를 지내는 등 이력이 화려하다.

장영신 회장의 집안 형편은 광복과 한국전쟁을 거치면서 어려워졌다. 이에 경기여중을 졸업하고 경기여고에 재학 중이던 장 회장은 외국어 재능을 인정받아 전액 장학금을 받는 조건으로 1955년 미국 필라델피아 체스넛힐대 화학과에 진학했다. 이때 다져진 영어실력과 화학에 대한 이해는 지금의 애경을 키우는 자산이 됐다.

장 회장은 직함은 회장이지만 2004년부터 경영에서 손을 뗀 상태다. 장 회장은 6년 전쯤 유방암 수술 후 현재는 건강관리에 집중하고 있다.

애경그룹 주요 CEO

장영신 애경그룹 회장의 3남 1녀와 사위가 애경그룹의 각 부문을 책임지는 가운데 주요 전문경영인들이 그 밑에서 애경그룹을 뒷받침하고 있다.

부규환(61) 애경그룹 화학부문 부회장 겸 애경유화 대표이사는 제주 출신으로, 고려대를 졸업하고 1980년 애경유지공업에 입사했다. 애경유화 해외영업, 구매부문 이사, 상무, 전무로 승진한 뒤 2005년 대표이사직에 올라 10년 넘게 그룹의 화학부문을 책임지고 있다.

그룹 지주회사인 AK홀딩스를 책임지고 있는 조재열(66) 사장은 서울대 경영학과를 졸업하고 삼성물산에서 회사 생활을 시작했다. 삼성코닝 관리담당 이사, 삼성 비서실 감사팀 상무, 삼성 구조조정본부 경영진단팀 전무, 삼성물산 유통총괄 부사장 등 요직을 잇달아 거친 뒤 2007년 AK플라자 총괄사장을 맡으며 애경그룹에 합류했다.

최영보(61) AM플러스자산개발 사장은 한양대 공업경영학과를 졸

애경그룹의 전문경영인

부규환(61)
애경그룹 화학부문 부회장
겸 애경유화 대표이사

조재열(66)
AK홀딩스 사장

최영보(61)
AM플러스자산개발 사장

고광현(58)
애경산업 사장

최규남(51)
제주항공 사장

업한 뒤 1979년 애경유지공업에 입사해 애경산업 경영기획부문 부사
장, 애경그룹 경영지원실장 등을 역임했고, 2010년부터 AM플러스
자산개발 대표이사를 맡고 있다. 최 사장은 AK네트워크, 마포애경
타운 대표이사도 겸직하고 있다.

최근 창립 30주년을 맞은 애경산업은 고광현(58) 사장이 이끌고 있
다. 충남대 화학과를 졸업한 고 사장은 애경산업 내에서 청양공장장,
사업지원부문 상무, 마케팅부문 전무 등을 거친 뒤 2010년부터 대표
이사직을 맡고 있다.

애경그룹의 신성장동력인 제주항공을 맡고 있는 최규남(51) 사장
은 애경그룹에 합류하기 전 금융 전문가였다. 최 사장은 서울대 자원
공학과를 졸업했고 씨티은행 기업금융부 부장, 시트/킴 자산운용사
애널리스트, 퍼시픽 제미나이 자산운용사 파트너, 보광창업투자 고
문 등을 거친 뒤 한국게임산업진흥원 원장 등을 맡기도 했다. 최 사장
은 2012년 제주항공 대표이사직에 올랐다.

대상그룹

대상그룹의 인맥 · 혼맥

창업주 아래 2남 1녀로 이어지는 대상그룹은 단출하지만 화려한 혼맥을 자랑한다. 전북 정읍에서 농사를 짓던 부친 임종구 씨와 모친 김순례 씨 사이에서 장남으로 태어난 임대홍(95) 대상 창업주는 1942년 전북도청 직원으로 근무하던 박하경 여사와 백년가약을 맺는다. 박 여사는 전남 철도청 임원의 딸이었다.

임대홍 창업주의 장남인 임창욱(66) 명예회장은 박인천 금호그룹 창업주의 3녀인 박현주(62) 씨와 중매결혼했다. 박현주 씨는 박삼구 금호그룹 회장의 여동생으로, 현재 상암커뮤니케이션즈 부회장이다. 임창욱 명예회장은 한양대, 일본 와세다대에서 화학공학을 전공했고, 박현주 부회장은 이화여대 영문과 출신으로 미국에서 미술을 전공했다.

임창욱 명예회장과 박현주 부회장은 슬하에 아들 없이 두 딸을 뒀다. 장녀인 임세령(38) 대상 사업전략담당중역 상무는 1998년 국내 최고 재벌인 이건희 전 삼성그룹 회장의 장남 이재용 삼성전자 부회장과 만나 결혼했지만 11년 만인 2009년 헤어졌다.

이재용 부회장의 어머니인 홍라희 리움 관장과 임세령 씨의 모친 박현주 부회장이 불교 모임인 불이회에서 만나 친분을 쌓고 혼담을 주고받은 것으로 알려졌다. 당시 임세령 상무는 연세대 경영학과에 재학 중이었다.

한때 국내 조미료 시장의 양축을 이뤘던 삼성그룹(미풍)과 대상그룹(미원) 3세들의 결혼은 그 자체로도 세간의 화제를 모았다. 결혼식은 경기도 용인의 호암미술관 앞 정원에서 강영훈 전 국무총리의 주례로 치러졌다. 임세령 상무는 이재용 부회장과의 사이에 이지호(15) 군과 이원주(11) 양을 뒀다. 지금도 아들과 딸을 주기적으로 만나 어머니로서 역할을 충실히 하고 있다는 전언이다.

임창욱 명예회장의 차녀인 임상민(35) 대상 기획관리본부 상무는 미혼이다.

창업주의 막내아들 임성욱(48) 세원그룹 회장은 한국산업은행 부총재보를 지낸 손필영 씨의 외동딸 손성희(49) 씨와 혼사를 올렸다. 임성욱 회장은 일본 유학시절 교회에서 손성희 씨를 만나 연애결혼했다. 손성희 씨는 당시 산업은행 도쿄지점장을 지낸 아버지를 따라 도쿄 세신여대에 유학 중이었다.

창업주의 장녀 임경화(72) 씨는 '트래펑'으로 유명한 백광산업의 김

대상그룹 가계도

임경화(72)

김종의(74)
백광산업 회장

임대홍(95)
대상그룹 창업주

박하경(작고)

임창욱(66)
대상그룹 명예회장

박현주(62)
상암커뮤니케이션즈
부회장

고 박인천
금호아시아나 그룹
창업주 3녀

임세령(38)
대상 사업전략
담당중역 상무

임상민(35)
대상 기획관리
본부 상무

임성욱(48)
세원그룹 회장

손성희(49)
손필영 전 산업은행
부총재 장녀

박연형(장남)

박준형(차남)

박금비(장녀)

박다은(차녀)

임대홍(95)
대상그룹 창업주

임창욱(66)
대상그룹 명예회장

박현주(62)
상암커뮤니케이션즈 부회장

임세령(38)
대상 사업전략담당중역 상무

임상민(35)
대상 기획관리본부 상무

종의(74) 회장과 백년가약을 맺었다. 김 회장은 경남고, 서울대 공대 섬유공학과를 졸업한 뒤 미국 컬럼비아대 경영대학원을 마쳤다.

대상의 가맥은 창업주 동생들의 막강 사돈으로까지 이어진다. 둘째 남동생인 임채홍(87) 전 내쇼날프라스틱 회장의 장남 임익성(60) 내쇼날프라스틱 회장은 고재청 전 국회부의장의 차녀 고선영 씨와, 차녀 임현미 씨는 이훈동 〈전남일보〉 명예회장의 막내아들 이경일 씨와 결혼했다.

첫째 남동생 임정홍 씨의 차남 임우성 씨는 동일방직 사장을 지낸 정종화씨의 딸 정혜경 씨와 식을 올렸고, 셋째 남동생 임수홍 씨의 장남 임병선 씨는 김영천 전 법무차관 가문과 인연을 맺었다.

대상 주요 계열사 이끄는 전문경영인

대상은 1997년 8월 임창욱 명예회장의 사퇴 이후 약 18년간 전문경영인 체제를 유지해 왔다.

임정배(54) 대상홀딩스 사장은 경성고와 고려대 식품공학과를 졸업했다. 1991년 미원통상으로 입사한 그는 해외영업과 재무, 기획에 두루 정통한 인물로 꼽힌다. 유럽 판매법인(네덜란드) 주재원, 대표이사, 대상 무역팀장, 조달팀장, 재무팀장, 기획관리본부장, 최고재무책임자(CFO) 등을 거치며 관리능력을 검증받았다. 특히 2009년 대상 CFO로 재직하면서 회사의 재무구조를 획기적으로 개선, 6천 원대 회사 주가를 4만 원대로 끌어올리는 데 주도적 역할을 했다.

임창욱 명예회장과 함께 그룹 경영을 총괄하고 있는 임정배 사장은 임원, 팀장뿐만 아니라 신입사원에게까지 존칭을 사용하는 대표로 유명하다. 임대홍 창업주가 강조한 '인간 존엄과 자존을 중시하는 경영철학'과 궤를 같이한다는 게 대상 관계자들의 설명이다.

이상철(58) 대상FNF 사장은 건국대 법학과를 졸업하고 1983년 미원 총무과로 입사해 감사과, 판매기획부, 총무과장을 거쳐 1997년 대상 총무팀장을 지냈다. 2011년 취임한 그는 신선식품 다각화를 통한 매출 안정화로 대상FNF의 선순환 구조를 확립했다는 평가를 받는다. 김치에 대한 사랑도 각별해 김치에 이슬람 국가 수출이 가능한 할랄과 유대교 율법에 따른 코셔 인증을 더해 김치 세계화에 적극적으로 앞장서고 있다.

이상철 사장 역시 자신은 낮추고 남을 존중하는 '자비존인'의 자세를 강조하고 있다. 취임식 당시 연단에서 내려와 임직원 모두와 눈을 맞추며 취임사를 진행한 일은 유명하다. 아버지, 선배, 친구처럼 다가가는 그의 리더십은 경직돼 있던 조직에 훈기를 불어넣었다는 평가를 받는다. 2014년 대상FNF의 매출은 2,268억 원, 영업이익은 120억 원이었다.

박용주(52) 초록마을 사장은 동아대 전기공학과와 대학원을 졸업하고 1990년 미원 회장단 비서실로 입사했다. 대상그룹 구조조정본부와 인사팀장, 대상사료 경영지원본부장 등 요직을 두루 거친 박 사장은 2006년 만 43세의 나이로 대상홀딩스 대표에 선임된 입지전적 인물이다.

대상홀딩스 대표 시절 인도네시아 현지법인을 인수해 팜오일 사업을 개척한 공로를 인정받아 초록마을 대표에 선임됐다. 여기에는 초

대상그룹의 전문경영인

명형섭(58)
대상 사장

임정배(54)
대상홀딩스 사장

이상철(58)
대상FNF 사장

박용주(52)
초록마을 사장

주홍(60)
상암커뮤니케이션즈 사장

록마을을 대상그룹의 차세대 성장동력으로 키우고자 하는 임창욱 명예회장의 의중이 반영된 것으로 알려졌다. 초록마을은 친환경 유기농 상품을 전문적으로 유통하는 업체다. 초록마을은 박 사장 취임 이후 지속적인 성장을 거듭해 2014년 매출액 1,800억 원, 영업이익 50억 원을 돌파했다. 2015년 4월 기준 매장 수는 372개다. 그는 '우리들의 문제는 현장에 있다'는 '우문현답' 경영철학으로도 유명하다.

주홍(60) 상암커뮤니케이션즈 사장은 보성고와 서강대를 졸업한 뒤 대학원에서 경제학 석사를 했다. 김종인 전 국회의원과의 깊은 인연으로 김 의원을 보좌하다 1994년 대상그룹과 인연을 맺었다. 그룹 비서실과 홍보실장, 웰라이프 사업본부장, 고객지원본부장을 두루 거친 그는 정·관계, 언론과의 넓은 인적 네트워크를 바탕으로 오랫동안 대상그룹 홍보를 총괄해 왔다. 2015년 1월부터 상암커뮤니케이션즈 대표를 맡았다.

주홍 사장은 대상 근무시절 '차(茶) 권하는 임원'으로 유명했다. 선물로 받은 고급 녹차를 직원들과 나눠 마시기 시작한 것을 계기로 시작된 주 사장의 '차 권하기'는 상암커뮤니케이션즈로 옮긴 지금까지도 계속되고 있다. 홍보인 특유의 기질에 걸맞게 평소 온화한 성품과 유행에 뒤처지지 않는 감각으로 직원들의 신망이 두텁다.

글로벌·차별화 주도한 불도저 명형섭 사장

명형섭(58) 대상 사장은 1982년 미원 신입사원으로 입사해 34년간 대상에만 몸담은 정통 대상맨이다. 사원에서 사장이 된 입지전적 인물로 통한다. 충남 당진 출신인 명 사장은 경희고, 고려대 농화학과를 졸업하였으며, 2011년 11월 사장직에 올랐다.

"즉시 한다, 반드시 한다, 될 때까지 한다."

명형섭 사장이 직원들에게 설파하는 이 문구는 1973년 3평짜리 시골 창고에서 단 4명이 시작해 현재 계열사 140개, 직원 13만 명 규모로 성장한 일본전산의 모토다. 일본전산의 창업주 나가모리 시게노부 사장은 명 사장이 가장 존경하는 인물로 꼽은 경영인이기도 하다. 그는 일본전산의 사훈에는 자신감과 함께 포기하지 않는 실행정신이 있다며 모든 직원에게 주인의식을 강조한다.

청정원을 비롯해 대상 전체 식품사업총괄 중역과 전분당 사업부문 등을 두루 거친 명 사장은 취임 후 '글로벌화'와 '차별화'를 경영 열쇳말로 삼고 특히 해외시장 공략에 힘을 쏟고 있다.

국내 최초 필리핀 전분당 사업 진출, 인도네시아 식품공장 준공 등을 진두지휘한 명 사장은 최근 중국 시장의 잠재력에 주목하고 있다. 대상은 현지화 전략으로 2017년까지 중국 식품시장에서 500억 원 매출 규모를 달성하겠다는 목표를 세웠다.

국내 시장 또한 차별화된 상품으로 장기 불황을 헤쳐 나가고 있다. 명 사장은 컵국밥, 고구마츄 등 즉석간편식 시장 공략에 힘을 실어 주었다. 1인 가구가 늘어나면서 장류, 조미료 시장 등 전통시장 규모가 줄어들고 있다고 판단하여, 과감하게 편의식 틈새시장을 공략했다.

이 같은 경영에 힘입어 대상은 안정적인 매출 상승세를 기록하고 있다. 2011년 1조 3,930억 원이었던 매출액은 2012년 1조 5,525억 원, 2013년 1조 5,703억 원, 2014년 1조 6천억 원으로 꾸준히 증가했고, 영업이익 역시 2012년 1,038억 원, 2013년 1,181억 원, 2014년 1,210억 원을 기록하는 등 3년 연속 1천억 원을 초과 달성했다.

명형섭 사장은 직원들과의 스킨십으로도 정평이 나 있다. 명 사장은 1년에 2~3차례 출근하는 직원들을 안아 주고 격려하는 '프리허그' 아이디어를 실행하는 등 직원들과의 거리 좁히기에 적극적이다. 2014년 마케팅 콘퍼런스에서는 직원들에게 보내는 당부의 메시지를 스케치북에 직접 적어 마치 영화 〈러브액츄얼리〉의 프러포즈 장면을 연상케 하는 발표로 직원들의 환호를 받기도 했다. 직원들에게 금연을 권하는 사장으로도 유명하다.

대상그룹 성장과정 및 후계구도

이리농림학교 졸업 후 고창군청 공무원으로 사회에 첫발을 내디딘 임대홍 대상(大象) 창업주는 해방 이후 피혁공장을 운영했다. 한국전쟁 직후에는 복구사업이 시작되면서 무역업으로 업종을 전환했다. 임 창업주는 일본을 오가면서 경쟁 상대 없이 우리 식탁을 점령하고 있던

대상그룹 주요 연혁

연도		내용
1956년	1월	동아화성공업주식회사 설립
1960년		미원(MSG) 생산
1962년	12월	미원으로 사명 변경
1987년	9월	임창욱 명예회장 취임
1993년		미원식품 등 8개사 분리(세원그룹 출범)
1996년		청정원 브랜드 출범
1997년		전문경영인 체제 전환, 고두모 1대 회장 취임
1997년		미원과 세원 합병 후 대상으로 상호 변경
2000년	10월	세원그룹 5개사 계열 분리
2005년	8월	지주회사 대상홀딩스 출범
2012년	10월	국내 최초 필리핀 전분당 사업 진출
2014년	5월	청정원 BI, 18년 만에 전면 리뉴얼
2014년	6월	인도네시아 팜오일 공장 준공
2014년	11월	발효미원, 다시마발효미원 리뉴얼 출시

일본 조미료 '아지노모토'에 묘한 반감을 가지게 됐다. 순수 우리 기술로 만든 국산 조미료를 수출하고 싶다는 열망은 그의 인생을 바꿨다.

1955년 서른다섯 청년 임대홍은 잘나가던 무역 사업을 접고 제조 공법을 익히기 위해 무작정 일본으로 떠났다. 1년여의 연구 끝에 그가 돌아와 부산에 지은 150평 규모의 작은 조미료 공장이 바로 대상그룹의 전신인 우리나라 최초의 조미료 공장, 동아화성공업주식회사다. '미원'의 신화는 바로 이곳에서 시작됐다.

임대홍 창업주는 회장 재직 당시 조용히 자신의 공간에서 실험과 연구에만 몰두했다. 지방출장 시에도 5만 원이 넘는 숙소에는 묵지 않았고, 승용차보다는 전철을 더 많이 애용했다. '평생 통틀어 한 번에 양복 세 벌, 구두 두 켤레 이상을 소유했던 적이 없다'는 이야기도 유명하다. 일반적인 기업가의 이미지와는 달리 대외활동과 사교활동도 즐기지 않았다.

이 같은 창업주의 스타일은 경영권을 물려받은 장남 임창욱 명예회장으로까지 이어졌다. 임 명예회장은 취임 후 부친과 달리 진취성과 능력을 중시하고 인간성을 강조하는 경영을 펼치며 보수성에서 탈피하고자 했지만, 본인의 성과를 과시하거나 홍보하는 스타일은 아니었다. 임 명예회장은 1997년 퇴임했고, 대상은 오랜 시간 전문경영인 체제를 유지해 왔다.

대상에 쏠린 업계의 최대 관심은 3세 오너 경영인의 등장이 이뤄질지 여부다. 임 명예회장 밑으로는 아들이 없기 때문이다. 대신 두 딸인 임세령 대상 사업전략담당중역 상무와 임상민 대상 기획관리본부 상무가 나란히 경영수업을 받고 있다.

대상그룹의 지주회사인 대상홀딩스 지분 비율을 보면 임상민 상무가 35.8%로 언니 임세령 상무의 지분 19.9%보다 앞선다. 하지만 임세령 상무도 2014년에 대상 지분 15만 9천 주(0.44%)를 장내 매수하고 초록마을 지분을 30.17%까지 늘리는 등 본격적으로 승계 보폭을 넓히는 모양새다.

임세령 상무는 2012년 대상 크리에이티브 디렉터로 입사, 본격적인 경영수업을 시작했다. 현재는 식품사업 부문을 총괄하는 식품사업총괄 내 사업전략담당중역을 맡고 있다. 연세대에서 경영학을 공부하고, 뉴욕대에서 심리학을 전공했다.

임세령 상무는 2009년 11월 당시 대상그룹 외식법인이던 와이즈앤

대상그룹 계열사 지배구조

대상홀딩스

임창욱 대상그룹 명예회장	3.32%
박현주 상암커뮤니케이션즈 부회장	3.78%
임상민 대상 기획관리본부 상무	35.8%
임세령 대상 사업전략담당중역 상무	19.9%

38.03% 대상
100% 대상정보기술
100% 상암커뮤니케이션즈
100% 동서건설
49.1% 초록마을
50% 대상에이치에스
50% 아그로닉스
51% PT.JICO AGUNG
100% New York Golf Enterprise, Inc
50% PT.MAS
36.88% PT.SR

100% 대상FNF
100% 복음자리
70% 대상베스트코
90% 신안천일염
100% 정풍
100% 진영식품
70% 청정식품
83.91% PT MIWON INDONESIA
91.96% PT ANEKA BOGA NUSANTARA
93.11% MIWON VIETNAM CO., LTD
100% DAESANG(H.K.)LTD
100% 천진덕풍식품유한공사
100% 대상(북경)식품유한공사
100% DAESANG JAPAN INC.
100% CHLORELLA SUPPLY CO., LTD
95% DAESANG AMERICA INC
100% DAESANG EUROPE B.V.

피가 선보인 '터치 오브 스파이스' 외식사업을 과감하게 정리해 주변을 놀라게 했다. 그의 판단은 적중했다. 임세령 상무는 외식 프랜차이즈 시장을 레드오션으로 판단, 기존의 브랜드 확장전략을 전면 수정해 치열한 시장상황에 효과적으로 대처했다는 평가를 받는다.

2014년 '청정원'의 대규모 브랜드 아이덴티티(BI) 리뉴얼 작업을 진두지휘한 숨은 리더도 바로 임세령 상무였다. 임세령 상무는 특유의 글로벌 감각을 발휘해 자연의 이미지를 형상화한 기존 심벌을 타원 형태의 모던하고 심플한 심벌로 리뉴얼했다.

대상 관계자들은 '부드러운 카리스마'로 임세령 상무를 표현한다. 점심시간이 되면 구내식당에서 직원들과 어울려 줄을 서거나, 회사 앞 커피전문점에서 여직원들과 함께 팔짱을 끼고 커피를 사간다고 한다.

임상민 상무는 동생이지만 입사로는 선배다. 2003년 이화여대 사학과를 졸업하고 미국 뉴욕 파슨스 디자인스쿨을 졸업한 임상민 상무는 이후 유티씨인베스트먼트를 거쳐 2009년 8월 대상 프로세스 이노베이션(PI) 본부에 입사해 그룹 경영혁신 관련 업무를 수행했다. 이후 런던 비즈니스스쿨에서 MBA 과정을 마치고 2012년 10월 대상 기획관리본부 부본부장으로 다시 그룹 경영에 복귀했다. 현재는 그룹 신사업 발굴과 글로벌 프로젝트 참여에 주력하고 있다.

임직원들 사이에서 임상민 상무는 '경청의 리더'로 불린다. 임상민 상무는 임원과 실무자 간의 대화라기보다는 동등한 실무자로서 의견을 나눈다. 이는 비교적 젊은 나이인데도 직원들과의 벽을 허무는 데 한몫을 하고 있다. 하지만 일을 할 때는 엄격하고 꼼꼼하다는 평을 든는다. 핵심을 찌르는 질문에 회의에 참석하는 실무자들이 상당히 긴장한다는 후문이다.

대상 관계자는 "임세령 상무와 임상민 상무 모두 기획과 마케팅 분야에서 본인들의 역할을 수행하며 경영 전반을 익히고 있는 과정"이라면서 "임창욱 명예회장이 건재하고 전문경영인 체제가 안정적으로 자리 잡고 있는 시점에서 두 분 간 후계구도를 예측할 단계는 아니다"라고 못 박았다.

창업주 막내아들 임성욱 회장

창업주의 막내아들 임성욱 세원그룹 회장은 형 임창욱 대상 명예회장과 열여덟 살 차이가 난다. 중앙고를 졸업한 뒤 1991년 일본 게이오대 사회학과를 졸업한 임성욱 회장은 한때 조카사위였던 이재용 삼성전자 부회장과 게이오대학 동문이다.

미원식품 감사를 거쳐 전무로 미원(현 대상그룹)에서 경영 수업을 받은 임성욱 회장은 1993년 26세의 나이로 세원그룹 사장이 됐다. 세원그룹은 1993년 7월 정부의 업종 전문화 정책에 따라 식품, 화학, 중공업 부문의 8개 사(미원식품, 미원중기, 화영, 내쇼날합성, 중림화학, 미원수산, 미성교역, 한일계장공업)를 미원에서 분리해 만든 회사다.

임대홍 대상그룹 창업주는 늦둥이였던 임성욱 회장을 끔찍이 아낀 것으로 알려져 있다. 1987년 장남에게 회장 자리를 물려주고 명예회장으로 물러나 있던 임 창업주는 막후에서 임성욱 당시 세원그룹 사장의 경영자문 역할을 했다.

이후 세원그룹은 1997년 다시 미원에 흡수됐고, 임성욱 회장은 33세 때인 2000년 미성교역, 세원화성, 세원중공업 등을 분리해 대상으로부터 완전히 독립했다. 현재는 세원에셋, 세원화성, 세원화학 등의 회사를 경영하고 있다.

2010년 1월에는 대부업체 대산대부를 차렸다. 대산대부는 임성욱 회장이 실질적 오너로, 2013년 112억 원의 영업이익을 올렸다. 아들 연형, 준형, 딸 금비, 다음이가 각각 25%씩의 지분을 갖고 있다.

대성그룹

대성그룹이 걸어온 길

국내 에너지산업의 산증인과 다름없는 에너지 전문기업 대성그룹은 해강(海崗) 김수근 대성그룹 창업주가 1947년 연탄 제조업체이자 대성그룹의 모체인 대성산업공사를 설립하면서 시작됐다.

1970년대 초반까지 10대 그룹에 이름을 올렸던 대성그룹이지만 외환위기 이후 30위권으로 밀려나 2015년 공정거래위원회가 발표한 재계순위에서는 57위에 머물렀다. 순수 민간기업 기준으로는 38위로, 2014년에 비해 7계단 후퇴했다. 자산총액도 7조 3천억 원에서 5조 9천억 원으로 줄었다.

재계 상당수가 생존전략의 일환으로 사업 다각화를 통해 몸집을 불렸지만, 대성그룹은 창업주의 경영철학인 '한 우물 경영' 기조 아래

반세기가 넘는 시간을 에너지 사업에만 주력해 왔다. 2015년 68주년을 맞은 대성그룹은 변화를 준비하고 있다.

김수근 창업주는 대구 북구 칠성동에서 종업원 3명으로 연탄과 흑판을 제조하는 작은 연탄회사를 창업했다. 나무가 주된 연료였던 시절에 연탄시장의 급성장을 꿰뚫어 본 판단력이었다. 김 창업주는 '대기만성'(大器晩成)의 줄임말인 '대성'을 기업명으로 삼을 만큼 무리한 투자 없이 정도와 내실을 다지는 경영철학으로 에너지 사업에만 집중했다. 1958년 서울에 올라와 대성연탄을 세우고 왕십리 공장을 준공하면서 1959년 연탄 생산·판매 사업은 본격화됐다. 이듬해는 문경탄광 등 여러 탄광을 잇달아 인수하며 석탄 채굴사업에 돌입했다. 1968년에는 대성산업을 세워 LPG(액화석유가스), LNG(액화천연가스) 등을 판매하며 에너지 전문기업으로서 위상을 갖춰 갔다.

김수근 창업주는 "하나라도 제대로 하자. 남이 하니까 나도 한다는 식의 경영은 있을 수 없다"며 '한 우물 경영'을 거듭 강조했다. 1983년 서울시영도시가스를 인수하여 서울도시가스와 대구도시가스를 세우며 종합 에너지 그룹의 면모를 갖춰 나가기 시작했다. 이후 대성셀틱(보일러), 대성정기(자동차부품), 대성헨켈화학, 오산에너지 열병합 발전소 인수 등 사업 다각화도 조금씩 진행됐다.

대성은 김수근 창업주가 외부자금을 끌어들이지 않는 경영을 중요시한 덕에 외환위기 전후에도 탄탄한 자본 운영으로 위기를 넘겼다. 당시 30대 그룹 부채비율은 387%였으나 대성의 부채비율은 140%에 그쳤다. 근검절약을 생활화해 경비가 남으면 회사에 반납했고, 외국 여행 때 호텔에서 쓰고 남은 일회용 비누는 "면도할 때 쓰면 좋겠다"

며 챙겨 왔다. 돈이 있음에도 창업 후 50년간 그룹 사옥 없이 임대로 전전한 것은 구태여 허장성세할 필요가 없다는 창업주의 판단 때문이었다.

김수근 창업주는 2001년 2월 세상을 뜨기 전 마지막 병상에서 "인생은 유한하지만, 기업은 영원해야 한다"고 거듭 강조했다. 그는 아들 3형제에게도 "국민의 사랑을 못 받을망정 지탄받는 기업은 되지 마라"고 당부하기도 했다.

그러나 대성그룹의 파열음은 김수근 창업주가 세 아들에게 기업을 나눠 주면서 터지기 시작했다. 장남 김영대 회장에게 대성산업(대성합동지주, 디큐브시티 등)을, 차남 김영민 회장에게 서울도시가스(서울도시개발 등)를, 3남 김영훈 회장에게는 대구도시가스를 기반으로 한 대성그룹(대성홀딩스, 대성에너지 등)을 각각 경영하도록 했지만 갈등은 점점 커져 갔다.

2001년 분리경영 이후 14년 동안 장남과 3남은 '대성' 명칭을 차지하기 위한 법정소송을 벌였다. 2009년 대성그룹이 지주사 분리 당시 '대성홀딩스'로 상장했는데, 이듬해 장남 김영대 대성산업 회장이 '대성지주'로 증권시장에 상장했다. 동생이 형을 상대로 한 '대성지주 상호 금지' 가처분 신청 결과 법원은 동생의 손을 들어줬고, 김영대 회장은 결국 '대성합동지주'로 이름을 바꿨다. 모친 여귀옥 여사가 작고한 2006년에도 형제들은 유산상속을 놓고 갈등을 빚었다.

이런 '형제의 난' 속에 진행된 경쟁적 사업확장은 재무건전성 악화로 나타났다. 2014년 말 코리아닷컴커뮤니케이션즈, 디큐브시티뿐

로로파크 등 대성 계열사 5곳은 자본잠식에 빠졌으며, 주요 계열사인 대성산업, 대성쎌틱에너시스 등 7곳은 부채비율이 300%가 넘는 고위험군에 포함됐다. 대성가는 총 73개 계열사를 거느리고 있는데, 이는 재계 1위 삼성(67개)보다도 많다. 2014년 3월 기업경영성과 평가 사이트 'CEO스코어' 분석에 따르면 2014년 3분기 기준 이들 계열사 절반이 적자다.

하지만 바닥을 친 대성가는 재도약의 기회를 엿보고 있다. 대성은 연료전지 생산과 LNG 수입 등 신규사업을 통해 2020년까지 매출을 3조 원까지 끌어올릴 계획이다. 또 아시아태평양지역 대표 에너지 사업으로 선정된 태양광·풍력 복합발전시스템의 솔라윈과 생활쓰레기 고형연료화사업 등 신재생·바이오에너지로 3차 산업동력을 찾겠다는 각오다.

대성그룹 지분도

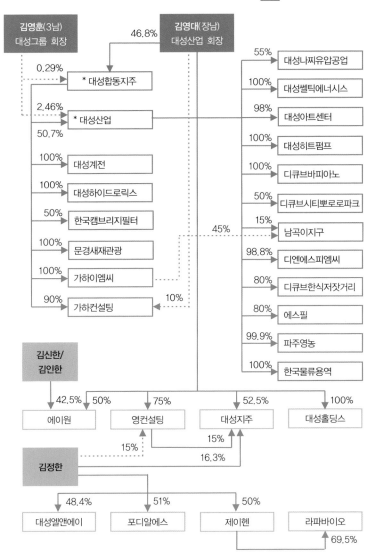

※ 2015년 4월 1일 기준 ※ 보통주 기준

☐ 지주회사 * 상장법인

김영훈(3남) 대성그룹 회장

김영대(장남) 대성산업 회장

46.8%

0.29% → * 대성합동지주

2.46% → * 대성산업

50.7%

100% → 대성계전

100% → 대성하이드로릭스

50% → 한국캠브리지필터

100% → 문경새재관광

100% → 가하이엠씨

90% → 가하컨설팅 10%

55% → 대성나찌유압공업

100% → 대성쎌틱에너시스

98% → 대성아트센터

100% → 대성히트펌프

100% → 디큐브바피아노

50% → 디큐브시티뽀로로파크

15% → 남곡이지구 45%

98.8% → 디엔에스피엠씨

80% → 디큐브한식저잣거리

80% → 에스필

99.9% → 파주영농

100% → 한국물류용역

김신한/ 김인한

42.5% → 에이원

50% 75% → 영컨설팅

52.5% → 대성지주

100% → 대성홀딩스

15% 15% 16.3%

김정한

48.4% → 대성엘앤에이

51% → 포디알에스

50% → 제이헨

라파바이오 69.5%

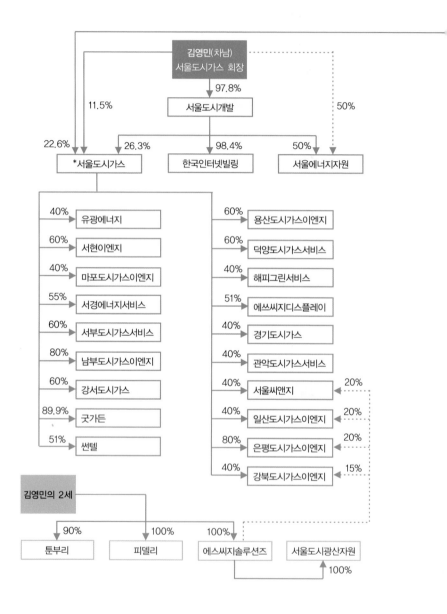

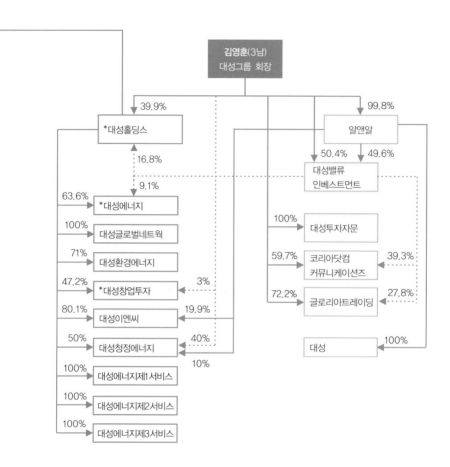

김영훈(3남)
대성그룹 회장

39.9%

*대성홀딩스

99.8%

알앤알

16.8%

50.4% 49.6%

9.1%

대성밸류
인베스트먼트

63.6%

*대성에너지

100%

대성글로벌네트웍

100%

대성투자자문

71%

대성환경에너지

59.7%

코리아닷컴
커뮤니케이션즈

39.3%

47.2%

*대성창업투자

3%

72.2%

글로리아트레이딩

27.8%

80.1%

대성이엔씨

19.9%

50%

대성청정에너지

40%

대성

100%

100%

대성에너지제1서비스

10%

100%

대성에너지제2서비스

100%

대성에너지제3서비스

대성그룹 주요 계열사 CEO

범대성그룹을 이끌고 가는 주요 전문경영인(CEO)들 가운데는 서울
대 출신이 유독 눈에 많이 띈다. 2세 삼형제가 모두 서울대 출신인 점
도 간과할 수 없지만, 해당 분야에서 검증된 전문가들로 CEO들을 구
성한 면면도 보인다. 김수근 대성그룹 창업주는 "기업이 이익을 못 내
면 죄악이니 이익을 못 낼 때는 과감히 전문경영인을 써라. 기업이 내
소유란 생각을 버려라. 이사회를 사장의 들러리로 만들지 마라"며 투
명한 책임경영을 거듭 강조했다.

장남 김영대 회장이 이끄는 대성산업은 '삼두마차' 체제다. 3명의
CEO는 전원 서울대 출신이다. 법대를 졸업한 정광우(73) 대성산업
사장은 제일은행 부행장을 지내는 등 26년간 금융계에 몸담아 온 정
통 '금융맨'으로, 대성의 자금과 경영을 총괄 지휘하고 있다.

영어영문과 출신 김경원(56) 대성합동지주 사장은 삼성경제연구소
에서 최장수 글로벌경제금융실장을 맡았다. CJ그룹으로 옮긴 뒤에는
전략총괄 부사장, CJ경영연구소장 등을 지내며 2008년 골드만삭스와
의 유가 전망 대결에서 승리해 화제가 됐다.

장석정(74) 대성산업 석유가스사업부 사장은 서울대 경제학과를
나온 유학파 경제학 박사로, 동력자원부(현 산업통상자원부) 기획관
리실장, 한국석유개발공사 사장, 에쓰오일 사장 등을 지낸 에너지 분
야 국내 최고 권위자로 꼽힌다.

3남 김영훈 대성그룹 회장은 작은 누나 김정주 씨와 대성홀딩스 공
동대표로 회사를 꾸려 가고 있다. 큰누나 김영주 씨는 대성그룹 부회

대성그룹의 전문경영인

정광우(73)
대성산업 사장

김경원(56)
대성합동지주 사장

장석정(74)
대성산업 석유가스사업부 사장

강석기(63)
대성에너지 사장

서학수(52)
대성창업투자 사장

이석형(64)
대성환경에너지 사장

김한배(65)
대성청정에너지 사장

장이다.

그룹 주요 계열사인 대성에너지 강석기(63) 사장은 서울대 물리학과를 나와 삼성물산에서 일했다. 2004년 대성그룹에 입사해 정보통신사업부 대표이사 등 정보기술(IT) 분야에서 9년간 IT 전문가로 활동했다. 소통과 화합의 리더십으로 조직 내 신망이 높다.

서울대 경영학과 출신인 서학수(52) 대성창업투자 사장은 산은캐피탈, 마일스톤벤처투자 등 26년간 벤처캐피털업계를 주도한 인물로 평가받는다.

이석형(64) 대성환경에너지 사장은 서울대 출신 해외유학파로 기계공학 박사다. 대성에너지 최고기술경영자(CTO)를 겸하고 있다.

김한배(65) 대성청정에너지 사장은 중앙대 경영학과를 졸업하고

1968년 대성산업에 입사, 46년을 대성그룹과 함께 커온 '대성맨'이다. 김수근 창업주로부터 두터운 신임을 받았다.

대성그룹의 3세 후계경영

대성그룹의 3세 후계경영이 빠르게 진행되고 있다. 김수근 창업주는 아들 영대, 영민, 영훈 씨에게 각각 대성산업, 서울도시가스, 대구도시가스를 중심으로 사업을 물려줬지만, 3세로 갈수록 그룹의 정통성과 대표 자리를 놓고 눈에 보이지 않는 신경전을 벌이는 모양새다.

대성산업의 후계자로는 김영대 대성산업 회장의 3남 김신한 대성산업가스 사장이 가장 유력한 것으로 전해졌다. 최근 김영대 회장의 장남인 김정한 사장이 계열사인 임플란트 제조판매회사 라파바이오 사장직에 집중하겠다며 대성산업 기계사업부문 사장에서 사임하면서 더욱 힘이 실리는 모양새다.

김신한 사장은 2013년 초 형보다 먼저 등기임원으로 선임된 뒤 대성산업의 건설·유통 사업을 맡아 자산 매각과 재무구조 개선작업을 벌여 왔다. 김신한 사장의 대성산업 지분율은 0.07%에 불과하지만 부친(0.32%)에 이어 두 번째로 높다.

차남 김영민 서울도시가스(SCG) 회장의 3남매는 서울도시가스에서 전원 경영수업을 받고 있다. 은혜, 요한, 종한 등 3남매 중에 장남 김요한 SCG 부사장에게 거는 기대가 커 보인다. 김 부사장은 미국 텍사스주립대에서 석유공학을 전공했다.

3남 김영훈 대성그룹 회장의 지주사 대성홀딩스는 큰 이변이 없는 한 김영훈 회장의 유일한 아들인 김의한 씨에게 경영권을 승계할 것으로 보인다. 김의한 씨는 지금 미국 애머스트대에서 유학 중이라 경영 일선에는 참여하지 않고 있다. 고모인 김영주 대성그룹 부회장과 김정주 대성홀딩스 사장은 조카 김의한 씨에게 2013년 자신들이 보유하고 있던 회사 지분 전체를 증여했다고 공시했다.

대성그룹의 혼맥·인맥

독실한 기독교 가문인 대성그룹의 혼맥은 종교적 만남 속에 인연을 찾은 경우가 많다. 정략결혼보다는 비교적 자유로운 연애 속에 때때로 실속 있는 재계 간 혼사들이 이어진다.

대성그룹 창업주 김수근 명예회장은 1916년 대구에서 부친 김두윤, 모친 기묘임 씨의 3형제 중 장남으로 태어났다. 유복한 지주의 아들로 태어났으나 10세 때 아버지를 여의면서 가세가 기울었다. 대구상고를 중퇴하고 당시 일본 기업이었던 삼국석탄 대구지점에 취직했으며, 이후 1940년 일본 유학길에 올라 일본대학 법학부를 수석 졸업했다.

7세 연하인 여귀옥 여사와는 26세 때인 1941년 10월 결혼했다. 여여사는 대구 남산교회에서 만났다. 어머니의 마음에 든 여귀옥 여사는 당시 신명여고를 졸업하고 평양여자신학교를 수료한 명망가 집안의 고명딸이었던 터라 김 명예회장은 결혼까지 우여곡절이 많았다. 여 여사는 세계기독교여자절제회 한국지부 회장을 맡기도 했다.

59년간 동고동락했던 부부는 2001년 김수근 명예회장이 세상을 뜨고 5년 뒤 여귀옥 여사도 생을 마감하면서 하늘의 연으로 이어졌다.

두 사람은 4남 3녀를 뒀다. 4남 영철 씨는 1973년 교통사고로 세상을 떠났다. 6남매는 전원 명문대 졸업에 2개 이상 석사학위 소지자여서 자식 농사를 잘 지었다는 평가가 나온다.

장남 김영대(법학과 수석 졸업), 차남 김영민(사학과), 3남 김영훈(행정학과), 장녀 김영주(미대) 씨는 모두 서울대 출신이다. 차녀 김정주 씨는 이화여대 영문학과(수석 입학·졸업), 3녀 김성주 씨는 연세대 신학과와 미국 애머스트대 사회학과를 나왔다.

장남 김영대(73) 대성산업 회장은 어머니 친구의 소개로 1971년 검사 출신 차영조 변호사의 딸 차정현(66) 씨와 혼사를 맺었다. 차정현 씨는 서울대 음대에서 피아노를 전공했다. 두 사람 사이에는 정한, 인한, 신한 씨 3형제가 있다.

김영대 회장의 장남 김정한(43) 라파바이오 사장은 1997년 서울 덕수교회에서 대원외고 동창인 전성은(42) 씨와 화촉을 밝혔다. 전 씨는 뉴잉글랜드 음대를 졸업하고 예일대 음대에서 석사과정을 마쳤다. 그녀의 부친 전경호 서한모방 회장은 김영대 회장과 경북사대부고 동창이다. 둘은 1남 1녀를 뒀다.

고려대 정치외교학과를 졸업한 김 회장의 차남 김인한(42) 콜로라도대 정치학과 교수는 대학 캠퍼스 커플이다. 평범한 가문의 같은 과 후배인 이내리(37) 씨와 2002년 서울 덕수교회에서 결혼했다. 두 사람 사이에는 아들이 둘 있다.

김 회장의 3남 김신한(40) 대성산업가스 사장은 미국 유학 중 지인의 소개로 만난 한조희(34) 씨와 신앙생활을 함께하며 1년간 교제하다 2006년 서울 온누리교회에서 간소하게 결혼식을 올렸다. 한 씨는 주유소업체 중앙에너비스 한상렬 사장의 딸이다. 한 씨는 결혼 3개월 전인 그해 3월 창업주의 미망인이자 시조모인 여귀옥 여사의 상중일 때부터 대성가 며느리 역할을 해온 것으로 전해졌다. 두 사람은 세 아들을 낳았다.

차남 김영민(70) 서울도시가스 회장은 1979년 친지의 소개로 서울대 성악과를 나온 민명옥(65) 씨와 백년가약을 맺었다. 민 씨의 부친은 민유봉 전 유화증권 사장이다. 김영민 회장 부부는 은혜(35), 요한(33), 종한(26) 씨 등 2남 1녀를 뒀다. 장남 김요한 서울도시가스 부사장만 결혼했다.

3남 김영훈(63) 대성그룹 회장은 1993년 박영창 목사의 소개로 김홍도 금란교회 목사의 차녀인 김정윤(46) 씨와 결혼했다. 두 사람은 열일곱 살 차이를 극복하고 사랑에 성공했다. 슬하에는 의한(21), 은진(18), 의진(15)과 늦둥이 은정(5) 등 1남 3녀가 있다. 김영훈 회장은 경기고 동문인 김한(61) 광주은행장, 서울대 동창인 신희택(63) 서울대 법학전문대학원 교수와 절친한 사이다.

장녀 김영주(67) 대성그룹 부회장은 1975년 서울대 의대 출신의 내과 전문의 신현정(70) 씨와 연을 맺었다. 신 씨는 개인병원을 운영하다 현재 그룹 계열사인 대성에너지 제 1·2·3서비스 사장으로 일하고 있다. 두 사람 사이에는 신정희(40), 신명철(38) 씨 등 1남 1녀가 있다.

벤처사업 캐피탈을 하는 김영주 부회장의 장남 신명철 킹스베이캐피탈 공동창업자는 변호사 권순혜(34) 씨와 결혼해 온유(5), 민유(2)

대성그룹 가계도

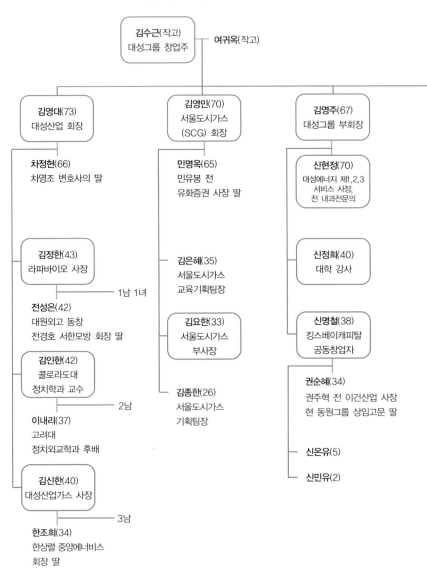

김수근(작고)
대성그룹 창업주 ── 여귀옥(작고)

김영대(73)
대성산업 회장

차정현(66)
차영조 변호사의 딸

김정한(43)
라파바이오 사장

전성은(42)
대원외고 동창
전경호 서한모방 회장 딸

─── 1남 1녀

김인한(42)
콜로라도대
정치학과 교수

이내리(37)
고려대
정치외교학과 후배

─── 2남

김신한(40)
대성산업가스 사장

한조희(34)
한상렬 중앙에너비스
회장 딸

─── 3남

김영민(70)
서울도시가스
(SCG) 회장

민명옥(65)
민유봉 전
유화증권 사장 딸

김은혜(35)
서울도시가스
교육기획팀장

김요한(33)
서울도시가스
부사장

김종한(26)
서울도시가스
기획팀장

김영주(67)
대성그룹 부회장

신현정(70)
대성에너지 제1,2,3
서비스 사장,
전 내과전문의

신정희(40)
대학 강사

신명철(38)
킹스베이캐피탈
공동창업자

권순혜(34)
권주혁 전 이건산업 사장
현 동원그룹 상임고문 딸

─── **신온유**(5)

─── **신민유**(2)

김수근
대성그룹 창업주

김영대
대성산업 회장

김영민
서울도시가스 회장

김영주
대성그룹 부회장

김정주(67)
대성홀딩스 사장

김영훈(63)
대성그룹 회장

김성주(59)
성주그룹 회장
대한적십자사 총재

김정윤(46)
김홍도 금란교회 목사 딸

딘 고달드
하버드 동창(이혼)

친구 **김한**(61)
광주은행장
(경기고 동문)

친구 **신희택**(63)
서울대 법대 교수
(서울대 동창)

김의한(21)
대학생(미 애머스트대)

김지혜(27)
성주그룹
이커머스 부문 팀장

김은진(18)

김의진(15)

김은정(5)

김정주
대성홀딩스 사장

김영훈
대성그룹 회장

김성주
성주그룹 회장

김정한
라파바이오 사장

김인한
콜로라도대 정치학과 교수

김신한
대성산업가스 사장

김요한
서울도시가스 부사장

신명철
킹스베이캐피털 공동창업자

두 딸을 두고 있다. 권 씨는 호주 퀸즐랜드대 법학과를 나온 호주 변호사로, 전 이건산업 사장이었던 권주혁 동원그룹 상임고문의 딸이다. 김 부회장은 화가이자 인테리어 디자이너이기도 하다.

차녀 김정주(66) 대성홀딩스 공동 대표이사는 하버드대 신학 박사 출신으로, 2013년까지 연세대 신학대에서 신약학을 강의했다. 지금은 대성그룹 계열사인 출판사 대성도 운영하고 있다. 세계기독교여자절제회 수석부회장으로 독신이다.

막내딸은 대한적십자사 총재인 김성주(59) 성주그룹 회장이다.

대성가 막내딸 '별종' 김성주는 누구

독일 명품 브랜드 MCM, 성주그룹 회장으로 더 잘 알려진 김성주 대한적십자사 총재는 대성가에서 가장 잘나가는 막내딸이다. 2014년 10월 대한적십자사 총재 자리에 오른 김 회장은 편안한 공주의 길을 포기하고 당차게 자신의 힘으로 여성 최고경영인(CEO)이 된 성공한 기업인으로 꼽힌다.

2012년 박근혜 대통령 대선 후보 당시 새누리당 중앙선거대책위원회 공동위원장으로 활약하면서 입담으로 유명세를 탔다. 그러나 적십자 총재 내정 뒤 '보은 인사' 논란이 일기도 했다. 김 총재는 2012년 〈포브스〉가 선정한 '아시아 파워 여성 기업인 50인', 〈포천아시아〉가 뽑은 '가장 영향력 있는 비즈니스 리더 25인'을 비롯해 CNN 선정 '아시아 최고의 차세대 지도자' 등에 올랐다. 김 총재는 하버드 동창생인 딘 고달드와 결혼해 딸 지혜(27) 씨를 뒀으나 10년 전 이혼했다.

대구에서 태어나 이화여고, 연세대 신학과, 미국 애머스트대 사회학과를 졸업한 김성주 총재는 런던정경대와 하버드대에서 석사를 따낸 똑순이다. 김 총재의 별명은 '별종'이다. 유교적인 집안 반대를 무릅쓰고 미국 유학길에 올랐다. 부모가 반대하는 일을 자신의 주관대로 거침없이 밀어붙이면서 송금이 끊겨 스스로 학비를 벌고 직장 생활도 바닥부터 시작하는 등 혹독한 대가를 치렀다.

하이트진로그룹

하이트진로그룹을 이끄는 CEO

2005년 진로 인수로 국내 최대 주류 그룹사로 성장한 하이트진로그룹은 지난 10년간 업무 분장별 철저한 능력 위주로 경영진을 꾸려 왔다. 특히 주류사업에 특화된 영업, 생산, 관리 부문에는 내부인사를 발탁하고 해외사업, 커뮤니케이션, 마케팅 부문에는 외부 인사를 적극 영입해 왔다.

김인규(53) 사장은 2014년 3월 사퇴한 박문덕 회장을 대신해 하이트진로를 대표하고 있다. 김 사장은 연세대 수학과 출신이다. 1989년 하이트맥주로 입사한 후 인사, 경영기획, 영업을 두루 거쳤으며, 본사 인사팀장과 함께 영업지점장을 지내 현장경험도 풍부하다. 김 사장은 그룹 경영기획실장과 영업본부장를 거쳐 2011년 공동 대표이사로 부임했다.

　김인규 사장은 직원들과의 스스럼없는 스킨십 소통을 추구하는 것으로 유명하다. 2011년 공동 대표이사 부임 이후 신설한 'CEO데이트'는 이제 하이트진로그룹을 대표하는 기업 문화로 자리 잡았다. 2014년 6월 생산직 직원들과의 유람선 데이트에서는 '엉덩이로 이름 쓰기' 벌칙 행사를 가져 화제가 되기도 했다.

　하이트진로의 지주회사인 하이트진로홀딩스는 김지현(62) 사장이 이끈다. 김 사장은 하이트맥주 출신의 재무·기획통이다. 2005년 당시 실무 책임자로 진로 인수전을 성공적으로 이끌었으며, 진로 인수 후 그룹 경영기획본부장과 하이트맥주 대표이사를 지냈다. 광주대에서 회계학을 공부했다.

　생산총괄 대표인 손봉수(57) 사장은 경상대 식품공학과를 졸업하고 같은 대학에서 이학 박사를 받았다. 1982년 하이트맥주에 입사해 공장장을 거쳐 30여 년간 생산 분야에서만 근무해 온 양조 전문가다. 손 사장은 계열사인 하이트진로음료 대표를 겸하고 있다.

　해외사업을 총괄하는 양인집(58) 사장은 한국외대 일본어학과 출신이다. 미국 서던캘리포니아대에서 경영학 석사학위를 받은 양 사장은 홍콩, 일본, 미국 등 해외 금융사에서 국제적 감각을 길렀다. 쌍용화재 대표이사를 거쳐 2007년 하이트진로에 합류한 양 사장은 주일 한국기업연합회(한기련) 회장을 겸임하고 있다. 일본 법인을 중심으로 하이트진로의 해외진출 확대와 해외매출 신장에 기여했다는 평가를 받는다.

　하이트진로그룹의 최고재무책임자(CFO)는 심원보(55) 부사장이

하이트진로그룹 CEO

김인규(53)
공동 대표이사 / 사장

김지현(62)
하이트진로홀딩스 사장

손봉수(57)
생산총괄 대표 / 사장

양인집(58)
해외사업 총괄 / 사장

심원보(55)
최고재무책임자 / 부사장

이승열(57)
대외협력실장 / 부사장

김영태(48)
전무

맡고 있다. 심 부사장은 계명대 경영학과를 졸업하고 1985년 하이트
맥주에 입사해 경리부와 재경팀장, 재무담당 임원을 거쳤다.

대외협력실장을 맡고 있는 이승열(57) 부사장은 MBC와 SBS에서
보도국 기자, 도쿄지국장과 앵커를 지낸 커뮤니케이션 전문가다. 성
균관대 사학과를 졸업했다.

2005년 하이트진로의 첫 홍보임원으로 영입된 김영태(48) 전무는
서울대 경제학과 출신으로 기업문화와 내부혁신 업무를 맡아 왔다.

하이트진로그룹 연혁

연도		내용
1933년	8월	국내 최초의 맥주 회사 '조선맥주주식회사' 창립
1962년	3월	조선맥주, 국내 최초 해외수출 시작
1969년	12월	조선맥주, 박경복 사장 취임
1991년	3월	조선맥주, 박문덕 사장 취임
1996년	7월	맥주업계 1위 탈환
1998년	3월	조선맥주에서 하이트맥주로 사명 변경
2000년	6월	박문덕 하이트맥주 회장 취임
2005년	7월	진로 인수, 하이트진로그룹 출범
2008년	7월	지주회사체제 출범(지주회사: 하이트홀딩스, 사업회사: 하이트맥주)
2009년	10월	진로, 주식시장 재상장
2011년	9월	하이트진로 통합법인 출범
2014년	3월	박문덕 회장 사퇴, 김인규 대표 이사 체제

하이트진로그룹 매출 추이

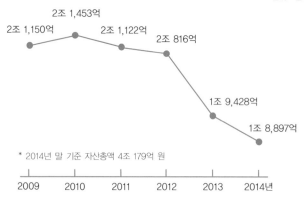

단위: 원

2조 1,453억

2조 1,150억

2조 1,122억

2조 816억

1조 9,428억

1조 8,897억

* 2014년 말 기준 자산총액 4조 179억 원

2009 2010 2011 2012 2013 2014년

자료: 하이트진로

박문덕 하이트진로 회장은 누구

하이트진로 본사나 영업점에서는 파란색 점퍼 차림의 직원들과 쉽게 마주친다. 생산 현장도 영업 현장도 아닌 사무실에서 업무용 점퍼를 입는 직원들이 유독 많은 이유는 하이트진로만의 독특한 기업문화 때문이다. 평소 박문덕(65) 하이트진로 회장의 소탈한 경영 스타일과도 무관치 않다.

박문덕 회장은 1968년 배재고, 1976년 고려대 경영학과를 졸업한 뒤 1977년 조선맥주(현 하이트진로)에 입사했다. 당시 박 회장은 본사 근처에는 가보지도 못했다고 한다. 아버지인 박경복 하이트진로 명예회장의 '현장 중시' 철학 때문이었다.

박문덕 회장은 아버지의 뜻에 따라 영업 현장에서 직접 맥주를 판매하는 일부터 했다. 영업 현장 판촉을 주로 다니다 보니 옷차림도 양복보다 점퍼 차림일 때가 많았다. 대표가 출퇴근뿐만 아니라 지방 출장 때도 점퍼를 즐겨 입다 보니 경영진을 포함한 모든 임직원들도 회사 점퍼를 입는 것을 자연스럽게 여기게 됐다.

박문덕 회장은 타고난 '승부사'다. 아버지의 뜻을 존중했지만 필요하면 본인의 목소리도 냈다. 1991년 사장 취임 후 박 회장은 마케팅보다 생산 현장을 중시했던 아버지와 노선을 달리했다. 사장에 취임한 그는 부친의 반대에도 불구하고 마케팅과 홍보 부서를 신설했다. 아버지 몰래 신문 양면광고, 시음행사, 스포츠 마케팅을 펼쳤다가 질책도 받았다고 한다. 하지만 박문덕 회장은 1993년 기존의 대표 브랜드 크라운 맥주를 대신해 '천연 암반수'를 콘셉트로 한 신제품을 출시하며 취임 5년 만에 하이트진로를 맥주 1위 브랜드로 올려놨다.

박문덕 회장의 승부사 기질은 2005년 진로 인수전에서도 발휘됐다. 10개의 쟁쟁한 컨소시엄과 경쟁하였으나, 박 회장은 치밀한 분석과 누구도 예상하지 못한 인수가로 당시 최대 M&A 매물이었던 진로를 인수해 지금의 그룹을 완성했다.

처음부터 박문덕 회장이 조선맥주의 후계자였던 건 아니다. 박 회장은 박 명예회장의 차남이다. 형 박문효(68) 하이트진로산업 회장은 동생에 앞서 조선맥주에 입사해 이사, 전무, 부사장을 거쳐 40세인 1987년 사장에 올랐고, 1989년에는 부회장으로 승진하며 유력한 후계자로 떠올랐다.

하지만 박문덕 회장이 1991년 사장에 오르며 박 명예회장의 지분을 증여받아 최대 주주로 올라서며 상황은 급반전됐다. 박문효 회장은 동생에게 경영권이 넘어가자 보유하던 조선맥주 지분 1.98%를 모두 정리하고 하이트진로산업의 등기임원직만 유지한 채 조용하게 지내고 있다. 하이트진로산업은 1975년 설립된 계열사로, 맥주 생산에 필요한 맥주병을 공급했다. 지금은 '하이트', '참이슬' 등 하이트진로가 만드는 각종 주류의 유리병이나 컵, 잔, 상표라벨, 포장상자 등을 공급한다.

박문덕 회장은 부인 김미정(61) 씨와 중매결혼해 태영(37), 재홍(33) 씨 등 2남을 뒀다. 김미정 씨는 농기구 제조업체 대동공업 김삼만 창업주의 형제인 김성민 회장의 딸이다. 부부는 독실한 불교 신자로 알려져 있다.

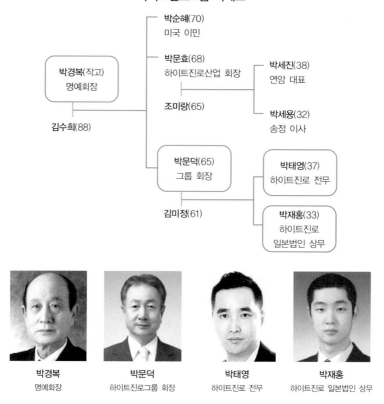

하이트진로그룹 가계도

박경복(작고)
명예회장

김수희(88)

박순혜(70)
미국 이민

박문효(68)
하이트진로산업 회장

조미량(65)

박세진(38)
연암 대표

박세용(32)
송정 이사

박문덕(65)
그룹 회장

김미정(61)

박태영(37)
하이트진로 전무

박재홍(33)
하이트진로
일본법인 상무

박경복
명예회장

박문덕
하이트진로그룹 회장

박태영
하이트진로 전무

박재홍
하이트진로 일본법인 상무

박문효 하이트진로산업 회장

박문효 회장은 배재고와 한양대 기계과, 미국 노터데임대 기계경영학과를 나왔다. 귀국 후 하이트진로그룹의 뿌리인 조선맥주에 입사해 이사, 전무, 부사장을 거쳤다. 1987년 대표이사 사장에 취임한 그는 1989년 부회장으로 승진했으나 1991년 동생 박문덕 현 하이트진로그룹 회장에게 자리를 내줬다.

하이트진로산업 회장으로 자리를 옮긴 박문효 회장은 부인 조미랑 (65) 씨와의 슬하에 세진(38), 세용(32) 두 아들을 뒀다. 박 회장은 두 아들이 사업가로 자리 잡을 수 있도록 음양으로 지원을 아끼지 않는 것으로 알려져 있다. 두 아들은 하이트진로의 방계기업인 연암과 송정의 실질적인 오너다.

장남 세진 씨는 연암의 최대 주주다. 충남 천안에 본사를 둔 연암은 식품, 세제 등 생활용품을 포장하는 데 쓰는 연포장과 하이트맥주 등 각종 주류 용기에 붙이는 상표라벨과 포장상자를 만든다. 2009년 이후 매년 10억 원대의 이익을 내는 연암은 창사 이래 단 한 번도 적자를 낸 적이 없다. 세진 씨는 소유 지분만 99%다. 고려대 경영학과를 졸업한 그는 삼진화학(현 한화폴리드리머)을 거쳐 연암 전무를 지낸 뒤 2008년 연암 대표이사 사장에 올랐다.

송정의 사업구조도 비슷하다. 차남 세용 씨가 송정 지분의 99%를 소유한 최대 주주다. 송정은 인쇄용 그라비아용지와 라벨지를 생산한다. 송정은 최근 5년간 매출이 연평균 100억 원이 채 안 되는 미니 기업이지만 2005년 이후 단 한 번도 적자를 낸 적이 없는 알짜 회사다. 세용 씨는 아직 경영 전반에 나서지 않고 있지만 부친의 배려 아래 사업가로서의 변신은 시간문제라는 게 업계의 전반적인 시각이다.

골프마니아 박문덕 회장의 '골프 소통'

골프장 소유주가 골프를 잘 치면 코스가 어려워진다는 설이 있다. 경기 여주시 대신면에 위치한 '블루헤런' 코스가 그렇다. 스코어 위주의 게임을 즐긴다는 골프 마니아 박문덕 회장은 2002년 클럽700 골프장을 인수해 코스 리노베이션 전 과정을 진두지휘했다. 2005년 5월까지 300억 원이 투입됐다.

이 때문인지 블루헤런에서 치러지는 '하이트진로 챔피언십'은 경기 시간이 길기로 유명하다. 박문덕 회장은 플레이어의 기량에 따라 여러 가지 대응이 가능하도록 꼼꼼한 설계를 주문했다. 호수나 벙커도 교묘하게 배치했고, 핀 위치도 까다롭다는 게 전체적인 평이다.

다소 보수적인 경영 전략을 펼치던 하이트맥주의 골프장 인수에는 박문덕 회장의 사업가적 전략이 깔려 있었다. 박 회장은 골프장 인수를 통해 맥주사업에 맞는 골프마케팅을 적극 추진하고자 했다. 거래처인 전국 주류도매상과의 소통에도 골프를 활용한다.

박문덕 회장이 직접 전인지 선수를 발탁한 일화도 유명하다. 2012년 당시 아마추어였던 전 선수는 국가대표 자격으로 하이트진로 챔피언십에 참여했다. 우승을 목전에 두고 있던 전 선수는 한 홀에서 실수를 하는 바람에 우승을 놓쳤고, 안타까움에 눈물을 흘리던 그를 우연히 지나가던 박 회장이 알아봤다.

박문덕 회장은 프로들 사이에서도 기죽지 않고 대담하게 실력을 발휘한 전인지 선수의 배포와 승부욕을 알아보고 하이트진로 소속 선수로 활동할 것을 직접 제안했다. 전인지 선수는 2014년 KLPGA 시즌 3승을 거두고, 2015년 LPGA투어 US여자오픈에서 우승을 하는 등 꾸준히 좋은 성적을 내고 있다. 하이트진로는 LPGA 서희경, JLPGA 전미정, 김하늘, KLPGA 전인지, KPGA 박준원 등 7명의 선수를 후원하고 있다.

박 회장 사퇴 후 3세 경영체제 급물살

박문덕 회장에게는 미혼인 태영(37), 재홍(33) 두 아들이 있다. 장남 박태영 씨는 2012년 4월 하이트진로 경영관리실장(상무)으로 본격 데뷔했으나 그간 차남 박재홍 씨는 베일에 가려져 있었다.

〈서울신문〉 취재 결과 차남 박재홍 씨는 장남 박태영 씨보다 앞선 3년 전부터 경영수업을 받아 온 것으로 확인됐다. 2009년 일본에 건너가 어학수업을 받은 박재홍 씨는 그해 하이트진로그룹의 일본법인인 진로주식회사 상품개발팀 사원으로 입사해 현장경험을 쌓았다. 현재 상품개발팀 상무로 근무 중이다.

박문덕 회장 본인이 '차남 승계'로 지나친 관심을 받았던 만큼 그간 차남의 경영수업을 숨겨 왔던 것으로 보인다. 박태영 씨 는 상무로 경영수업을 시작했지만 박재홍 씨는 박 회장의 전철을 밟고 있다. 박 회장도 입사 후 영업 현장에서 잔뼈를 키웠다.

2014년 3월 일신상의 이유로 박문덕 회장이 사퇴하면서 하이트진로의 '3세 경영체제 전환'은 급물살을 탔다. 하이트진로 측은 "전문경영인 체제를 강화하고 신사업을 구상하기 위한 퇴진"이라고 못 박았지만 박태영 씨가 경영 기반을 마련하는 동안 전문경영인 체제로 전환한 뒤 경영권을 물려받게 될 것이라는 시각이 우세하다.

박태영 씨는 입사 8개월째인 2012년 12월 경영전략본부장(전무)으로 승진했다. 당시 박태영 씨는 승진하면서 "글로벌 사업 강화"를 특히 강조했다. 박태영 씨는 경문고와 영국 런던 메트로폴리탄대 경영경제학과를 졸업하고, 2009년 경영컨설팅 업체인 엔플랫폼에 입사해

하이트진로그룹 계열사 지분 현황

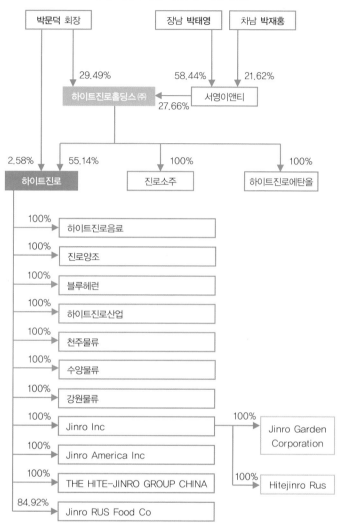

다양한 M&A 업무를 해왔다.

업계 관계자는 "박 전무의 나이가 어리다 보니 경영 일선에 바로 내세우기는 부담스러운 상황"이라면서 "2세 승계 때처럼 박 회장이 누구에게 힘을 실어 주느냐가 차후 경영권 승계에 중요한 역할을 하게 될 것"이라고 예측했다.

태영 씨와 재홍 씨는 맥주 냉각기 제조회사인 서영이앤티를 통해 하이트진로의 지주회사인 하이트진로홀딩스의 지분 27.66%를 보유하고 있다. 태영씨와 재홍 씨는 각각 58%, 22%의 서영이앤티 지분을 갖고 있다. 하이트진로홀딩스 최대 주주인 박 회장(29.49%)과 서영이앤티의 지분을 합하면 지주사 지분율은 57%에 달한다.

창업주 박경복 명예회장은 누구

박경복 하이트진로그룹 명예회장은 2007년 85세의 나이로 세상을 떠났다. 1922년 부산에서 태어난 박경복 명예회장은 1941년 일본 오사카공업학교를 졸업했다. 1946년 소주 원료인 주정을 만드는 대선발효에 입사하면서 주류업계와 연을 맺은 그는 입사 18년 만인 1964년 사장에 올랐다. 하이트맥주의 전신인 조선맥주로 자리를 옮긴 것은 1968년. 조선맥주를 운영하던 남동생 박경규 씨가 고혈압으로 사망하면서부터다.

박경복 명예회장은 뇌졸중으로 쓰러지기 전인 2001년까지 회사 경영에 활발하게 참여했다. 그는 "밖으로 드러내는 허세가 기업의 최대 악덕"이라며 내실경영과 현장경영을 특히 강조했다.

현역 시절 매일 오전 7시에 출근해 생산 현장을 돌아보며 직접 제품 생산과 출고 현황을 챙겼던 것으로도 유명하다. 1주일에 3일은 전북 전주, 강원 홍천, 경남 마산의 공장을 찾았을 정도였다.

김수희(88) 여사와 결혼해 2남 1녀를 뒀다. 장녀 박순혜(70) 씨는 미국에 거주하며 LA에서 스파를 운영하고 있는 것으로 알려졌다.

네이버

'벤처 DNA' 7인이 만들어 낸 검색시장 최강자

30대 젊은이 7명이 전 직장 퇴직금 3억 5천만 원을 모아 만든 벤처 기업 '네이버컴'은 15년 만에 연매출 2조 7,619억 원(2014년 기준), 시가 총액 20조 원이 넘는 한국 대표 기업으로 성장했다. 이해진 네이버 이사회 의장의 개인 주식재산은 1조 3,460억 원(2014년 8월 '재벌닷컴' 집계)으로 웬만한 대기업 오너 부럽지 않다.

네이버에 대한 국민 체감은 실적 이상이다. 네이버에는 매일 3,800만 명이 방문하고 3억 개 이상의 검색어가 입력된다. 검색시장의 압도적인 1위(코리안클릭에 따르면 2015년 5월 기준 72.8% 점유율 기록)다. 최근 조성된 모바일 환경에서도 메신저 '라인'으로 일본 등 해외에서 큰 인기를 끌며 제 2의 부흥기를 맞고 있다.

1967년 서울에서 태어난 이해진 의장은 지금으로 따지면 '엄친아'(여러 조건이 좋은 젊은이)다. 삼성생명 임원인 아버지가 있었고 서울 강남구 청담동 아파트에서 살았다. 8학군인 상문고를 졸업(1986년)하고 서울대에서 컴퓨터공학을, 카이스트에서 전산학을 전공했다.

배경은 좋았지만 사업가 기질이 특출했던 건 아니다. 같은 '86학번'으로 1994~1995년 일찌감치 창업에 나선 '과 동기' 김정주 NXC 넥슨 대표와 송재경 XL게임즈 대표, '동네 친구' 이재웅 다음 창업자 등이 이해진 의장보다는 사업가에 더 어울렸다는 게 주변의 평가다. 이 의장 자신도 당시를 회상하며 "다재다능하고 자유로운 김정주와 달리 나는 전형적인 대기업 사원 스타일이라고 생각했다"고 말한다.

하지만 1992년 삼성SDS에 입사해 '검색'을 접하면서 그의 인생은 빠르게 전환기를 맞는다. 입사 직후 유니텔(PC통신 서비스) 개발팀에 속해 검색 솔루션 개발업무를 맡았다. 일에 매력을 느낀 그는 1994년 윗사람들을 설득해 한글 검색엔진 개발에 도전했다. 1997년 그의 검색엔진 개발 프로젝트가 삼성SDS 사내벤처 1호로 선정됐고, 같은 해 12월 무료 인터넷 검색 서비스 '네이버'를 출시했다.

인터넷 이용자가 급증하고 해외 인터넷 광고시장이 급성장한다는 점에 착안, 그는 회사 동료 6명과 함께 1999년 네이버컴을 세운다. 이때 이해진 의장과 함께 삼성SDS를 박차고 나온 사람은 권혁일(현 해피빈 이사장), 오승환(현 네이버문화재단 이사장), 강석호(현 라인플러스 이사), 김보경, 최재영, 김희숙 이사다. 설립 직후 합류한 김정호 전 NHN 글로벌 게임사업 총괄까지 포함해 '네이버 개국공신 7인'이라고 한다. 현재 이 중 3명은 네이버를 떠났고, 다른 3명은 네이버

자회사나 재단에서 활동 중이다.

1999년은 정부가 벤처 육성을 위해 대규모 규제완화 정책을 펴고 있던 때다. 네이버컴은 설립 5개월 만에 100억 원의 투자(한국기술투자)를 유치하고 첫해 9,200만 원의 영업흑자를 기록하는 등 순항했다. 하지만 이듬해인 2000년 3월 전 세계 벤처 버블 붕괴와 함께 국내 대표 벤처기업이었던 새롬기술 주가가 하한가를 기록하는 등 정보기술(IT) 업계에 위기가 찾아왔다. 이때 이해진 의장은 네이버 15년 역사상 '두 가지 중대 결정' 중 하나인 한게임과의 합병(다른 하나는 2006년 검색업체 '첫눈' 인수)을 결심한다.

네이버컴은 트래픽(접속자)이 필요했고, 한게임은 사람과 자금이 필요했다. 이해진 의장은 삼성SDS 입사 동기였던 김범수(현 다음카카오 의장) 당시 한게임 대표를 만나 일을 성사시켰다. 결과는 대성공. 한게임 사용자가 자연스럽게 네이버에 유입됐다. 2001년 3월 한게임 유료화까지 성공을 거두면서 수익이 생겼고, 이는 향후 네이버가 성장하는 데 종잣돈으로 활용됐다.

그래도 이해진 의장에게 있어 핵심 사업은 검색이었다. 2000년 8월 통합검색이, 2002년 인터넷 이용자들끼리 질문과 답변을 하도록 하는 지식인(iN) 서비스가 도입되면서 네이버는 2003년 검색어 유입 순위 1위, 2006년에는 포털 사이트 방문자 수 1위를 차지한다.

검색광고는 네이버 최대 수익원으로 떠올랐다. 2001년 5월 키워드와 매칭되는 검색결과 페이지에 광고주 브랜드를 상위에 노출하는 키워드 광고를, 2004년 7월에는 클릭 수에 따라 광고비를 내는 CPC

네이버 주가 및 시가 총액

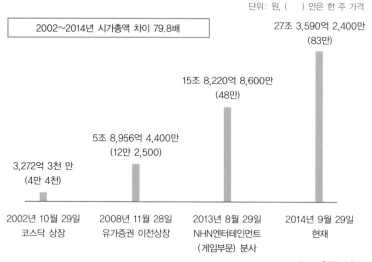

단위: 원, (　) 안은 한 주 가격

2002~2014년 시가총액 차이 79.8배

27조 3,590억 2,400만
(83만)

15조 8,220억 8,600만
(48만)

5조 8,956억 4,400만
(12만 2,500)

3,272억 3천 만
(4만 4천)

2002년 10월 29일
코스닥 상장

2008년 11월 28일
유가증권 이전상장

2013년 8월 29일
NHN엔터테인먼트
(게임부문) 분사

2014년 9월 29일
현재

자료 : 한국거래소

네이버 주주 구성

2014년 12월 말 기준

주주 지분	
이해진 의장 우호지분(특수관계인 + 자사주)	18.41%
국민연금공단기금	10.42%
더 캐피탈그룹 컴퍼니스(외국계 투자기관)	5.42%
기타 외국인 기관 및 개인투자자	65.75%
* 나머지는 국내 기관 및 개인투자자	

자료 : 금융감독원, 한국거래소

방식 광고를 도입하면서부터다. 검색광고 등 광고는 2015년 1분기 연결 기준 매출의 72%를 차지하는 네이버의 주 수익원이다.

코스닥 상장 당시 주당 2만 2천 원이던 네이버 주가는 나날이 상승해 2008년 11월 코스피 상장 때는 12만 2,500원까지 올랐다. 현재 주가(2014년 9월 29일 기준)는 83만 원에 달한다. 핵심 사업인 검색 역량을 키워 이를 수익원으로 만들어 낸 결과다.

탄탄대로만 있었던 것은 아니다. 10여 년에 걸친 해외 진출은 번번이 실패했다. 2000년 일본 시장 진출을 시작으로 중국, 미국 등에 게임, 검색 등을 무기로 진출했지만 모두 실패했다. 네이버에 남아 있던 벤처 DNA가 이런 '무모한 도전'을 가능하게 했다. 평소 이해진 의장은 실패한 사업에 대해 책임을 묻지 않는다. 임직원들에게는 종종 "실패 경험이 곧 자산"이라고 강조한다.

하지만 2000년대 후반 스마트폰 보편화로 해외 진출은 성과를 내기 시작했다. '첫눈' 출신 개발자들이 2011년 6월 만들어 낸 '라인'은 일본, 타이완, 태국 등에서 1위 메신저 자리에 올랐다. 2015년 1분기 말 기준, 전 세계 라인의 MAU(월간 이용자)는 2억 500만 명이다. 페이스북보다 성장 속도가 빠르다. 10여 년 해외 공략 실패에서 얻은 교훈인 '현지화'에 초점을 맞춘 결과라는 게 네이버 측 설명이다.

이해진 네이버 의장

이해진 네이버㈜ 의장의 아버지는 1990년대 한국 보험계를 주름 잡았던 이시용(78) 전 삼성생명 대표이사인 것으로 확인됐다. 평소 개인사를 잘 드러내지 않아 그간 이해진 의장의 가족관계는 베일에 가려져 있었다.

이시용 전 대표는 서울 출신으로 용문고와 성균관대 경제학과를 졸업했다. 1963년 삼성생명 공채 1기로 입사해 동기인 황학수(전 삼성생명 대표) 씨 등과 1990년대 한국 보험업계를 이끌었다. 1978년 임원(이사)이 된 후 20년간 임원으로 현장을 지켰다. 1992~1994년 삼성생명·삼성카드 대표이사, 태평양생명 대표(1994~1995년), 중앙생명(SK생명) 대표(1995~1998년) 등 보험사 대표만 6년간 역임했다.

현재도 이시용 전 대표는 각계 인사들과 교류하고 있는 것으로 알려졌다. 2007년 칠순잔치 때는 지인 100쌍만 일일이 선별해 초대하

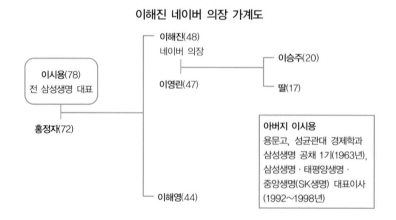

이해진 네이버 의장 가계도

이해진 네이버 의장

기도 했다. 보험업계 한 관계자는 "보험업은 규제산업이기 때문에 정·관계 인사들과 관계가 밀접하다"면서 "이 업계에서 20년간 임원을 했다면 인적 네트워크가 상당할 것이다. 아들 사업에 큰 도움이 됐을 것"이라고 말했다.

이시용 전 대표는 삼성생명 대표이사 재임 시절 '인간존중 경영', '스피드 경영'을 강조했는데, 이는 아들 이해진 의장의 경영철학과도 통한다. 깐깐하면서 추진력 있는 스타일 역시 부자가 닮았다. 키도 부자가 모두 180센티미터로 같다.

이해진 의장의 어머니는 홍정자(72) 씨이고 네 살 아래 남동생으로 이해영(44) 씨가 있다. 또 1992년 삼성SDS 재직 시절 결혼한 부인 이영린(47) 씨와의 슬하에는 해외유학 중인 아들 승주(20)와 딸(17)이 있다.

서울대 공대 86학번, 서울대 법대 82학번의 황금 라인

정보통신(IT)계 최강으로 알려진 네이버 이해진 이사회 의장의 인적 네트워크는 2007년 판사 출신 김상헌 대표를 영입하면서 외연을 한층 넓혔다. 김정주 NXC 넥슨 대표를 비롯해 김범수 다음카카오 의장, 송재경 XL게임즈 대표 등 IT 업계에서 성공한 기업인들이 이 의장과 같은 서울대 공대 86학번이다. 이에 최근 들어 정치·경제·사회·문화 각계에서 두각을 나타내고 있는 서울대 법대 82학번, 그중에서도 '사법시험-서울중앙지법 판사'라는 엘리트 코스를 밟은 김상헌 대표의 인맥이 더해졌다.

이해진 의장을 비롯해 김정주 대표, 송재경 대표는 같은 컴퓨터공학과(컴공)로 함께 어울리던 친구들이다. 모두 카이스트에서 석사과정을 밟았다. 이해진 의장과 김정주 대표는 단짝으로, 카이스트에서는 같은 방에서 기숙사 생활(1991년)을 했다.

김정주 대표는 카이스트 박사과정을 밟던 1994년 넥슨을 창업해 송재경 대표와 함께 최초의 다중접속온라인 게임(MMORPG)인 '바람의 나라'를 개발, 우리나라에 온라인 게임 흥행을 일으켰다. 현재 이 의장과 함께 주식 재산만 1조 원이 넘는 우리나라 대표 IT 부호다. 김 대표는 1999년 넥슨의 자회사인 엠플레이와 네이버컴의 주식을 맞바꿔 이 의장에게 사업자금을 지원했고, 2012년까지 네이버(NHN) 지분을 1~2% 정도 보유하고 있었다.

이해진, 김정주 단짝이 카이스트에서 같은 기숙사 방을 쓰던 시절에 그 옆방에서는 송재경 대표와 김상범 넥슨 전 이사가 룸메이트였다. 송 대표는 카이스트 재학시절 학교 내에 화제가 될 만한 개발 사례를 양산해 '천재' 소리를 듣던 우리나라 대표 게임 개발자다. 카이스트 전산학과 86학번인 김상범 전 이사 역시 넥슨의 초창기 멤버로 메이플스토리, 퀴즈퀴즈 등을 만든 뛰어난 개발자다.

넥슨과 함께 양대 게임업체인 NC소프트 김택진 대표도 이들과 같은 시기에 학교에 다닌 85학번(전자과)이다. 송재경 대표와 함께 개발해 1998년 내놓은 리니지는 블리자드의 스타크래프트에 버금가는 수작으로 평가받는다. 자연어 검색을 최초로 개발해 2000년대 네이버를 1위 포털로 만든 이준호(전 네이버 최고운영책임자) NHN엔터테인먼트 회장 역시 서울대 컴퓨터공학과 83학번이다.

김범수 다음카카오 의장 역시 서울대 공대(산업) 86학번으로 카이스트에서 석사과정을 밟았다. 여기에 삼성SDS 입사 동기까지 이해진 의장과 겹친다.

1990년대 후반~2000년대 중반 네이버와 포털 1위 경쟁을 벌였던 다음 창업자인 이재웅 전 대표는 연세대 컴퓨터공학과 86학번이지만 이해진 의장과는 죽마고우다. 둘은 어려서 서울 강남구 청담동 진흥 아파트 같은 동에 살았고, 어머니들도 친분이 두텁다.

왜 유독 86학번이 한국 IT 업계를 주도하게 됐을까. 재계의 한 고위 관계자는 "중·고교 시절 개인용 컴퓨터를 처음 갖게 된 시기적 요인과 대학 때 컴퓨터 관련 동아리가 활발했던 시대적 요인이 있을 것"이라며, "김택진, 김정주, 이해진, 송재경 등은 같은 시기 대학에 다니면서 서로 보고 배우고 자극을 받는 등 시너지 효과를 냈을 것"이라고 말했다.

서울대 공대 86학번이 한국의 이공계 대표 학맥이라면 법대 82학번은 인문대 대표 학맥인 셈이다. 김상헌 대표와 같은 서울대 법대 82학번은 2014년 7월 재·보궐선거 이후 주목받기 시작했다. 최대 접전지인 서울 동작을에서 당선된 나경원 새누리당 의원과 원희룡 제주지사가 모두 김 대표와 같은 학과 동기이기 때문이다. 이름만 대면 알 정도로 유명한 《아프니까 청춘이다》의 저자 김난도 서울대 소비자아동학부 교수와 조국 서울대 법학전문대학원 교수 등도 이들과 과 동기다.

최상목 청와대 경제금융비서관, 송언석 기획재정부 예산실장 등 정부 핵심 관계자들도 김 대표의 네트워크에 들어와 있다. 또 사법연수원 17기로 대법원 법원행정처 사법정책실장을 맡고 있는 한승 판사도 김 대표와 가깝다.

이처럼 서울대 법대 82학번이 승승장구한 것은 우리나라 교육제도와도 관련이 있다. 1981년 대규모 미달 사태 탓에 1982학년도부터 1·2·3지망제가 도입됐다. '운 좋게' 서울대 법대생이 되는 기회가 차단됐고, 전국의 수재들이 한곳에 모인 것이다. 실제 서울대 법대 82학번 졸업생 360여 명 가운데는 법조인이 183명, 대학교수가 33명에 달한다.

이런 전방위 인맥의 도움 때문인지 김상헌 대표 취임 이후 네이버가 세련돼졌다는 평가를 받는다. 실적 개선은 물론이고 여론 대응에서도 달라진 모습을 보이고 있다. 수년 전만 해도 '네이버가 검색시장을 독점한다'는 비판에 이렇다 할 대응도 못했던 네이버였다. 그러나 최근에는 페이스북, 카카오톡 등 모바일에서의 검색형태 다양화 등을 언급하며, 단편적인 검색 서비스 간의 점유율만으로 시장 획정을

김상헌(52)
대표이사

황인준(50)
최고재무책임자

김진희(49)
최고인사책임자

한성숙(48)
서비스총괄

하려는 것은 위험한 발상이라고 목소리를 내고 있다.

네이버의 경영 컨트롤타워

황인준(50) 최고재무책임자(CFO)는 2008년 김상헌 대표의 추천으로 네이버(NHN)에 합류했다. 서울대 경제학과 출신으로 1992년 삼성전자에서 재무파트 업무를 시작해 삼성증권과 우리투자증권에서 경력을 쌓았다. 2008년 8월 네이버 CFO가 된 후 같은 해 11월 28일 네이버 유가증권시장(코스피) 이전상장, 2013년 8월 NHN엔터테인먼트(게임부문) 분사 등을 통해 네이버의 기업가치를 배가시켰다.

고려대 통계학과 출신인 김진희(49) 최고인사책임자(이사)는 이해진 이사회 의장, 김정호 전 네이버 경영고문 등과 삼성SDS에서 함께 일한 인연으로 2003년 네이버에 입사했다. 1992년부터 삼성SDS, 신라호텔 등에서 인사업무만 줄곧 맡아 온 인사통이다. 2014년 7월부터 직급을 없애고 출퇴근 시간을 자유롭게 바꾸는 등 네이버에 유연한 근무문화가 정착하도록 주도했다. 연차, 병가, 휴가 등을 자율적으로 결재하는 '직원 전결제', 직원 간 근무평가를 점수 대신 리뷰로 바꾼 '근무평가 리뷰제' 등도 김 이사의 작품이다.

　네이버 조직은 기존 관료사회에서 많이 쓰는 피라미드식이 아닌 원형(조직도)으로 구성됐다. 각각의 본부가 있고 그 밑에 셀 조직들이 필요에 따라 본부를 옮겨 가며 일하도록 했다. 변화가 극심한 IT 업계에서 경쟁력을 확보하기 위한 대책이다.

　한성숙(48) 서비스총괄은 숙명여대 영어영문학과 출신이다. 네이버의 다양한 콘텐츠와 서비스 전반을 담당하고 있다. 네이버의 이사(등기·미등기)는 모두 31명으로, 그중 여성은 5명(16.1%)이다.

다음카카오

다음카카오 공동대표 이석우, 최세훈

이석우(49) 다음카카오 공동대표는 4·19의 횃불이 된 서울대 4·19 선언문 작성을 주도한 이수정 전 문화부 장관의 장남이다. 이수정 전 장관은 〈한국일보〉, MBC 기자를 거쳐 노태우 정부 시절 청와대 공보수석을 지냈으며, 1991년부터 1993년까지는 문화부 장관을 맡았다. 이수정 전 장관은 경북고 39회 졸업생으로, 동창 가운데 50대 유명 인사들로 구성된 경북고 경신회 회원이다. 경신회는 노 전 대통령 인맥의 핵이다. 공직에서 물러난 뒤에는 그림 그리기에 몰두했다. 2000년 지병으로 작고한 이수정 전 장관은 대구 출신으로, 서울대 문리대 정치학과를 졸업했다.

이석우 대표는 서울대 동양사학과 84학번으로, 미국 하와이대에서 중국사로 석사학위를 받았다. 그도 아버지를 따라 1992년 〈중앙일보〉 기자가 됐으나 2년 후 미국행을 택하여 루이스앤드클라크대학원에서 법학 박사학위를 땄다. 1997년 로스쿨을 우등으로 졸업하고 포틀랜드에서 조세 변호사로 약 2년간 일한 그는 1999년 한국IBM 사내 변호사로 특채돼 귀국했다.

이석우 대표를 한국으로 불러들인 이는 박영선 새정치민주연합 전 원내대표의 남편인 디엘에이파이퍼 이원조 변호사다. 당시 이 변호사는 한국IBM 법무실을 이끌었다. 로스쿨에 진학할 때 추천서를 써준 이도 이 변호사였다. 남동생인 이석준 씨도 영국 로펌인 클리퍼드챈스 홍콩사무소에서 활약하는 미국 변호사다. 이석준 변호사는 서울대 경제학과, 미국 밴더빌트대 로스쿨을 나왔다.

이석우 대표는 깔끔한 대외 매너를 갖춘 것은 물론 아이디어를 구체화해 상대방에게 능숙하게 전달하는 '소통의 달인'으로 평가받는다. 영어는 물론 중국어, 일어에도 능하다. 주영대사관 공보관, 주네덜란드 공보관을 역임한 아버지 덕에 어려서부터 해외생활을 했기 때문이다. 이석우 대표는 2014년 고가영 씨와 재혼했다. 이 대표는 전 부인과의 사이에 군 복무 중인 아들 이성진(23) 씨를 두고 있다.

다음 출신인 최세훈(48) 공동대표는 1990년 연세대 경영학과를 졸업하고 미국 유학을 떠나 1994년 6월 펜실베이니아대 와튼스쿨 MBA를 취득했다. 첫 직장은 ING베어링이었고 2000년 라이코스코리아로 직장을 옮겼다. 최 대표는 2002년 당시 최고재무책임자(CFO)로서 훌륭한 관리능력을 발휘했으며, 2004년 37세의 나이로 최연소 보험사 사장에 올라 다음다이렉트보험을 성공적으로 운영했다는 평가를

다음카카오 통합법인의 정식 출범을 알리는 미디어 간담회에서 두 손을
맞잡고 파이팅을 외치는 이석우(왼쪽)·최세훈 공동대표

이석우 공동대표 가계도

받는다. 와튼스쿨 MBA 동문 가운데 동문회장인 안용찬 애경그룹 부
회장 및 박찬구 웅진케미칼 대표와 두터운 인맥을 형성하고 있다.

조용한 성격의 최세훈 대표는 외부에 사생활이 노출되는 것을 극도
로 꺼리는 것으로 알려져 있다. 합병 법인인 다음카카오에서도 외부
활동보다는 드러나지 않는 곳에서 내실을 다지는 역할을 할 것으로
보인다. 현재 1남(19) 1녀(17)의 자녀가 있다.

다음 창업자 이재웅은 누구

이재웅(47) 다음 창업자는 현재 다음카카오 경영과는 전혀 상관이 없다. 고 이철형 전 한국종합건설 대표의 1남 2녀 중 장남인 그는 1995년 만 26세의 젊은 나이에 다음커뮤니케이션을 창업했다. 1999년 코스닥 상장과 함께 일약 벤처 재벌로 떠오른 그는 2007년 전문경영인에게 회사를 맡기고 사임했다. 2014년 10월 다음카카오 합병 전까지 다음 최대주주 지위는 유지(주식 평가액 약 2,900억 원) 했으나, 합병법인 출범 당시 그의 지분은 3.3%로 확 줄었다.

이재웅 다음 창업자는 2007년부터 2008년까지 디앤샵 경영자문담당 이사를 지내고 현재는 소셜벤처 인큐베이터업체 에스오피오오엔지(SOPOONG)의 대주주로 있다. 1986년 서울 영동고를 졸업하고 1991년 연세대 전산학과를 졸업했다. 같은 대학원을 마치고 이듬해 프랑스 파리 제6대학원에서 인지과정을 전공하고, 다음 창업 전까지 프랑스 국립과학연구소 연구원으로 일했다.

2001년 6월에는 KBS 9시 뉴스 앵커를 지낸 전 KBS 아나운서 황현정(45) 씨와 결혼했다. 둘 사이에 아이는 없는 것으로 알려졌다.

안철수 새정치민주연합 의원과의 인연도 눈에 띤다. 그는 안 의원이 벤처기업가로 활동할 때부터 정기적인 만남을 가졌으며, 안 의원의 2012년 대선 출마 기자회견 당시 자신의 트위터에 적극적인 지지 의사를 밝혔다.

다음카카오의 핵심 키맨 16인, 최상위 10개 팀

다음카카오를 이끌 핵심 키맨(key man)은 16인이다. 이들은 이석우, 최세훈 공동대표와 함께 다음카카오의 최상위 조직인 팀 10개를 이끌고 있다.

먼저 경영정책팀과 경영지원팀은 각각 이석우, 최세훈 공동대표가 팀장을 맡는다. 경영정책팀은 법무, 운영, 홍보 등 주로 대외 업무를, 경영지원팀은 인사, 재무 등 안살림을 책임지게 된다.

각 팀은 위아래가 없는 수평적인 구조를 이루고 있지만, 사업 전략상 가장 주목해야 할 팀은 비즈(Biz)팀과 C&C(communication & community)팀, 추천검색팀 등이다. 이들 팀은 통합 법인의 방향성을 좌지우지할 신규 서비스들을 준비하고 있다.

비즈팀은 다음커뮤니케이션 부사장 출신인 김민석 팀장과 전 최고재무책임자(CFO) 출신인 송지호 팀장이 맡는다. 2005년 CJ인터넷 북미법인 대표 시절 김범수 의장과 연을 맺은 송 팀장은 초기 카카오부터 재무 정책의 방향타를 조정해 온 인물이다.

C&C팀은 다음 최고기술책임자(CTO) 출신인 이재혁 팀장과 카카오 출신의 박승기 팀장이 함께한다.

추천검색팀은 초기 카카오의 서비스 개발을 맡았던 이상호 팀장, 전 다음 검색부문 부사장 출신인 강준열 팀장이 이끈다.

다음카카오 관계자는 이들 세 팀에 대해 "앞서 출범식에서 밝힌 것처럼 사람-사람, 사람-정보, 사람-비즈니스, 사람-사물 간 연결에 기반한 직접적인 서비스 개발이 이뤄지고 있는 곳"이라고 설명했다.

다음카카오 키맨은?

비즈(Biz)팀	김민석, 송지호
C&C팀	이재혁, 박승기
추천검색팀	이상호, 강준열
UX/브랜드팀	조항수, 백성원
인프라&데이터플래닝팀	고우찬
플랫폼 기술팀	정규돈, 서해진
미디어/콘텐츠팀	임선영, 홍은택
경영지원팀	최세훈
경영정책팀	이석우
전략팀	박지환

이 밖에도 UX/브랜드팀은 조항수, 백성원 팀장이 맡는다. 조 디자인부문총괄(CMO)은 네이버를 거쳐 카카오로 옮겼고, 백 팀장은 다음의 UX 유닛장 출신으로, 다음 포털과 모바일의 사용자 경험 환경을 구축했다.

인프라&데이터플래닝팀은 고우찬 팀장, 플랫폼 기술팀은 정규돈, 서해진 팀장이 이끈다. 고 팀장은 카카오톡의 IT시스템 팀장을 맡았고, 서 팀장은 전 카카오 CTO로 프리챌 창업 멤버 가운데 한 명이다. 정 팀장은 다음 애플리케이션 개편 프로젝트 총괄본부장을 지냈다.

미디어/콘텐츠팀은 임선영, 홍은택 팀장이, 전략팀은 박지환 팀장이 맡는다. 임 팀장은 다음 플랫폼전략본부장 출신이다. 홍 팀장은 경쟁사인 네이버에서 '뉴스캐스트' 서비스를 만든 인물로 유명하다. 2013년 카카오 콘텐츠사업총괄 부사장으로 옮겨 카카오페이지, 광고 업무 등을 담당했다.

김범수 다음카카오 의장

"꿈으로 끝내지 말고, 꿈을 끝내지 않고."

꿈을 이루기 위해 가는 길을 찾고, 가는 길이 어렵다고 해서 포기하면 안 된다는 김범수(49) 다음카카오 의장의 단골 멘트다. 꿈은 김 의장의 삶을 관통한다. 좌우명도 '꿈꾸는 자만이 자유로울 수 있다'다. 한게임, 네이버, 카카오를 거쳐 매머드급 정보기술(IT) 기업인 다음카카오의 최대 주주가 된 김 의장은 가(家)맥, 혼(婚)맥의 덕을 톡톡히 보는 재벌 기업인들의 성공과는 거리가 멀다.

1966년 서울에서 태어난 김범수 의장은 할머니 손에 자랐다. 본적은 전남 담양이다. 김 의장은 어린 시절을 '가난과 모성에 대한 트라우마'로 정의한다. 김범수 의장의 모친은 초등학교밖에 나오지 못했고, 지방에서 식당일을 하며 2남 3녀를 키웠다. 담양에서 서울로 갓 상경한 부친 김진용(77)씨는 중졸로 막노동과 목공일을 번갈아 했다. 부친 김 씨는 2003년 아내와 사별한 뒤 한상분(68)씨와 재혼했다.

5남매 중 대학을 나온 것도 김범수 의장뿐이었다. 단칸방에서 재수하면서 흐트러질 때마다 혈서를 쓰며 마음을 다잡았다는 일화는 유명하다. 그렇게 김 의장은 1986년 서울대 산업공학과에 입학한다. 그는 1991년 봄, 같은 대학 석사논문 준비 중에 우연히 들른 후배 자취방에서 당시에는 생소했던 전자게시판(BBS)을 보고 본격적인 꿈을 꾸기 시작한다.

김범수 의장은 1992년 석사 졸업 후 대학 동기들이 삼성전자나 삼성물산 등에 지원할 때 삼성SDS에 특례 보충역으로 들어가 컴퓨터

언어를 본격적으로 팠다. 그해 양식편집기 '폼 에디터'를 개발했고, 1993년 호암미술관 소장품 화상관리 시스템을 개발했다. 1996년에는 PC통신 유니텔을 개발해 유니텔 에뮬레이터 유니윈2.0, 유니윈98의 설계와 개발을 맡았다.

1998년 정식으로 연구소 생활을 시작한 그는 삼성SDS에서 평생 가는 동지들을 얻었다. 문태식 마음골프 대표, SDS 입사 선배이자 네이버컴과의 합병을 제의했던 김정호 전 NHN 글로벌 게임사업 총괄 등이 대표적이다.

특히 문태식 대표는 한게임 창업을 준비하며 동고동락한 끈끈한 '절친'으로 알려졌다. 문 대표는 연세대 전산과학과 89학번이다. 그는 한게임을 시작으로 NHN게임스 대표, 미국 법인 대표를 지내며 네이버의 미국 진출 기반을 닦았다. 2007년에는 사내 게임제작센터를 분리해 엔플루토를 설립했다.

김범수 의장은 삼성SDS에 재직 중이던 1998년 6월 서울 행당동 한양대 앞에 전국 최대 규모의 PC방인 '미션 넘버원'을 부업으로 열었다. 그는 한자리에서 모든 컴퓨터를 관리할 수 있는 시스템을 개발해 6개월 만에 5천만 원을 벌었고 1998년 9월 삼성SDS를 나왔다. 김 의장은 그해 연말 강남구 삼성동에 한게임커뮤니케이션을 차려 본격적으로 사업의 닻을 올린다.

이 시절 PC방 관리 프로그램을 관리하며 함께 꿈을 키워 갔던 이상곤 전 미디어웹 대표이사와의 진한 우정도 눈에 띈다. 한게임을 공동창업한 남궁훈 게임인재단 이사장이자 전 위메이드 엔터테인먼트 대표는 삼성SDS 후배다. 그는 김 의장의 공동창업 제안으로 게임업계

김범수 다음카카오 의장

에 발을 들여놓은 이후 네이버에서 김 의장과 오랜 인연을 맺는다. 서강대 경영학부를 졸업한 그는 2009년 CJ인터넷 대표이사를 지냈다.

박성찬 다날 창업자도 김 의장과 가까운 사이다. 1990년대 말 휴대전화 결제 서비스에 뛰어든 박 창업자가 한게임에 휴대전화 결제 서비스 도입을 제안하기 위해 김 의장과 만나면서 인연이 싹텄다. 박 창업자는 고려대 건축공학과 82학번이다.

김범수 의장과 평생의 라이벌로 맞붙게 된 이해진 네이버 의장과의 인연도 특별하다. 대학 동기이자 직장도 같았던 두 사람은 2000년 각각 한게임과 네이버컴을 합치는 중대한 결정을 내린 뒤 NHN 공동대표가 됐다. 어려운 가정환경을 딛고 일어선 김범수 의장은 일을 벌이는 스타일이었다. 반면 부친이 삼성생명 대표를 지낼 정도로 유복한 가정에서 자란 이해진 의장은 이를 잘 다듬는 성격이었다. 성격과 성장 배경이 사뭇 달랐지만 두 사람은 훌륭한 파트너십을 주고받았다.

김범수 의장의 인맥은 굵직굵직한 서울대 벤처 1세대 인물들과 관련이 있다. 이해진 의장을 비롯해 김정주 NXC 넥슨 대표와 김택진 엔씨소프트 대표는 김 의장과 서울대 동문이다. 김 의장은 (김정주 대표, 이해진 의장과) 86학번 동기이고, 김택진 대표는 전자공학과 85학번으로 1년 선배다. 서울대 경영학과 90학번인 나성균 네오위즈 홀딩스 대표와도 인연을 이어 오고 있다.

대학 이전부터 직장까지 이어진 인맥으로는 천양현 코코네 대표이사가 있다. 둘은 NHN 한게임 창립 멤버인 데다 초등학교, 중학교는 물론 건대사대부고 3회 졸업생이다. 두 사람의 영문 이니셜을 따 공동 입주한 건물도 있다. 서울 역삼동 소재 8층짜리 빌딩인 '씨앤케이타워'가 그곳이다. 두 사람은 모교인 건대사대부고에 장학금을 함께 전달하기도 한다.

김범수 의장은 화를 잘 내지 않고 인화력이 뛰어난 인물로 평가받는다. 스스로도 최고경영자(CEO)에게 가장 필요한 덕목을 '유비 정신'이라고 짚을 정도로, 좋은 사람을 곁에 두는 게 가장 중요하다는 소신을 가졌다. 김 의장은 카카오 경영 전반에 나설 때까지만 해도 주말이면 어김없이 업계 인사들과 골프장을 찾을 정도로 인맥 형성에 적극적이었다.

반면 '균형 있는 삶'을 기치로 가족을 살뜰히 잘 챙기는 아버지이기도 하다. 그는 1993년 2월 부인 형미선(47) 씨와 연애결혼을 했다. 일을 위해 앞만 보고 달려가던 그가 180도 바뀌게 된 건 10년 전 장남 상빈(24) 씨가 자신을 외면한다는 느낌을 받고 충격에 빠진 이후부터

김범수 의장 가계도

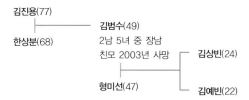

김진용(77)
한상분(68)
김범수(49)
2남 5년 중 장남
친모 2003년 사망
형미선(47)
김상빈(24)
김예빈(22)

다. 그는 그때부터 상빈 씨, 딸 예빈(22) 씨와 함께 매일 오락 게임을 1시간씩 할 정도로 자상한 아빠로 변했다.

김범수 의장은 2004년 NHN 단독 대표이사를 거쳐 2006년 NHN 해외사업담당 공동 대표이사, 2006년 NHN 미국 법인 대표이사 사장을 1년간 거친다. 하지만 현실에 안주하지 않고 늘 꿈을 꾸는 김 의장은 2007년 따뜻한 보금자리인 NHN을 떠났다. 그는 아이위랩에 이어 미국에서 가족과 함께 체류하던 2008년 3월과 6월에 소셜북마킹 서비스 '부루'와 '위지아'를 내놨지만 큰 재미를 보지는 못했다.

그러나 그의 비전과 꿈은 꺾이지 않았다. 치열하게 살아왔던 그의 인생은 그 정도의 시련은 감내할 수 있었다. 김 의장은 PC웹의 시대가 저물 것이라는 가정 아래 모바일 공략에 나섰다. 2009년 10월 애플의 아이폰이 국내에 출시되는 것을 보며 모바일 시대가 올 것을 확신했다. 2010년 3월 미국에서 귀국하자마자 '카카오톡'을 시장에 내놨다. 모바일 시대를 선점한 셈이다.

카카오를 창업하면서 네이버 때부터 인연을 이어 온 이석우 다음카카오 공동대표 및 이제범 대표와의 인연이 깊어진다.

미국 변호사 출신인 이석우 대표는 김범수 의장의 제안으로 2004년 네이버에 합류했다. 이후 김 의장을 따라 2011년 카카오에 부사장으로 입사, 공동대표직을 수락해 카카오 대외업무를 도맡았다.

카카오톡 기술 개발은 서울대 산업공학과 후배인 이제범 대표가 책임졌다. 이제범 대표는 97학번이다.

김범수 의장의 가족과 친척들은 다음카카오에 주주로 참여하고 있다. 처남인 형인우(43) 씨는 다음카카오 통합법인의 2.8%, 형 씨의 부인 염혜윤(36) 씨는 1.2%의 주식을 가지고 있다. 김 의장의 부인 형미선 씨는 김 의장의 개인투자회사인 케이큐브홀딩스 사내이사로 이름을 올렸다. 김범수 의장의 막내 동생 김화영(45) 씨는 한때 케이큐브홀딩스 대표를 맡기도 했고 경기 성남시 판교에 있는 구 카카오 사옥에서 '카페톡'을 운영했다. 여동생으로는 행자, 명희, 은정 씨가 있다.

'은둔의 경영자' 김정주 대표

게임업계에서 김정주 대표는 흔히 '은둔의 경영자'라고 불린다. 한결같이 언론에 노출되는 것을 꺼렸다. 같은 이유에서인지 가족사도 그다지 알려진 바가 없다. 그가 외부에 법조인이라고만 밝힌 부친은 김교창(78) 법무법인 정률 고문변호사다. 1962년 서울지방법원 판사로 법조계에 몸담은 부친은 1966년 개업한 뒤 한국회의법학회 회장, 대한공증협회 회장 등을 역임한 상법 전문 변호사다.

종로구가 본적인 서울 토박이로 1955년 서울고, 1961년 서울대 법학과를 졸업한 김 대표의 부친 김교창 변호사는 남과는 다른 길을 가는 아들의 든든한 후원자다. 당시에는 생소한 온라인 게임회사를 차리겠다는 아들에게 6천만 원이란 사업자금을 지원해 줬다. 김 대표는 이 돈으로 강남구 역삼동에 10평 남짓한 오피스텔을 얻었다. 부친은 1994년 넥슨이 설립된 이후 5년간 아들 회사의 대표직을 지내며 각종 계약의 자문역을 해줬다.

취미로 경마를 즐겼던 부친은 마주(馬主)이기도 했는데, 말을 살 때마다 말에게 아들이 만든 온라인 게임 이름을 붙일 정도로 아들 사랑이 각별하다. 이런 이유로 한때 '바람의 나라', '아스가르드' 등 넥슨의 대표 온라인 게임과 같은 이름의 말들이 주말이면 과천 경마장을 질주하기도 했다.

김정주 대표는 좋은 집안에서 태어나 공부까지 잘한 '엄친아'다. 심지어 만능 스포츠맨에 음악과 연극에도 조예가 깊다. 부친은 1970년 대 대한스키협회 부회장과 한국골프장사업협회 법률고문을 지낸 스포츠 애호가이다. 예술적인 재능은 어머니 이연자(74) 씨로부터 물려 받은 듯하다. 서울대 음대에서 피아노를 전공한 모친은 어린 아들에게 일찍부터 피아노와 바이올린을 가르쳤다.

김정주 대표는 어릴 적 악기를 가지고 노는 데 빠져 학교를 빼먹기 일쑤였다. 보통 부모라면 걱정할 만도 하지만 김 대표의 부모는 자기가 좋아하는 일에 푹 빠진 아들을 나무라지 않았다고 한다. 실제 교육 철학은 '자기가 좋아하는 일을 하라'였다. 가풍 덕인지 한번 빠진 일에는 끝장을 본다. 김 대표의 형인 김정우(50) 씨 역시 독특한 이력을 가지고 있다. 바둑 아마 7단인 형은 대전 한국과학기술연구원(KIST)에서 근무한 이학 박사지만 바둑이 좋아 명지대 바둑학과 교수로 재직하기도 했다.

김정주 대표는 어머니의 전공인 피아노보다는 바이올린에 재능이 있었다. 실제 1979년 '이화경향 음악콩쿠르'에서 초등부 바이올린 부문 1위에 오르기도 했다. 그는 스쿼시와 수상스키, 스노보드 마니아이기도 하다. 특히 스노보드 실력은 선수들도 혀를 내두를 정도다. 또한 무릎 수술 후에도 산에 오를 정도로 등산을 즐긴다.

외가도 내로라하는 명문가다. 첫째 이모인 이순자(76) 숙명여대 명예교수는 도서관학을 국내에 소개한 여성 원로다. 남편은 1983년 미얀마 아웅산 폭탄테러 사건 때 순국한 김재익 전 청와대 경제수석으로, 아직까지 경제계 관료들에게 존경받는 인물이다. 이모부인 김재익 박사는 중학생이던 김정주 대표에게 컴퓨터를 처음으로 선물해 줬다고 한다.

덕성여대 교수와 한국미술사학회 학회장을 지낸 둘째 이모 이성미(75) 씨의 남편은 우리에게 더 익숙하다. 고려대 교수와 주미대사를 역임한 한승주(75) 전 외무부 장관이다. 외삼촌도 서울대 인문대학 동양사학과 교수를 거쳐 규장각 관장을 지낸 이성규(68) 명예교수다.

NXC(넥슨의 지주회사)의 감사직을 맡고 있는 아내 유정현(46) 씨와는 대학시절 만났다. 게임만큼이나 연애도 열심이었다. 데이트를 시작한 뒤 700일 동안 단 하루도 빠지지 않고 만났다는 연애담은 지인들에게 아직도 자랑하는 김 대표의 레퍼토리다.

유정현 씨는 김 대표가 외부 업무에 바쁜 동안 회사의 안살림을 도맡은 넥슨의 창업공신이기도 하다. 오랜 기간 경영지원본부장까지 지냈고 현재는 NXC 감사로 재직 중이다. 그는 남편 이상으로 가족얘기가 외부에 나가는 것을 꺼린다. 45세 이하 여성 중 국내 6위(2011년 기준)에 오를 정도로 부자가 된 현실 때문이 아니라 아이들의 사생활을 보호하기 위해서다.

　인터뷰 요청에 유정현 씨는 "애들 아버지가 세상의 주목을 받는 상황에서 엄마까지 외부에 노출되면 엄마로서 두 아이에게 해줄 수 있는 일상이 사라지게 된다. 양해해 달라"며 사양했다. 부부에게는 초등학교에 다니는 두 딸이 있다.

김정주 대표 가계도

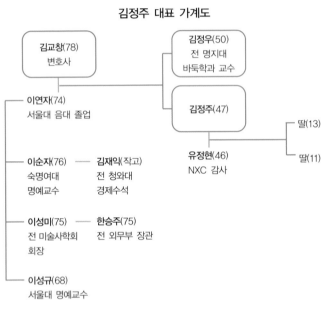

김교창
변호사

김정우
전 명지대 바둑학과 교수

김정주
NXC 넥슨 대표

'게임사관학교' 넥슨

어느덧 20세의 청년 기업이 된 넥슨은 게임업계 거물급 인사를 배출하는 '게임사관학교' 역할을 했다. 특히 김정주 대표가 졸업한 서울대와 카이스트 선후배를 중심으로 한 이른바 '넥슨 패밀리'는 게임업계의 단단한 네트워크다.

'천재 개발자'란 별명이 늘 따라다니는 송재경(48) XL게임즈 대표는 넥슨의 창업공신이다. 김정주 대표의 서울대 컴퓨터공학과 86학번 동기로 카이스트 전산학 대학원도 같이 다녔다. 만화 '바람의 나라'의 게임 판권을 따기 위해 막무가내로 김진 작가를 찾아가 담판을 지은 것은 업계의 전설이다. 송재경 대표는 1997년 개인 사정으로 당시 라이벌 회사인 엔씨소프트로 이적해 리니지를 만들기도 했지만 두 사람의 우정은 여전하다.

송 대표가 떠난 후 바통을 이어받은 사람은 서민(44) 전 넥슨 대표다. 91학번으로 김 대표에게는 과 후배이기도 한 서민 대표는 1997년 학생 신분으로 넥슨에 취업했다. 김 대표와 가장 오랜 기간 동고동락한 사람 중 한 명이다. 지난 3월까지 넥슨의 대표를 지낸 뒤 현재는 경영고문 역할을 하고 있다.

누구나 즐길 수 있는 게임을 지향해 온 넥슨의 기본 뼈대를 세운 정상원(45) 넥슨코리아 부사장은 특이한 인연으로 김정주 대표와 인연을 맺었다. 서울대 분자생물학과 89학번인 정상원 부사장은 생물학자를 꿈꾸다 컴퓨터에 빠져 대학원을 중퇴하고 삼성SDS에 입사했다. 안정된 직장을 그만둔 뒤 작은 게임회사를 차렸는데, 같은 건물에 넥

'넥슨 패밀리'

송재경(48)
XL게임즈 대표

서민(44)
전 넥슨 대표

정상원(45)
넥슨코리아 부사장

이승찬(39)
전 위젯 사장

나성균(44)
네오위즈홀딩스 대표

박진환(43)
네오아레나 대표

슨 사무실이 있었다. 아는 사람들이 많아 넥슨 사무실을 자주 들락거리다 보니 아예 자리를 옮기게 됐다. 한때 내부 갈등으로 회사를 떠나 띵소프트란 회사를 차렸지만 2014년 3월 다시 넥슨으로 돌아왔다.

'메이플스토리'를 만든 위젯의 이승찬(39) 전 사장도 넥슨을 퇴사한 뒤 재입사했다. 넥슨의 네 번째 게임인 '퀴즈퀴즈'를 기획한 뒤 2000년 독립해 위젯을 창업했지만 넥슨이 위젯을 인수하면서 넥슨으로 돌아온 것이다. 역시 서울대 컴퓨터공학과 95학번으로, 현재 미국 유학 중이다.

서울대 경영학과 90, 91학번인 나성균(44) 네오위즈홀딩스 대표와 박진환(43) 네오아레나 대표는 넥슨이 인터넷 사업을 병행할 때 웹에 이전시 직원으로 일했던 사람들이다. 두 사람 모두 게임계의 거물이

402

됐다.

카이스트 재학 당시 김정주 대표가 이해진(48) 네이버 의장과 기숙사 룸메이트였던 것은 업계에서도 유명하다. 바로 옆은 송재경 대표 방이었다. 당시 단짝 친구이던 세 사람은 기숙사에서 재미 삼아 포커판을 벌이기도 했다. 천재 3명의 포커 결과는 어땠을까. 김 대표는 목소리만 컸고 실력은 그저 그랬고, 이 의장은 소리 없이 돈을 따는 스타일이었다. 주로 돈을 잃는 사람은 잡기에 소질이 없는 송 대표였다고 한다.

언론에서는 늘 라이벌로만 조명되지만 김정주 대표가 사석에서는 엔씨소프트 김택진(48) 대표를 "형"이라고 부를 정도로 둘은 편한 사이다. 김범수(49) 다음카카오 의장과도 가깝다. 서울대 동문이기도 하거니와 1990년대 정보기술(IT) 업계에서는 서로 교류가 잦았다.

넥슨은 2014년 초 최고경영진을 전면 쇄신하는 등의 인사를 단행했다. 10여 년이 넘도록 그룹의 경영 일선에 있었던 1세대 주자들이 2선으로 후퇴하고 2세대가 전면에 부상했다. 세대교체로 부상한 대표적인 인물은 오웬 마호니(49) 넥슨 일본법인 대표이사와 박지원(38) 넥슨코리아 대표이사다.

오웬 마호니 대표는 온라인 게임의 대명사로 불리는 일렉트로닉아츠(EA)의 수석부사장직을 역임한 후 2010년 넥슨그룹에 합류했다. 북미 게임업계의 거물로, 버클리대에서 아시아학 학사를 수료해 한국 등 아시아 시장에 정통하다.

박지원 신임 대표는 연세대 정치외교학과를 졸업한 뒤 2003년 넥슨

넥슨의 최고경영진

오웬 마호니(49)
넥슨 일본법인 대표이사

박지원(38)
넥슨코리아 대표이사

코리아에 입사해 일본법인 경영기획실장과 운영본부장으로 일했다. 일본법인 등기임원으로 M&A 및 해외사업을 총괄해 왔다.

이는 그동안 무엇보다 오랜 인연을 중요시 여겨 온 김정주 대표에게는 일종의 변화다. 게임업계 관계자는 "지난 10년간 정체기를 겪었다는 평을 듣는 넥슨에 그만큼 변화와 혁신이 절실하다는 것을 반영한 인사였다"고 해석했다.

맨땅에서 세계 3위 게임업체로

한국에서 자산이 1조 원을 넘는 부자는 35명 정도다. 하지만 이 중 부모를 잘 만난 덕을 본 재벌 2~3세를 제외하고 스스로 자산을 일군 이는 10명에 불과하다. 이 같은 자수성가형 부자의 대표주자가 바로 NXC 김정주 대표다. '재벌닷컴'에 따르면 2014년 7월 기준 김 대표의 개인 자산은 1조 4,720억 원. 신흥 벤처 부호 중 1위다. 그는 20년 전 자본금 6천만 원의 작은 회사 넥슨을 세계 3위 온라인 게임회사로 키워 냈다.

중학교 시절 김정주 대표는 우연히 길에서 접하게 된 컴퓨터에 쏙 빠져들었다. 지금과 비교하면 보잘것없는 구형 컴퓨터였지만 소년의 마음을 빼앗기에는 충분했다. 1986년 서울대 컴퓨터공학과에 입학한 것도 이런 맥락이다. 원하던 과에 진학했지만 김 대표는 애초부터 취직에는 관심이 없었다. 카이스트에서 학업을 이어 가며 창업을 준비할 계획이었다.

김정주 대표는 각각 과 동기와 선배인 송재경(XL게임즈 대표) 씨와 김택진(엔씨소프트 대표) 씨를 찾아가 함께 회사를 차리자고 제안했다. 송재경 씨는 당시 게임 분야에서는 경쟁자가 없을 정도인 천재 프로그래머였고, 김택진 씨 역시 그래픽 분야에서 독보적인 존재였다. 두 사람만 있다면 못 만들 게임이 없다는 자신감이 있었지만 제안을 수락한 것은 송재경 씨뿐이었다.

두 사람은 1994년 넥슨이라는 게임회사를 세운다. 아버지에게 떼를 써서 받아 낸 6천만 원으로 마련한 오피스텔과 카이스트 시절 송재경 씨와 함께 개발한 '바람의 나라' 초기 버전이 가진 전부였다.

게임회사는 돈이 안 됐다. 1996년 초 '바람의 나라'를 선보였지만 매출은 월 90만 원에 그쳤다. 돈을 벌려고 시작한 것이 시스템통합(SI) 개발 용역회사인 웹에이전시다. 지금은 너무 흔한 사업이 됐지만 넥슨이 만든 용역회사는 대한민국 웹에이전시 1호 업체다. 현대자동차와 한국IBM, SK텔레콤 등 내로라하는 대기업 홈페이지를 잇달아 제작해 돈을 모았고, 이 돈을 게임사업에 쏟아부었다. 그렇게 3년을 버텼다.

'바람의 나라'는 세계 최초 그래픽 온라인 게임이라는 점에서 의미가 깊다. 온라인에 연결된 다수 접속자가 게임 속 등장인물이 돼 게임을 즐긴다는 점에서 신기원을 이룬 작품이지만, 그래픽을 기반으로 하기 때문에 빠른 인터넷 속도가 필요했다.

대박의 조짐은 1998년 시작됐다. 인터넷의 확산으로 전국 곳곳에 PC방이 들어서면서 동시접속자가 폭발적으로 늘어난 것이다. 상상조차 할 수 없던 숫자에 김정주 대표 자신도 놀랐다. 이듬해인 1999년 매출 100억 원대를 넘어선다.

하지만 이것은 시작에 불과했다. 2000년 정식 출시한 '퀴즈퀴즈'가 연타석 홈런을 날렸다. 세계 최초로 선보인 '게임 내 부분 유료화 모델'이 매출을 올리는 일등공신이었다. 게임은 무료로 제공하면서 게임 아이템으로 돈을 버는 이 방법은 현재 전 세계 게임업계의 모범 답안이 됐다. 이후 넥슨은 메이플스토리, 카트라이더, 던전앤파이터, 마비노기, 카운터스트라이크 온라인, 서든어택, 피파(FIFA) 온라인 3 등 수많은 히트작을 쏟아 내며 성공신화를 이어 갔다.

2015년 서비스 11주년을 맞은 카트라이더는 전 국민의 절반인 2,400만 명이 회원이다. 서든어택의 국내외 회원 수를 합치면 무려 3천만 명에 달한다. 넥슨은 2008년 매출 4,509억 원을 기록하며 국내 게임업계 1위에 올랐고, 2011년에는 마침내 게임업계 최초로 매출 1조 원을 달성했다. 1999년 이후 연평균 성장률은 33.5%, 2013년 매출은 1조 6,361억 원에 달한다.

넥슨의 성공 비결은 차별화 전략에서 찾을 수 있다. 1990년대 후반 이후 전국 PC방에는 미국 블리자드 사의 스타크래프트와 엔씨소프트의

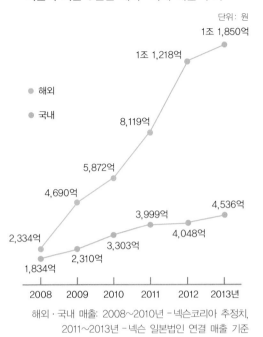

넥슨의 최근 5년간 해외·국내 매출 추이

단위: 원

1조 1,850억

1조 1,218억

8,119억

● 해외

● 국내

5,872억

4,690억

4,536억

3,999억

2,334억

4,048억

3,303억

1,834억

2,310억

2008 2009 2010 2011 2012 2013년

해외·국내 매출: 2008~2010년 - 넥슨코리아 추정치,
2011~2013년 - 넥슨 일본법인 연결 매출 기준

리니지 열풍이 거셌다. 대부분의 게임회사가 성인용 대형 게임 개발에 매달렸지만, 넥슨은 아이부터 여성까지 즐길 수 있는 캐주얼 게임을 선택해 틈새시장을 노렸다. 결과는 기대 이상이었다.

물론 넥슨의 급성장 뒤에는 공격적인 인수·합병(M&A)이 자리잡고 있다. 넥슨의 대표작이 된 메이플스토리, 던전앤파이터, 서든어택 등은 모두 M&A의 산물이다. 2008년 네오플을 인수하면서 확보한 게임 던전앤파이터는 현재 전 세계 약 4억 명의 회원 수를 자랑한다.

대형 M&A의 중심에는 김정주 대표가 있었다. 그는 글로벌 시장

넥슨 20년사

설립	1994년 12월
직원 수	4,500여 명(해외법인 및 관계사 포함)
사업영역	온라인, 모바일, 뉴플랫폼 게임 개발 및 서비스
상장	도쿄증권거래소 1부(넥슨 일본법인, 2011년 12월 14일)

연도	내용
1994년	㈜넥슨 설립
1995년	세계 최초 그래픽 온라인 게임 바람의 나라 발표
1998년	바람의 나라 영문판 美 상용화
1999년	세계 최초 3D 인터넷 전략시뮬레이션 택티컬 커맨더스 발표
2000년	퀴즈퀴즈 정식 서비스
2002년	넥슨 일본법인 설립, 아스가르드 정식 서비스
2003년	메이플스토리 정식 서비스
2004년	종합 게임포털 넥슨(www.nexon.com) 오픈, 국산게임 최초 PC방 점유율 1위
2005년	넥슨아메리카 설립
2007년	넥슨유럽 설립
2008년	카운터스트라이크 온라인 정식 서비스, 메이플스토리 전 세계 60개국 진출, 9,200만 명 회원 확보, 던전앤파이터 개발사 ㈜네오플 경영권 인수
2009년	던전앤파이터 국내 게임 최초로 중국 최고 동시 접속자 수 210만 명
2010년	日 지바롯데 마린스 공식 후원사 계약, ㈜엔도어즈 · 게임하이㈜ 인수
2011년	넥슨 일본법인 도쿄증권거래소 1부 상장
2012년	'넥슨커뮤니케이션즈' 설립, 엔씨소프트 지분 14.7% 인수, 일본 모바일게임 개발사 '인블루' · '글룹스' 인수

을 돌며 M&A사업 등을 전담한다. 1년 중 8개월은 해외에서 체류할 정도다.

　M&A의 결정판은 2012년 6월 엔씨소프트 김택진 대표의 지분 14.7%(321만 , 8091주)를 인수한 것이었다. 극비리에 추진된 빅딜에 김정주 대표는 8,045억 원을 베팅했다. 이로써 넥슨은 경쟁사인 엔씨소프트의 최대 주주 자리에 오르며 대한민국 게임시장을 평정했다.

　넥슨은 2014년 10월 엔씨소프트 지분을 추가 매입해 전체 지분이

15%가 넘어섰고 이후 이사 파견을 요구했다. 2015년 3월 정기 주주총회를 앞두고 양사 대립은 일촉즉발의 상황까지 갔다. 다행히 넥슨이 주총에서 경영권 관련 요구들을 접으면서 양사의 긴장관계는 수면 아래로 내려간 상태다.

무모해 보일 정도로 해외시장 개척에 매달린 것도 김정주 대표의 남다른 점이다. 넥슨은 초기부터 해외시장 발굴에 나섰다. 1996년 '바람의 나라'를 수출하기 위해 미국에 법인을 세웠지만 흥행은 참패였다. 하지만 넥슨은 2002년 일본, 2005년 미국, 2007년 유럽에 법인을 설립하는 등 해외시장 개척을 이어 갔다.

이런 노력으로 넥슨은 전 세계 100여 개국에서 150여 종의 게임을 서비스 중이다. 전체 사용자(계정 기준)는 14억 명에 달한다. 2006년 35%였던 넥슨의 해외 매출 비중은 2013년 62%까지 증가했다. 이는 2012년 국내 게임산업 전체 수출액의 약 42%에 해당한다.

특히 2011년 12월 넥슨을 도쿄증권거래소에 상장한 일은 국내 게임사에 기록될 만한 일대 사건이었다. 덕분에 넥슨은 블리자드와 징가에 이은 세계 3위 온라인 게임회사로 자리매김했다.

NXC 아래 40개 계열사, 매출 62% 해외법인서

2015년 창립 21주년을 맞은 넥슨은 단순 명료한 수직적 지배구조를 지닌 회사다. 연매출이 1조 6천억 원을 넘을 정도로 회사가 커졌지만 국내 대기업 등에서 흔히 볼 수 있는 계열사 간 순환출자는 없다는 뜻이다.

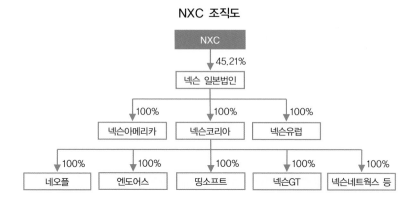

NXC 조직도

공격적인 M&A으로 덩치를 키운 기업답게 넥슨에는 총 40개의 종속회사가 있다. 맨 위에 지주사인 NXC가 있고, 그 아래에 자회사인 넥슨 일본법인, 다시 그 밑으로 손자회사인 넥슨코리아, 넥슨아메리카, 넥슨유럽 등이 위치한다. 넥슨이 2013년 해외시장에서 벌어들인 매출은 약 1조 192억 원. 전체 매출의 약 62%에 달하는 높은 비중으로, 그만큼 해외법인들의 역할이 컸다.

김정주 대표는 NXC의 지분 48.5%를 보유한 최대 주주다. 부인 유정현 씨도 NXC의 지분 21.1%를 갖고 있다는 점을 고려하면 김 대표 부부의 지분은 69.6%에 달한다. 하지만 김 대표는 NXC 외의 다른 계열사 지분을 보유하고 있지 않다. NXC는 일본 상장사인 넥슨(이하 넥슨 일본법인)의 지분 62.89%를 보유하고 있으며, 넥슨 일본법인은 넥슨코리아와 넥슨유럽, 넥슨아메리카의 지분 100%를 갖고 있다. 넥슨네트웍스, 넥슨GT, 엔도어스, 네오플, 띵소프트 등 다수의 자회사들은 대부분 넥슨코리아가 지분을 보유한 형태다.

넥슨은 부채가 적은 회사로 손꼽힌다. 2013년 말 기준 부채비율은 약 26.4%에 그친다. 창업 이후 최근까지 김 대표는 고집스러울 만큼 외부 투자는 물론 은행 돈도 빌리지 않는 '무차입 경영'을 원칙으로 이어 왔다. 최근 김정주 대표는 캐릭터·교육교재·출판·어린이재활 병원 등 게임 외 시장으로 발을 넓히고 있다.

엔씨소프트

김택진 엔씨소프트 대표

김택진(48) 엔씨소프트 대표는 서울대 재학시절인 22세 때(1989년) '아래아한글'이라는 인기 소프트웨어를 개발해 주간지 표지모델이 될 정도로 일찌감치 유명했던 'IT 아이돌'이다. 그는 30세가 되던 1997년 엔씨소프트를 설립하고 이듬해 다중접속온라인 게임 '리니지'를 내놓으면서 게임업계에 혜성처럼 등장했다. 엔씨소프트는 리니지 단 하나로만 1998년부터 2014년까지 2조 원(누적)이 넘는 매출을 올렸고, 김대표는 2011년 IT 자수성가 사업가로는 사상 처음으로 2조 원대 개인재산(보유 주식 기준)을 쌓았다.

김택진 대표는 1986년 서울대 2학년 때 컴퓨터연구회 동아리 활동을 하면서 IT 세계에 발을 들여놓는다. 그는 2011년 서울대 강연에서

"대학생활에서 가장 중요했던 것은 학과보다는 동아리 활동이었다"면서 "대학 때 꿈꿨던 그 꿈을 이루려고 나머지 인생을 살아온 것 같다"고 회고했다.

김택진 대표는 1989년 동아리 멤버였던 이찬진(49) 드림위즈 대표, 김형집(47) 전 나모인터렉티브 연구소장, 우원식(47) 엔씨소프트 부사장 등과 함께 '아래아한글'을 개발하면서 주목받았다. '아래아한글'은 한국 최초의 워드프로세서이기도 했지만 그래픽 기능을 갖춘 획기적인 제품이었다. 한국은 물론 전 세계 워드프로세서 시장을 마이크로소프트(MS)가 독점하고 있었을 때다. 당시 자국 언어로 된 워드프로세서가 MS 워드를 제친 것은 '아래아한글'이 유일했다.

1991년 대학원을 졸업하고 병역특혜 혜택이 있는 현대전자에 입사했다. 병역 특례요원이었지만 개발 능력을 인정받아 팀장에 올랐고, 1993년 세계 최초 인터넷 기반 PC통신인 아미넷(이후 '신비로'로 이름이 바뀜)을 개발했다. 당시 정주영 현대그룹 회장이 김택진 대표를 '주목하고 있는 젊은이'라고 공공연히 말하기도 했다. 현대전자와 현대정보기술이 신비로 사업을 놓고 갈등을 빚자 김택진 대표는 직원 17명을 데리고 나와 1997년 3월 '(미래의) 다음 회사'(Next Company)라는 뜻의 엔씨소프트를 창업했다.

창업 첫해 매출이 2억 원에 불과했던 엔씨소프트가 2014년 매출 8,387억 원 규모의 대기업으로 급성장할 수 있었던 계기는 1998년에 내놓은 리니지가 시쳇말로 '대박'이 났기 때문이다. 리니지는 원래 엔씨소프트의 게임이 아니었다. 리니지는 송재경(48·전 엔씨소프트 부사장) XL게임즈 대표에 의해 허진호(53) 대표가 운영하던 아이네트

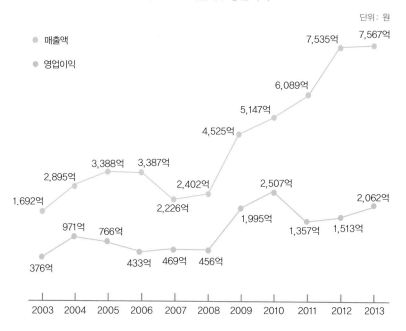

엔씨소프트 매출 및 영업이익

단위: 원

● 매출액

● 영업이익

1.692억 2,895억 3,388억 3,387억 2,402억 4,525억 5,147억 6,089억 7,535억 7,567억

2,226억 2,507억 2,062억

376억 971억 766억 433억 469억 456억 1,995억 1,357억 1,513억

2003 2004 2005 2006 2007 2008 2009 2010 2011 2012 2013

에서 1996년부터 개발되고 있었다. 하지만 1997년 외환위기를 맞아 아이네트가 게임 프로젝트를 포기했고, 엔씨소프트가 아이네트 게임 개발팀을 영입했다.

리니지의 원작은 신일숙 작가의 만화 《리니지》로, 왕자·공주· 기사·요정·마법사 등의 종족 중 하나를 자신의 캐릭터로 선택해 몬 스터와 싸워 간다는 단순한 이야기 구조를 바탕으로 한다. 게임 이용 자는 레벨을 키워 가야 하는데, 이 과정에서 '변신 반지', '순간이동 반지' 등의 무기 아이템을 획득할 수 있다. 큰 인기를 끌었지만 짙은 중독성 때문에 '리니지 폐인'이라는 말이 생겨났고, 게임 속 아이템이 실제로 웃돈을 얹어 현금으로 거래돼 사회적 문제가 되기도 했다.

리니지는 해외에서도 성공했다. 2000년 타이완에서 리니지가 출시됐을 때는 동시 접속자가 1만 명을 돌파하자 타이완 국가 인터넷이 2~3차례 다운되기도 했다. 리니지는 여전히 엔씨소프트 게임 매출의 37%(2013년 기준)를 차지하는 주 수익원이다.

이후에도 엔씨소프트는 리니지2(2003년), 아이온(2008년), 블레이드앤소울(2012년), 길드워(2005년), 길드워2(2012년) 등의 새로운 온라인 게임을 선보이고 있다. 특히 블레이드앤소울은 2013년 중국 시장에서 동시 접속자 150만 명을 돌파하는 등 폭발적인 반응을 얻었다. 길드워2는 북미·유럽 지역에서 출시 1년도 되지 않아 누적 판매량 300만 장을 돌파하고 동시 접속자 40만 명을 뛰어넘는 등 인기몰이 중이다.

이렇게 잘나가던 엔씨소프트가 최근에는 다소 휘청거리고 있다. 신제품 출시가 뜸해 2011년 영업이익(1,357억 원)이 전년 대비 45.9%나 급감했다. 하지만 2012년(1,513억 원), 2013년(2,052억 원)과 2014년(2,782억 원) 다시 상승세를 타고 있다.

문제는 실적이 아닌 엔씨소프트를 세우고 키워 온 김택진 대표 자신이라는 지적이 나온다. 김 대표는 2012년 6월 8일 갑작스럽게 자신의 지분 14.68%를 넥슨에 매각했다. 8천여억 원어치였다. 특히 매각 가격이 전날 종가(26만 8천 원)보다 싼 주당 25만 원의 헐값이라 의혹이 커졌다. 2012년 6월 27만 원 정도였던 엔씨소프트 주가는 6개월 뒤인 12월 28일에는 15만 원까지 떨어졌다.

IT 업계 한 관계자는 "업계에 김택진 대표가 게임사업 성장에 회의를 느낀 것 같다는 얘기가 돌았다"고 말했다. 2013년 초 김 대표가 매

엔씨소프트 시가총액

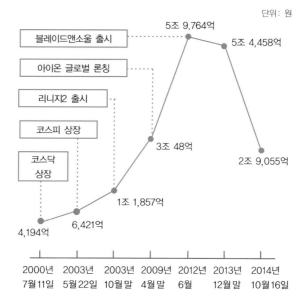

단위: 원

블레이드앤소울 출시 ……… 5조 9,764억

5조 4,458억

아이온 글로벌 론칭 ………

리니지2 출시 ………

코스피 상장 ………

3조 48억

코스닥 상장 ………

1조 1,857억

2조 9,055억

4,194억

6,421억

| 2000년 | 2003년 | 2003년 | 2009년 | 2012년 | 2013년 | 2014년 |
| 7월 11일 | 5월 22일 | 10월 말 | 4월 말 | 6월 | 12월 말 | 10월 16일 |

엔씨소프트 지분 분포도

단위: %, 2014년 10월 17일 기준

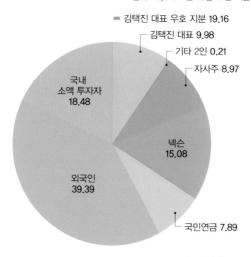

김택진 대표 우호 지분 19.16

김택진 대표 9.98

기타 2인 0.21

자사주 8.97

국내 소액 투자자 18.48

넥슨 15.08

외국인 39.39

국민연금 7.89

자료: 엔씨소프트

각 금액 중 상당 금액(5천억 원)을 FX마진 시장에 투자해 6개월 만에 수천억 원을 벌었다는 소문이 알려져 이런 주장에 힘이 실리고 있다. 급기야 2014년 8월에는 일부 주주들이 김 대표 '안티 커뮤니티'를 열기도 했다. 2011년 프로야구 제 9구단 NC다이노스 창단 또한 주주들의 우려를 더한 부분이다.

엔씨소프트 관계자는 "김택진 대표가 작년 11월 미디어 간담회에서 차세대 신작과 모바일게임을 선보이고 엔씨소프트의 향후 비전도 제시했다. 모바일 분야에 대한 적극적인 투자와 협력을 진행하고 있고 신작 출시로 새로운 도약을 준비하고 있다"고 말했다.

이희상 · 배재현 · 우원식 3인방

엔씨소프트에는 4명의 부사장이 있다. 정진수 부사장 외에는 모두 리니지 1~2, 아이온 등 인기 온라인 게임을 개발한 개발자들이다.

엔씨소프트 설립 초기 멤버로 온라인 게임 리니지 개발자인 이희상 (44) 엔씨소프트 부사장은 국내에서 손꼽히는 프로그래머다. 김택진 대표의 서울대 전자공학과 후배로, 그와 함께 1989년 '아래아한글' 개발에도 참여했다.

그에 관한 유명한 에피소드가 있다. 수년 전 이희상 부사장이 김택진 대표와 함께 미국의 한 게임업체를 방문했는데, 이희상 부사장은 미팅 중에 노트북 자판만 두드렸다. 김 대표는 '중요한 미팅인데 왜 저러나' 하는 심정이었다고 회고했다. 회의가 끝날 무렵 이희상 부사장은 미국업체에서 요구한 프로그램을 내밀었다. 개발팀이 달라붙

엔씨소프트의
배재현. 우원식 부사장

배재현(44) 부사장   **우원식**(47) 부사장

어 보름쯤 걸릴 일을 회의 중 만들어 내는 것을 본 미국업체는 이 부사장에게 홀딱 반했다.

이희상 부사장은 게임 creativity 분야 총괄을 맡고 있다. 김택진 대표는 이 부사장에 대해 평소 "아이디어 구현에 필요한 현실적인 문제를 푸는 데 귀재"라고 평가한다.

경남대 전산통계학과 89학번인 배재현(44) 부사장은 1997~1998년 '리니지' 개발에 참여한 후 '리니지2' 총괄 프로듀서를 거쳐 2011년부터 최고프로듀싱책임자(CPO)를 맡고 있다. 2012년까지 '블레이드앤소울' 총괄 프로듀서를 맡았고 현재 사내 모든 개발 프로젝트를 관장하고 있다.

2014년 1월 승진한 우원식(47) 부사장은 서울대 제어계측과 87학번으로, 1990년 이찬진 드림위즈 대표와 함께 한글과컴퓨터를 창업한 멤버다. 우 부사장은 엔씨소프트에 합류하여 기술개발을 담당하다가 2007년경 '아이온' 개발총괄을 맡았다. 2007년 상무로 발령받은 이후 2010년 전무로 승진했으며, 이후 4년 만에 부사장 직함을 달게 됐다. 그가 개발한 아이온은 2008년 11월 출시 이후 160주, 약 3년간 PC방 순위 연속 1위에 올라 국내 게임사에 대기록을 세웠다.

김택진 엔씨소프트 대표 가계도

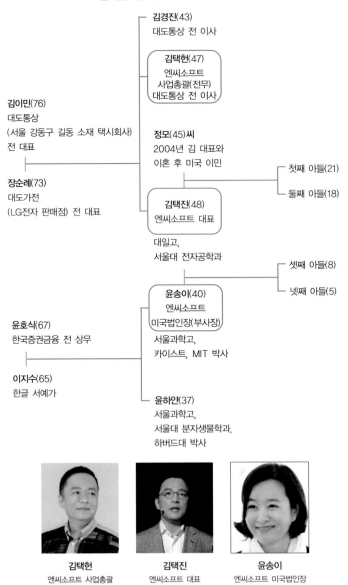

김경진(43)
대도통상 전 이사

김택헌(47)
엔씨소프트
사업총괄(전무)
대도통상 전 이사

김이민(76)
대도통상
(서울 강동구 길동 소재 택시회사)
전 대표

정모(45)씨
2004년 김 대표와
이혼 후 미국 이민

첫째 아들(21)

둘째 아들(18)

장순례(73)
대도가전
(LG전자 판매점) 전 대표

김택진(48)
엔씨소프트 대표

대일고,
서울대 전자공학과

셋째 아들(8)

넷째 아들(5)

윤송이(40)
엔씨소프트
미국법인장(부사장)

서울과학고,
카이스트, MIT 박사

윤호식(67)
한국증권금융 전 상무

이지수(65)
한글 서예가

윤하얀(37)
서울과학고,
서울대 분자생물학과,
하버드대 박사

김택헌
엔씨소프트 사업총괄

김택진
엔씨소프트 대표

윤송이
엔씨소프트 미국법인장

김택진 대표의 인맥

서울대 전자공학과 85학번인 김택진 엔씨소프트 대표의 인맥 핵심은 서울대 공대 출신 IT 기업가다.

컴퓨터공학과 86학번인 이해진(48) 네이버 이사회 의장과 김정주 NXC 넥슨 대표, 산업공학과 86학번 김범수(49) 다음카카오 이사회 의장 등 걸출한 기업가들이 비슷한 시기 대학을 다녔다. 이들은 1990년대 후반~2000년대 초 격변기였던 이른바 한국 IT 업계 '테헤란 시대'를 함께 보내면서 친분을 쌓아 왔다.

서울대 의대 출신으로 안철수연구소 창업자인 안철수(52) 국회의원이나 연세대 컴퓨터공학과 출신 이재웅(47) 다음 창업자 역시 김택진 대표 등과 이 시기를 함께 보냈다. 김 대표와 이 창업자의 친분 때문에 2000년대 말에는 엔씨소프트의 다음 인수설이 확산되기도 했다.

2000년 일찌감치 창업해 테헤란 시대를 함께 보낸 송병준(38) 게임빌 대표도 김택진 대표와 친분이 두텁다. 송 대표는 서울대 전자공학과 94학번이다. 업계 한 관계자는 "당시엔 IT 기업들이 벤처 혹은 벤처를 막 벗어난 수준이어서 최고경영자(CEO)들 간의 만남이 잦았다"고 말했다.

또 허진호(53·전 아이네트 대표) 크레이지피쉬 대표와 장영승(51) 전 렛츠뮤직 대표는 김택진 대표의 '멘토'다. 허진호 대표는 서울대 전산학과 79학번, 장영승 전 대표는 컴퓨터공학과 82학번이다. 장 전 대표는 김택진 대표가 과거 언론 인터뷰 때마다 가장 존경하는 CEO로 꼽았던 인물이지만 2005년 저작권법 위반 혐의로 검찰에 불구속

기소된 이후 업계에서 물러났다.

'IT 업계 대모' 장인경(62) 전 마리텔레콤 대표도 김택진 대표에게 각별하다. 마리텔레콤은 '단군의 땅', '쥬라기 원시전' 등 최초의 온라인 게임을 만들었던 회사다. 김 대표는 1990년대 중반 장 전 대표를 통해 게임업계 인맥을 형성했고, 이는 그가 게임사업에 뛰어든 결정적인 계기가 됐다.

대표적으로 송재경 XL게임즈 대표가 그때 만난 사람이다. 송 대표는 김택진 대표의 서울대 1년 후배(컴퓨터공학과 86학번)로, 두 사람의 만남으로 '리니지'라는 한국 게임 역사상 가장 성공한 게임이 탄생했다. 송재경 대표는 2000년부터 엔씨소프트 부사장을 지냈지만 김 대표와 사업방향 등을 놓고 갈등을 빚다 2003년 독립했다.

엔씨소프트 개발자 출신 게임기업 CEO로는 신재찬(37) 이노스파크 대표와 이성민(35) 신타지아 대표 등이 있다. 각각 '룰더스카이'와 '베이스볼히어로즈' 같은 모바일게임으로 유명해진 회사다.

최양희 미래창조과학부 장관은 김택진 대표가 서울대에서 석사과정을 밟을 때 지도교수였다.

1989년 함께 한글 워드프로세서 '아래아한글'을 개발했던 '컴퓨터연구회' 동아리 회원들도 김 대표의 중요 인맥이다. 이찬진 드림위즈 대표, 김형집 전 엔씨소프트 부사장, 우원식 현 엔씨소프트 부사장 등으로, 이들은 여전히 종종 만나면서 30년 가까이 우정을 이어가는 것으로 알려졌다.

NC다이노스 구단주인 김택진 대표의 야구계 인맥도 화려하다. 허구연(63) KBO 야구발전실행위원장이 2010년 4월 엔씨소프트 임직원을 대상으로 강연을 한 직후 김택진 대표를 만나 차를 마시면서 이야기를 한 게 NC다이노스 창단의 결정적인 계기가 됐다. 구단의 연고지 결정 등에서 허 위원장이 상당한 역할을 한 것으로 알려졌다. 네이버스포츠 실장 출신인 이태일(48) 대표나 김경문(56) NC다이노스 감독 역시 김택진 대표가 영입에 힘을 쏟았던 인물들이다.

동원그룹

마도로스 출신 김재철 회장의 남다른 현장경영철학

"자녀에게 주고 싶지 않지만 줘야 하는 것이 '고생'이다. 온실 속의 화초는 강해질 수 없다. 강하게 단련시킬수록 그 사람이 더 강한 사람이 되는 것은 자연의 이치다."

'마도로스' 출신 창업주 김재철 동원그룹 회장의 혹독한 경영수업은 재계에서도 유명하다. 김 회장은 2004년 12월 일찌감치 장남은 금융 (한국투자금융지주), 차남은 식품·수산·포장재 등 생활산업(동원그룹)으로 나눠 후계구도를 정리했다. 이는 두 아들을 밑바닥에서부터 엄격하게 훈련시켜 위기에 대응하는 맷집을 키우고 사업의 모든 것을 철저히 경험으로 체득해 이론과 실무에 능한 '멀티통합형' 리더로 키우겠다는 김 회장의 경영철학이 반영된 것으로 해석된다.

우애가 돈독한 두 아들은 현장에서 오래 근무해 친화력이 있고 소탈하다.

장남 김남구 한국투자금융지주 부회장은 1987년 대학을 졸업한 뒤 원양어선을 타야 했다. 입사에 앞서 4개월간 해역이 험하기로 유명한 러시아 베링 해에 나가 명태잡이 배에서 하루 16시간 그물을 던지고 명태를 잡았다. "경영자는 현장에서 일하는 사람들의 애환을 몸으로 깨달아야 한다"는 아버지 김재철 회장의 뜻에 따른 것이다. 오너 2세답지 않게 김 부회장은 명태 어획에서부터 갑판 청소 등까지 온갖 허드렛일을 도맡는 훈련 과정을 거쳤다.

동원산업에도 임원이 아닌 말단 사원으로 입사했다. 4년간 평사원으로 근무한 김남구 부회장은 1991년 일본 게이오대 대학원(경영관리 전공)을 졸업한 뒤 동원증권으로 옮기며 금융업계에 첫발을 내디뎠다. 2003년 1월 계열분리 당시 모기업인 동원산업이 아닌 금융부문을 택한 건 김 부회장의 결정이었다. 대리, 기획담당 상무, 부사장을 거쳐 2004년 3월 동원증권 대표이사 사장에 오른 김 부회장은 이듬해 6월 자사보다 덩치가 큰 한국투자신탁을 인수했다.

기존 동원금융지주보다 시가총액이 2배나 많은 1조 원대의 한국투자금융지주를 출범시켜 대표이사 사장이 됐다. 같은 해 한국투자증권 부회장, 2011년에는 한국투자금융지주 부회장에 오르며 독자적인 경영권 승계를 굳혔다.

김남구 부회장은 한국투자금융지주 지분 20% 이상을 보유한 최대주주다. 털털한 상남자 스타일의 김 부회장은 2004년 당시 5조 원에 불과한 소규모 동원증권(현 한투증권) 자산을 2014년 23조 원까지 끌

그룹 지분도

2014년 12월 31일 기준

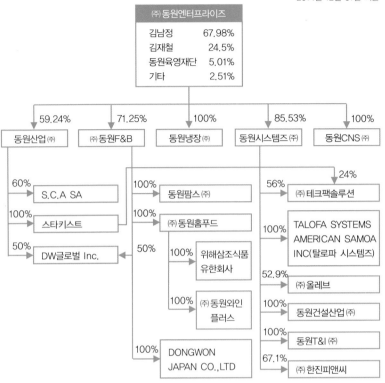

어올리며 업계 정상에 올려놨다.

동원산업, 동원F&B, 동원시스템즈 등 모기업을 이끌게 된 차남 김남정 동원그룹 부회장의 경영수업도 형 못지않게 팍팍했다. 대학을 졸업한 1996년 부친의 지시로 신입사원으로 입사한 김남정 부회장은 경남 창원의 참치캔 제조공장에서 사무직이 아닌 생산직으로 일했다. 참치캔 포장과 창고 야적 등은 모두 김 부회장의 몫이었다.

당시 2세가 공장에서 일한다는 소문이 돌았지만 누군지 몰랐을 만큼 혹독한 현장수업을 받았다는 후문이다. 김남정 부회장은 이어 바쁘기로 소문난 서울 청량리 도매시장 일대에서 2년간 영업사원으로 일하며 현장경영을 체험했다.

김남정 부회장은 이후 동원산업 식품사업본부(현 동원F&B) 마케팅팀에서 '양반김' 담당 마케터로 일하다 기획팀을 거쳐 2003년 미국 미시간대 경영대학원(MBA)을 수료했다.

2004년 회사로 복귀한 김남정 부회장은 동원F&B 마케팅전략팀장, 동원산업 경영지원실장 등 계열사를 두루 거쳤다. 2011년에는 동원그룹 지주사인 동원엔터프라이즈 부사장 자리에 올랐으며 2013년 12월 부회장으로 초고속 승진했다.

2014년 1월부터 동원그룹 부회장으로 그룹을 진두지휘하고 있는 김남정 부회장은 같은 해 8월 포장재 회사 테크팩솔루션을 인수하는 등 식품에 치우친 사업구조를 다각화하는 데 팔을 걷어붙였다. 2014년 그룹 자산 5조 원을 돌파한 후계자 김남정 부회장은 동원엔터프라이즈의 지분 67.98%를 보유해 아버지 김재철 회장(24.5%)보다 3배가량 지분이 많다. 〈포브스 코리아〉에 따르면 김 부회장은 2015년 5월 현재 1조 6,786억 원의 자산을 보유해 한국 주식 부자 21위에 올라 있다.

동원그룹의 계열사 CEO

최근 2년간 동원그룹의 주가 상승을 둘러싸고 김재철 동원그룹 회장의 용병술이 적중했다는 분석들이 나온다. 김 회장은 실적 부진에 빠

동원그룹의 CEO들

박성칠(60)
동원F&B 사장

이명우(61)
동원산업 사장

조점근(56)
동원시스템즈 사장

졌던 동원F&B를 회생시키고 해외 마케팅을 강화하기 위해 삼성전자 출신의 두 최고경영자(CEO)를 전격 스카우트했다.

박성칠(60) 동원F&B 사장은 참치통조림사업 30주년이 되던 2012년 회사의 영업이익이 반 토막 나자 김 회장이 이듬해 3월 구원투수로 영입한 인물이다. 서울대 경영학과를 졸업하고 삼성전자 경영혁신단에서 공급관리망(SCM) 혁신을 주도한 박성칠 사장은 동원F&B 취임 이후 2년 연속 수익을 끌어올렸다. 2012년 253억 원이던 영업이익은 2014년 608억 원으로 사상 최고치(2011년 589억 원)를 경신했다. 주가는 영입 직전인 2013년 2월 7만 원대에서 2년 만에 30만 원대(2015년 5월 11일 종가 기준 36만 500원)로 4배 이상 껑충 뛰었다.

동원F&B의 모기업인 동원산업 이명우(61) 사장은 '해외통'이다. 서울대 철학과 출신으로, 삼성전자에서 미주, 유럽 해외마케팅을 책임졌다. 김재철 회장은 2013년 12월 그를 데려와 미국 시장점유율 확대 등 해외사업 확장의 수장으로 기용했다. 동원산업 주가는 이 사장 영입 전보다 15% 이상 올랐다.

조점근(56) 동원시스템즈 사장은 1979년 평사원으로 입사해 2013년 대표이사 사장에 오른 36년 지기 '동원맨'이다. 평생을 포장재 분야에 몸담아 온 국내 최고 포장재 전문가로 꼽힌다. 최근 몇 년간 대한은박지, 한진P&C, 탈로파시스템즈 등을 성공적으로 인수하며 포장 부문을 식품, 수산에 이은 그룹 3대 축으로 만들었다. 조점근 사장 취임 당시 1만 원에 한참 못 미쳤던 주가는 수직 상승해 2015년 6월 들어 8만 원을 돌파하는 저력을 과시했다.

창립 46주년, 동원그룹의 성장 신화

"바다에 미래가 있다."

8년간 원양어선을 탔던 '참치 잘 잡는 마도로스' 김재철 동원그룹 회장은 말단 항해사에서 시작해 지금의 세계적인 수산기업 동원그룹을 일궈 냈다. 1982년 처음 출시한 참치캔 '동원참치'는 이제 국민 반찬이 돼 2014년 누적 판매량 50억 캔을 돌파했다. 2014년 단일 브랜드 연매출 3,500억 원으로 시장점유율 70%, 압도적인 1위다. 중고어선 2척에서 출발해 21세기 해상무역왕 장보고를 꿈꾸는 김재철 회장은 후계 작업을 마무리한 두 아들과 함께 적극적인 M&A를 통해 자산 5조 원대의 글로벌 생활산업 기업으로 끊임없이 변신하고 있다.

김재철 회장은 1935년 전남 강진군에서 아버지 김경묵 씨와 어머니 김순금 여사의 5남 4녀 중 맏이로 태어났다. 강진농업고 우등생이던 김 회장은 서울대 농대 장학생으로 선발됐으나 "바다는 무한한 보고로, 우리가 잘살려면 우수한 젊은이들이 바다를 개발해야 한다"는 최석진 담임교사의 말을 듣고 1954년 부산수산대(현 부경대) 어로과에 진학했다.

1958년 김재철 회장은 대학 졸업을 한 달 앞두고 우리나라 최초의 원양어선 '지남호'가 남태평양 사모아로 출항한다는 소식을 듣는다. 배를 타겠다는 일념으로 지남호 관계자들이 묵는 여관을 찾아갔지만 선원들은 초보자인 김 회장의 승선을 반대했다. 그는 "보수는 안 줘도 된다. 항해 중에 사고를 당해도 원망하지 않겠다"며 끈질기게 설득, 실습항해사로 승선했다. 화장실 청소부터 시작해 온갖 허드렛일을 도맡은 김재철 회장은 이론과 실무가 접목된 고기잡이 실력으로 승선 3년 만인 26세에 선장 자리에 오른다.

당시 사모아에는 세계 각국의 어선 80여 척이 조업했는데, 김재철 회장은 언제나 최고의 어획고를 올려 '캡틴 제이시(JC) 킴'으로 유명세를 떨쳤다.

김재철 회장은 이후 원양업체 이사를 거쳐 35세이던 1969년 자본금 1천만 원으로 '동원산업'을 창업하고, 일본 도쇼쿠 사로부터 37만 달러에 달하는 원양어선 2척을 신용만으로 현물차관 도입했다. 그 원양어선(제31동원호)이 2015년 40여 척으로 늘어났다.

1차 오일쇼크가 터져 불황이 닥친 1975년 김재철 회장은 긴축경영 대신 선내 공장시설을 갖춘 대형 어선 동산호를 건조해 3개월 만에 만선(3천 톤) 기록을 세운다. 동원산업 창립 10주년인 1979년에 터진 2차 오일쇼크 때도 국내 최초로 헬리콥터 탑재식 선망어선 코스타 데 마필 호를 도입하고 직접 선망어업 개발과 신시장 개척을 통해 어획을 진두지휘하며 위기에서 벗어났다.

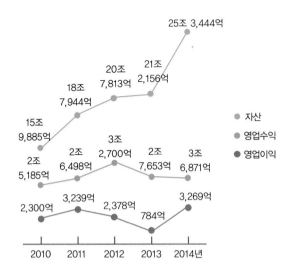

한국투자증권 영업수익 및 영업이익

단위: 원

자산
25조 3,444억
21조 2,156억
20조 7,813억
18조 7,944억
15조 9,885억

영업수익
3조 2,700억
2조 6,498억
2조 5,185억
2조 7,653억
3조 6,871억

● 자산
● 영업수익
● 영업이익

영업이익
3,239억
2,300억
2,378억
784억
3,269억

2010 2011 2012 2013 2014년

동원그룹의 획기적인 외연 확대는 1982년 한신증권을 71억 원에 인수하면서부터다. 국내 원양업계에서 탄탄한 기반을 다진 김재철 회장은 신성장동력으로 금융업에 진출했다. 1996년 동원증권으로 사명을 바꾼 뒤 2003년 1월 동원금융지주는 동원그룹에서 분리됐다. 그리고 동원금융지주는 2005년 한국투자신탁을 인수하면서 지금의 한국투자금융그룹이 됐다. 장남 김남구 부회장이 독자 경영하는 한국투자금융지주는 2014년 총자산 25조 3,444억 원(영업수익 3조 6,871억 원, 영업이익 3,269억 원)으로 국내 최고 수준으로 성장했다.

1982년 동원참치 출시는 2000년 동원산업에서 분리된 종합식품회사 동원F&B 탄생의 밑거름이 됐다. 차남 김남정 부회장이 물려받은 동원그룹은 1996년 4월 공식 출범했으며, 2001년 지주회사 동원엔터프라이즈와 식자재 공급회사 동원홈푸드가 세워졌다.

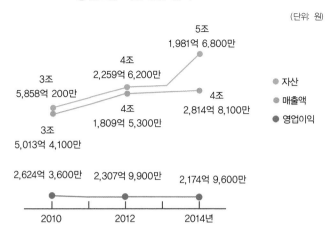

동원그룹 최근 5년 실적

(단위: 원)

자산
- 2010: 3조 5,858억 200만
- 2012: 4조 2,259억 6,200만
- 2014년: 5조 1,981억 6,800만

매출액
- 2010: 3조 5,013억 4,100만
- 2012: 4조 1,809억 5,300만
- 2014년: 4조 2,814억 8,100만

영업이익
- 2010: 2,624억 3,600만
- 2012: 2,307억 9,900만
- 2014년: 2,174억 9,600만

　1999년부터 7년간 한국무역협회장을 지낸 김재철 회장은 2006년 동원그룹으로 복귀한 뒤 2008년 젊은 시절 참치를 납품했던 미국 최대 참치캔 업체 스타키스트를 50여 년 만에 인수해 정상화시켰다. 2011년에는 아프리카 세네갈 참치캔 업체 SNCDS를 인수해 세계 최대 참치캔 생산시설과 공급망을 갖췄다. 계열사 수는 동원그룹은 40개, 한국투자금융지주는 22개다.

　김재철 회장은 경영 승계 절차를 마무리했지만 여전히 중요한 사업 결정을 하고 있다. 2014년 동원그룹은 5년 연속 상승한 4조 2,815억 원의 매출을 올렸으며, 2015년에는 5조 원을 목표로 하고 있다. 주력 계열사 동원산업의 실적 부진과 불법어획 논란, 동원F&B 식품사업의 정체 등 곤혹스러운 상황도 적지 않았다. 하지만 김 회장은 "난관을 피해 가지 않고 정면 승부해 왔다"는 일념으로 다음 도전에 나서고 있다.

동원그룹의 혼맥

동원가(家)의 혼맥은 단출해 보이지만 모두 국회의원, 장관, 국가정보원장 등 내로라하는 정·관계 인사의 집안과 사돈을 맺으며 든든한 울타리를 형성했다. 정치에는 관심 없다던 창업주 김재철(80) 동원그룹 회장이었지만 결과적으로 자녀들의 혼사는 여러모로 가업과 가문의 발전을 위해 외연을 넓히는 '알짜' 포석을 뒀다는 평가를 받는다.

김재철 회장은 선장 시절인 1962년(당시 28세) 두 살 적은 조덕희 여사를 만나 6개월 만에 결혼했다. 김 회장과 동향인 전남 강진에서 태어난 조 여사는 광주여고를 졸업했으며, 부친은 김 회장이 졸업한 군동초등학교 교장을 지냈다. 조덕희장학회를 만든 '50년 동반자'인 조 여사는 2012년 3월 세상을 떴다. 김 회장은 쓰러진 현모양처 조 여사를 6년간 극진히 간호한 것으로 전해졌다.

김 회장과 조 여사는 남구, 은자, 은지, 남정 등 2남 2녀를 슬하에 뒀다. 김 회장은 동생 김재운(77) 동영콜드프라자 회장의 소개로 김헬렌랑(63) 여사를 만나 2013년 4월 재혼했다. 1974년 부산대에서 패션을 전공한 김 여사는 3년 뒤 호주 시드니대에서 서양미술사학과를 졸업했다. 보석디자인 국제감정 자격증을 딸 정도로 미술, 패션 분야에 조예가 깊고 한때 갤러리도 운영했었다.

김 회장의 2세들은 입법, 사법, 행정 권력가 집안과 두루 연을 맺었다. 두 아들은 모두 고려대, 두 딸과 며느리들은 전원 이화여대 출신이다.

장남 김남구(52) 한국투자금융지주 부회장은 집안끼리 알고 지내던 한국경영인협회 회장 고병우(82) 전 건설교통부 장관의 딸 고소희 (47) 씨와 1992년 4월 결혼했다. 김남구 부회장은 고려대 경영학과 83학번, 고소희 씨는 이화여대 전산학과 86학번이다. 김 부회장 부부는 양가 어른들의 제안으로 만나 8개월간 연애한 뒤 백년가약을 맺었다. 두 사람 사이에는 동윤(22), 지윤(17) 남매가 있다. 동윤 씨는 현재 영국 워릭대에서 유학 중이며, 지윤 양은 미국 하와이 프렙아카데미(HPA)에서 수학하고 있다.

차남 김남정(42) 동원그룹 부회장은 국회의원을 지낸 신건 전 국정원장의 3녀 신수아(43) 씨와 1998년 10월 화촉을 밝혔다. 신 전 국정원장은 대검찰청 중앙수사부 부장 출신으로, 법무부 차관을 거쳐 세계종합법무법인 변호사로 활동하고 있다. 연상연하 커플인 김 부회장 부부는 대학교 4학년 때 동아리 선배의 소개로 누나, 동생 사이로 만났다가 6개월 만에 연인으로 발전해 3년간 열애 끝에 결혼에 골인했다. 김 부회장은 고려대 사회학과 92학번, 신 씨는 이화여대 장식미술학과 91학번이다. 두 사람은 동찬(15), 나연(12), 동연(8) 3남매를 뒀다.

동원육영재단 사무국장으로 있는 장녀 김은자(50·이대 서양화과 84학번) 씨는 1989년 당시 서울지검 검사와 중매로 혼인했으나 수년 전 이혼했다. 외아들 연욱(22) 씨는 미국 유학 중이다. 김 씨는 서울 강남에서 미술학원을 운영했었다.

명랑한 차녀 김은지(47·이대 정치외교학과 87학번) 씨는 김택수 전 국회의원의 4남 김중성(53·서울대 법대 81학번) 세인투자관리 대표와 결혼해 미국에 이민 가 살고 있다. 1992년 결혼식 날 주례는 김상협

동원그룹 가계도

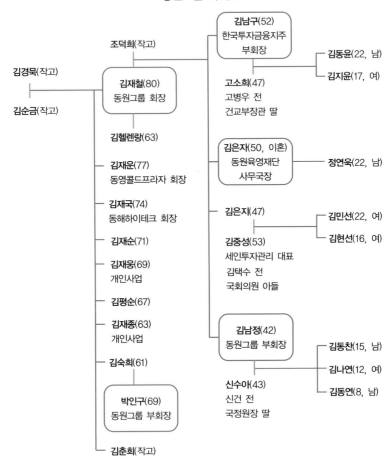

김경묵(작고)
김순금(작고)

조덕희(작고)

김재철(80)
동원그룹 회장

김헬렌랑(63)

김재운(77)
동영콜드프라자 회장

김재국(74)
동해하이테크 회장

김재순(71)

김재웅(69)
개인사업

김평순(67)

김재종(63)
개인사업

김숙희(61)

박인구(69)
동원그룹 부회장

김춘희(작고)

김남구(52)
한국투자금융지주
부회장

고소희(47)
고병우 전
건교부장관 딸

김동윤(22, 남)
김지윤(17, 여)

김은자(50, 이혼)
동원육영재단
사무국장

정연욱(22, 남)

김은자(47)

김중성(53)
세인투자관리 대표
김택수 전
국회의원 아들

김민선(22, 여)
김현선(16, 여)

김남정(42)
동원그룹 부회장

신수아(43)
신건 전
국정원장 딸

김동찬(15, 남)
김나연(12, 여)
김동연(8, 남)

김재철
동원그룹 회장

박인구
동원그룹 부회장

김남구
한국투자금융지주 부회장

김은자
동원육영재단 사무국장

김남정
동원그룹 부회장

2011년 3월 김재철 동원그룹 회장의 모친 고 김순금 여사의 백수연 때 온 가족이 모여 기념촬영을 하고 있다. 뒷줄 왼쪽부터 시계 방향으로 손자, 차남 김남정 동원그룹 부회장, 손자, 둘째 며느리 신수아 씨, 손녀, 장녀 김은자 동원육영재단 사무국장, 김 회장, 장남 김남구 한국투자금융지주 부회장, 손녀, 첫째 며느리 고소희 씨, 차녀 김은지 씨, 둘째 사위 김중성 세인투자관리 대표, 김 여사, 손녀.

전 국무총리가 했다. 두 사람의 장녀 민선(22) 씨는 미 예일대 졸업반이며, 현선(16) 양은 미국에서 고등학교를 다니고 있다.

"분수에 맞게 살라"는 향교장 부친의 영향으로 자식 교육에 엄격했던 김재철 회장은 두 아들에게는 혹독한 경영수업을 시켰고 두 딸은 대학 입학 뒤 '일하기 싫으면 먹지도 말라'는 교육이념으로 유명한 가나안농군학교에 보내 근검절약과 노동의 중요성을 깨닫게 한 것으로 전해졌다.

5남 4녀의 맏이인 김재철 회장의 형제들은 대부분 평범한 집안과 혼사를 치렀다. 막내 여동생 김숙희(61) 씨는 박인구(69) 동원그룹 부회장과 혼인했다. 상공부 부이사관을 지낸 매제 박 부회장은 1997년 그룹에 합류해 위기의 동원정밀 대표이사를 맡아 알짜기업으로 바꿔 놓았다. 이어 2000년 동원산업에서 분리된 동원F&B 사령탑에 올라 국내 대표 식품기업으로 발전시켜 김 회장에게 신임을 받았다. 2008년에는 미국 최대 참치회사 스타키스트 인수를 진두지휘해 동원그룹이 글로벌 기업으로 도약하는 데 혁혁한 공을 세우기도 했다.

문인도 인정한 독서광·문장가 김재철 회장

김재철 동원그룹 회장은 독서광이자 문인들이 인정하는 문장가다. 김 회장은 요즘도 매달 10~20권의 책을 읽는다. 원양어선 선장 시절에 배에 필요한 용품을 구하기 위해 일본 시모노세키 등의 항에 정박하면 책방에 가서 헌책들을 가득 사와 배 안에서 끊임없이 읽었다. 덕분에 김 회장의 일본어 실력은 비즈니스는 물론 문학적 표현도 구사할 정도로 뛰어나다.

김재철 회장은 책에서 새로운 정보와 변화를 읽는 데 그치지 않고 실천에 옮기는 행동파다. 직원들에게도 "인생을 살면서 '문사철 600'을 목표로 해야 한다"고 강조한다. 문학책 300권, 역사책 200권, 철학책 100권을 읽어야 한다는 의미다. 자식들에게도 독서를 강조했고, A4 용지 4~5장 분량의 독후감도 받았다.

소설가 정비석 씨는 〈사상계〉에 발표된 김 회장의 글을 보고 "작가로 데뷔해도 좋겠다"고 평가했다. 김 회장의 글은 초·중·고 국어 교과서에 수록되기도 했다. 문인들과도 친분이 두텁다. 장보고기념사업회를 이끌었던 김 회장의 요청으로 《해신》을 쓴 소설가 최인호 씨, 고은 시인, 박노해 시인 등과 돈독한 사이다.

SPC그룹

세계로 뻗어가는 제빵그룹

SPC그룹은 2000년대 들어 급성장했다. 2004년 그룹 매출 1조 원을 돌파했고, 이후 매년 평균 20%를 웃도는 성장을 거듭해 2014년 매출은 10년여 만에 400% 이상 성장한 4조 1,935억 원을 기록했다.

2015년 70주년을 맞은 SPC그룹의 목표이자 과제는 국내를 넘어 글로벌 기업으로 도약하는 것이다. 허영인 SPC그룹 회장은 70주년 맞이 신년사에서 '2020년 그룹 매출 10조 원 달성'이라는 목표를 밝힌 바 있다. 매년 꾸준히 매출을 올려 현재 4조 원대인 SPC그룹의 매출액 현황 등을 봤을 때 무리인 것만은 아니다.

SPC그룹이 하루에 생산하는 빵은 약 1천만 개. 지름 11센티미터의 단팥빵 기준 연간 생산량 약 36억 7천만 개를 일렬로 세우면 지구를

10바퀴 돌 수 있을 정도다.

SPC그룹은 주력 계열사인 파리크라상, 삼립식품, 비알코리아를 중심으로 제분기업 밀다원, 2013년 인수한 육가공 전문기업 그릭슈바인(전 알프스식품), 식자재 유통기업 삼립GFS 등 국내외 43개 계열사와 30개 브랜드, 전국 6천여 개 매장을 보유하고 있다. 또 해외에서는 프랑스, 미국, 중국, 싱가포르, 베트남 등 5개국에 걸쳐 180개 매장을 운영하고 있다.

그룹의 지주회사 역할을 하는 파리크라상은 국내 1위 베이커리 프랜차이즈 파리바게뜨를 비롯해 커피브랜드 파스쿠찌와 스무디 브랜드 잠바주스, 라그릴리아, 퀸스파크, 베라 등 다양한 외식 브랜드를 운영하고 있다. 2014년 매출 1조 6,352억 원을 기록했다.

그룹의 뿌리가 되는 삼립식품은 슈퍼마켓이나 마트, 편의점에서 유통되는 양산빵 생산을 중심으로 최근 식자재 공급 및 식품유통 분야, 식품 원재료 제조 및 가공 분야 등으로 사업을 확대하고 있다. 삼립식품은 2014년 매출 1조 286억 원을 기록했다.

비알코리아는 미국 던킨 브랜드와의 합작회사로, 프리미엄 아이스크림 브랜드 배스킨라빈스와 커피&도넛 브랜드 던킨도너츠를 운영하고 있다. 던킨도너츠는 1993년 한국 파트너 선정 시 SPC그룹이 맡아서 성공시켜 줄 것을 먼저 제안하기도 했다. 비알코리아는 2014년 매출 5,104억 원을 이뤘다.

이처럼 탄탄하게 성장한 SPC그룹의 배경에는 품질이 있다. SPC그룹은 2012년 계열사별로 분리해 운영하던 연구·개발(R&D) 조직을 통합해 '이노베이션 랩'이라는 이름으로 출범시켰다. 이노베이션 랩

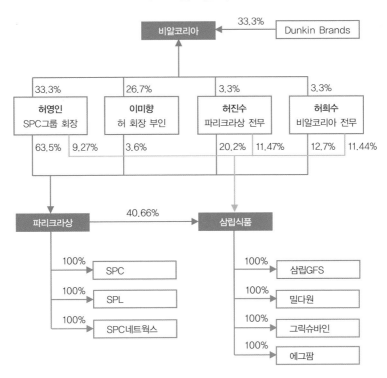

SPC그룹 지분 구조

비알코리아 ← 33.3% ← Dunkin Brands

33.3% 허영인 SPC그룹 회장
26.7% 이미향 허 회장 부인
3.3% 허진수 파리크라상 전무
3.3% 허희수 비알코리아 전무

63.5% 9.27% 3.6% 20.2% 11.47% 12.7% 11.44%

파리크라상 → 40.66% → 삼립식품

파리크라상:
100% SPC
100% SPL
100% SPC네트웍스

삼립식품:
100% 삼립GFS
100% 밀다원
100% 그릭슈바인
100% 에그팜

중심으로 2014년 연구개발에 투자한 비용은 500억 원이며, 이를 바탕으로 매월 500개 이상 그룹 내 신제품을 개발하고 있다. 또 국내외 6천여 개 매장을 꼼꼼하게 관리하는 허영인 회장답게 500여 개 신제품 가운데 제빵 기술을 익힌 그의 꼼꼼한 입맛을 통과한 극소수의 제품만이 실제 판매용으로 나갈 만큼 제품 관리에 철저하다.

이렇게 질 좋은 제품을 무기로 SPC그룹은 글로벌 시장 진출에 총력을 기울이고 있다. 2004년부터 중국, 미국, 베트남, 싱가포르 등에 차례로 파리바게뜨 매장을 열었다. 특히 중국과 미국에서 괄목할

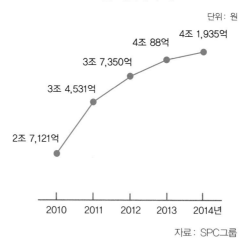

SPC그룹 매출액 추이

단위: 원

4조 1,935억

4조 88억

3조 7,350억

3조 4,531억

2조 7,121억

2010 2011 2012 2013 2014년

자료: SPC그룹

만한 성과를 거두고 있다는 게 그룹 측의 설명이다.

중국에서는 최고급 프리미엄 브랜드로 마케팅을 펼쳐 상하이, 베이징, 톈진, 난징 등 핵심도시를 중심으로 100호 점을 돌파한 상태다. 미국에서는 뉴욕 맨해튼에만 6개의 매장을 운영하며 흑자를 달성하고 있다. 동남아 시장 역시 싱가포르와 베트남을 중심으로 앞으로 말레이시아, 인도네시아까지 진출할 예정이다.

허영인 회장이 이상향으로 삼는 프랑스풍 정통 베이커리를 표방하며 파리바게뜨를 만든 지 26년 만인 2014년 세계 최고의 제빵국가인 프랑스에 진출해 프랑스 파리 샤틀레 점을 출점한 것은 최대 성과다. 이곳에서 프랑스 빵의 상징인 바게트가 일평균 700~800여 개씩 꾸준히 팔려 나가며 까다로운 입맛의 프랑스인들에게 인정받기 시작했다. 방문객도 개장 초기보다 20% 이상 늘어나 일평균 850명에 이르고 있으며, 일평균 매출도 국내 매장 평균 매출의 3배를 기록하는 등 현지

시장에 빠르게 연착륙하고 있다. 2015년 프랑스 2호점을 추가로 열 계획이다.

SPC그룹의 주요 계열사 대표들

SPC그룹을 이끄는 주요 계열사 대표들을 보면, SPC그룹에 오래 몸 담은 정통 SPC맨과 새로 영입된 경쟁업계 실력자들이 조화를 이루고 있다는 점이 특징이다.

그룹 총괄사장과 파리크라상 대표(각자 대표 체제), 비알코리아 대 표를 겸직하는 조상호(64) 총괄사장은 서울대 경영학과를 졸업하고 태평양그룹에서 근무했으며, 1999년 SPC그룹에 합류했다. 파리크 라상, 비알코리아, 삼립식품, 샤니 등 SPC그룹의 주력 계열사 대표 이사를 모두 역임했다.

SPC그룹의 핵심 생산기지인 SPC평택공장(SPL)을 맡고 있는 이명 구(62) 사장은 1978년 신입사원으로 입사해 37년간 근무한 정통 SPC 맨이다. 동국대 식품공학과와 건국대 이학 박사 출신으로, 연구소장 과 생산총괄을 두루 역임했다.

SPC그룹 미래전략실장을 맡고 있는 서병배(61) 사장은 건국대 법 학과를 졸업한 뒤 성균관대 경영대학원(MBA)을 수료했다. 1984년 그룹에 입사했으며, 법무, 인사 등 여러 업무를 두루 맡아 왔다.

윤석춘(55) 삼립식품 사장은 고려대 농업경제학과를 졸업하고 CJ 제일제당에 입사했다. CJ제일제당에서 냉동식품 마케팅팀장, 신선 사업부문BU장 등을 역임한 그는 2012년 삼립식품 총괄부사장으로

SPC그룹의 주요 계열사 대표

조상호(64)	이명구(62)	서병배(61)	윤석춘(55)	권인태(56)
총괄사장	SPC평택공장 사장	미래전략실장 / 사장	삼립식품 사장	파리크라상 대표이사

SPC그룹에 합류해 삼립식품을 글로벌 종합식품회사로 발전시키는 데 집중하고 있다.

권인태(56) 대표이사는 고려대 경영학과 졸업 후 1986년 CJ제일제당에 입사해 CJ푸드빌 경영기획실장, CJ제일제당 영업본부장, CJ그룹 전략지원팀장, 홍보실장 등을 역임했다. 영업부터 기획, 홍보까지 다양한 업무를 경험한 권 대표이사는 2014년 SPC그룹의 핵심계열사인 파리크라상으로 둥지를 옮겨 파리크라상을 글로벌 최대 베이커리 기업으로 키우는 데 주력하고 있다.

창립 70주년 SPC의 어제와 오늘

국내 대표적인 해방둥이 기업인 SPC그룹 역사는 1945년 광복과 함께한다. SPC그룹의 모태를 만든 창업자 초당(草堂) 허창성 명예회장은 1921년 2월 황해도 옹진군 옹진읍 온천리에서 태어나 25세이던 1945년 10월 옹진군에 '상미당'(賞美堂)이라는 작은 빵집을 열었다.

허창성 명예회장은 더 큰 시장에서 사업을 펼치기 위해 1948년 서

울 을지로 4가(현 방산시장 부근)에 자리를 잡았다. 그는 무연탄 가마
를 직접 개발해 당시로서는 제빵 생산에서 가장 큰 원가부담이었던
연료비를 절감했고, 절감한 비용을 제품 개발에 투자했다. 이로써 만
들어진 빵은 싼 가격과 좋은 품질로 서울사람들의 입맛을 잡아 호황
을 누렸다.

이후 허 명예회장은 1959년 서울 용산에 삼립제과공사(현 삼립식
품)를 설립하며 기업의 형태를 갖췄다. 삼립식품은 1964년 국내 최초
로 식빵 제조 자동화를 이뤘다. 또한 업계 최초로 비닐 포장으로 출시
된 빵인 '크림빵'을 선보여 크게 성공했다. 이어 1970년에는 호호 불
어 먹는 빵이라는 의미에서 '호빵'을 출시했다. 호빵은 지금까지도 겨
울철 대표 국민 간식이자 베스트셀러로 자리 잡았다.

삼립식품은 1972년 고급 케이크를 생산·판매하기 위한 자회사로
한국인터내쇼날식품주식회사(현 샤니)를 설립했다. 허창성 명예회장
은 1983년 당시 삼립식품의 10분의 1 규모에 불과했던 샤니를 독립
시켜 유학을 마치고 돌아온 차남 허영인(66) 회장이 대표이사로 취임
하여 독자경영을 하게 했다.

SPC그룹이 국내 최고의 제빵회사로 성장하고 프랜차이즈 문화를
확산시킬 수 있었던 것은 '제빵왕' 허영인 회장이 경영에 나서면서부
터다. 때문에 SPC그룹 임직원들은 허 회장을 2세 경영인이 아닌 진
정한 창업주로 여긴다. 그는 제빵회사를 운영하던 아버지 허창성 명
예회장의 가까이에서 자연스럽게 제빵에 대한 열정을 키워 왔다.

허영인 회장은 스무 살이 되던 1969년 삼립식품에 입사하며 차근차
근 경영을 배웠다. 경희대 경제학과를 다니면서 경영수업도 함께 했

다. 그런 허 회장의 제빵 열정은 1981년 미국제빵학교(AIB)로 유학을 떠나는 것으로 이어졌다.

허영인 회장은 약 2년 동안의 미국 유학시절 프랜차이즈 원조국가인 미국에서 맥도날드, 버거킹 등 대표적인 프랜차이즈 업종의 성장세를 보고 한국에서도 제빵 분야에 프랜차이즈 시스템을 도입하기로 결심했다. 자신의 회사가 만든 좋은 품질의 빵을 많은 사람이 맛보고 창업한 사람들이 수익을 냈으면 하는 바람이었다.

허영인 회장이 유학을 마치고 샤니를 맡은 이후 1986년 서울아시안게임, 1988년 서울올림픽이 잇따라 개최됐다. 그는 이를 계기로 사람들의 문화 수준이 높아지면서 취향이 고급화하고 있다는 점을 간파했다. 샤니에서 만들어 내는 양산빵(공장에서 만들어 내는 빵)만으로는 흐름에 따라가기 어렵다고 판단했다.

허영인 회장은 새로운 흐름에 맞춰 1985년 세계적인 프리미엄 아이스크림 브랜드인 배스킨라빈스를 도입했으며, 1986년에는 프랑스풍정통 고급 빵을 즉석에서 구워 내 고객에게 제공하는 파리크라상을 서울 서초구 반포동에 열었다. 1988년에는 파리바게뜨를 광화문에 개점해 대중들에게 갓 구워 낸 신선하고 다양한 제품을 제공하기 시작했다.

당시 유명 베이커리들의 이름이 고려당, 독일빵집, 뉴욕제과 등 ○○당, ○○제과 일색이었던 점을 감안하면 파리바게뜨라는 이름은 파격적인 시도였다. 당시 회사 안팎에서 이름이 너무 길고 어렵다는 의견이 있었지만 허 회장은 파리바게뜨라는 이름에 확신을 가지고 이를 밀어붙였다.

허영인 회장이 파리바게뜨란 이름을 고집한 것은 당시 국내 베이커리들이 대부분 미국식 빵을 지향하고 있던 것과 달리 빵의 본고장인 정통 유럽 스타일의 빵을 소개하고 차별화하겠다는 생각에서였다. 특히 자타가 공인하는 세계 최고의 제빵국가인 프랑스의 정치·문화 수도인 파리와 프랑스 빵을 대표하는 바게트를 소재로 삼아 세계 최고의 프랑스식 베이커리를 지향하겠다는 의지를 담았다. 국내에 안주하지 않고 해외로 사업을 확장하겠다는 의지도 담겨 있었다. 서양 음식인 빵으로 해외시장에 진출한다는 것은 당시로서는 상상할 수 없는 일이었지만 허 회장은 길게 내다봤다.

허창성 명예회장이 차남인 허영인 회장에게 물려준 샤니는 성공했지만, 장남인 허영선(71) 전 삼립식품 회장에게 물려준 삼립식품은 실적이 좋지 않았다. 허영선 전 회장은 리조트 사업 등에 투자했고, 삼립식품은 1997년 외환위기를 맞아 부도를 냈다. 허영인 회장은 2002년 형의 회사였던 삼립식품도 인수했다.

허영인 회장은 2004년 삼립식품(Samlip)과 샤니(Shany)를 의미하는 'S', 파리크라상(Paris-Croissant)의 'P', 앞으로 함께할 새로운 가족(Company)을 의미하는 'C'를 합쳐 SPC그룹이라는 이름으로 회사를 재출범시켰다.

2015년 창립 70주년을 맞는 허영인 회장의 각오는 남다르다. 그는 '2020년 그룹 매출 10조 원 달성'이라는 새로운 비전을 선포했다. 허 회장은 신년사에서 "지난 70년간의 역량을 지렛대 삼아 100년 기업의 초석을 마련해야 할 때"라면서 "도전적인 목표로 사업 역량을 강화하고 지속적으로 성장할 수 있는 동력을 찾아야 한다"고 강조했다.

허영인 회장 가족

고 허창성 명예회장은 김순일(92) 씨와 결혼해 6남 1녀를 낳았다. 허 명예회장의 여섯째 허영한(57) 한국예술종합학교 음악원 교수를 제외하고 모두 SPC그룹 계열사에 몸을 담았지만 지금은 모두 그룹과 관계가 없는 상태다.

허창성 명예회장의 차남 허영인 회장을 비롯한 자녀들 모두 재벌가와 결혼해 강력한 재계인맥을 구축해 놓은 점이 특징이다. 허 회장의 재계인맥으로는 코오롱그룹, 두산그룹, 애경그룹이 있다.

허영인 회장의 부인 이미향(61) 씨는 고 이원만 코오롱 창업주의 막내딸이자 2014년 타계한 고 이동찬 명예회장의 여동생이다. 이 씨는 홍익대 미대 출신이라는 미적 감각을 살려 그룹의 디자인 관련 분야에서 도움을 주고 있다.

허영인 회장의 두 아들은 2015년 3월 그룹의 유일한 상장사인 삼립식품 등기이사에 선임돼 본격적으로 경영 일선에 등장했다. 이전까지만 해도 장남 허진수(38) 파리크라상 전무는 그룹의 지주회사격인 파리크라상 지분 20.2%, 그룹의 모태인 삼립식품 지분 11.47%를, 차남 허희수(37) 비알코리아 전무는 파리크라상 지분 12.7%, 삼립식품 지분 11.44%를 각각 보유하며 그룹의 후계자임을 암시한 정도였다. 이제는 등기이사로서 이사회에 참석해 주요 의사결정을 하고 결과에 책임을 지면서 제대로 경영 일선에 나섰다는 의미가 부여된 상태다.

장남 허진수 파리크라상 전무는 2005년 그룹에 입사한 뒤 아버지와

SPC그룹 가계도

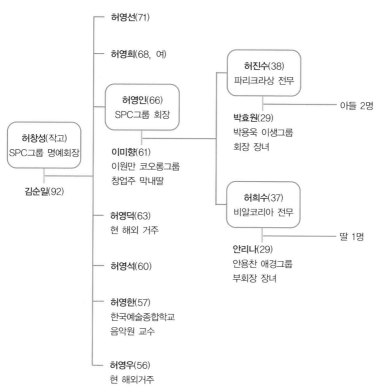

허영선(71)

허영희(68, 여)

허진수(38)
파리크라상 전무

허영인(66)
SPC그룹 회장

아들 2명

박효원(29)
박용욱 이생그룹
회장 장녀

허창성(작고)
SPC그룹 명예회장

이미향(61)
이원만 코오롱그룹
창업주 막내딸

김순일(92)

허희수(37)
비알코리아 전무

허영덕(63)
현 해외 거주

딸 1명

안리나(29)
안용찬 애경그룹
부회장 장녀

허영석(60)

허영한(57)
한국예술종합학교
음악원 교수

허영우(56)
현 해외거주

허창성
SPC그룹 명예회장

허영인
SPC그룹 회장

허진수
파리크라상 전무

허희수
비알코리아 전무

같은 미국제빵학교(AIB)를 수료했다. 그룹 전략기획실을 거쳐 연구·개발(R&D)과 글로벌 사업을 총괄하고 있다. 그는 2008년 고 박두병 두산그룹 초대회장의 막내인 박용욱(55) 이생그룹 회장의 장녀 박효원(29) 씨와 결혼했다. 둘 사이에는 아들 2명이 있다.

허 회장의 차남 허희수 전무는 2007년 그룹에 입사해 마케팅과 디자인 부서를 거쳐 현재 비알코리아 전무와 그룹 마케팅전략실을 맡고 있다. 그는 장영신(79) 애경그룹 회장의 둘째 채은정(52) 애경산업 부사장과 안용찬(56) 애경그룹 부회장의 장녀 안리나(29) 씨와 결혼해 딸을 두고 있다. 안 씨는 미국 펜실베이니아대를 졸업했다.

허영인 회장의 프랑스 사랑

허영인 SPC그룹 회장의 '프랑스 사랑'은 업계에서 유명하다. 그는 프랑스가 세계적인 제빵의 중심지라는 생각에 파리바게뜨를 통해 프랑스 전통 빵은 물론 잘 알려지지 않은 남프랑스 지역의 와인 등을 국내에 소개한 한국과 프랑스 민간 외교의 일등공신이다.

허영인 회장은 1992년에는 서울에 한불(韓佛) 제과제빵기술학원(현 SPC컬리너리아카데미)을 열었다. 그리고 2002년 세계적인 제과제빵 명문학교인 프랑스의 에콜 르노트르와 기술제휴로 르노트르 전문과정을 개설했다. 르노트르 전문과정은 에콜 르노트르 프랑스 본교 강사가 직접 한국을 방문해 강의를 진행하고, 학생들이 프랑스 본교를 직접 방문해 수업을 듣는 것으로 이뤄진다. 또 파리크라상 서래마을점은 서울에 사는 프랑스인 자녀들이 다니는 서울 프랑스학교 학생

2010년 12월 허영인 SPC그룹 회장의 프랑스 공로훈장 오피시에 수훈식을 마치고 허 회장
가족들이 함께 기념사진을 찍고 있다. 왼쪽부터 첫째 며느리 박효원 씨, 장남 허진수
파리크라상 전무, 허영인 회장, 엘리자베스 로랭 전 주한 프랑스 대사, 허 회장 부인 이미향 씨,
둘째 며느리 안리나 씨, 차남 허희수 비알코리아 전무.

들의 점심식사로 바게트를 공급하고 있다.

허영인 회장은 이처럼 한·불 경제협력에 이바지한 공로를 인정받
아 2010년 프랑스 정부 공로훈장 오피시에, 2012년 프랑스 농업공로
훈장 슈발리에 등을 수훈하기도 했다. 허 회장은 두 훈장을 동시에 수
훈한 최초의 한국인이다.

휠라

윤윤수 회장, 농민 아들 '샐러리맨 신화' 쓰다

"High Risk, High Return(하이 리스크, 하이 리턴)."

'위험(또는 모험)이 클수록 대가가 크다'는 뜻으로 윤윤수(71) 휠라 글로벌 및 아쿠쉬네트 회장의 인생을 압축하는 표현이다.

가난한 농사꾼의 아들이 어떻게 100년 넘은 글로벌 기업을 두 개나 거느린 오너(사주)가 됐을까. 질문이 거듭될 때마다 윤윤수 회장도 이 말을 즐겨 사용한다.

'샐러리맨 신화', '몸통을 삼킨 꼬리의 주역', 'M&A의 귀재', '국제 스포츠 패션 업계의 아이콘'…. 윤윤수 회장에 대한 여러 가지 수식 어만 봐도 그의 발자취가 보인다. 그럼에도 윤 회장은 아직도 성공하 지 않았다고 말한다. "인생을 열심히 살았을 뿐"이라고 겸손해한다.

나이 마흔에 다니던 직장에 사표를 내고 휠라와 함께 새로운 도전을 시작한 윤윤수 회장이 30년간 쌓은 항공 마일리지가 800만 마일이다. 2014년 8월 고희(古稀)를 맞은 윤 회장은 여전히 1년에 5개월은 해외에 머문다. 최근 심장판막 수술을 받아 건강관리에 신경을 써야 하지만 "바쁘게 움직이는 게 약"이라고 한다.

　'해방둥이' 윤윤수 회장의 어린 시절은 불우했다. 1945년 경기 화성군 비봉면에서 아버지 윤태흠 씨와 어머니 박수하 씨 사이에서 2남 5녀의 막내로 태어났다. 비봉 나들목으로 익숙한 이곳은 해방 직후 어디나 그랬듯 피폐하기 그지없었다. 전염병이 한번 돌면 곡소리가 온 동네를 덮었다. 그의 어머니도 윤 회장을 낳은 지 100일 만에 '염병'(장티푸스)에 희생됐다. 동네 아주머니들이 젖동냥을 해 윤 회장을 키웠다. 윤 회장은 "'젖어머니'가 한 10명쯤 되는데, 지금은 다 돌아가셨지만 한때 고향에 가면 '내가 널 키웠다'고 하시는 분들을 종종 뵈었다"고 회고한다.

　한창 예민하던 열일곱 살 때(서울고 2학년) 아버지마저 폐암으로 세상을 떴다. "막내아들 장가갈 때까지 살게 해달라"고 애원하던 아버지를 보며 까까머리 고등학생은 의사가 되겠다고 결심한다. 하지만 서울대 의대에 두 번 도전해 모두 실패했다. 2지망으로 서울대 치의예과에 들어갔지만 적성에 맞지 않아 곧 그만둔다.

　1966년 한국외국어대 정치외교학과에 수석 입학했으나 마음의 갈피를 못 잡는 건 여전했다. 설상가상, 3학년 때 동기생의 요청으로 답안지를 보여 주다 적발돼 1년 정학까지 당한다. 홧김에 카투사 의무병으로 지원 입대한 게 전화위복이 됐다. 3년간 군에서 익힌 영어는 윤윤수 회장이 국제적인 사업가로 대성하는 데 큰 자산이 됐다.

첫 직장은 1973년에 들어간 해운공사. 수출·무역업을 하고 싶어 1975년 미국 무역업체 J. C. 페니로 자리를 옮겼다. 여기서 윤윤수 회장은 삼성전자 전자레인지의 첫 미국 수출을 성사시켜 능력을 인정받았고, 1981년 37세에 신발업체인 화승의 수출담당 이사로 스카우트됐다. 사회생활 8년 만이자 30대에 이사가 되면서 업계에서 화제가 됐다.

승승장구하던 윤윤수 회장에게 다시 실패를 안겨 준 것은 영화 〈ET〉다. 1982년 귀국길 비행기에 비치된 잡지에서 ET를 보고 인형을 만들어 팔면 대박 날 것 같다는 예감에 혼자 설렜다. 부랴부랴 6개 컨테이너 분량 18만 달러어치의 ET 인형을 제작해 미국에 보냈지만 저작권 문제에 발목이 잡혀 눈물을 머금고 오클랜드 항구에서 전량을 불태워야 했다. 회사에 40만 달러의 손해를 입힌 자책감에 회장의 만류에도 화승을 3년 만에 뛰쳐나왔다.

윤윤수 회장은 이 일을 실패로 규정하지 않는다. 저작권의 중요성을 깨치게 한 값비싼 공부로 여긴다. "과거의 실패가 큰 득이 됐다. 인생을 살아가고 사업을 하면서 어려운 점을 극복할 수 있었던 힘은 바로 그 실패"라고 말한다.

직장 생활 10년 만에 야인으로 돌아온 윤윤수 회장은 마음을 다잡고 사업 구상에 몰두했다. 미국 출장길에 자주 봤던 휠라에 마음이 꽂혔다. 의류로 인기 높던 휠라 브랜드를 이용해 신발을 출시하면 되겠다 싶었다. 1984년 휠라와의 인연은 이렇게 시작됐다. ET 덕에 저작권에 대해 자각한 윤 회장은 샘플을 만들어 이탈리아 본사를 찾아갔

윤윤수 회장 약력

연도	내용
1945년	경기도 화성군 비봉면 쌍학리 출생
1964년	서울고등학교 졸업(16회)
1966년	한국외국어대학교 정치외교학과 입학
1973년 ~ 1975년	해운공사 근무
1975년 ~ 1981년	J. C. 페니 근무
1981년 ~ 1984년	㈜화승 근무(수출이사)
1984년 ~ 2002년	케어라인 대표이사 회장
1991년 ~	휠라코리아 대표이사 회장
2007년 ~	휠라글로벌 대표이사 회장
2011년 ~	아쿠쉬네트 컴퍼니 회장

으나 이미 신발 라이선스를 한 미국인 사업가가 소유하고 있다는 소식을 전해 듣는다. 여기서 포기할 윤 회장이 아니다. 그를 직접 만나 끈질기게 설득해 협업 형태로 비즈니스를 시작했고, 미국에서 첫선을 보인 신발은 큰 성공을 거두게 된다.

윤윤수 회장의 경영능력에 감탄한 휠라 본사가 그에게 제안해 1991년 합작 형태로 휠라코리아가 세워진다. 1992년 첫해 내수 판매 68억 원이던 매출은 2014년 7,974억 원으로, 20년 만에 100배 이상 성장했다. 1990년대 중반 휠라코리아의 매출 규모는 유럽, 미국에 이어 세 번째로, 그룹 전체 매출의 10%를 담당할 정도였다. 이 같은 성과로 1997년 연봉 18억 원을 받아 대한민국 최고 월급쟁이에 등극했다.

'도전과 응전의 일생'으로 자신의 삶을 정의한 윤윤수 회장은 여기에 안주하지 않았다. 2005년 휠라코리아를 인수해 토종기업으로 변신시키더니, 2007년에는 경영난을 겪던 휠라 본사까지 사들여 '은수저' 없어도 '오너'가 될 수 있다는 꿈을 현실로 만들었다.

휠라코리아 연혁

연도	내용
1991년	설립
1992년	국내 소비자 첫선
2003년	휠라USA와 SBI(Sport Brands International) 설립, 내부자경영인수(MBO) 방식 휠라 본사(이탈리아) 미국 이전 참여
2005년	휠라코리아 MBO 통해 지분 100% 인수, 독립
2007년	글로벌 홀딩 컴퍼니(GLBH Holdings s.a.r.l) 설립, 휠라 글로벌 브랜드 사업권 인수
2008년	휠라 티바 브랜드 론칭
2010년	휠라 스포트 브랜드 론칭
2010년	휠라코리아 상장
2011년	미래에셋 PEF · 휠라코리아 컨소시엄 미국 아쿠쉬네트사 인수

윤윤수 회장은 대부분의 사람들이 삶을 정리할 나이인 칠순을 코앞에 두고 또 한 번 큰일을 냈다. 2011년 7월 미래에셋PEF와 컨소시엄을 구성해 세계 1위 골프용품 회사 아쿠쉬네트를 인수했다. 타이틀리스트, 풋조이, 스카티 카메론 퍼터, 보키 웨지 등 쟁쟁한 브랜드를 보유한 매출 13억 달러 회사를 아시아의 작은 나라 기업인이 사들였다는 것은 사건 중의 사건이었다. 미국 하버드대 비즈니스스쿨이 휠라의 아쿠쉬네트 인수를 사례연구로 다룰 정도로 글로벌 시장에 던진 충격파는 대단했다.

증권가에서 휠라코리아에 대한 전망은 온통 장밋빛이다. 휠라USA의 양호한 실적과 더불어 아쿠쉬네트 상장에 대한 기대감 때문이다. 중국 골프시장의 성장세가 호재로 작용하는 가운데 시장은 윤윤수 회장의 브랜드 관리와 마케팅 능력에 무한 신뢰를 보내고 있다. 윤회장은 휠라에 없던 신발을 만든 것처럼 용품으로만 각인된 타이틀리

휠라코리아 경영실적

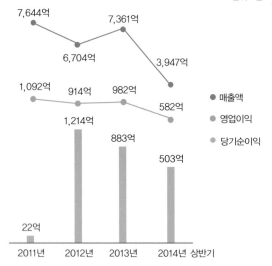

단위: 원

7,644억

7,361억

6,704억

3,947억

1,092억   914억   982억

582억

● 매출액
● 영업이익
● 당기순이익

1,214억

883억

503억

22억

2011년   2012년   2013년   2014년 상반기

휠라코리아 주가 추이

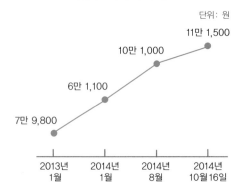

단위: 원

11만 1,500

10만 1,000

6만 1,100

7만 9,800

2013년   2014년   2014년   2014년
1월   1월   8월   10월16일

스트에 골프 의류를 추가해 브랜드 가치를 높이고 있다. 2016년 목표대로 아쿠쉬네트가 상장하면 시가 총액은 19억 달러(약 2조 원)에 이를 것으로 전망된다.

때문에 주가도 상승세다. 내수 실적 부진에도 불구하고 휠라코리아 주가는 2015년 6월 기준 11만 4천 원으로, 시가 총액이 1조 2,726억 원에 달한다. '재벌닷컴'에 따르면 윤윤수 회장의 개인 자산(주식+부동산)은 4,780억 원(2014년 7월 말 기준)으로 추산된다.

겸손을 최고 덕목으로 여기는 윤윤수 회장은 회사에서 격의 없는 회장님이기도 하다. 일례로 그의 집무실은 언제나, 누구에게나 열려 있다. 집무실은 책상과 회의 탁자가 전부일 정도로 단출하지만, 그곳에서는 임원진, 실무진 가릴 것 없이 끊임없는 회의가 이루어진다. 보고받는 사안에 대하여 결정을 내리기 전에 실무진과의 회의를 통해 자신의 의견을 제시하고 발전시킨다. 비록 최종 결정권을 갖고 있는 회장의 자리에 있지만 실무진의 의견을 가감 없이 들어야 올바른 결정을 내릴 수 있다고 믿기 때문이다. 이것이 윤 회장이 집무실 문을 항상 열어 놓는 이유다.

또한 약속이 없으면 서울 서초구 사옥 지하에 있는 직원식당에서 사원들과 함께 점심을 해결한다. 해외 출장이 잦은 윤윤수 회장이 자주 찾는 간식거리는 라면과 초코파이다. 골프를 좋아하지만 2014년 추석 연휴 때 골프를 몰아서 친 탓에 어깨 근육이 손상돼 당분간 골프 금지령을 받았다. 요즘은 아파트 지하 피트니스센터에서 퍼스널 트레이너와 함께 주 2회 운동하는 것으로 체력을 관리하고 있다.

휠라의 드림팀

윤윤수 회장은 오늘날의 휠라를 만든 이른바 '휠라 드림팀'을 거느리고 있다. 휠라 USA의 존 엡스타인 사장과 제니퍼 이스터부룩 부사장이 그들이다. 2014년 8월 24일 서울 반포 메리어트호텔에서 열린 고희연에서 윤 회장은 두 사람을 그와 함께 휠라의 역사와 신화를 창조한 공신으로 소개해 350여 명의 참석자들로부터 큰 박수를 받았다.

휠라 USA의 엡스타인 사장과 윤윤수 회장은 2007년 의기투합해 휠라 본사 인수에 성공하면서 더욱 돈독한 사이가 됐다. 신발업계에서 엡스타인 사장은 세일즈 전문가로 통한다.

이스터브룩 부사장은 변호사 출신으로, 휠라 USA에서 M&A 등 사업 관련 내부 법률검토를 담당한다. 윤윤수 회장은 "우리 셋이 뭉치면 못 할 게 없다"고 평소 입버릇처럼 말한다.

2011년 아쿠쉬네트 인수를 총지휘한 유정헌 미래에셋맵스 자사운용 PEF 대표도 빼놓을 수 없다. 휠라 본사 인수 때 재무적 투자자로 참여했던 유정헌 대표는 윤윤수 회장이 아끼는 인물 중 한 명이다. 유 대표는 휠라코리아에서 사외이사로도 활동했다.

윤윤수 회장의 인맥

윤윤수 휠라글로벌 및 아쿠쉬네트 회장은 '글로벌 마당발'이다. 남을 배려하고 겸손하며 소탈한 성격이어서 오랜 우정을 간직한 사람이 많다. 사실 비즈니스맨에게 인맥은 가장 중요한 밑천이다. 그 또한 "사업을 한답시고 뛰어다니며 여러 차례 어려움을 겪었는데, 그럴 때마다 주변으로부터 뜻밖의 도움을 받아 큰 힘이 됐다"고 말한다.

사업 관계로 만났더라도 한번 맺은 인연은 소중하게 지켜 오고 있다. 요즘 새삼 부각된 '의리'를 가장 중요한 덕목으로 여긴다.

그가 '의리의 사나이'임이 증명된 일화가 있다. 2014년 8월 서울 반포동 메리어트호텔에서 열린 고희연에 프로야구팀 두산 베어스 관계자들이 대거 참석한 것이다. 두산 베어스를 20년간 한결같이 후원해 온 휠라의 의리는 야구계는 물론 비즈니스 세계에서 줄곧 회자됐다. 감사의 표시로 두산 베어스는 등번호 '70'이 새겨진 팀 유니폼에 야구팀 전원의 사인을 담아 윤 회장에게 선물해 칠순잔치 현장을 더욱 훈훈하게 만들었다.

윤윤수 회장의 가장 큰 인맥은 서울고 인맥이다. 윤 회장은 서울고 16회로, 1974년 고교 평준화가 시행되기 전 경기고, 경복고와 더불어 '3대 명문고'였으니 각계에 퍼져 있는 동문이 쟁쟁하다. 비교적 조용하게 학창시절을 보낸 윤 회장의 학교와 동기에 대한 사랑은 남다르다. 동문 또는 16회 동기 행사에 직접 참여하는 것은 물론 각종 물품 협찬 및 후원금 쾌척도 마다하지 않는다. 최근 졸업 50주년을 기념하는 여러 가지 행사와 모임이 많은데, 해외 출장만 아니면 늘 참석해 친분을 나누려고 노력한다.

동기들 가운데 김석원 전 쌍용그룹 회장, 윤영달 크라운·해태제과 회장, 박성현 한국과학기술한림원 원장, 정영우 전 태영인더스트리 사장, 산업자원부 차관(2003년)을 지낸 임내규 차세대컴퓨팅협회 회장 등과 각별한 사이다.

2013년 작고한 소설가 최인호 씨와는 꽤 깊은 우정을 나눴다. 2010년 최인호 씨의 권유로 가톨릭 영세도 받았다. 최 씨가 그의 대부(代父)였다. 다른 서울고 동기들과 함께 정기적으로 부부 동반 모임도 가질 정도로 친분이 두터웠다. 재계와 문학계에서 활동해 이질적으로 보였던 두 사람의 관계는 2001년 대담집 《춘아, 춘아, 옥단춘아, 네 아버지 어디 갔니?》가 나오면서 세상에 알려졌다.

명사 26명이 2명씩 짝을 지어 한 주제를 놓고 이야기를 나눈 이 책에서 두 사람은 '정승처럼 벌어야 정승처럼 쓴다'는 주제로 경영관과 인생관을 풀어냈다. 윤 회장은 한때 최 씨의 《상도》(商道)를 즐겨 읽으며 "비즈니스는 이(利)가 아니라 의(義)를 추구해야 한다"라는 대목을 금과옥조로 여겼다.

서울고 후배로 이민주(68·20회) 에이트넘파트너스 회장, 김석(62·24회) 삼성사회공헌위원회 사장 등과도 가깝게 지낸다.

외국어대 동문 중에서는 KBS 뉴스 앵커를 지낸 최동호(76) 대양학원 이사장, 한국무역협회 부회장을 지낸 권순한(73) 한국외대총동문회장을 자주 만난다. 그는 늘 "외대에서 정말 많이 배웠다"고 입버릇처럼 말한다.

LG그룹의 구본무(71) 회장과도 친분이 두텁다. 윤 회장은 구 회장에 대해 "같은 연배인 데다 공통의 친구들이 많아 가까워졌다"며 "평소에도 늘 각별하게 챙겨 주시는 고마운 분"이라고 말했다.

윤윤수 회장은 부산 신발업체인 태광실업을 운영하던 동갑내기 박연차(71) 회장을 '평생의 은인'으로 꼽는다. 박 회장은 1990년대 휠라코리아가 부도 위기에 몰렸을 때 사업자금이 모자란다는 얘기를 들었다며 5천만 원을 건네준 일화로 유명하다. 그런 인연으로 2009년 박 회장이 세금 포탈 혐의로 재판을 받을 때 증인으로 출석하는 등 고달 픈 일을 당하기도 했지만 지금도 변치 않는 우정을 가꿔 오고 있다.

정치계에서 그는 선거철만 되면 몸값이 치솟는 기업인이다. 2014 년 지방선거 때도 그의 고향인 경기 화성 출마 후보자로 거론되기도 했다. 여당, 야당 한쪽에 치우치지 않고 친분을 쌓고 있으며, 후원금 도 곧잘 낸다. 윤윤수 회장은 정세균(66) 새정치민주연합 의원의 든 든한 후원자이기도 하다. 정 의원이 ㈜쌍용 뉴욕지사에 근무할 때 인 연을 맺어 20년 넘게 교분을 나누고 있다. 윤 회장은 2010년 민주당 최고위원이었던 정 의원의 대선캠프 역할을 하던 국민시대 준비위원 회에 참여하기도 했다.

새누리당 쪽에서는 윤상현(54) 의원을 들 수 있다. 연배 차이가 많 이 나는 두 사람의 교집합은 '칠원 윤씨'다. 우리나라에서 가장 오래 된 윤씨 중 하나로, 작곡가 윤이상 씨가 같은 집안 출신이다. 윤 의원 이 윤 회장에게 수시로 전화하며 안부를 전한다고 한다. 초대 우리금 융지주 회장을 지낸 윤병철(79) 사회복지공동모금회 회장, 윤원기 대 동통운 사장도 같은 문중이라 형제처럼 지낸다.

국제 스포츠계의 '큰손'인 만큼 윤 회장의 인맥은 국경을 초월한다. 세계양궁연맹의 톰 딜런 사무총장, 최근 휠라가 후원 협약을 맺은 네 덜란드 빙상연맹의 폴 샌더스 사무총장과도 친분이 두텁다.

윤윤수 회장 부인 이효숙 씨

윤윤수 휠라글로벌 및 아쿠쉬네트 회장은 애처가이자 공처가다. '암울했던 20대'에 빛을 준 부인 이효숙(67) 씨를 '존경하는 인물'로 꼽기를 주저하지 않는다. 윤 회장의 큰누나와 이효숙 씨의 어머니가 계모임에서 만나 두 사람 사이에 다리를 놨다. 윤 회장은 이 씨를 보자마자 한마디로 첫눈에 반했다고 한다. "조실부모해 성격적인 면에서 '구멍'이 많았던 자신을 푸근하게 품어 줄 운명적인 존재"임을 알아봤다는 것이다.

이효숙 씨는 대한제분 상무를 지낸 아버지 이주영 씨와 어머니 김옥형 씨 사이에서 4남 2녀의 장녀로 태어나 경희대 영문과를 졸업했다. 1972년 결혼해 축의금으로 셋방을 얻고 윤 회장을 키워 준 고모까지 모시고 살아야 했는데, 이효숙 씨와 그의 부모님은 싫은 소리 한 번 안 했다고 한다. 지금도 윤 회장은 "처가에서 그때 나를 뭘 믿고 결혼을 허락했는지 궁금하다"는 농담을 종종 한다.

윤윤수 회장과 달리 유복하고 다복한 집안에서 자란 이효숙 씨는 윤 회장이 안정을 찾아 마음 놓고 사업할 수 있게 한 '내조의 여왕'이었다. 윤 회장의 사업 초반 운전기사는 물론 타이피스트, 자금 조달 업무까지 척척 해낸 여장부이기도 하다. J. C. 페니 근무 시절 뇌물 유혹에 빠질 뻔한 윤 회장의 중심을 잡아 준 이도 부인이다. "그런 돈으로 사느니 차라리 굶어 죽겠다"는 부인의 말에 윤 회장은 정신을 번쩍 차렸다.

이효숙 씨는 윤 회장의 뒤를 이어 현재 휠라코리아의 관계 회사인

윤윤수 회장과 부인 이효숙 씨

케어라인 대표를 맡고 있다. 케어라인은 1984년 윤 회장이 처음 세운 회사(당시 라인실업)로, 무역업을 하며 쌓은 인맥을 활용해 장난감, 신발, 전선 등 돈이 된다 싶으면 무조건 다 갖다 팔던 종합상사였지만, 남이 만든 물건만 팔아서는 미래가 없다는 생각에 제조업으로 전환했다. 마침 수원중학교 동창으로 당시 상업은행 지점장을 하던 친구가 충북 보은군 속리산 중턱에 폐업한 연탄공장을 주선해 줘 1억 원에 그곳을 인수해 회사를 차렸다.

지금은 전동 스쿠터, 파워 휠체어를 제조·판매하며 60여 명의 직원을 두고 200억 원 가까운 연매출을 올리는 '강소기업'으로 성장했다. 윤 회장은 휠라코리아 못지않게 케어라인의 발전에 대해서도 자

윤윤수 회장 가계도

윤태흠(작고)
박수하(작고)
┬ 윤윤수(70)
  휠라글로벌 및
  아쿠쉬네트 회장
  (2남 5년 중 막내)

노은정(39)
윤근창(40)
휠라 USA CFO
── 1남 1녀

이주영(작고)
김옥형(작고)
┬ 이효숙(66)
  케어라인 대표
  (4남 2녀 중 장녀)

윤수연(38)
이성훈(44)
휠라코리아 CFO
── 1남

부심이 남다르다. 케어라인은 휠라코리아 지분 3.31%를 보유하고
있다.

　윤윤수 회장은 처남들과도 파트너십을 구축하고 있다. 큰처남 이
정무 씨는 휠라코리아에 의류를 공급하는 중소기업 범현을 운영하고
있으며, 넷째 처남 이선무 씨는 휠라스포츠 홍콩 법인장을 맡고 있
다. 손아랫동서인 김상무 씨는 케어라인 공동대표로 활동 중이다.

　윤윤수 회장은 슬하에 1남 1녀를 뒀다. 아들 윤근창(41) 씨는 미국
에서 고등학교와 대학교를 졸업한 후 카이스트에서 컴퓨터공학 석사
과정을 마치고 잠시 삼성테크윈에 근무했다. 이후 미국에서 MBA 과
정을 마치고 2007년 휠라에 몸담아 현재 휠라 USA에서 최고재무책임
자(CFO)를 맡고 있다. 서강대 경제학과를 나온 노은정(40) 씨와의
사이에 1남 1녀를 두고 있다.

　딸 윤수연(39) 씨는 성신여대 피아노학과와 미국 맨해튼 음대 대학
원을 나왔으며, 이성훈(45) 씨와 2005년 결혼했다. 휠라코리아 부사
장(CFO)에 올라 있는 이성훈 씨의 아버지는 이석구 전 산도스제약

468

대표다. 이성훈 부사장은 연세대 경제학과를 졸업하고 미국 로체스터대에서 MBA 과정을 마쳤으며, 삼성증권 IB사업본부 M&A팀, 엔씨소프트 재무전략담당을 거쳐 2007년 휠라코리아에 들어왔다. 두 사람 사이에는 1남이 있다.

대교그룹

3명의 공부방에서 국내 1위 교육기업으로

'교학상장'(敎學相長). 배우고 가르치며 서로 같이 성장한다는 의미의 이 사자성어는 강영중(66) 대교그룹 회장의 좌우명이다. 1975년 서울 성북구 종암동에서 3명의 학생으로 시작한 자그마한 공부방이 30여 년이 지난 2014년 현재 자산규모 1조 3,783억 원(2013년 말 기준, 해외 법인 등 제외)의 국내 1위 교육기업으로 커졌다.

학창시절 '눈높이 수학', '눈높이 영어' 같은 학습지를 한 번이라도 풀어 보지 않은 사람은 찾아보기 어려울 정도다. 학생이 선생님을 찾아가서 배우는 것이 아니라 선생님이 학생을 찾아가는 방식으로 발상의 전환을 이룬 게 그룹이 크게 된 전환점이었다.

경남 진주 출신의 강영중 회장은 건국대 농화학과에 입학해 ROTC

(학군사관) 10기로 군복무를 마쳤다. 25세이던 1974년 아버지 강대웅 씨가 폐암으로 별세하면서 인생의 전환점이 다가왔다. 당시 건설회사에 입사했지만 아버지의 병환이 깊어지자 사표를 내고 병간호에 매달렸다. 아버지가 갑자기 세상을 떠나지 않았다면 평범한 건설회사 샐러리맨으로 살지 않았겠느냐는 게 강영중 회장의 생각이다.

홀로 남은 어머니가 여관을 운영하는 것이 유일한 수입원이었지만 아버지의 사망으로 기력이 약해졌다. 둘째 남동생은 군복무 중이었고, 셋째 여동생과 막내 남동생은 아직 어린 학생이었다. 강 회장은 장남으로서 가족을 책임져야 하는 상황이었다.

강영중 회장에게 도움의 손길을 내민 이는 일본에서 사업을 하던 작은아버지 강대회 씨였다. 작은아버지는 네 자녀에게 일본에서 '구몬수학'을 공부하게 했고, 4명 모두 성적이 눈에 띄게 늘자 강 회장에게 구몬수학을 한국에 들여와 해보는 것이 어떻겠냐고 제안했다.

1975년 1월 21일 서울 성북구 종암동의 13제곱미터 넓이의 작은 전세방에서 대교의 시초인 '종암교실'이 문을 열었다. 첫 제자는 작은아버지 지인의 자녀인 초등학교 2학년 노승우, 4학년 노우정, 6학년 노승범 3남매였다. 나중에 한양대 건축학부 교수가 된 노승범 교수는 서울 관악구 보라매동 대교그룹 사옥 리노베이션(개보수) 때 설계를 맡기도 했다.

3남매의 실력이 늘자 입소문이 나서 회원 수가 점점 늘기 시작했다. 1976년 일본 구몬수학과 연계해 한국공문수학연구회를 창립했다. 강영중 회장은 고등학생인 막내 강학중(58) 씨와 일일이 직접 물감으로 그린 과외교실 홍보 포스터를 어머니가 쑤어 준 풀로 주부들이 많이 모이는 동네 미용실마다 붙이고 다녔다.

과외교실은 서울 시내 곳곳으로 퍼져 나가 20개 지역 교실이 만들어졌다. 4년 반 만에 회원은 4,200명, 교사는 100여 명, 관리직원은 7명이 됐다. 강남구 압구정동으로 사무국을 확장 이전해 본격적으로 사업을 펼칠 준비도 했다.

하지만 제동이 걸렸다. 1980년 7월 30일 국가보위비상대책 상임위원회가 '과외금지'를 발표했다. 한창 승승장구하던 강 회장으로서는 내리막길을 걷는 순간이었다. 그만두겠다는 회원이 속출했고 회원은 400명으로까지 줄었다. 자금난도 심각해졌다.

교육열이 유난히 높은 우리나라에서는 어떻게든 공부를 더 시켜야 했기 때문에 불법과외가 성행했다. 이때 강영중 회장은 위기를 기회로 만드는 발상의 전환을 한다. 학생이 오게 하는 방식의 과외가 아니라 선생님이 직접 교재를 학생에게 가져다주는 방식을 도입한 것이다. 이는 학생들을 한곳에 모아 공부를 가르치는 것이 아니기 때문에 과외가 아니었다. 강 회장의 발상의 전환으로 1983년 말 회원 수는 1만 명을 돌파하기에 이르렀다.

위기는 또다시 찾아왔다. 공문수학이 잘나가자 이번에는 일본의 구몬수학이 '공문' 대신 일본식 발음인 '구몬'으로 이름을 바꿀 것과 로열티 인상을 요구했다. 당시 강영중 회장은 학습지 업계 최초로 개발 중인 국어 교재에 일본식 이름을 붙여 '구몬 국어'라고 부르는 것은 말이 안 된다고 생각했다.

결국 기존 공문수학 브랜드를 포기하고 1986년 큰 교육을 지향한다는 의미인 대교(大教) 문화로 법인을 전환한다. 이어 1991년 상호를

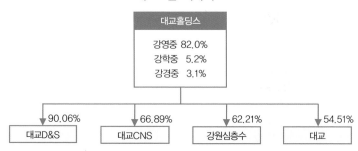

대교그룹 지배 구조

대교홀딩스
강영중 82.0%
강학중 5.2%
강경중 3.1%

| 90.06% | 66.89% | 62.21% | 54.51% |
| 대교D&S | 대교CNS | 강원심층수 | 대교 |

대교로 변경했고, 같은 해 7월 새로운 브랜드 명을 '눈높이'로 정했다. 당시 임원회의에서는 대다수가 눈높이보다는 그룹명을 붙인 대교수학을 더 선호했다. 하지만 강영중 회장은 눈높이는 순수한 우리말로 누구나 쉽게 읽을 수 있는 데다 그 의미를 단번에 알 수 있기 때문에 눈높이로 할 것을 밀어붙였다.

눈높이는 대성공을 거뒀다. 1993년 6월 28일 눈높이 교육 100만 명회원 시대를 열었다. 2004년 2월 3일 교육기업으로서 거래소에 상장하기도 했다.

하지만 강 회장이 항상 승승장구해 온 것만은 아니다. 1993년 대전엑스포가 열리고 난 뒤 엑스포 과학공원 운영권을 따내 1994년 정식으로 개장했지만 4년 만에 1천억 원의 손실을 내고 사업을 접기도 했다. 1996년에는 주간신문을 발행했지만 1997년 외환위기가 찾아오면서 경기가 불안해졌고 결국 폐간했다. 잇따른 경영 실패로 강영중 회장은 2000년 초 송자 명지학원 이사장(전 교육부 장관)을 회장으로 영입해 경영 전반을 맡겼다. 경영 일선에서 물러난 강 회장은 대한배드민턴협회 회장, 세계배드민턴연맹 회장 등을 맡으며 스포츠 외교에 힘을 쏟았다.

그러던 강 회장은 2007년 경영 일선에 복귀한다. 그가 자리를 비운 동안 그룹의 성장이 더뎠기 때문이다. 다시 그룹을 성장시키기 위해 2013년 7월 창립 37주년을 맞아 기업 이미지(CI)를 바꿨다. 세계에서 가장 전문화된 전인교육기업, 상생발전을 이끄는 첨단의 그린혁신그룹이라는 '비전2020'을 선보이며 제 2의 도약을 선언했다. 아버지의 별세, 과외금지 조치, 일본 구몬수학의 방해 등의 위기를 기회로 만들어 왔던 강 회장이 다시 한 번 도약할 수 있을지 주목된다.

성장세 둔화, 신성장동력은?

'태어나는 아이 수는 줄어들고 해외사업은 지지부진하고 … .'

우리나라의 폭발적인 교육열로 성공한 대교지만 현재는 과거와 같은 성장세를 보이지 못하고 있다. 세계 최저 수준의 출산율 때문에 주요 고객층인 학생이 줄었고, 인터넷 강의 등 다양한 학습법이 보급되면서 학습지를 푸는 일도 줄었기 때문이다. 특히 강영중 회장이 자리를 비웠던 기간 그룹은 이런 변화에 제대로 대처하지 못했다. 교육기업으로서의 성장이 더딘 만큼 새로운 사업 개척이 필요했지만 이에 대한 대비도 부진했다.

지난 10여 년 동안 매출액 추이만 봐도 그룹의 성장세가 꺾인 것으로 나타났다. 2000년 매출액은 6,497억 원이었고 매년 수백억 원씩 매출이 증가했다. 하지만 매출액이 8천억 원대를 넘어서면서부터 매출 증가가 더뎌졌다. 2011년 매출액 9,080억 원을 기록한 후 3년 연

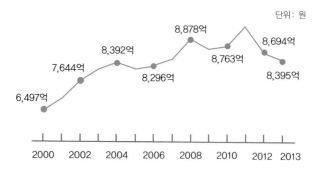

대교 매출액 추이

단위: 원

6,497억 7,644억 8,392억 8,296억 8,878억 8,763억 8,694억 8,395억

2000 2002 2004 2006 2008 2010 2012 2013

속 하락세를 보이고 있다.

　대교는 돌파구를 마련하기 위한 새로운 사업으로 2006년 해양심층수 사업에 뛰어들었다. 지주회사인 대교홀딩스와 강원도가 공동 출자해 '강원심층수'를 출시했지만 적자를 보이고 있다.

　대교그룹은 또한 그룹 성장동력의 초점을 교육에 맞추되 해외로 사업을 확대하고 있다. 1991년 8월 미국 현지법인인 대교아메리카를 설립한 이후 2002년 10월 중국 베이징에 이어 말레이시아, 인도네시아 등 각지에 현지 법인을 설립해 현재 20개국에 진출해 있는 상태다.

　강영중 회장의 장남인 강호준(35) 대교 해외사업전략실장, 차남인 강호철(33) 대교아메리카본부장이 해외사업을 맡고 있어 대교가 해외사업을 중요시한다는 사실을 알 수 있다.

자수성가 3형제, 매출 8천억 터 닦다

국내 최대의 교육기업을 만든 강영중 회장의 부모, 특히 그의 어머니는 자녀들에 대한 교육열이 대단했다. 경남 진주가 고향인 강 회장은 3남 1녀 가운데 장남으로 태어났다. 진주에서 식당 일을 하던 아버지 고 강대웅 씨와 어머니 고 김정임 씨는 네 자녀의 교육을 위해 진주에서 연고도 없던 서울 동대문구 답십리로 이사를 와 여관을 하게 된다. 초등학교만 졸업해 배움에 대한 갈망이 컸던 부모로서는 어떻게든 자녀들이 대학까지 마치기를 바랐다.

하지만 강영중 회장이 25세 청년 때 아버지가 58세 나이에 폐암으로 세상을 떠났다. 때문에 강 회장의 형제들 모두 홀로 남게 된 어머니에 대한 효심이 깊다. 어머니 김 씨는 배드민턴이 취미로, 서울 성북구 장위동에서 '무궁화클럽'이라는 배드민턴 모임을 만들 정도로 배드민턴을 즐겨 했다. 회원들은 김 씨를 '여(女) 회장'이라고 부르며 따랐다고 한다.

강영중 회장의 부인 김민선(62) 씨는 서울여대를 졸업했고 경영에는 관여하지 않고 있다. 강 회장과 부인은 중매로 만나 결혼했는데, 강 회장이 쓴 책에 따르면 부인 김 씨는 독실한 기독교 신자이지만 유교적인 강 회장의 집안을 잘 꾸려 줬다고 한다.

강영중 회장의 장남인 강호준(35) 씨는 성균관대 경영학과를 졸업하고 미국 미시간대 MBA 과정을 밟은 뒤 대교아메리카본부장을 거쳐 현재 대교 해외사업전략실장으로 근무 중이다.

차남인 강호철(33) 씨는 경기대 경영학과에 입학해 유학 후 미 보스턴대에서 경영학을 전공했고, 현재 형의 뒤를 이어 대교아메리카 본부장을 맡고 있다. 둘 다 평범한 집안의 자녀와 결혼한 것으로 전해졌다. 강 회장은 아들들을 대교그룹의 새로운 성장동력으로 꼽히는 해외시장에서 다양한 경험을 쌓게 한 후 자격이 되면 대교를 맡길 것으로 알려졌다.

강영중 회장의 둘째 동생인 강경중 씨는 중앙대 법대를 졸업했고 현재 국내 굴지의 인쇄출판기업인 타라그룹의 회장이다. 강경중 회장은 형과 함께 대교를 공동 창업했지만 1989년 독립해 타라그룹의 전신인 바른인쇄를 창업했다. 1989년 직원 5명과 함께 인쇄기 한 대로 시작해 매출 1천억 원을 달성하는 등 형처럼 자수성가형 인물이다. 부인 박경주(57) 씨는 서울 강남구 신사동에서 유명 진주한정식집인 '하모'를 운영하고 있다. 진주에서 식당을 했던 시어머니의 손맛을 이어받아 문을 열었다고 전해진다. 두 사람 사이에는 1남 1녀를 뒀는데 딸 강인경(35) 씨, 아들 강호연(33) 씨 모두 타라그룹에서 일하고 있다.

강영중 회장 형제의 여동생인 강영의(60) 씨는 적십자간호대(현 중앙대 적십자간호대학)를 졸업하고 송진수(66) 한국태양광발전학회 회장과 결혼했다. 강 씨는 결혼 전까지 대교그룹 일을 돕다가 결혼 후 가정주부가 됐다. 이들 사이에는 1남 1녀가 있다. 장남인 송원석(33) 씨는 록 밴드 '버닝햅번'에서 기타와 보컬을 맡고 있다. 장녀 송유림(32) 씨는 설치미술가다.

강영중 회장의 막내 동생인 강학중(58) 가정경영연구소장은 국내 최고의 가정경영 분야 전문가로 꼽힌다. 형들과 함께 대교그룹을 만

강영중 대교 회장 가계도

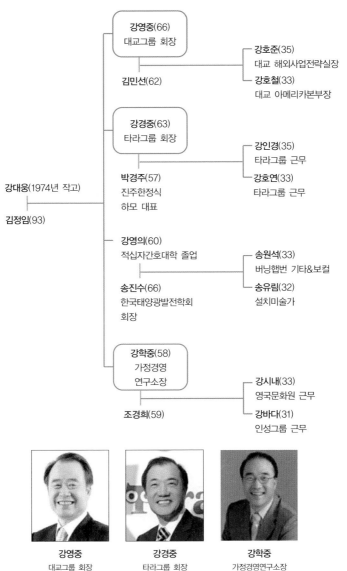

강대웅(1974년 작고)
김정임(93)

강영중(66)
대교그룹 회장
김민선(62)

- 강호준(35)
  대교 해외사업전략실장
- 강호철(33)
  대교 아메리카본부장

강경중(63)
타라그룹 회장
박경주(57)
진주한정식
하모 대표

- 강인경(35)
  타라그룹 근무
- 강호연(33)
  타라그룹 근무

강영의(60)
적십자간호대학 졸업
송진수(66)
한국태양광발전학회
회장

- 송원석(33)
  버닝햅번 기타&보컬
- 송유림(32)
  설치미술가

강학중(58)
가정경영
연구소장
조경희(59)

- 강시내(33)
  영국문화원 근무
- 강바다(31)
  인성그룹 근무

강영중
대교그룹 회장

강경중
타라그룹 회장

강학중
가정경영연구소장

들어 대교출판 사장과 대교 대표이사 부사장 등을 역임하다 1997년 말 대교그룹을 떠나 독립했다.

2000년 1월 당시 국내에서는 생소한 개념이었던 가정경영연구소를 만들었고 한국사이버대 부총장 등을 지냈다. 강학중 소장은 대교를 떠나 가정경영연구소를 만들게 된 데는 일찍 세상을 떠난 아버지의 영향이 컸다고 말한다. 강학중 소장의 부인 조경희(59) 씨는 가정경영연구소에서 안살림을 책임지고 있다. 둘 사이에는 1남 1녀가 있다. 장녀 강시내(33) 씨는 영국 런던시티대에서 경영학을 전공한 뒤 현재 영국문화원에서 근무하고 있다. 장남 강바다(31) 씨는 인성그룹 사원으로 일하고 있다.

대교를 이끄는 사람들

경남 진주 출신으로 진주농고를 다니다 서울 서라벌고로 전학해 건국대 농화학과를 졸업한 강영중 대교그룹 회장은 학연과 지연 등이 거의 없으며, 그룹이 성장하기까지 정치인 인맥을 형성하는 등의 이야기도 들린 적이 없다. 누구보다도 원칙을 중요시했기 때문이다. 하지만 대교그룹이 성장하기까지 유명인들과 인연도 빼놓을 수 없는 부분이다.

문용린(68) 전 교육부 장관은 강영중 회장이 이사장으로 있는 재단법인 대교문화재단에서 2000년 초부터 2012년 8월까지 이사로 재직했다. 강 회장과의 긴밀한 관계는 강 회장이 이사장으로 있는 학교법인 봉암학원에서 2008년 7월부터 2012년 10월까지 이사로 재직하면서도 이어졌다.

강영중 회장의 인맥과 대교 전문경영인

문용린(68)	송자(79)	오석주(54)	조영완(57)	최건(65)
전 교육부 장관	명지학원 이사장	대교CNS 대표이사	대교 대표이사	대교D&S · 강원심층수 대표이사

송자(79) 명지학원 이사장(전 교육부 장관)은 강영중 회장이 경영 일선에서 잠시 떠나면서 '삼고초려'를 해서 회장으로 모셨다. 송 이사 장은 회장직을 맡기 수년 전부터 강 회장으로부터 기회만 되면 대교 에 와서 일해 줄 것을 요청받은 것으로 알려졌다. 송 이사장은 2001 년부터 2007년 3월까지 대교 대표이사 회장을 맡았다.

강영중 회장이 오너로서 그룹 전체를 지휘한다면 계열사별 전문경영 인들은 대교의 각 부분을 책임지고 있다. 특히 이들은 각 분야에서 전 문성과 경영능력을 인정받아 대교로 왔다는 공통점이 있다.

2011년부터 대교 대표이사를 맡고 있는 조영완(57) 대표이사는 SK 브로드밴드 CS 대표이사 출신이다. 미디어사업 전문가로 대교그룹 이 신성장동력으로 꼽는 미디어사업을 책임지고 있다.

스마트러닝 등 대교그룹의 정보통신(IT) 서비스를 책임지는 오석 주(54) 대교CNS 대표이사는 한국IBM 등에서 근무한 후 안철수연구 소 대표이사를 지낸 IT 분야 전문가다. 오석주 대표이사는 강 회장의 사업부문별 전문가 영입추진 계획에 따라 합류해 2010년부터 대표이 사직을 맡고 있다.

청평 마이다스 골프클럽과 이천 마이다스 골프&리조트를 운영하는 대교D&S와 강원심층수 대표이사를 2013년 3월부터 맡고 있는 최건(65) 대표이사도 삼성에버랜드 리조트사업부 영업상무와 우리들리조트 대표 등을 지낸 이 분야 전문가다.

세계최강 이끈 한국 배드민턴 '대부'

한국 배드민턴 역사에서 강영중 대교그룹 회장 이야기를 뺄 수 없을 정도로 강 회장은 배드민턴계의 대부(代父)다. 한국이 배드민턴 강국이 된 데는 강 회장의 역할이 컸다는 것은 잘 알려진 일이다. 강 회장은 배드민턴을 치는 이유로 30분만 배우면 누구나 쉽게 즐길 수 있기 때문이라고 말한다.

강영중 회장은 고교 1학년 때 체육선생님 2명이 배드민턴을 하는 것을 보다가 얼떨결에 함께 하면서 처음으로 배드민턴을 접하게 됐다. 이후 본격적으로 취미를 붙인 것은 1974년 강 회장의 아버지가 세상을 떠난 후부터다. 남편을 잃고 기력이 약해지던 어머니를 위해 강 회장은 당시 살던 집 앞에 조그만 공터를 샀고, 어머니는 직접 호미로 땅을 골라 배드민턴장을 꾸몄다. 덕분에 모자는 매일 아침 그곳에서 배드민턴을 쳤고 어머니의 건강도 좋아지게 됐다.

이런 인연으로 강 회장은 2003년 대한배드민턴협회장에 취임했고, 2005년 5월 세계배드민턴연맹(BWF) 회장에 올랐다. 당시 한국인으로서는 4번째 국제경기단체 회장이 됐다. 강 회장은 2005년부터 2013년까지 BWF 회장으로서 BWF의 재무 및 수익구조 개선 등을 이룬 공적을 인정받아 2014년 5월 BWF 종신 명예부회장으로 추대되기도 했다.

또한 강영중 회장은 2015년 3월부터 국민생활체육회장을 맡아 건강한 체육복지 실현, 선진형 스포츠 시스템 정착 등에 힘쓰며 국내 체육계 발전에 기여하고 있다.

영풍그룹

창립 66주년 '영풍'의 현주소

일반 소비자들에게 영풍 하면 떠오르는 것은 국내 최대 서점 중 하나인 영풍문고일 수 있다. 그러나 산업계에서는 다르다. 영풍은 2014년 공정거래위원회 기준 자산 10조 3,107억 원으로 재계 순위 27위(공기업 제외)에 이름을 올린 종합비철금속 제련과 전자부품 분야의 글로벌 대표주자다. 철강업계에 포스코가 있다면 비철금속업계에는 영풍이, 스마트폰업계에 삼성전자가 있다면 전자부품업계에는 영풍이 있는 셈이다.

비철금속이란 철 이외에 구리, 납, 주석, 아연, 금, 백금, 수은 등 공업용 금속을 말한다. 영풍의 대표상품은 아연(Zn)이다. 아연은 철과 알루미늄, 구리에 이어 세계에서 네 번째로 많이 쓰이는 광물로 철강, 자동차 등의 철이 부식되지 않도록 도금하는 역할을 한다.

세계에서 아연을 가장 많이 만드는 나라는 중국이지만 세계 최대 아연회사는 한국의 영풍이다. 2014년 기준 영풍의 세계 시장점유율은 8%, 생산능력은 총 117만 톤(영풍 40만 톤, 고려아연 55만 톤, 호주 SMC 22만 톤)으로 나타났다. 아연공장 증설이 완료되는 2016년부터는 연간 생산량이 127만 톤으로 늘어나 점유율이 10%까지 커질 전망이다. 국내 시장점유율은 88%로 독보적인 지위를 자랑한다.

영풍그룹은 해방 직후인 1949년 황해도 출신의 동향인 고 장병희 창업주와 고 최기호 창업주가 동업으로 만든 무역회사인 영풍기업사가 모태다. 당초 '불놀이'로 유명한 고 주요한 시인까지 3인이 함께 시작했으나 주요한 시인이 장면 내각의 상공부 장관으로 일하면서 2인 동업 체제가 됐다.

두 창업주는 사업을 시작한 지 반년 만에 한국전쟁으로 사업을 접어야 했지만 1951년 피란지인 부산에서 다시 철광석 등을 일본으로 수출하는 충주철산개발공사를 세웠다.

회사 규모가 커지면서 1953년 각 계열사 이름을 영풍으로 통합하고 현재 서린동 영풍문고가 있는 자리에 사옥을 세웠다. 현재의 논현동 영풍빌딩으로 본사를 이전한 것은 1982년의 일이다.

일본 수출 무역에 초점을 맞추던 영풍은 아연괴 수입에 의존하는 국내 현실을 타개하기 위해 1970년 10월 경북 봉화군에 국내 최초의 대단위 아연제련공장인 석포제련소(연 9천 톤)를 준공하면서 비철금속 제련업에 진출했다. 이어 1974년 고려아연을 설립한 뒤 1978년 경남에 온산제련소(아연괴 연산 5만 톤)를 준공하면서 본격적으로 국내

영풍그룹 연혁

연도		내용
1949년	11월	합명회사 영풍기업사 설립
1963년	2월	영풍그룹 초대회장에 최기호 회장 취임
1970년	10월	국내초유의 대단위 아연제련공장인 석포제련소 건설
1974년	8월	고려아연㈜ 설립
1976년	6월	㈜영풍 기업공개
1978년	3월	영풍그룹 제2내 회장에 장병희 회상 취임
1978년	8월	고려아연㈜ 온산제련소 준공
1980년	6월	영풍문화재단 설립
1990년	7월	고려아연㈜ 기업공개
1992년	5월	㈜영풍문고 설립
1997년	6월	호주 Sun Metals Corp 설립
2000년	5월	시그네틱스㈜ 인수
2005년	2월	㈜코리아써키트, ㈜인터플렉스, ㈜테라닉스 인수
2012년	10월	강릉시와 옥계투자협약식

회사 매출액 및 영업이익 추이

단위: 원

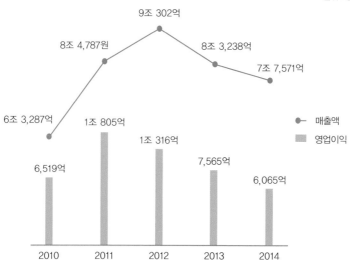

아연시장 공급을 주도했다.

영풍그룹은 아연제련소의 규모와 기술을 확장시키는 식으로 경쟁력 확보에 매진했다. 그 결과 세계에서 몇 개 되지 않는 흑자 제련그룹으로 명성을 떨치고 있다.

영풍 측은 불황에도 불구하고 흑자 행진을 이어 가는 비결로 기술력을 꼽고 있다. 영풍 측은 "세계 각지의 제련소들이 광석(정광)에서 금속을 회수하는 비율은 약 90%에 그치지만, 영풍그룹의 고려아연 등은 광석에서 모든 유가금속을 뽑아내며 100%에 가까운 회수율을 자랑한다"면서 "같은 원료를 효율적으로 사용하는 기술 덕에 원가 경쟁력도 확보하고 있다"고 설명했다.

영풍의 고려아연 등이 광석에서 회수하는 금속 수는 20종에 육박한다. 금속 제련과정에서 산화·환원 공정을 통합한 기술(QSL) 등 영풍의 독보적인 기술만 4~5개에 이른다. 최종 부산물까지 청정 슬래그로 만들어 친환경 산업용 골재로 활용하고 있어 수익 극대화는 물론 환경오염 문제까지 해결했다는 평을 받는다.

영풍은 2005년 인쇄회로기판(PCB) 제조사 코리아써키트와 인터플렉스를 인수하면서 비철금속 제련뿐 아니라 전자부품업계 강자로도 군림하고 있다. 이 두 회사는 인수 초기 2년 연속 적자를 기록해 영풍의 속을 태웠지만 2008년 이후 PCB 등이 들어가는 스마트폰과 태블릿 PC 보급이 폭발적으로 늘어나면서 반전에 성공했다. 영풍은 2014년 기준 PCB 생산 세계 2위 기업이다.

영풍은 앞서 1995년 연성인쇄회로기판(FPCB) 제조사인 유원전자(현 영풍전자)를 인수하며 PCB 사업에 처음으로 뛰어들었다. 다만 영풍의 주요 납품업체인 삼성전자의 스마트폰 부문이 2014년을 기점으로 고전하면서 인터플렉스 등 영풍 계열사들도 적자다. 1조 원이 넘던 영풍그룹 영업이익도 지난 2014년 6,065억 원으로 줄었다.

최·장씨 가문 3대째 공동경영 모범

해방 직후인 1949년 황해도 사리원 출신 동향인 장병희 창업주와 최기호 창업주의 동업으로 시작된 영풍그룹은 66년째 3대에 걸쳐 '한 지붕 두 가족'의 공동경영 전통을 이어가고 있다.

영풍그룹의 두 축은 비철금속 제련과 전자부품 제조다. 고려아연을 중심으로 하는 비철금속 계열은 최씨 일가가 맡고 있고, 지배회사인 ㈜영풍과 전자 계열은 장씨 일가가 담당한다. 일본과의 무역이 절대적이던 창업 초기 일본어에 능통했던 최기호 창업주가 일본에서 주로 활동하면서 광산과 제련 쪽 일을, 장병희 창업주가 국내 경영을 책임진 전통이 지금까지 이어진 것이라는 설명이다.

최기호 창업주는 슬하에 5형제를 뒀는데, 장남과 차남인 최창걸·최창영 명예회장에 이어 2009년부터 셋째인 최창근 회장이 고려아연의 최고경영자(CEO)로 회사를 이끌고 있다. 고려아연 쪽은 아들 3형제가 각각 경영, 기술, 원료를 맡아 협업하며 릴레이식 경영을 해온 것으로 유명하다.

최씨 일가의 경우 3세 경영 승계가 급물살을 타고 있다. 최창근 회장의 뒤를 이을 후계자로는 장남 최창걸 명예회장의 차남인 최윤범 부사장이 유력시되고 있다. 최 부사장은 2014년 초 열린 주주총회에

장형진(오른쪽) 영풍 회장과
최창걸 고려아연 명예회장이
2013년 서울 논현동 영풍빌딩
회의실에서 정기 이사회를
마친 뒤 포즈를 취하고 있다.

서 처음 고려아연 사내이사로 이름을 올렸다.

최창걸 명예회장의 장남 데이비드 최는 영풍정밀 주식 23.9%를
보유한 최대 주주였으나 지난 2010년 3월 지분을 전량 장내 매도한
뒤 지금은 그룹과 상관없이 지내고 있다.

장병희 창업주는 2남 2녀를 두었는데, 그 중 차남인 장형진 영풍
회장 일가 쪽만 경영에 참여하고 있다. 장형진 회장은 1993년 회장으
로 그룹 경영 전면에 나선 뒤 지난 3월 임기만료로 대표이사·사내이
사 자리에서 물러났지만 회장으로 불리고 있다.

그의 두 아들이 모두 경영에 참여하고 있으며, 장남인 장세준은 영
풍전자 부사장으로, 차남인 장세환은 서린상사 전무로 근무하며 후
계자 경영수업을 받고 있다. 장세준 영풍전자 부사장은 ㈜영풍 지분
17%를 보유한 그룹 최대 주주다.

영풍그룹 지분 구조

2015년 4월 기준

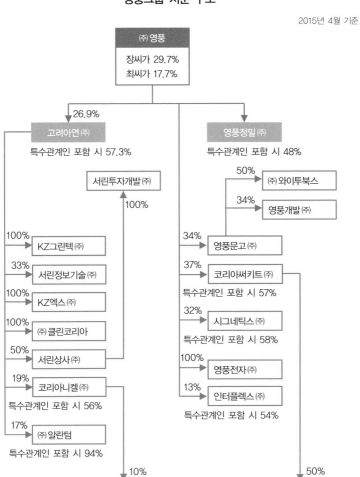

㈜영풍
장씨가 29.7%
최씨가 17.7%

고려아연㈜
26.9%
특수관계인 포함 시 57.3%

영풍정밀㈜
특수관계인 포함 시 48%

서린투자개발㈜
100%

50% → ㈜와이투북스
34% → 영풍개발㈜

34% → 영풍문고㈜

100% → KZ그린텍㈜
33% → 서린정보기술㈜
100% → KZ엑스㈜
100% → ㈜클린코리아
50% → 서린상사㈜
19% → 코리아니켈㈜
특수관계인 포함 시 56%
17% → ㈜알란텀
특수관계인 포함 시 94%

37% → 코리아써키트㈜
특수관계인 포함 시 57%
32% → 시그네틱스㈜
특수관계인 포함 시 58%
100% → 영풍전자㈜
13% → 인터플렉스㈜
특수관계인 포함 시 54%

10% → 엑스매텍㈜

50% → 테라닉스㈜

장씨와 최씨 일가가 회사를 공동으로 경영하고 있지만 보유 주식 비율은 차이가 있다. 그룹 지배의 정점이자 사실상 지주회사 격인 ㈜영풍은 특수관계인 지분 71.8% 가운데 장씨 일가 지분이 절반에 조금 못 미치는 29.7%를 차지한다. 반면 최씨 일가 지분은 17.7%다.

고려아연의 경우 최씨 일가가 경영을 이어 가고 있지만 지분상으로는 장씨가 장악한 ㈜영풍이 26.9%를 보유해 최대 주주로 역할하고 있다. 개인 최대 주주도 장형진 회장으로 4.5%의 지분을 보유하고 있다.

그러나 두 집안의 공동경영은 지분의 많고 적음을 떠나 별다른 잡음을 내지 않는 공동경영의 모범으로 꼽힌다. 3세대에도 공동경영이 이어질 것이라는 관측이다.

영풍그룹 측은 "지배구조의 경우 지분 보유의 많고 적음을 떠나 그룹 전체가 분리될 수 없는 '하나의 실체'라는 인식이 강하다"면서 "두 집안은 전문성에 따라 독립성이 보장된 위탁경영으로 확고한 동업 관계를 유지하고 있다"고 설명했다.

영풍그룹 장병희 창업주 일가

영풍그룹은 황해도 출신의 동향인 장병희·최기호 두 창업주가 동업으로 만든 회사지만 현재 지배회사인 ㈜영풍그룹과 전자부품 계열은 장병희 창업주의 차남인 장형진(69) 회장 일가에서 맡고 있다. 장 회장은 영풍그룹의 오너 경영인으로 지난 3월 주주총회 당시 대표이사와 등기이사 자리를 내놨다.

장병희 창업주는 황해 봉산 출신으로 황해도사리원공립농업학교와 대구신학대 신학과를 졸업하고 벨기에 루뱅카톨릭대학교 사학과를 졸업했다. 해방 이후 남한으로 내려와 같은 황해도 출신의 최기호 창업주와 영풍기업사를 설립했다. 고 김진숙 여사와의 사이에 현주(81), 철진(77), 윤주(72), 형진 등 2남 2녀를 두었다.

1980년대 후반 장병희 창업주가 경영 일선에서 물러나면서 장남인 장철진 전 영풍산업 회장이 영풍산업, 영풍광업 등 계열사 사장에 올랐고, 차남인 장형진 영풍그룹 회장이 ㈜영풍 등의 경영을 맡았다. 장철진 전 회장은 1993년 인천 주택조합 사기 사건으로 구속됐으며, 영풍산업이 2005년 최종 부도처리된 뒤 경영 일선에서 물러났다.

장철진 전 회장은 용산고와 연세대 상경대를 졸업했으며, 부인 최증자(71) 씨와의 사이에 2남 1녀를 두고 있다. 큰아들인 장세욱(48) 씨는 영동고와 연세대 지질학과를 졸업하고 2015년 6월 현재 영풍그룹의 반도체 패키징 계열사 시그네틱스에서 전무로 일하고 있다. 장 전무의 부인 김현수(47) 씨는 전방(구 전남방직) 김종욱 부회장의 딸이다. 김 부회장의 아버지가 김무성(64) 새누리당 대표의 형인 김창성(83) 전방 명예회장이다.

장철진 전 회장은 종합상사인 서린상사 지분(16.1%) 등 그룹 계열사 지분 일부를 보유 중이다. 차남인 장형진 회장 직계만 그룹의 오너십을 가진 셈이다.

장형진 회장은 서울사대부고와 연세대 상경대를 졸업하고 1971년 ㈜영풍에 입사, 1988년 ㈜영풍 대표이사에 취임했다. 장 회장은 대외 활동을 거의 하지 않는다. 연세대 상경대 최고경영자(CEO)들의

㈜영풍 가계도

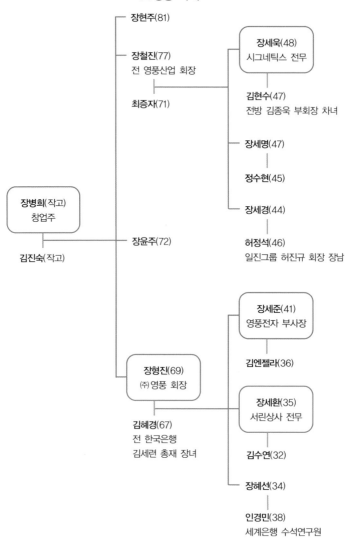

장현주(81)

장철진(77)
전 영풍산업 회장

최증자(71)

장병희(작고)
창업주

김진숙(작고)

장윤주(72)

장세욱(48)
시그네틱스 전무

김현수(47)
전방 김종욱 부회장 차녀

장세명(47)

정수현(45)

장세경(44)

허정석(46)
일진그룹 허진규 회장 장남

장형진(69)
㈜영풍 회장

김혜경(67)
전 한국은행
김세련 총재 장녀

장세준(41)
영풍전자 부사장

김엔젤라(36)

장세환(35)
서린상사 전무

김수연(32)

장혜선(34)

인경민(38)
세계은행 수석연구원

모임에도 나가는 법이 없다.

장형진 회장은 장병희 창업주의 근검절약 정신을 물려받았다는 평을 받는다. 임원회의가 길어지면 햄버거를 배달시키고, 각종 쿠폰도 손수 챙기는 것으로 유명하다. 일제강점기의 어려운 경제상황을 겪은 아버지 장 창업주가 낡은 운동화도 수선해 신었을 만큼 근검절약을 항상 강조해 절약 정신이 투철하다는 설명이다.

장형진 회장은 고 김세련 전 한국은행 총재의 장녀 김혜경(67) 씨와의 사이에 2남 1녀를 두고 있다. 이 중 큰아들 세준(41) 씨와 작은 아들 세환(35) 씨로 3세 후계구도가 정해져 있다. 세준 씨와 세환 씨는 그룹의 지주회사 격인 ㈜영풍 지분을 각각 16.89%와 11.15% 가진 최대 주주다. ㈜영풍은 고려아연의 최대 주주로 26.91%의 지분을 가지고 있다.

영동고 출신인 장남 세준 씨는 미국 서던캘리포니아대(USC)에서 생화학을 공부한 뒤 패퍼다인대에서 경영대학원(MBA)을 다녔다. 계열사인 시그네틱스에 과장으로 입사해 영풍전자 부사장으로 재직 중이다. 평소에도 직원들과 함께 구내식당에서 점심식사를 하는 등 푸근하고 소탈한 성격이란 평을 받는다.

차남 세환 씨는 미국 패퍼다인대에서 경영학을 전공했다. 이후 중국 베이징으로 건너가 칭화(清華)대에서 국제 MBA 프로그램을 이수했다. 영풍과 고려아연의 해외 영업을 맡고 있는 계열사인 서린상사에서 전무로 재직 중이다. 치밀하고 추진력이 강하다는 평이다.

딸 혜선(34) 씨는 세계은행 수석연구원 인경민(38) 씨와 결혼해 미국에서 살고 있다.

고려아연 최기호 창업주 일가

최기호 창업주는 1909년 3월 29일 황해도 봉산군 사리원읍 동리에서 고 최경수 옹의 장남으로 태어났다. 슬하에 6남 3녀를 뒀는데, 장남을 빼고 다섯 아들을 모두 서울대에 보냈을 만큼 교육열이 남달랐다.

큰아들이 일찍 죽은 뒤 실질적인 장남 역할은 최창걸(74) 고려아연 명예회장이 맡았다. 경기고를 나와 서울대 경제학과와 컬럼비아대학원 경영대학원(MBA)을 졸업했다. 부인은 제27대 대한적십자사 총재를 지낸 유중근(71) 씨다. 이화여대 영문과 출신으로 총학생회장을 지내기도 한 그는 남편 최 명예회장과 함께 컬럼비아대학원에서 공부하며 영문학 석사를 받았다. 두 사람 사이에는 2남 1녀가 있다. 장남 데이비드 최(47)와 딸 최영아(44) 씨는 현재 미국에서 살고 있다. 컬럼비아대학원에서 로스쿨을 졸업한 차남 최윤범(40) 씨는 현재 고려아연의 호주 현지법인인 SMC 사장으로 재직 중이다.

최기호 창업주의 차남인 최창영(71) 코리아니켈 회장은 서울대 금속학과를 졸업하고 컬럼비아대학원 금속학 석·박사를 받았다. 이화여대를 나온 김록희(69) 씨와의 사이에 2남 1녀가 있다. 서울대 인류학과 출신인 장남 최내현(45) 씨는 고려아연 계열인 코리아니켈과 알란텀 사장으로 있다. 서울대 전기공학과를 나온 차남 최정일(36) 씨는 현재 미국 유학 중이다. 딸 최은아(42) 씨의 남편 이원복(45) 씨는 김앤장법률사무소 변호사를 거쳐 현재는 이화여대 법학과 교수로 재직 중이다.

최기호 창업주의 3남인 최창근 고려아연 회장은 경복고, 서울대 자원공학과를 졸업하고 컬럼비아대학원에서 자원경제를 공부했다. 이화여대 출신인 부인 이신영(64) 씨와의 사이에 1남 2녀를 두었다.

고려아연은 최창근 회장 일가의 혼사를 통해 정·재계, 언론계와 연결돼 있다. 장녀 최경아(40) 씨의 남편이 천신일(72) ㈜세중 회장의 장남 천세전(41) 세중 대표이사 사장이다. 천 사장은 미국 버클리 캘리포니아대를 졸업한 뒤 2003년 세중에 입사했다. 차녀 최강민(36) 씨가 방우영(87) 〈조선일보〉 명예회장의 외아들인 방성훈(42) 〈스포츠조선〉 대표이사 부사장의 부인이다.

노바스코시아뱅크에서 근무 중인 최창근 회장의 외아들 최민석(33) 씨는 새정치민주연합 김부겸(57) 전 의원의 딸인 김지수(28) 씨와 2015년 3월 화촉을 밝혔다. 2011년부터 윤세인이라는 예명으로 연예계 활동을 한 김지수 씨는 성균관대 연기예술학과 출신으로 김 전 의원이 2014년 대구시장 선거에 출마했을 때 지원 유세를 다녀 화제를 모으기도 했다.

고려아연 측은 "최창근 회장의 자제들이 유명한 집안과 결혼했지만 모두 연애결혼으로 만났다"고 밝혔다.

최기호 창업주의 4남인 최창규(65) 영풍정밀 회장은 경복고, 서울대 문리대, 시카고대학원을 나왔다. 정지혜(60) 씨와의 사이에 아들 둘을 두고 있는데, 모두 미국에서 유학 중이다.

최기호 창업주의 5남인 최정운(62) 씨는 서울대에서 정치외교학과 교수로 재직 중이다. 서울대 정치외교학과를 졸업하고 시카고대학원에서 정치학 석·박사를 땄다. 한진희(62) 씨와의 사이에 2남 1녀를 두고 있다.

고려아연 가계도

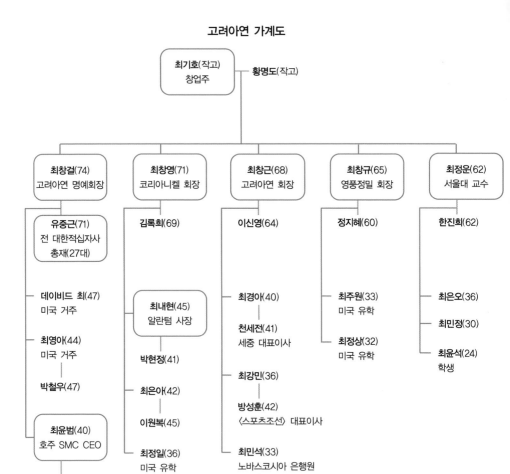

최기호(작고)
창업주 ─── 황명도(작고)

최창걸(74)
고려아연 명예회장

최창영(71)
코리아니켈 회장

최창근(68)
고려아연 회장

최창규(65)
영풍정밀 회장

최정운(62)
서울대 교수

유중근(71)
전 대한적십자사
총재(27대)

김록희(69)

이신영(64)

정지혜(60)

한진희(62)

데이비드 최(47)
미국 거주

최내현(45)
알란텀 사장

최경아(40)

최주원(33)
미국 유학

최은오(36)

최영아(44)
미국 거주

박현정(41)

천세전(41)
세중 대표이사

최정상(32)
미국 유학

최민정(30)

박철우(47)

최은아(42)

최강민(36)

최윤석(24)
학생

최윤범(40)
호주 SMC CEO

이원복(45)

방성훈(42)
〈스포츠조선〉 대표이사

이경은(39)

최정일(36)
미국 유학

최민석(33)
노바스코시아 은행원

김미숙(35)

김지수(28)
김부겸 전 국회의원 딸

고려아연 측은 "최 창업주는 아들 5형제를 모두 서울대 동문으로 키워 냈고, 제련사업에 필요한 경영, 금속, 광산을 전공하게 해 오늘날 영풍그룹이 비철금속 제련 분야에 있어 세계 최고로 거듭날 수 있는 근간을 다졌다"고 말했다.

세아그룹

55년간 철강제품 생산 한 우물, 세아그룹

세아그룹은 1960년 부산에서 출발한 부산철관공업을 모태로 하는 국내 강관(파이프) 시장점유율 1위의 전문 철강기업이다. 출범 첫해인 1961년 1,800만 원으로 시작한 매출은 2014년 해외를 포함해 매출 7조 9,226억 원, 영업이익 5,398억 원으로 늘어났다.

부산철관공업 하나로 시작한 계열사 역시 2014년 기준 세아제강과 세아베스틸을 비롯해 국내외 40여 개로 늘어났고 사업장 역시 국내를 넘어 미국, 중국, 일본 등 10개국으로 진출했다. 소구경 철 강관으로 시작한 생산품목도 탄소 강관에서 티타늄 튜브 등 파이프 제품뿐 아니라 자동차부품에서 산업용 특수강소재까지 늘어났다.

세아그룹의 창업주인 이종덕 명예회장은 1945년 광복과 함께 서울

세아그룹 주요 연혁

연도	내용
1960년 10월	부산철관공업 설립
1967년 5월	기업 공개
1971년 8월	부산에서 서울로 본사 이전
1975년 5월	부산철관공업, 부산파이프로 사명 변경
1980년 8월	포항공장 준공, 이운형 사장 체제 출범
1996년 1월	부산파이프, 세아제강으로 사명 변경 및 그룹 체제 출범
2000년 12월	창업주 이종덕 명예회장 별세
2001년 7월	세아홀딩스 한국증권거래소 상장
2003년 12월	기아특수강(현 세아베스틸) 인수
2013년 3월	이운형 회장 별세
2013년 4월	이순형 회장 체제 출범
2015년 3월	포스코특수강(현 세아창원특수강) 인수

을지로2가에 '해동공업사'를 설립하며 처음 철강재와 인연을 맺었다. 이후 1950년 한국전쟁과 함께 부침을 겪었으나 1954년 부산 충무로 '해덕철강상사'를 거쳐 1960년 부산 감만동에서 그룹의 모태기업이 된 '부산철관공업'이 첫 사업의 닻을 올렸다.

상호에 '한국'이나 '세계', '아시아' 등이 아닌 부산 지역명을 사용한 것은 당시로서는 이례적인 일이었는데, 세아그룹은 '사업보국과 초석 기업을 세운다'는 창업의지에서 비롯됐다고 설명한다.

이종덕 명예회장은 부산공장 문을 연 지 10년 만에 기업공개를 통한 상장과 서울공장 건설을 통해 본격적으로 사세를 키웠다. 특히 기업공개와 주식상장은 기업공개촉진법이 제정된 1972년보다도 3년 빠른 1969년에 이뤄졌다. 미국 기업을 시찰하고 돌아온 이 명예회장의 결단에 의한 것이었다.

이후 부산철관공업은 1975년 부산파이프로 사명을 변경하고 석유파동에 따른 내수시장 위축의 돌파구를 수출 드라이브를 통해 찾았다. 이 과정에서 1978년 준공된 포항철강단지 내 연산 24만 톤 규모의 포항공장 설립은 그룹의 중요한 성장의 도약대가 됐다. 이를 통해 부산철관공업은 1978년부터 5년 연속 수출산업 발전에 대한 공로로 대통령 표창을 받으며 국내 유일의 강관 전문기업으로서 입지를 다지기 시작했다.

이후 이종덕 명예회장의 장남인 이운형 사장으로 2기 경영체제가 시작됐다. 서울대 건축학과와 미국 미시간대 경영대학원을 졸업한 이 사장은 1974년 이사로 입사해 부사장을 거쳐 1980년 사장 취임과 함께 경영 전면에 나섰다.

이운형 사장은 해외 업체들과 활발히 제휴해 사업영역을 확대해 나갔다. 호주의 '번디'와 합작한 부산번디(1979년, 현 세아FS)를 설립해 스틸튜브 시장에 진출했고, 글로벌 용접회사인 알로이로드와 합작해 한국알로이로드(1985년, 현 세아에삽)를 설립했다. 또 창원강업(현 세아특수강)을 인수해 자동차부품 및 산업용 기초소재 부문으로 사업영역을 넓혔다.

이운형 사장은 1995년 그룹 회장으로 취임하며 본격적인 그룹경영 시대를 열었다. 이후 1996년 1월 1일 그룹 명칭을 지금의 '세아'로 변경해 '세상을 아름답게'라는 세아의 지향 가치를 정립했다.

현재 세아그룹은 이운형 회장의 뒤를 이어 동생인 이순형 회장이 총괄하고 있다. 2013년 이운형 회장이 해외 출장 중에 갑작스러운 심장마비로 별세(67세)했기 때문이다. 이순형 회장은 형의 갑작스러운 죽음으로 잠시 복잡해졌던 상황을 정리하고 안정적으로 그룹을 이끌

세아그룹 지분구조

2015년 3월 31일 현재

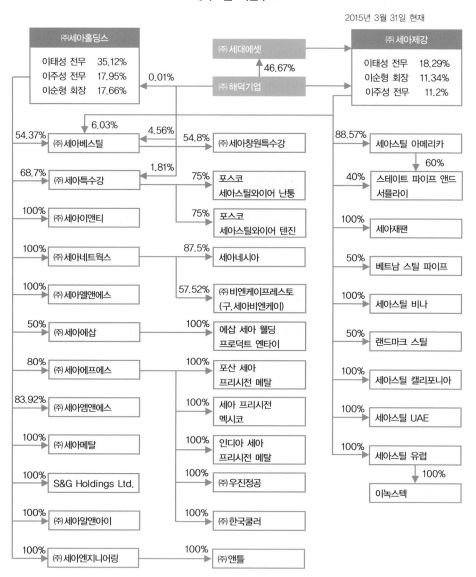

고 있다.

세아그룹은 강관 부문 철강제조 분야의 전문성을 바탕으로 최근까지 불황이 이어지고 있는 철강업계에서 꾸준한 실적을 내고 있다. 현재 세아그룹은 국내 강관·특수강 시장점유율 1위를 기록하고 있는 세아제강과 세아베스틸을 필두로 세아특수강선재, 세아FS(스틸튜브), 세아에삽(용접재료 및 장비), 세아메탈(스테인리스 와이어 등), 세아엔지니어링(터보기기 및 제철 플랜트 엔지니어링), 세아M&S(몰리브덴 합금철), 세아L&S(물류), 세아네트웍스(SI) 등의 계열사로 이뤄져 있다. 2015년 3월에는 포스코특수강(현 세아창원특수강)을 4,399억 원에 인수하며 사업 포트폴리오를 더욱 강화했다.

이운형 회장의 남다른 문화사랑

1980년부터 33년간 세아그룹을 이끌어 왔던 이운형 회장이 2013년 심장마비로 갑작스레 세상을 떴지만 이 회장의 문화에 대한 애정은 지금껏 그룹의 전통으로 내려오고 있다.

이운형 회장은 2000년 국립오페라단이 재단법인으로 출범할 당시 초대 이사장을 맡으며 국내 오페라에 대한 지원을 이어 갔다. 세계적 수준의 오페라를 만드는 일만이 국립오페라단이 나아갈 길이라고 생각한 이 회장은 이사장 재임기간 동안 후원회를 조직하고 국립오페라단 운영에 대한 지원과 협조, 다른 기업들의 후원을 이끌어내기 위해 노력했다.

이운형 회장은 생전에 지인들을 만날 때마다 "이제 당신만 오페라

고 이운형 선대회장이 '문화예술후원자상'을 수상한 2009년 몽블랑 예술후원자상 시상식 사진. 왼쪽부터 이순형 회장의 장남 이주성 세아제강 전무, 이주성 전무의 아내 민규선 씨, 이순형 회장의 딸 이주현 씨, 이순형 회장의 아내 김혜영 씨, 이순형 세아그룹 회장, 고 이운형 세아그룹 선대회장, 고 이운형 회장의 장남 이태성 세아홀딩스·세아베스틸 전무, 고 이운형 회장의 아내 박의숙 세아홀딩스 부회장, 고 이운형 회장의 장녀 이은성 씨, 고 이운형 회장의 3녀 이지성 씨, 이휘령 세아제강 대표이사 사장, 창업주 고 이종덕 명예회장의 4녀 이보형 씨와 그의 남편 장종현 Booz & Company 사장.

를 알게 된다면 모든 사람이 오페라를 사랑하게 되는 겁니다"라며 오페라에 대한 애정을 표현했다. 이 회장의 유족들은 이 같은 고인의 유지를 이어 2013년 7월 재단법인 '이운형문화재단'을 정식으로 출범시켰다.

재단은 서울대, 한국예술종합학교 등 우수 음악대학 장학 후원과 학술 연구비 지원사업을 진행하고 있으며, 2015년 3월에는 예술의전당 오페라극장에서 '제1회 이운형문화재단 음악회'도 열었다.

이운형 회장은 국내뿐만 아니라 해외에서도 문화지원 사업을 지속적으로 전개해 왔다. 2009년 미국 미시간대 미술관에 개설된 한국관은 한국국제교류재단과 이 회장의 공로를 인정해 '운형 리 앤드 코리아 파운데이션 갤러리 오브 코리안 아트'로 명명됐다. 이 회장은 또 사재를 털어 2011년부터 미시간대 남(NAM) 한국학 연구소에 '한국 문화양성기금'과 '국제한국기금'으로 총 100만 달러를 출연했다.

이운형 회장은 생전 이 같은 업적을 인정받아 2009년 몽블랑 문화 예술후원자상에 이어 2012년 언스트앤영 최우수 기업가상 등을 수상했다.

3대로 이어진 가족 중심 경영

세아그룹의 경영은 1960년 창업주인 고 이종덕 명예회장이 부산철관 공업(현 세아제강)을 창업한 이래 이 명예회장의 장남 이운형 회장에서 현재 그룹을 이끌고 있는 차남 이순형 회장으로 이어진다.

지금은 고인이 된 이운형 회장과 현 회장인 이순형 회장의 형제 경영 은 재계에서도 유명하다. 1980년 이운형 사장 취임과 함께 창업주인 이 명예회장에 이은 2기 경영체제로 들어간 세아는 본격적인 그룹 출범을 알린 1995년부터 이운형 회장-이순형 부회장 체제로 들어섰다.

1995년을 그룹화 원년으로 선포한 세아그룹은 이운형 사장을 회장으로, 해덕강업 사장을 맡고 있던 이순형 사장을 부회장으로 선임했다. 형인 이운형 회장이 전면에 나서 대외적 활동을 하며 그룹의 얼굴역할을 했다면, 이순형 부회장은 그룹의 내부 조직력을 강화하고 내실을 다지는 데 힘써 왔다.

이 같은 형제 경영체제 덕에 2013년 이운형 회장이 심장마비로 갑작스럽게 별세했을 때 무사히 위기를 넘길 수 있었다. 당시 이운형 회장이 활발한 경영 활동을 하고 있었기 때문에 그의 갑작스러운 유고에 외부에서는 경영 공백에 따른 우려의 시선이 많았다. 그러나 그동안 부회장으로서 그룹의 경영을 함께 책임져 왔던 이순형 부회장이 최고경영인 공백을 자연스럽게 메움으로써 그룹이 안정됐다.

그러나 한편으로는 이 같은 가족 중심 경영을 '은둔 경영'으로 보는 시각도 있다. 기업들을 상대로 하는 B2B 거래(기업 간 거래)가 중심이다 보니 대외적 소통보다는 기존 사업군을 지키기 위한 보수적 경영에 안주해 왔다는 것이다. 강관사업과 특수강사업 부문에서 국내에 별다른 경쟁업체가 없었던 점 때문에 세아그룹이 보수적 성향의 경영을 이어 왔다는 시각도 있다.

여기에 2014년 이운형 회장의 장남인 이태성(37) 세아홀딩스·세아베스틸 전무와 이순형 회장의 장남인 이주성(37) 세아제강 전무가 그룹 계열사 지분을 늘렸을 당시 오너 가족 간 지분 경쟁이 벌어지는 게 아니냐는 전망이 나온 것도 그동안 외부 소통이 부족했던 데 따른 결과라는 분석이다.

그러나 2013년 취임한 이순형 회장에 이어 2014년 이운형 회장의 부인인 박의숙 세아네트웍스 사장이 회장으로 승진하면서 세아그룹은 본격적으로 안정적 경영체제에 돌입했다는 평가를 받는다.

이후 세아그룹은 이순형 회장 체제 아래 적극적으로 사업 보폭을 넓히고 있다. 이순형 회장은 취임 이후 '절대 우위의 경쟁력'을 강조하며 100년 기업을 향한 세아의 비전을 제시했다. 특히 적극적으로 기업 인수·합병(M&A)에 나서면서 그룹의 사업영역 확장을 통한 경쟁력 강화를 꾀하고 있다. 세아그룹은 이순형 회장 취임 후 2014년 이태리 강관업체인 '이녹스텍'(Inox Tech)을 인수한 데 이어 2015년 초에는 포스코특수강(현 세아창원특수강)을 인수하며 세계 최대 수준의 특수강 제조업체로 올라섰다.

창업주 3세들도 최근 점차 경영 전면에 나서며 적극적인 활동을 보이고 있다. 특히 동갑내기인 이운형·이순형 회장의 장남들이 나란히 경영에 참여하며 형제 경영에 이어 사촌 경영으로 경영의 폭을 넓혔다.

이운형 회장의 장남인 이태성 세아홀딩스·세아베스틸 전무는 미국 미시간대를 졸업한 이후 2009년 세아홀딩스에 입사하기 전까지 중국 칭화대에서 경영학 석사(MBA) 과정을 수료하고 포스코차이나 마케팅실에서 근무하는 등 다양한 경력을 쌓았다. 이 전무는 2013년 장영신 애경그룹 회장의 큰손녀인 채문선 씨와 결혼해 세아그룹과 애경그룹이 사돈을 맺었다.

이순형 회장의 장남인 이주성 세아제강 전무도 역시 활발하게 경영에 참여하고 있다. 미국 시카고대와 컬럼비아대 MBA를 마쳤으며, 2008년 세아홀딩스에 들어오기 전까지 액센추어와 메릴린치증권 등을 거치며 경력을 쌓았다.

아울러 창업주의 장녀인 이복형 여사의 남편 이병준 씨는 세아제강 미국법인인 SSA 회장, 장남 이휘령 씨는 세아제강 대표이사 사장으로 재직 중이다.

창업주의 차녀 이미형 여사의 남편 김연상 씨는 세아E&T 고문직을 맡은 바 있다.

세아그룹 가계도

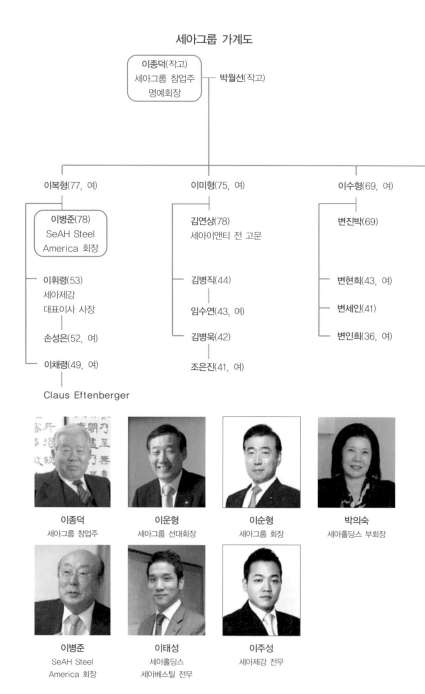

이종덕(작고)
세아그룹 창업주
명예회장 ── 박월선(작고)

이복형(77, 여)

이병준(78)
SeAH Steel
America 회장

이휘령(53)
세아제강
대표이사 사장

손성은(52, 여)

이채령(49, 여)

Claus Eftenberger

이미형(75, 여)

김연상(78)
세아이앤티 전 고문

김병직(44)

임수연(43, 여)

김병욱(42)

조은진(41, 여)

이수형(69, 여)

변진박(69)

변현희(43, 여)

변세인(41)

변인희(36, 여)

이종덕
세아그룹 창업주

이운형
세아그룹 선대회장

이순형
세아그룹 회장

박의숙
세아홀딩스 부회장

이병준
SeAH Steel
America 회장

이태성
세아홀딩스
세아베스틸 전무

이주성
세아제강 전무

510

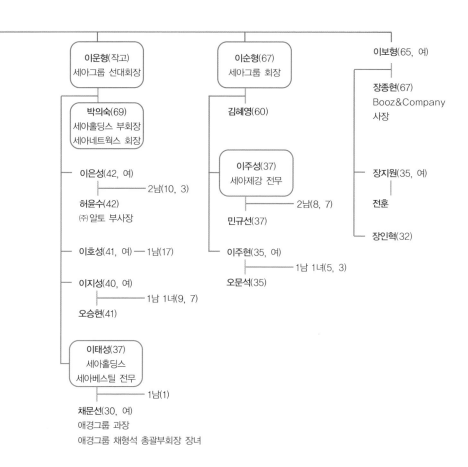

이운형(작고)
세아그룹 선대회장

이순형(67)
세아그룹 회장

이보형(65, 여)

박의숙(69)
세아홀딩스 부회장
세아네트웍스 회장

김혜영(60)

장종현(67)
Booz&Company
사장

이은성(42, 여)
└── 2남(10, 3)
허윤수(42)
㈜알토 부사장

이주성(37)
세아제강 전무
└── 2남(8, 7)
민규선(37)

장지원(35, 여)

전훈

이호성(41, 여) ── 1남(17)

이주현(35, 여)
└── 1남 1녀(5, 3)
오문석(35)

장인혁(32)

이지성(40, 여)
└── 1남 1녀(9, 7)
오승현(41)

이태성(37)
세아홀딩스
세아베스틸 전무
└── 1남(1)
채문선(30, 여)
애경그룹 과장
애경그룹 채형석 총괄부회장 장녀

든든한 조력자 '세아맨'들은 누구

부산의 파이프업체로 시작한 세아그룹이 55년 만에 국내 최대 강관 및 특수강 업체로 성장할 수 있었던 데는 경영을 이끌어 온 창업주와 선대 및 현재 회장의 역할도 중요했지만 전문경영인들의 역할 역시 빼놓을 수 없다. 세아그룹의 초창기부터 회사를 지키며 성장의 든든한 조력자 역할을 해온 '세아맨'들은 여전히 그룹 내에서 경영의 중요한 부분을 차지하고 있다.

이승휘 세아베스틸 대표이사 부회장은 서울대 금속공학과 출신으로, 1989년 부산파이프(현 세아제강)에 이사보로 임명되며 세아그룹에 합류했다. 이후 세아제강 기획조정실장을 지내며 1995년 부산파이프에서 세아그룹으로 사명을 변경할 당시 이를 총괄하는 책임을 맡아 이운형 회장과 함께 사명과 그룹의 가치를 재정립하는 작업을 추진했다.

이 부회장은 특히 세아특수강 대표이사를 겸직하며 2001년 극동금속 인수, 2003년 기아특수강 인수 등에서 결정적인 역할을 해 세아그룹이 특수강 부문에서 국내 1위로 올라설 수 있는 기틀을 마련했다. 또 2015년 초 포스코특수강도 인수해 세아베스틸을 국내 특수강 시장의 강자로 자리매김하게 한 일등공신이다.

이휘령 세아제강 대표이사 사장은 고 이종덕 명예회장의 장녀인 이복형 씨의 장남이다. 그룹 경영에 본격적으로 참여한 것은 1994년 외삼촌인 이운형 회장의 권유로 세아제강 본사 기획담당 이사에 합류하면서부터다. 이 사장은 미국 캘리포니아대를 졸업한 뒤 세아제강의

세아그룹 전문경영인

이승휘	이휘령	유을봉
세아베스틸 대표이사 부회장	세아제강 대표이사 사장	세아특수강 대표이사 부사장

미국 현지법인에서 근무했던 경험을 살려 세아제강의 수출을 도맡아 왔다. 이 사장은 세아제강의 수출 증대에 기여한 점을 인정받아 2009년 무역의 날에 대통령 은탑산업훈장을 수여받기도 했다.

　유을봉 세아특수강 대표이사 부사장은 세아특수강 영업담당 총괄을 거치며 세아특수강의 기틀을 만드는 데 주도적인 역할을 했다. 특히 2011년 기업공개를 주도하며 세아특수강의 제2의 성장 기반을 닦았다는 평가를 받는다.

크라운 · 해태제과그룹

크라운제과의 창업과 성장

1947년. 조국 독립의 기쁨도 잠시, 국가 건설의 소용돌이가 한창이던 이때는 빵과 과자 같은 간식은커녕 삼시세끼 챙겨 먹는 것도 힘든 어려운 시기였다. 이런 상황에서 고 백포(白浦) 윤태현 창업주는 "좋은 과자를 만들어 국민 건강에 기여하겠다"며 서울역 뒤편 중림동에 대여섯 명의 직원을 두고 '영일당제과'를 만들었다. 크라운제과의 시작이었다.

영일당제과가 잘되자 윤태현 창업주는 1956년 상호명을 '크라운제과'로 바꿨다. 그에게는 '내 아이에게도 안심하고 먹일 수 있는 고급 과자를 만들겠다'는 의지가 있었고, 이 때문에 최고의 권위를 상징하는 이미지로 '크라운'(Crown · 왕관)이라는 이름을 썼다.

윤태현 창업주가 1961년 만든 '크라운산도'는 당대 최고의 히트상품이자 크라운제과 성장의 기틀을 마련한 제품이다. '산도'는 영어 샌드(sand)를 일본식으로 발음한 것이다. 이 제품의 성공을 바탕으로 크라운제과는 1968년 법인으로 전환했다.

윤태현 창업주가 크라운제과의 기초를 만들었다면 미국 유학을 마치고 돌아와 1969년 입사한 윤 창업주의 장남 윤영달(70) 크라운 · 해태제과그룹 회장은 회사를 확장시킨 주역이다. 그가 또 다른 히트상품인 '죠리퐁'을 만들고 사각형 모양의 산도를 원형으로 바꾸면서 크라운제과는 소비자들의 더 많은 지지를 받게 됐다.

윤영달 회장은 회사의 위기 때마다 아이디어를 발휘했다. 그가 1970년 도입한 '루트(Route) 세일'이 대표적이다. 그는 직원들과 함께 시장조사를 위해 방산시장에 나갔다가 도매상들이 크라운제과의 크라운산도를 박스 맨 아래에 깔아 놓은 뒤 산도를 베낀 상품만 팔고 있는 것에 충격을 받았다. 품질은 크라운산도가 월등했지만 베낀 상품의 마진이 더 높았기 때문이다. 이래서는 안 되겠다는 생각에 윤 회장은 영업사원이 도매상을 거치지 않고 전국 방방곡곡의 구멍가게까지 직접 찾아다니며 물건을 공급하는 루트 세일을 도입했다. 도매상을 거치지 않기 때문에 소매상은 더 많은 이윤을 확보할 수 있고, 더불어 크라운제과 제품을 많이 팔 수 있었다.

이에 힘입어 크라운제과는 1980년 서울 중랑구 묵동에 본사 사옥을 세웠고 1982년 일본, 중동, 동남아 등지에서 과자 수출 최초로 100만 달러를 돌파하기도 했다.

잘나갈 것만 같던 크라운제과에도 위기는 있었다. 크라운제과는

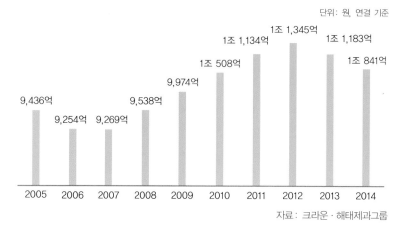

해태제과 인수 이후 크라운 · 해태제과그룹 매출 추이

단위: 원, 연결 기준

9,436억 9,254억 9,269억 9,538억 9,974억 1조 508억 1조 1,134억 1조 1,345억 1조 1,183억 1조 841억

2005 2006 2007 2008 2009 2010 2011 2012 2013 2014

자료: 크라운 · 해태제과그룹

외환위기에 따른 원자재 가격 상승과 이자 부담이 가중되면서 채무가 쌓여 부도를 맞았고 우여곡절 끝에 1998년 1월 법원에 화의(법원의 중재를 받아 채권자들과 채무 변제협정을 체결해 파산을 피하는 제도) 신청을 했다. 화의 당시 크라운제과의 채무액은 모두 1,650억 원이었다.

이후 크라운제과는 제품 생산을 모두 자체 생산으로 돌렸고 영업이익률이 연간 10%에 이르면서 총 채무액 1,650억 원을 모두 상환했다. 2006년까지였던 화의를 2003년 9월 앞당겨 벗어난 것이다. 제과업계 4위였던 크라운제과는 2005년 업계 2위 해태제과까지 인수해 제과전문그룹으로 성장했다.

크라운제과 윤태현 창업주

이처럼 제과업계 2위 크라운·해태제과그룹의 뿌리를 만든 윤태현 창업주는 1919년 전남 해남에서 4남 1녀 가운데 둘째로 태어났다. 그는 어려운 집안 형편 때문에 1937년 목포 영흥중을 졸업하는 것을 마지막으로 학업을 중단했다. 비록 학업기간은 짧았지만 사업가적 기질은 누구보다 뛰어났다. 윤 창업주는 1999년 9월 24일 80세의 나이로 작고했다.

윤태현 창업주는 고 김순안 씨와의 사이에 4남 1녀를 뒀다. 장남인 윤영달 회장은 25세 때 중매로 당시 이화여대 경영학과 2학년에 재학 중이던 육명희(66) 크라운·해태제과 고문 겸 두라푸드 이사를 만나 그해 바로 결혼했다. 부인 육 씨는 시아버지인 윤 창업주가 "여자도 경영을 알아야 하니 밖으로 나가라"고 지시하자 1979년부터 일찌감치 크라운제과 계열사를 거치며 경리 일부터 배웠다. 지금은 없어진 크라운베이커리 대표이사 등을 역임하기도 했다.

윤영달 회장과 육명희 고문 사이에는 2남 1녀가 있다. 장남 윤석빈(44) 크라운제과 대표이사와 차남 윤성민(41) 두라푸드 이사가 경영에 참여하고 있다. 장녀 윤자원(40) 씨의 남편은 신정훈(45) 해태제과 대표이사다.

윤태현 창업주의 차남 윤영노(67) 쟈뎅 회장은 일본 와세다대 경제학과를 졸업했고, 1984년 국내 최초 원두커피 전문기업인 쟈뎅을 설립해 2014년 매출 414억 원의 중견기업으로 성장시켰다.

윤 창업주의 3남 윤영욱(66) 선양 대표는 인쇄업과 플라스틱 제품

크라운 · 해태제과그룹 가계도

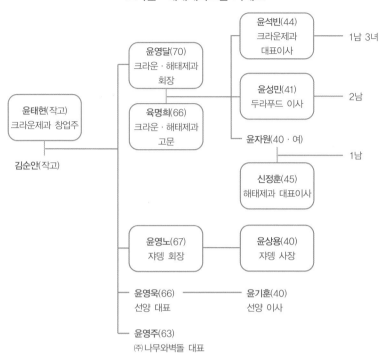

- 윤태현(작고) 크라운제과 창업주
- 김순안(작고)
  - 윤영달(70) 크라운 · 해태제과 회장
  - 육명희(66) 크라운 · 해태제과 고문
    - 윤석빈(44) 크라운제과 대표이사 — 1남 3녀
    - 윤성민(41) 두라푸드 이사 — 2남
    - 윤자원(40 · 여)
      - 신정훈(45) 해태제과 대표이사 — 1남
  - 윤영노(67) 쟈뎅 회장
    - 윤상용(40) 쟈뎅 사장
  - 윤영욱(66) 선양 대표 — 윤기훈(40) 선양 이사
  - 윤영주(63) ㈜나무와벽돌 대표

윤태현
크라운제과 창업주

윤영달
크라운 · 해태제과 회장

육명희
크라운 · 해태제과 고문

윤석빈
크라운제과 대표이사

신정훈
해태제과 대표이사

제조·판매를 하는 선양을 설립했다. 선양의 2014년 매출액은 191억
원이다.

윤 창업주의 4남 윤영주(63) 씨는 유명 이탈리안 레스토랑인 나무
와벽돌 대표를 맡고 있다. 그는 한때 크라운베이커리 대표이사를 지
냈지만 1995년 윤영달 회장이 돌아오면서 자리를 넘기고 크라운제과
를 떠났다.

국내 제과업계의 역사, 해태제과

2005년 크라운제과에 인수되기 전까지 해태제과는 1945년 광복 이후
순수한 민족자본과 우리 기술로 세워진 국내 최초의 식품회사였다.
고 박병규, 민후식, 신덕발, 한달성 씨 등 4명은 일제 강점기 제과회
사였던 영강제과에서 같이 근무한 동료 사이로, 1945년 10월 3일 '해
태제과합명회사'를 공동 창업했다. 이후 박병규 창업주가 타계하자
1981년 박 창업주의 장남 박건배(66) 전 해태그룹 회장이 그룹을 이끌
었다.

해태그룹은 1997년 주력사인 해태제과가 부도를 내면서 해체 수순
을 밟기 전까지 재계 서열 24위에 올라 있던 대그룹이었다. 하지만 박
건배 전 회장은 인켈 인수 등 비식품 분야로 무리하게 사업을 확장하
다 자금난으로 결국 부도를 냈다.

박건배 전 회장은 부도 이후 위장 계열사 6곳을 경영하면서 계열사
자금 35억 4천만여 원을 횡령한 혐의로 2008년 징역 1년 6개월이 선
고됐지만 2010년 광복절 특별사면을 받았다. 이후 박 전 회장은 경영

일선에 복귀하지 않고 있다. 박 전 회장의 2남 1녀 가운데 장남 박재범(38) 씨는 국내 1위 와인 수입사인 금양인터내셔날 대표이사를 맡고 있다.

해태제과는 그 존재 자체로 국내 제과업계의 역사를 썼다고 해도 지나친 말이 아니다. 해태제과는 설립과 동시에 만든 연양갱을 시작으로 올해로 45살이 된 국내 최초 아이스크림콘 부라보콘에 이어 맛동산, 에이스, 샤브레, 누가바, 바밤바, 오예스, 홈런볼 등 지금까지 사랑받는 제품들을 봇물처럼 출시하며 부흥기를 이끌었다.

올해 고희(古稀)를 맞은 해태제과는 2014년 스낵업계에서 신드롬을 일으킨 '허니버터칩'으로 제2의 전성기를 준비하고 있다. 2년 가까운 연구 끝에 개발된 허니버터칩은 짠맛 일색의 제품들이 주류를 이루던 감자칩 시장을 '단맛 감자칩' 중심으로 일순간에 바꿔 버리며 단숨에 스낵시장 1위로 뛰어오른 제품이다.

크라운 · 해태제과의 청사진과 후계구도

2015년은 해방둥이 기업 해태제과가 창립 70주년을 맞는 해이지만 2005년 크라운제과와 해태제과가 합쳐져 새 출발을 한 지 10년이 되는 해이기도 하다. 인수 당시 크라운제과의 매출액은 2,800여억 원으로 제과업계 4위, 해태제과의 매출액은 6,100여억 원으로 제과업계 2위였다. 다윗이 골리앗을 집어삼킨 꼴이었다. '과자'를 만든다는 공통의 업(業)이 있다 하더라도 각자가 역사가 깊은 회사이기 때문에 조직이 쉽게 융화되기 어려웠다.

같은 듯 다른 두 조직을 하나로 합칠 수 있었던 데는 윤영달 크라운·해태제과그룹 회장의 리더십이 있었다. 윤 회장은 2004년 말부터 매주 수요일 아침마다 남산에 있는 타워호텔(현 반얀트리호텔)에 크라운제과와 해태제과 두 회사의 간부급을 모두 부른 뒤 외부 강사의 강의를 듣게 했다. 테이블마다 크라운제과 간부와 해태제과 간부들이 섞어 앉게 하면서 자연스럽게 서로 대화를 나누도록 유도했고 이런 모닝아카데미는 250회 이상 이어지고 있다.

간부급이 융화됐다면 이번엔 직원이었다. 윤영달 회장은 두 회사의 직원들을 조를 짜 매주 주말마다 북한산에 오르게 했다. 윤 회장도 함께 산에 올랐다. 힘들게 산에 오르는 과정을 서로 나누며 공감대를 형성할 수 있다는 점에서 윤 회장의 등산경영은 좋은 성과를 냈다고 전해진다.

이처럼 두 회사가 합쳐지면서 최근 시너지 효과를 발휘하는 중이다. 크라운제과의 그룹 매출은 해태제과 인수 직후인 2005년 9,436억 원에서 지난해 1조 841억 원으로 상승했고, 업계 2위의 자리를 지키고 있는 중이다.

'크라운산도'로 성장하고 '해태제과'의 인수로 한 단계 더 도약한 크라운·해태제과는 윤영달 회장의 '아트(Art) 경영'으로 제과업계 정상에 도전하고 있다.

윤영달 회장은 지난해 1월 출간한 《AQ 예술지능》이라는 책에서 "나는 우리 크라운해태를 단순한 기업이 아닌, 프로페셔널 예술가 집단으로 만들려 한다"고 밝혔다. 그가 말하는 AQ는 '예술지능'(Artistic

Quotient)을 의미한다. 한마디로 기업의 경영진과 직원들이 스스로 예술가가 돼 창의력을 발휘해야 급변하는 시대에 살아남아 성공 가도를 달릴 수 있다는 것이다.

윤영달 회장은 아트경영이 나온 배경에 대해 "성숙기에 이른 국내 제과시장에서 성장을 위한 돌파구로 예술이 있다"고 설명한다. 국내 제과업계의 품질이나 마케팅은 거의 비슷한 상황에서 고객들의 과자 제품 선택은 계획적인 구매가 아닌 매장에서 보이는 제품을 선택하는 경향이 매우 크다. 따라서 고객들에게 제품의 우수한 품질에 예술의 감성을 더한 제품으로 경쟁력을 확보한다는 전략이 바로 아트경영이라는 얘기다.

윤영달 회장의 아트경영은 실제 제품으로도 이어져 좋은 성과를 냈다. 2007년 '오예스' 포장에 심명보 작가의 '백만송이 장미'를 그려 넣어 연 매출이 30% 이상 증가했다. 이어 밋밋한 과자였던 비스킷 '쿠크다스'에 초콜릿으로 물결 모양의 움직임을 넣었더니 매출이 두 배 이상 신장했다.

물론 겉만 신경 쓰는 것은 아니다. 윤영달 회장은 품질 그 자체인 맛도 꾸준히 챙기고 있다. 자사의 신제품은 물론 다른 회사의 과자를 늘 맛보고 평가한다. 윤 회장이 과자를 먹을 때는 철칙이 있다. 반드시 식사를 다 하고 과자를 먹고, 한 입만 먹고 버리는 게 아니라 한 봉지를 다 먹는다는 것이다. 이는 배고플 때 과자를 먹으면 뭐든 다 맛있게 느껴지기 때문에 정확하게 평가할 수 없으며, 처음부터 끝까지 한 봉지를 다 먹을 때 맛이 꾸준히 느껴져야 좋은 제품이라는 생각에서다.

포스트 윤영달 회장에는 윤 회장의 장남 윤석빈(44) 크라운제과 대표이사가 꼽힌다. 그룹 측은 윤 회장의 후계를 말하기에는 윤 회장이 현역에서 왕성하게 활동하고 있어 이르다는 평이다. 하지만 윤 회장이 26세의 나이에 이사 직함으로 경영에 참여했고 아들과 사위가 모두 대표이사 직함을 달며 책임경영에 나서고 있기 때문에 후계구도가 차근차근 이뤄지고 있는 것으로 분석된다.

윤석빈 대표이사는 미국 뉴욕의 미술대학인 플랫 인스티튜트에서 산업디자인을 전공하고 홍익대 국제디자인대학교대학원(IDAS)에서 디자인학 박사과정을 수료했다. 그는 크라운제과 이사, 상무 등을 거쳐 2010년 7월 대표이사 자리에 올랐다.

윤석빈 대표이사는 그룹의 지주회사 격인 크라운제과의 지분은 없다. 크라운제과는 윤영달 회장이 최대 지분(27.38%)을 보유하고 있고, 그 다음이 연양갱을 만드는 두라푸드(지분 20.06%)다. 그러나 이 두라푸드는 윤 대표이사가 59.60%의 최대 지분을 가지고 있어 사실상 윤 회장에 이어 그가 모기업인 크라운제과를 물려받을 것임을 엿볼 수 있다.

최근 허니버터칩의 대성공을 주도한 윤영달 회장의 사위 신정훈(45) 해태제과 대표이사는 재계의 손꼽히는 능력 있는 사위로 불린다. 그는 서울대 경영학과를 졸업하고 미시간대 로스경영대학원에서 경영학 석사(MBA)과정을 수료한 뒤 삼일회계법인과 세계적인 경영컨설팅업체인 베인앤컴퍼니에서 근무했다. 신 대표이사는 크라운제과의 해태제과 인수를 주도했으며, 2008년 해태제과가 멜라민 파동으로 휘청될 때 문제를 수습한 1등 공신으로 알려졌다. 다만 그는 회

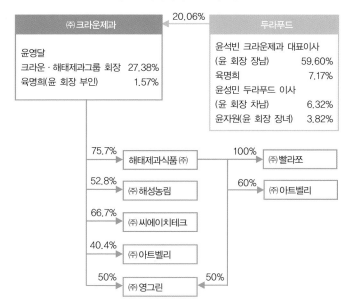

크라운 · 해태제과그룹 지분구조

㈜크라운제과		두라푸드
윤영달		윤석빈 크라운제과 대표이사
크라운 · 해태제과그룹 회장 27.38%		(윤 회장 장남) 59.60%
육명희(윤 회장 부인) 1.57%		육명희 7.17%
		윤성민 두라푸드 이사
		(윤 회장 차남) 6.32%
		윤자원(윤 회장 장녀) 3.82%

20.06%

75.7% → 해태제과식품 ㈜ → 100% → ㈜빨라쪼
52.8% → ㈜해성농림 → 60% → ㈜아트벨리
66.7% → ㈜씨에이치테크
40.4% → ㈜아트벨리
50% → ㈜영그린 ← 50%

사 내 지분이 전혀 없다.

윤영달 회장의 차남 윤성민(41) 두라푸드 이사는 두라푸드 지분 6.32%를 보유 중이다. 그는 두라푸드 외에도 제빵에 관심을 보이며 현재 서울 시내 한 베이커리 지점을 맡고 있다.

윤영달 회장의 국악사랑

윤영달 크라운 · 해태제과그룹 회장은 재계에서 문화활동을 가장 왕성하게 펼치는 기업인으로 손꼽힌다. 그는 2009년부터 2010년까지 서울 오픈아트페어 조직위원장, 2010년과 2011년에는 아트광주 조직위원

2012년 11월 4일 서울 세종문화회관 대극장에서 열린 크라운·해태제과그룹의
제8회 창신제에서 윤영달 회장과 임직원 100명이 사철가 떼창을 부르고 있다.

장과 제81회 춘향제전위원장을 역임했다. 2012년과 2013년에는 서
울국제조각페스타 조직위원장을 맡아 문화예술인들의 창작활동을 적
극적으로 후원했다. 윤 회장은 이런 공로를 인정받아 2011년 전 세계
12명에게만 주어지는 몽블랑 문화예술 후원자상을 수상하기도 했다.

특히 윤영달 회장이 애정을 쏟는 예술 분야가 있다면 바로 '국악'이
다. 윤 회장은 크라운제과가 부도를 맞은 1997년 당시 사람을 만나지
않고 혼자 있는 등 심적으로 어려운 시기를 보냈다. 윤 회장은 심란한
마음을 달랠 길 없어 어느 날 북한산에 올랐다. 정상에 올라 숨을 돌
리는 그때 귓가에 대금 소리가 들렸다. 잔잔한 대금 소리는 마음의 위
로가 됐다.

이때 윤영달 회장은 국악에 고마움을 느꼈고 이후 국악을 배우며

관심을 쏟기 시작했다. 덕분에 윤 회장은 창도 할 줄 알고 단소도 불 줄 안다고 한다. 요즘은 시조를 배우며 우리 문화에 더욱 흠뻑 취해 있다고 전해진다.

윤영달 회장은 국악을 즐기는 것을 넘어 정기공연을 열며 국악 전 파에 앞장서고 있다. 2007년 민간기업으로는 최초로 '락음국악단'을 창단해 운영하고 있다. 또 국내 최정상 국악 명인들이 한 무대에 서는 '대보름 명인전'을 2008년부터 매년 열며, 국내 최대 규모의 퓨전국악 공연인 '창신제'(創新祭)를 2004년부터 매년 정기적으로 하고 있다.

특히 윤영달 회장은 2012년 창신제에서 전문 국악인의 도움 없이 자신을 포함한 임직원들 100명이 함께 한 무대에 올라 판소리 사철가 를 떼창했다. 이때 공연은 '월드 레코드 아카데미 세계 최다인원 동시 판소리 공연' 부문에서 최고 기록으로 공식 인증되기도 했다.

넥센

강병중 넥센타이어 회장

"내 목표는 내 힘이 닿는 데까지 1천 년 타이어회사의 기초를 만들어 주는 것이다."

강병중 넥센타이어 회장은 '타이어 강'이란 별명답게 타이어의 모든 것에 47년 인생을 바쳤다. 2000년 넥센타이어로 문패를 바꾼 이후에는 전 세계 130여 개국 250여 개의 딜러와 거래하는 글로벌 기업으로 급성장시켰다. 어려운 가정형편을 딛고 자수성가하기까지 강병중 회장의 삶은 도전에 도전의 연속이었다.

강병중 회장은 1939년 7월 25일 경남 진주 이반성면 길성리에서 태어났다. 부친은 당시 500석 지기를 하는 인근 최고 부자였다. 그러나 광복 후 농지개혁으로 많은 전답을 소작인들에게 나눠 주면서 가세가 급격히 기울었다. 또한 강병중 회장은 생후 3년 1개월 만에 어머니를 여의고 중학교 2학년 때 아버지마저 세상을 뜨면서 어려운 학창시절을 보냈다.

마산고를 졸업한 뒤에도 형편상 바로 대학에 진학하지 못하고 군에 입대했다. 제대 후 법조인의 꿈을 안고 동아대 법학과에 입학했지만 아르바이트로 학비를 마련하며 남들보다 늦은 6년 만에 졸업했다.

힘든 학창시절 경험한 운수회사 아르바이트는 기회로 다가왔다. 1966년 대학을 졸업하자마자 김양자(73) 씨와 결혼한 강 회장은 당장 일을 해야 했다. 경제개발이 시작되던 당시 건설공사에 필요한 화물차 수요가 크게 늘 것이라고 판단한 강병중 회장은 일본에서 성공한 처가 친척들과 상의해 국내에 없던 일본 중고 화물차를 수입 판매했다. 성공이었다. 강 회장은 1967년 28세의 나이에 우리나라 최초로 기업 규모를 갖춘 화물운수회사인 옥정산업을 창업, 본격적인 사업의 길로 들어섰다.

바퀴가 3개 달린 '용달차'는 강병중 회장의 작품이다. 강 회장은 당시 운송수단이던 '말구루마'(우마차)에서 나오는 배설물로 골치를 앓고 있던 박영수 부산시장을 찾아가 일본에서 본 삼륜차에 대한 허가를 받아 내 대박을 터뜨렸다. 강 회장은 "시대의 흐름과 특징을 잘 잡아서 아이디어를 남들보다 먼저 실행에 옮긴 게 적중했다"고 말한다.

운수업을 꾸려 가던 강병중 회장은 당시 품질이 조악해 펑크가 자주 나던 타이어를 직접 만들어 보겠다고 다짐한다. 1973년 강 회장은 화물차를 모두 팔아 운수업을 정리하고 재생 타이어를 생산하는 흥아타

강병중 회장 약력

1939년	경남 진주 / 마산고 – 동아대 법학과 졸업
1994년	부산상의 15 · 16 · 17대 회장(9년)
2002년	대한상의 수석 부회장
1977년	넥센 대표이사 회장
1999년	넥센타이어 대표이사 회장
2002년	KNN 대표이사 회장, 월석 선도장학회 이사장, KNN 문화재단 이사장, 넥센월석 문화재단 이사장

이어공업주식회사(현 넥센)를 세웠다. 이후 일본 업체와 기술제휴를 통해 미국 업체 튜브 값의 30%에 불과한 질 좋은 타이어튜브를 만들어 내 미국 진출 첫해 2천만 달러어치를 팔아 치웠다.

강병중 회장의 성공 비결로는 시대를 읽는 통찰력과 추진력 속에 과감하게 진행한 M&A를 빼놓을 수 없다. 자동차용 타이어를 만드는 우성타이어를 인수한 것이 결정적이었다. 신생 타이어 제조공장을 갈망하던 강 회장은 IMF 외환위기 당시 많은 부채와 낮은 생산성 문제로 M&A 매물로 나왔던 우성타이어에 주목했다. 그는 공장을 직접 둘러보며 잠재성과 직원들의 의지를 확인했다.

주위의 만류에도 불구하고 1999년 3월 강 회장은 인수를 전격 단행한다. 구조조정 과정에서 오히려 인력을 늘리고 효율을 높인 결과 인수 당시 부채비율이 6,837%였던 회사는 현재 100%대 우량 채무 기업으로 변신했다.

강병중 회장은 남들이 타이어의 부속품으로밖에 여기지 않는 튜브만을 특화해 세계 시장점유율 40%를 자랑하는 튜브 제조회사를 키워 내기도 했다. 국내 최초로 개발한 산업용(지게차용) 타이어인 솔리드

타이어와 미국 특허를 획득한 골프공 '빅야드' 역시 선진기술을 배우는 데 대담했던 강 회장 노력의 결과다.

시련도 있었다. 강 회장은 1994년 부산상공회의소 회장을 하면서 지역금융사를 육성하겠다는 일념으로 경남생명보험, 동남은행, 상업은행리스 등을 공들여 만들었지만 1997년 외환위기가 터지면서 상당한 금융사 지분이 휴지조각이 된 아찔한 순간을 겪었다.

강병중 회장은 타이어 관련 제품 일체를 생산하는 꿈을 이뤘다. 하지만 한 단계 도약하기 위해 2010년 넥센 히어로즈 메인 스폰서 후원 등 스포츠 마케팅에 적극 나섰다. 2012년에는 기업들이 값싼 인건비를 좇아 해외로 거처를 옮길 때 경남 창녕에 최첨단 설비를 갖춘 타이어 생산·연구 공장을 지었다.

강병중 회장은 미국, 독일 등 세계 주요 지역에 18개 해외법인을 두고 크라이슬러 등 글로벌 완성차 업체로의 타이어 수출량도 늘리고 있다. 해외 판매는 넥센타이어 매출의 75%를 차지한다.

세계 타이어업체 톱10을 꿈꾸는 강 회장의 타이어에 대한 열정은 한국타이어와 금호타이어가 양분하던 국내 시장점유율도 크게 흔들어 놓았다. 우성타이어를 인수할 당시 8%였던 넥센타이어의 시장점유율은 한때 25%까지 올라가 업계 2위 자리를 넘보고 있다. 매출도 1999년 1,800억 원에서 2013년 1조 7,282억 원으로 10배가량 커졌다. 2013년 업계 1위 한국타이어 매출은 7조 692억 원, 금호타이어 매출은 3조 6,985억 원이었다.

"직원들이 있기에 회사가 존재한다는 믿음, 그 믿음에 직원들의 열정과 창의가 더해지면 1천 년 기업도 가능할 것이다.”

　인재 육성을 최우선시하는 강 회장이 그의 아들이자 후계자인 강호찬 넥센타이어 사장에게 늘 해주는 말이다.

넥센 히어로즈와의 메인 스폰서 계약

넥센타이어는 2014년 한국 프로야구 플레이오프에 2위로 진출한 '넥센 히어로즈'의 메인 스폰서다. 2010년 사명인 '넥센'을 구단명에 붙이는 조건으로 2년 계약을 체결한 이후 2011년, 2013년 두 차례 계약을 연장해 2015년까지 메인 스폰서로 스포츠 마케팅을 벌인다. 2014년 4월에는 미국 프로야구팀 LA 다저스와 디트로이트 타이거즈, 애틀랜타 브레이브스에 이어 추신수 선수가 활동하고 있는 텍사스 레인저스와 공식 파트너십을 체결했다.

　강병중 넥센타이어 회장이 아들 강호찬 넥센타이어 대표이사 사장과 함께 야구단 지원사격의 고삐를 늦추지 않는 이유는 가공할 만한 스포츠 마케팅 효과를 톡톡히 보고 있기 때문이다. 한국시리즈에서 4차례나 우승한 전신 현대 유니콘스의 저력에 수도 서울을 기반으로 안정적인 야구팬을 확보한 서울 히어로즈에 대한 메인 스폰서 계약은 1천만 관객 시대를 연 프로야구 전성기의 흐름을 잘 읽은 부자의 영리한 '신의 한 수'였다. 강병중 회장은 "브랜드 인지도를 한 단계 업그레이드할 동기가 필요했는데, 그 해법이 스포츠 마케팅이었다"고 회고했다.

　실제 젊고 역동적인 브랜드 이미지를 전달하고자 했던 강병중 회장

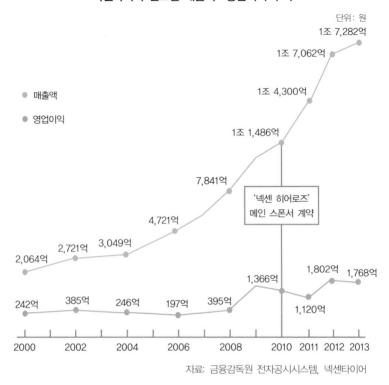

넥센타이어 연도별 매출액 · 영업이익 추이

단위: 원

1조 7,282억

1조 7,062억

1조 4,300억

1조 1,486억

7,841억

4,721억

3,049억

2,721억

2,064억

● 매출액

● 영업이익

'넥센 히어로즈' 메인 스폰서 계약

242억   385억   246억   197억   395억

1,366억

1,802억   1,768억

1,120억

2000   2002   2004   2006   2008   2010   2011   2012   2013

자료: 금융감독원 전자공시시스템, 넥센타이어

의 스포츠 마케팅은 주효했다. 홈구장에 노출되는 단순 광고효과를 넘어 '넥센'이란 이름을 젊은 층에 제대로 각인시켰다. 이는 자연스레 브랜드 홍보와 인지도 상승으로 이어져 매출 증대로 연결되는 선순환 효과를 낳았다.

후원을 시작한 2010년 넥센타이어의 매출액은 1조 1,486억 원으로 전년보다 1,400억 원가량(13.7%) 급증했다. 5년간 후원이 이어진 2013년 매출은 1조 7,282억 원으로 후원 직전인 2009년보다 무려 71.1%나 뛰었다. 업계에서는 유·무형 광고효과를 금액으로 환산하면 1,500억 원 이상일 것이라고 추정한다.

넥센타이어가 최대 타이어 시장인 미국과 유럽을 상대로 야구, 축구, 레이싱 등 다양한 분야의 스포츠 마케팅을 강화하는 것도 같은 맥락이다. 넥센타이어는 영국 프리미어리그에 이어 2014년 8월 구자철 선수를 영입한 독일 분데스리가 마인츠를 비롯해, 스페인 프리메라리가, 이탈리아 세리에A 등 유럽 5개 축구리그에 구장 광고를 하고 있다.

넥센타이어 가족

넥센은 야구에 관심 있는 사람이라면 누구나 다 아는 브랜드가 됐지만 넥센 히어로즈의 메인 스폰서 강병중(76) 넥센타이어 회장의 가족은 그리 알려지지 않았다.

강병중 회장은 1966년 9월 동아대를 졸업한 뒤 김양자(73) 씨와 결혼했다. 두 사람의 결혼은 진주 이반성면 길성리에 살았던 집안 어르신들이 사돈 맺기를 합의하면서 이뤄졌다. 부부는 동아대 동문이기도 하다. 남편은 동아대 법학과, 아내는 동아대 화학과를 나왔다. 김양자 씨의 부친은 4형제 중 둘째였는데, 형제들이 모두 일본에 건너가 성공을 거뒀다. 장인은 귀국해 정미소를 운영하고 논밭도 사들여 부자가 됐다. 김양자 씨는 삼촌 두 분이 고향에 세운 이반성중학교에서 학교를 관리하면서 교편을 잡고 있었다.

처가 덕을 톡톡히 보며 사업의 시작과 밑천을 마련한 강병중 회장은 아내 없이는 못 사는 공처가다. 측근들에 따르면 강 회장은 애정

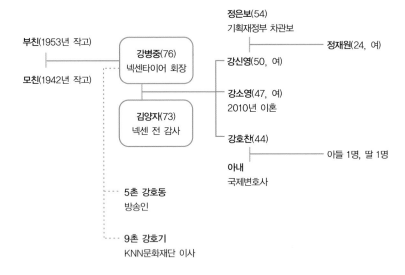

강병중 넥센타이어 회장 가계도

부친(1953년 작고)

모친(1942년 작고)

강병중(76)
넥센타이어 회장

김양재(73)
넥센 전 감사

정은보(54)
기획재정부 차관보

정재원(24, 여)

강신영(50, 여)

강소영(47, 여)
2010년 이혼

강호찬(44)

아내
국제변호사

아들 1명, 딸 1명

5촌 강호동
방송인

9촌 강호기
KNN문화재단 이사

표현을 잘하기로 유명하다. 6년 전 유방암에 걸려 고생하는 아내를 위해 강 회장은 매주 비행기로 서울에 있는 병원을 오르내리며 간병했다. 온천이 피로 회복에 좋다고 해서 부산 동래구에 있는 이름난 H 온천장에 회원권을 끊어 거의 매일 아내와 함께 목욕을 하며 지극 정성으로 기분을 풀어 줬다고 한다. 강병중 회장의 노력 덕분인지 아내의 병은 지금 완치된 상태다. 강 회장은 아내를 위해 핑크리본 캠페인에도 적극 참여하고 있다.

골프장도 같이 다닌다. 주로 가는 곳은 경남 김해 가야 컨트리클럽이다. 강병중 회장 내외의 골프 실력은 95타 정도. 부부 실력이 비슷해 부부동반 모임에서도 자주 같이 친다고 한다. 두 부부는 불심이 깊기도 하다.

강병중 회장 부부는 아들 강호찬(44) 씨와 강신영(50) 씨, 강소영 (47) 씨 등 두 딸을 뒀다. 장녀 강신영 씨의 배우자는 행정고시(28회) 출신인 정은보(54) 기획재정부 차관보다. 대일고, 서울대 경영학과 를 나온 정 차관보는 금융위원회 사무처장 재직 시 박근혜 정부 인수 위원회에 파견돼 새 정부 금융정책의 밑그림 구상에 참여했다. 2011 년 금융위 금융정책국장으로 있을 때 관치 논란이 일 정도로 강한 메 시지를 시장에게 보낸 소신파로 유명하다. 강신영 씨와 정은보 차관 보는 2013년 34억 6,389만 원의 재산을 신고했다. 19억여 원 상당의 건물과 예금 자산만 14억 원인 것으로 나타났다. 두 사람 사이에는 딸 정재원(24) 씨가 있다.

넥센타이어를 이끌고 가는 강호찬 넥센타이어 사장은 홍콩에서 활 동했던 국제변호사 출신 아내와 2008년 결혼했다. 둘 사이에는 아들 과 딸이 있다.

강병중 회장은 8년간 경영수업을 시킨 외아들을 2009년 넥센타이 어 대표이사 사장에 임명하면서 후계구도 작업을 본격화했다. 2012 년 말에는 넥센의 지주사 전환과정에서 아들에게 최대주주 자리를 내 주며 재산 승계도 이뤄졌다. 당시 강호찬 사장이 주식 공개매수를 통 해 12%였던 넥센 지분율을 50% 이상으로 끌어올리자 세금을 회피 한 꼼수라는 비난을 받기도 했다.

현재 넥센타이어와 넥센테크의 최대 주주인 넥센 지분은 강호찬 사 장 50.51%, 강병중 회장 7.4%, 김 전 감사 2.38% 등 오너 일가가 60.27%를 차지하고 있다. 넥센타이어는 65.33%, 넥센테크는 73.61%, KNN은 60.29%가 오너 일가의 지분이다.

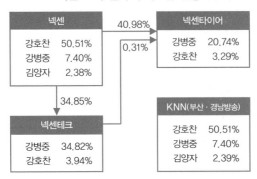

넥센 오너 일가 주식보유 현황

부산고, 연세대 경영학과를 나온 강호찬 사장은 정몽구 현대차그룹 회장의 아들인 정의선 현대차 부회장과 친분이 두터운 것으로 알려졌다. 강호찬 사장이 2007년 해체된 야구단 현대 유니콘스를 껴안은 넥센 히어로즈의 후원자여서 더욱 친해졌다고도 한다. 실제 넥센타이어는 완성차업체인 현대차에 타이어를 대량 납품하며 시장점유율을 높여 가고 있다.

강병중 회장의 차녀 강소영 씨는 2005년 의사와 결혼했지만 5년 뒤 이혼했다.

강병중 회장의 친척으로는 씨름선수 출신 방송인 강호동 씨가 있다. 강 회장의 사촌인 강태중 씨의 아들이 강호동 씨로, 5촌 관계다. 강병중 회장은 "아버지가 4형제였는데 그중 막내 삼촌이 호동이 할아버지며, 호동이하고 저는 5촌 간"이라고 밝힌 바 있다. 강호동은 명절 때마다 강 회장과 만나 함께 성묘하러 가는 사이다.

강병중 회장의 최측근은 9촌 조카인 강호기 KNN(부산·경남방송) 문화재단 이사다. 강호기 이사는 KNN 회장인 강 회장의 곁을 항상

넥센 전문경영인

이규상(67)
전 넥센타이어 부회장

홍종만(72)
전 넥센타이어 부회장

이현봉(66)
넥센타이어 부회장

그림자처럼 지키고 있다.

강병중 회장이 넥센타이어를 글로벌 기업으로 키운 데는 전문경영인 3
명의 도움이 컸다.

1999년부터 5년간 넥센타이어를 이끈 이규상(67) 전 부회장은 외
환위기 시절 국내 기업들이 외면한 넥센타이어의 전신, 우성타이어
인수를 주도적으로 추진한 인물이다. 고려대 경제학과 출신인 이 전
부회장은 우성타이어의 법정관리를 조기 종결해 경영정상화 기틀을
닦았다. 2000년 넥센타이어로 사명을 바꾸고 초고성능(UHP) 타이어
사업을 추진해 현재 고수익 사업구조의 기반을 마련했다.

2005년 바통을 넘겨받은 홍종만(72) 전 부회장은 연세대 경제학
과, 삼성자동차와 삼성코닝정밀유리 대표이사 출신이다. 중국 칭다
오에 첫 해외공장을 건설하면서 세계시장 공략의 교두보를 마련했다.
2008년 글로벌 금융위기 당시 기업들이 어려움에 처해 있을 때 이듬
해 영업이익 16.3%를 기록하는 등 뚝심 있는 경영능력을 보여 줬다.

야구단 넥센 히어로즈의 후원을 시작한 2010년 부임한 이현봉(66)

현 부회장은 서울대 경영학과 출신으로, 삼성전자 스페인법인장 및 생활가전 총괄사장을 맡은 경력을 바탕으로 회사의 해외 판로 개척에 큰 공을 세웠다.

강병중 회장의 인맥

강병중 넥센타이어 회장의 '마당발' 인맥의 중심으로 마산고와 동아대 인맥을 빼놓을 수 없다. 강병중 회장은 1958년 마산고, 1966년 동아대 법학과를 졸업했다. 강 회장의 절친으로는 마산고 동기인 이윤한 통일보일러 대표가 꼽힌다. 강 회장이 속을 터놓고 지내는 몇 안 되는 사람 가운데 한 명이다. 2014년 2월 이윤한 대표가 부친상을 당했을 때 강병중 회장은 아내와 함께 빈소를 찾아 조문하고 장지까지 따라갔다. 이 대표는 강 회장에 대해 "남이 모르는 데서 좋은 일을 많이 하는 사람"이라고 평가했다.

마산고 동문 가운데는 허남식 전 부산시장과 부산시 교육감, 교육과학기술부 차관을 지낸 설동근 동명대 총장 등과 친하게 지낸다. 강 회장은 10년 후배인 허 전 시장이 사무관(행시 19회) 시절부터 그와 각별히 지내 온 것으로 알려졌다. 강 회장이 3차례 부산상공회의소 회장을 하면서 업무적으로 더욱 긴밀해졌다. 허 시장과 동기로, 부산·대구고등법원장을 지낸 박용수 부산법원조정센터 상임조정위원과도 친분이 두텁다. 같은 경남 진주 출신이면서 마산고 동문이기도 한 정태류 변호사와도 각별한 사이다.

동아대 인맥은 더욱 막강하다. 부산시 교육감을 지내고 현재 부산

국제외국어고 교장으로 있는 정순택 전 청와대 교육문화수석은 강 회장과 법학과 동기다. 동아대 총동문회장을 지낸 정 전 수석은 강 회장과 종종 골프도 치고 허심탄회하게 얘기하는 사이다. 한국해양구조협회장이자 세운철강 회장인 신정택 전 부산상의 회장도 학교 동문으로 강 회장과 오랜 세월을 동고동락하며 가깝게 지내 왔다. 부산상의 부회장 출신인 박순호 세정건설 회장과도 대학과 부산대 행정대학원 동문이다. 정치권 인사들로는 도종이 전 16대 국회의원과 박관용 전 국회의장 등이 학교 동문으로 인연이 깊다.

서울반도체

LED 특허 강자, 서울반도체

서울반도체를 정의하는 것은 압도적인 LED 관련 특허 수다. 이정훈 서울반도체 대표는 초기부터 "자체 기술로 넘기 힘든 특허 장벽을 구축하자"고 거듭 강조해 왔다. 기술개발 시작단계부터 원천기술 확보를 염두에 둬야 한다는 주문이다.

서울반도체는 1992년 이정훈 대표가 인수하여 2002년 1월 코스닥에 상장했다.

초기 가전제품에 들어가는 동작표시등을 주로 생산했던 서울반도체는 디스플레이 광원용 LED를 시작으로 2006년 컨버터(교류를 직류로 바꿔 주는 부품) 없이도 교류에서 구동 가능한 LED '아크리치' 양산에 성공했다. 세계 최초였다.

1992년 10억 원이던 매출액은 15년 만인 2006년 1,838억 원을 돌파했다. 2007년 말에는 매출 2,500억 원을 넘었고, 2013년 대기업 계열사가 아닌 LED 국내 기업 중 최초로 매출 1조 원을 기록했다.

서울반도체는 현재 직원 수 1,100명, 서울바이오시스, 광명반도체 유한공사 등 계열사 7개를 거느린 중견기업으로 성장했다. LED 글로벌 시장점유율은 5%에 달한다. 독일 오스람, 네덜란드 필립스와 특허 공유 계약을 맺은 유일한 국내 기업이기도 하다.

하지만 위기가 없었던 것은 아니다. 그때마다 발휘된 것은 이정훈 대표의 뚝심이었다. 2006년 서울반도체는 일본 니치아화학공업과의 소송전에 휘말렸는데, 이 대표는 세계 LED 1위 기업 니치아화학공업과의 전면전을 선포한다. 당시 니치아는 서울반도체가 특허를 침해했다고 주장했고, 고객사들은 소송 결과를 보고 주문하겠다며 돌아섰다. 모두가 만류했다. 라이선스비를 주고 출혈을 피하라는 조언이었다. 하지만 이 대표는 그동안 쌓아 온 특허로 정면돌파를 시도했다. 3년간의 공방 끝에 얻은 결과는 '상호 특허 사용'. 골리앗과 다윗의 싸움에서 사실상 다윗이었던 이 대표가 승리한 셈이다.

2011년 LED TV 공급 과잉으로 LED 시장에 정체기가 왔을 때도 이정훈 대표는 주력 제품을 디스플레이 소재에서 조명으로 전환해 멈출 줄 모르는 성장세를 이룩했다.

다만 2014년 2분기 원화 강세 등의 영향으로 실적이 주춤했다. 전년도 동 기간 229억 원의 영업이익은 130억 원으로 반 토막 났다. 이정훈 대표의 지분가치도 지난 3월 2일 기준 4,480억 원에서 2,252억 원으로 뚝 떨어졌다. 하지만 업계는 1만여 건의 특허가 있는 서울반도체의 경쟁력이 LED 조명 시장에서 또 다른 반전을 이뤄 낼 것으로 기대하고 있다.

서울반도체 연혁

1992년		이정훈 대표 인수
2002년	1월	코스닥 상장
2006년		세계 최초 교류 구동 LED '아크리치' 양산 성공
2007년	11월	1억 달러 수출탑 수상
2010년	3월	세계적 LED계 석학 나카무라 슈지 교수 서울반도체 기술자문 시작
2011년	9월	국내 최초 자동차 헤드램프용 LED 제품 양산
2012년	1월	출원(또는 등록) 특허 1만 개 돌파
2012년	7월	세계 최고 밝기(500lm)의 nPola 출시
2013년	3월	세계 최고 밝기의 사이드뷰 LED 출시
2013년	3월	전 세계 수출 60개국 돌파

숫자로 보는 서울반도체

2014년 10월 23일 기준

시가총액	1조 2,156억 원
시가총액 순위	코스닥 11위
LED관련 특허수	1만여 건
직원 수	1,100명
계열회사	7개
글로벌 시장점유율	5.3%
LED 기업 세계 랭킹	4위(2009년 영국 IMS리서치)
전 세계 백색 LED 시장	3위(2010년 일본 니케이그룹)
반도체 특허경쟁력 순위	10위(2012년 미국전기전자학회)

이정훈 대표와 나카무라 슈지 교수의 인연

서울반도체는 2014년 노벨물리학상을 공동 수상한 나카무라 슈지 (60) 미국 샌타바바라 캘리포니아주립대(UCSB) 교수와의 인연으로 화제가 됐다. 나카무라 슈지는 2010년 3월부터 서울반도체의 기술 고문으로 활약해 왔다.

이정훈 대표와 나카무라 고문의 인연은 14년 전으로 거슬러 올라간다. 틈틈이 해외시장을 준비하던 이정훈 대표는 2000년 초 일본에서 열린 한 발광다이오드(LED) 세미나에서 나카무라 고문을 처음 만났다. 나카무라는 1993년 세계 최초로 청색 LED를 발명, 일본의 작은 소기업이었던 니치아화학공업을 연간 10억 엔 매출의 강소기업으로 키운 LED계의 스타였다. 하지만 당시 니치아화학공업은 고작 2만 엔의 포상금과 과장 승진으로 그의 특허 발명권을 회사에 귀속시켰다.

두 사람이 만난 것은 나카무라가 회사에 사표를 던지고 UCSB행을 타진하고 있던 때였다. 짧은 만남이었지만 두 사람은 서로 LED에 대한 비전과 열정을 확인했다. 이 대표가 세미나 직후 서울 금천구 가산동에 있는 서울반도체 공장에 그를 초대하면서 끈끈한 인연이 이어졌다. 나카무라는 "마음껏 연구할 수 있는 곳은 대기업이 아닌 중소기업"이라는 신조를 지녔다. 작은 신생기업으로 LED업계에 새 바람을 몰고 온 서울반도체의 비전과 이 대표의 열정이 나카무라의 마음을 움직인 셈이다.

이듬해인 2001년 나카무라가 니치아화학공업과 특허 소송전을 벌일 때도 이정훈 대표는 그를 물심양면으로 도왔던 것으로 알려졌다.

이정훈(왼쪽) 서울반도체 대표가 2010년 3월 회사 고문으로 영입한
나카무라 슈지 샌타바바라 캘리포니아주립대 교수와 악수하고 있다.

청색 LED에 대한 특허권 일부를 양도하거나 발명 대가로 20억 엔을
지급하라는 게 나카무라 소송의 핵심이었다. 재판은 4년간의 지리한
공방 끝에 회사가 8억 4천만 엔을 지급하는 것으로 결론이 났다.

업계 관계자에 따르면 두 사람의 만남은 우정보다 존경의 관계로
일컬어진다. 특히 이정훈 대표는 나카무라를 위대한 학자이자 회사
기술 고문으로서 극진히 예우한다. 이 대표는 틈만 나면 회사 직원들
에게 "나카무라 교수의 연구에 대한 열정을 배우라"고 주문한다. 나카
무라의 UCSB 재료물성학 연구실인 SSLEEC에 뛰어난 연구원들을
보내 공부시키는가 하면 일정한 후원금을 매년 지원하고 있다.

이에 보답하듯 나카무라는 1년에 4차례 서울반도체와 서울바이오
시스를 찾아 연구 고문으로 공동 연구를 돕고 있다. 그는 이번 노벨상
공동 수상이 결정된 직후 경기 안산 서울반도체를 찾아 이 대표를 만
나는 등 LED 개척의 동업자이자 오랜 동료인 이 대표와의 우정을 과
시했다.

이정훈 대표의 가맥

"세상은 그렇게 만만한 게 아니다."

이정훈(61) 서울반도체 대표가 대학시절 귀에 딱지가 앉도록 자주 듣던 말이다. 이 대표의 부모는 그가 학업에 소홀하다 싶으면 "공부를 그렇게 허투루 하다가 사회에 나가면 세상이 만만하지 않을 것"이라는 말을 자주 했다고 한다.

오로지 등산 동아리에만 심취해 있던 이정훈 대표가 LED 업계의 거물로 성장한 데는 어떤 배경이 있을까. 자세한 가정사 등을 일절 공개한 바 없는 이 대표의 가맥과 인맥은 화려함 그 자체였다.

1953년 경기 광명에서 나고 자란 그는 광명에서 알아주는 만석꾼이었던 아버지 밑에서 부유하게 자랐다. 어머니 박순여 씨는 그를 끔찍이 아꼈는데, 서울반도체 인수 당시 "조그마한 구멍가게 인수해서 뭐하러 고생하느냐"고 말했다는 일화는 아는 사람은 다 아는 얘기다. 이 대표의 어머니는 2001년 5월 암으로 작고했다.

이정훈 대표는 고려대 물리학과 71학번이다. 1975년부터 2년간 ROTC로 복무한 뒤 1979년 고려대 대학원에서 경영학 석사를 땄다. 1981년 제일정밀공업 과장으로 입사해 회사 경험을 쌓다 1983년 오클라호마대 MBA 과정에 진학했다.

1985년에는 둘째 형인 이정인(65) 씨가 운영하던 삼신전기 임원으로 합류한다. 당시 삼신전기는 자동차부품을 생산하던 중소기업으로, 액정식 계기판과 히터컨트롤박스 오염방지장치 등을 생산했다. 이정훈 대표는 삼신전기 부사장으로 재직하며 영업부터 기술연구 부문까지 전 영역에서 경영감각을 키웠다. 이정인 씨는 1987년 회사 경영권을 현 삼신이노텍 김석기 씨에게 넘겼고, 1991년까지 부사장으로 있던 이정훈 대표는 1992년 눈여겨보던 서울반도체를 인수했다.

3남 2녀 가운데 막내인 이 대표의 첫째 누나 이정자(76) 씨는 노창희(76) 전경련 고문과 결혼했다. 노창희 고문은 전 유엔대사를 지냈으며 이 인연은 농심가까지 연결된다.

노창희 고문은 노홍희 신명전기 전 사장의 아들로, 신격호 회장의 둘째 남동생인 신춘호 농심그룹 회장과도 혼맥으로 이어져 있다. 신춘호 회장의 3남 신동익 씨(농심유통계열사 메가마트 부회장)가 바로 노재경 씨와 결혼했는데, 노재경 씨는 노 고문의 조카다. 이정자 씨와 노 고문 사이에는 노재령(51·여) 국립현대미술관후원회 상임이사, 노재호(48) 서강대 영문학과 교수가 있다.

첫째 형인 이정환(67) GS&J 인스티튜트 이사장은 농부였던 아버지의 영향으로 국내 농업경제학계의 대표적 학자가 됐다. 1946년생인 이정환 씨는 서울대 농학과를 졸업한 뒤 일본 홋카이도대학원에서 농업경제학 석사와 박사 학위를 받았으며, 한국농촌경제연구원에서 연구활동을 했다. 2005년 연구원장을 끝으로 공직에서 물러난 이정환 씨는 민간 연구기관인 GS&J 인스티튜트를 설립해 이사장을 맡고 있으며, 현재 농업 통상문제 등을 연구하고 있다. 한·미 FTA 자원위원회 위원, 농업농촌특별대책위원회 통상협의회 의장을 맡는 등 대외활동도 왕성하다.

둘째 누나인 이정신 씨는 수필 문학가로, 전 감리교 전국여선교회 회장을 지냈다. 2009년 작고한 이정신 씨의 남편 천광남 씨는 고층 비

이정훈 대표 가계도

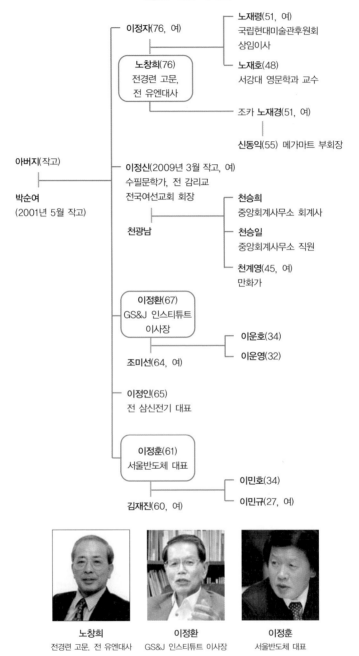

이정자(76, 여)

노창희(76)
전경련 고문,
전 유엔대사

노재령(51, 여)
국립현대미술관후원회
상임이사

노재호(48)
서강대 영문학과 교수

조카 노재경(51, 여)

신동익(55) 메가마트 부회장

아버지(작고)

박순여
(2001년 5월 작고)

이정신(2009년 3월 작고, 여)
수필문학가, 전 감리교
전국여선교회 회장

천광남

천승희
중앙회계사무소 회계사

천승일
중앙회계사무소 직원

천계영(45, 여)
만화가

이정환(67)
GS&J 인스티튜트
이사장

조미선(64, 여)

이운호(34)

이운영(32)

이정인(65)
전 삼신전기 대표

이정훈(61)
서울반도체 대표

김재진(60, 여)

이민호(34)

이민규(27, 여)

노창희
전경련 고문, 전 유엔대사

이정환
GS&J 인스티튜트 이사장

이정훈
서울반도체 대표

상탈출 장치로 1984년 제네바 국제발명신기술전시회에 참가할 정도로 주목 받던 엔지니어이며, 컨베텍 기술 고문을 지냈다. 경기 안성에서 중앙회계사무소를 운영하는 천승희 씨가 장남, 《언플러그드 보이》 등 독특한 화법으로 신선한 돌풍을 불러일으켰던 만화가 천계영(45·여) 씨가 차녀다.

'집념의 승부사' 이정훈 대표

이정훈 대표는 카리스마 넘치는 화법과 치밀한 경영 스타일을 가졌다고 평가받는다. 지금도 영업 전방에서 왕성하게 뛰고 있다. 호방한 성격으로 전형적인 리더라는 평이 많지만 실제로는 조용하고 감수성이 풍부한 인물이라고 측근들은 전한다.

기술 개발과 경영을 두루 섭렵한 이정훈 대표는 한번 마음먹은 분야에 대해서는 깊이 있게 파고드는 성격이다. 기업설명회(IR) 등에서 다양한 국가의 LED 산업에 관한 질문에도 통찰력 있는 답변을 제시한다. 일벌레로도 유명한데, 명절에도 회사에 나와 근무하는 등 1년 대부분을 회사에서 보내고 있다.

세계 5개 법인, 40개 대리점을 챙기느라 분주한 이정훈 대표는 직원과 소통하는 데도 열심이다. 분기별로 임직원과의 토크쇼를 열고, 패밀리 데이 등 직원들의 가족까지 살뜰히 챙기는 따뜻한 리더다. 한번은 임직원 수십 명에게 자비로 주식을 사서 나눠 줘 화제가 되기도 했다.

업계 관계자는 "이 대표의 영업성공률은 80~90%로 비즈니스 영업의 귀재"라면서 "비즈니스 정도와 예절에 능숙하다. 매우 세련됐다"고 평했다. 또 "일에서만큼은 엄격하고 직원들에게 비전을 심어 주는 데도 탁월하다"면서 "한번 본 사람은 이 대표의 열정과 씀씀이에 감동할 수밖에 없다"고 말했다.

일에서는 엄격하기로 유명하다. 임원들이 부진하다 싶으면 특단의 조치도 내린다. 아예 회의를 시작부터 끝까지 서서 하는 경우도 적지 않다. 고집도 세다. 실적이 부진했던 2007년에는 원하는 바를 이룰 때까지 머리를 자르지 않겠다고 선언하기도 했다. 실제로 이정훈 대표는 2007년 10월부터 2008년 12월까지 1년 2개월 동안 이발소를 찾지 않았다. 이때가 바로 세계 1위 LED 기업인 일본 니치아화학공업으로부터 특허 관련 소송을 당했을 때다. 애연가였던 이 대표가 담배를 끊은 때도 이쯤이다. 건강해야 잘 싸울 수 있다는 생각에서였다.

이 대표는 결국 골리앗이었던 니치아화학공업을 이겼다. 호시탐탐 LED 연구인력을 빼가려는 대기업과 맞선 데도 이 대표의 뚝심이 컸다. 연매출 1천억 원 때부터는 대기업들과 '부정경쟁방지법'을 근거로 소송을 벌이기도 했다.

이정훈 대표는 스스로 "인맥은 거의 없지 않나"라고 말하지만 한승수 전 국무총리, 이채욱 CJ그룹 부회장 등 거물급 인사와 친분이 남다르다. 한승수 전 총리는 서울반도체 사외이사이기도 하다. 이명박 정부 초대 국무총리를 지낸 데다 문민정부, 국민의 정부에서도 각각 장관 자리에 올라 정·관계 영향력이 크다. 때문에 이정훈 대표가 삼고초려 끝에 한 전 총리를 모신 것으로 전해진다. 특히 국무총리 시절 녹색성장을 주도했다는 점에서 고효율 친환경 LED 사업을 추진하는 서울반도체와 통한다.

이채욱 부회장은 GE코리아 사장과 GE 아태지역 헬스케어 사업을 총괄하는 GE아시아성장시장 총괄사장, 인천국제공항공사 사장을 지낸 인물이다. 이채욱 부회장도 과거 서울반도체 사외이사를 지냈다.

제일기획 대표이사, 삼성물산 사장 등을 거쳐 야후코리아 경영 고문을 지낸 신세길 서울반도체 회장도 이 대표가 어려울 때마다 조언을 얻는 최측근이다. 신세길 회장은 서울대 경제학과 출신으로 2002년부터 10여 년간 회장을 역임했다.

이정훈 대표는 알아주는 등산광이다. 부인 김재진(60) 씨도 대학교 등산 동아리 활동을 통해 만났다. 그는 엄격한 자식 교육으로 정평이 나 있는데, '인생은 드로잉'이라는 자신의 좌우명을 가르친다고 한다. '인생은 다시 지우고 그릴 수 없는 그림을 그려 가는 것'이라는 의미로, 신중하게 첫 단추를 잘 끼우고 미리미리 준비하라는 말이다.

창업주 서홍송 명예회장과 대명

대명그룹 창업주 고 서홍송 명예회장은 1953년 경북 청송에서 1남 2
녀 중 막내로 태어났다. 서 명예회장은 어렵게 얻은 아들이다. 젊은
시절 외항선을 탄 부친 고 서용달 씨는 7대조까지 모시는 종손이었지
만 아들이 없었다. 모친 고 김수강 씨는 아들 하나만 점지해 달라며 마
을 큰 바위 앞에 나가 삼신할미에게 정성을 쏟았다. '호사다마'였는지
아들을 얻었지만 가세는 기울었고 부친도 곧 세상을 떠났다.

　어릴 적 서홍송 명예회장은 '말수가 적은 아이'였다. 말이 없고 내
성적인 아이는 또래 아이들에게 맞고 오는 일이 다반사였다. 모친은
아들을 태권도장에 보냈다. 태권도는 서 명예회장을 자신 있고 적극
적인 성격으로 변화시켰다. 20대에는 도민체전 대표로 출전할 정도

555

로 실력이 출중했고, 한때 사무실 위에 도장을 차릴 정도로 태권도에 대한 애정도 남달랐다.

서홍송 명예회장은 당시 방위사업체이던 풍산금속 공정 담당기사로 첫 취직을 했다. 모두가 어려웠던 시절 풍산은 좋은 회사였다. 월급이 생기자 서 명예회장은 평소 하고 싶던 일을 해나갔다. 주말마다 경주 나이트클럽을 찾거나 오토바이를 타고 동쪽 해안을 달렸다.

하지만 소모적인 생활은 오래가지 않았다. 그럴 만큼 넉넉한 가정도 아니었고 외동아들이라 결혼도 서둘러야 했다. 부인 박춘희(61) 씨를 만난 것도 이때쯤이다. 가정을 갖고 책임감이 생기면서 그는 자기 일을 하고 싶다는 꿈을 꾸게 됐다.

"손수레 장사를 하더라도 내 일을 하고 싶어." 퇴근 후 아내에게 던진 한마디가 사업가로서의 서 명예회장을 만든 시발점이다. 사표를 던지기 전 서 명예회장은 자신의 집 인근에 집 한 채를 지었다. 경험을 쌓는 게 중요하다는 생각에서였다. 결국 27세 되던 1979년 사표를 내고 대명주택을 차렸다.

회사를 꾸렸지만 돈은 부족했다. 서홍송 명예회장이 한 첫 번째 일은 여름철 포항 칠포해수욕장에서 피서용품을 파는 일이었다. 작은 회사는 불과 6년 만인 1985년 포항을 대표하는 주택건설 회사로 성장한다. 훗날 서 명예회장은 남다른 고객 서비스가 있었기에 가능했다고 회고했다. 그가 정한 서비스 원칙은 3가지다. ①'소비자 불만 전화가 오면 이유를 불문하고 달려가라', ②'당일 해결이 안 되면 다음날 반드시 처리해라', ③'작은 고장도 무조건 수리한다'.

서홍송 명예회장은 1986년 12월 동원토건을 인수하면서 대명주택

본사를 서울로 이전했다. 지역에 머물러서는 성장에 한계가 있다는 판단에서 내린 결론이다. 주변에서는 말리는 이가 많았다. 인맥도 학연·지연도 없는 서울에서의 사업은 무모한 도전일 뿐이라고 입을 모았다. 그러나 서 명예회장은 회사명을 대명주택에서 대명건설로 바꾸고 제2의 도전에 나섰다.

'눈 감으면 코 베어 간다'는 서울이었지만 사업은 성공적이었다. 1987년 강서운전면허시험장을 착공하는 등 외주사업이 늘면서 현장 경험이 풍부한 경력사원들이 속속 합류했다. 다른 회사만큼 일해서는 살아남을 수 없다는 생각에 임직원 모두가 앞만 보고 달렸다. 매출은 매년 비약적으로 늘었다. 대명건설은 해마다 100% 이상 성장을 거듭했다. 당시 한국의 건설사는 5천여 개. 동원토건 인수 후 첫해 건설사 도급 순위는 338위였으나 1995년에는 133위로 급성장했다.

건설 분야가 성장 궤도에 올라서자 서홍송 명예회장은 '레저산업'이라는 또 하나의 도전을 결심한다. 서 명예회장은 입버릇처럼 "한국에서 최고가는 레저기업을 만들고 싶다"고 되뇌었다. 1980년대부터 중산층이 형성됐고 '마이카' 시대가 도래했지만 여전히 대다수에게 레저란 단어는 생소할 때다.

1989년 9월 설악콘도 기공식을 열었지만 목표는 단순한 콘도 건설이 아니었다. 잠시 머물고 가는 숙박시설이 아닌 쉬면서 놀이를 즐길 수 있는 종합 레저타운을 구상했다. 지금의 대명 비발디파크(구 홍천 레저타운)가 탄생한 배경이다. 대명레저산업은 1990년에 설립한 설악리조트에 이어 양평콘도(1992년), 비발디파크(1994년), 홍천과 설악골프장(1997년)을 오픈하는 등 공격적인 확장을 이어 간다. 덕분에

여행객들에게 대명의 이름을 알리겠다는 뜻으로 1988년 인수한 38선 휴게소의 개소식 모습.

1990년대 중반 대명은 자타가 공인하는 종합 리조트그룹으로 자리매
김하게 됐다.

　승승장구하던 대명에도 커다란 시련이 닥쳤다. 외환위기가 시작된
1997년, 회사 부채는 약 2천억 원에 이르렀다. 회사 규모나 연매출
등을 고려하면 부채 규모가 큰 편이 아니라고 판단한 게 화근이었다.
당시 급속하게 얼어붙은 경기가 발목을 잡았다. 은행마저 부도를 걱
정하던 때인 만큼 빠른 성장만을 보이던 레저 분야의 매출은 급락했
다. 굴지의 기업마다 구조조정 바람이 불면서 대명 역시 더는 버틸 수
없는 상황을 맞았다. 결국 1998년 6월 대명건설과 대명레저산업이 부
도를 맞았다.

　다행히도 대명은 최단시간(6개월)인 같은 해 12월 화의 인가를 받
았다. 급여가 깎이는 상황에서도 참고 인내해 준 직원들의 노력과 헌

신이 무엇보다 큰 도움이 됐다. 하지만 어렵게 얻어낸 화의 인가에도 대명은 어려운 시간을 견뎌야 했다.

2011년 가을 미국에서 터진 9·11 테러는 회복 기미가 보이지 않던 전 세계 경제에 찬물을 끼얹었다. 그해 11월 22일, 당시 서홍송 명예회장은 단양콘도 분양에 사활을 걸고 사방으로 뛰어다니고 있었다. 여느 때처럼 업무를 마친 후 퇴근하던 서 명예회장이 쓰러졌다. 소식을 접한 직원들은 과로 누적 정도일 것으로 여겼지만 그는 결국 일어나지 못했다. 하지만 불과 몇 달 후 거짓말같이 살아난 부동산 경기로 인해 마지막까지 걱정하던 콘도 분양은 성공적으로 마감됐다. 결국 2003년 8월 대명레저산업은 조기에 화의를 졸업했지만 서 명예회장은 그 기쁨을 누리지 못했다.

새로운 성장동력, 문화·공연

노부부의 진솔하고 아름다운 생을 다룬 영화 〈님아, 그 강을 건너지 마오〉는 480만 명을 극장으로 불러들였다. 독립영화로는 사상 최대 기록이다. 국내 역대 개봉영화 중 58위로 〈아이언맨 1·2〉, 〈다크나이트〉 등 할리우드 블록버스터의 성적을 훌쩍 뛰어넘었다. 영화를 통해 벌어들인 수익만 해도 373억 원. 제작비를 고려하면 제작사와 투자자의 수익률은 2,000%가 넘을 것으로 업계는 내다본다.

독립영화로는 상상조차 하기 힘든 흥행 기록을 세운 이 작품의 투자·배급사는 다름 아닌 대명문화공장이다. 대명문화공장은 2009년 대명그룹의 컬처테인먼트 사업팀으로 시작했다. 공연 제작, 영화 배급사 및 신규 사업 분야로 영역을 확장하고자 2014년 6월 ㈜대명문화공장으로 사명을 변경했다.

대명은 문화와 공연 분야를 그룹의 새로운 성장동력으로 삼겠다는 의지로 공격적인 투자를 이어 가고 있다. 2009년 영화 〈내사랑 내곁에〉를 선보인 이후 〈은밀하게 위대하게〉(관객 수 695만 명, 역대 30위)와 〈신세계〉(468만 명, 63위) 등을 개봉하며 영화업계에서는 이미 중견업체의 위치에 올랐다. 2014년에는 화려한 캐스팅으로 무장한 〈빅매치〉(이정재, 신하균 주연), 〈두근두근 내 인생〉(송혜교, 강동원 주연) 등이 기대작이었지만 정작 효자 노릇은 〈님아, 그 강을 건너지 마오〉가 해줬다.

대명문화공장은 영화 배급과 투자 외에도 국내외 콘서트와 공연, 드라마 제작 등 대중문화 전반에 걸쳐 다양한 사업을 진행 중이다. 2011년에는 국내 창작연극 '이기동 체육관'을 시작으로 연극과 뮤지컬 제작에 참여 중이다. 최근에는 국내외 아티스트 공연도 추진 중이다. 공연공간 마련에도 애정이 깊다. 2011년 7월 서울 대학로에 문화공간 '필링'을 개관한 데 이어 2014년 3월에는 연극과 뮤지컬, 콘서트 등 전문 공연장인 DCF대명문화공장을 개관했다.

대명그룹의 주요 CEO

대명그룹 주요 계열사 대표들은 각자 자기 분야에서 내로라하는 실력자들이 많다.

그룹의 모태인 대명건설을 이끄는 김동현(59) 대표는 한양대 건축

대명그룹 주요 계열사 대표들

김동현(59)
대명건설 대표

안영혁(61)
대명레저산업 대표이사

유용희(49)
대명엔터프라이즈 대표이사

공학과를 졸업하고 같은 대학원 건설관리학과를 졸업한 건설통이다. 김 대표는 대우건설 주택사업담당 상무와 코오롱글로벌 건축사업본부장 등을 역임했다. 대명에 둥지를 튼 것은 2005년이다. 2015년 1월부터 대명건설 대표를 맡고 있다. 김 대표의 발탁은 그동안 리조트 사업 중심이던 대명건설이 주택과 토목 사업으로 보폭을 넓히겠다는 의지를 표명한 것이라는 게 건설업계의 분석이다.

안영혁(61) 대명레저산업 대표이사는 단국대 법학과를 졸업한 뒤 페어리디킨슨대학원에서 경영학을 전공했다. 2008년 7월부터 대명그룹의 주력 계열사인 대명레저산업에 합류해 경영기획실장과 비발디파크 본부장 등을 거친 안 대표는 2014년 12월 대명레저산업 대표이사에 자리했다. 강원도 홍천에 위치한 대명비발디파크가 10년 넘게 국내 1위 리조트로 자리 잡는 데 기여한 점 등을 인정받았다는 후문이다.

유용희(49) 대명엔터프라이즈 대표이사는 서울대 경제학과를 졸업하고 1999년 이수그룹에서 근무했다. 젠에듀 대표이사와 세양류트리

선 대표이사 등도 역임했다. 2013년 대명레저산업 경영기획실장으로 대명그룹에 합류해 2013년 10월 대명홀딩스 경영기획실을 담당하게 된다.

유 대표는 현재 경영능력 등을 인정받아 대명엔터프라이즈 대표이사를 맡고 있다. 대명그룹의 유일한 상장사인 대명엔터프라이즈의 성장을 위해 집중하고 있다. 2015년 4월에는 경영효율성을 높이고 영업활동을 강화한다는 명목으로 서준혁 1인 대표체제에서 서준혁·유용희 2인 대표 체제로 전환했다. 그만큼 경영 분야에서는 유 대표의 전문성을 인정하고 있다는 방증이기도 하다.

장남 서준혁 대표 주도, 그룹 제2의 변신 중

창업주인 서홍송 명예회장이 갑작스럽게 세상을 떠난 후 대명의 회장 자리는 안주인인 박춘희 씨가 물려받았다. 예기치 못한 죽음이었던 만큼 유언도 없었다. 박 회장은 1남 2녀(경선, 준혁, 지영 씨)의 자녀를 뒀지만 대부분 유학생 신분이어서 곧바로 회사에 합류할 수 있는 상황은 아니었다.

이때 든든한 버팀목이 돼준 이가 남동생 박흥석(57) 현 대명그룹 총괄사장이다. 서홍송 명예회장은 생전에 처남인 박 총괄사장을 데리고 다니며 일을 가르쳤는데, 그가 매형이 떠난 뒤 실질적인 경영을 담당했다. 현재의 박춘희·박흥석 남매 체제가 만들어진 배경이다.

갑작스러운 서홍송 명예회장의 공백에 회사 내·외부에는 불안한 시선도 존재했다. 하지만 남편이 사망하고 채 2년도 안 된 2003년 8

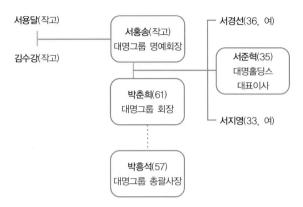

대명그룹 가계도

서용달(작고)
김수강(작고)
서홍송(작고) 대명그룹 명예회장
박춘희(61) 대명그룹 회장
박흥석(57) 대명그룹 총괄사장
서경선(36, 여)
서준혁(35) 대명홀딩스 대표이사
서지영(33, 여)

서홍송
대명그룹 명예회장

박춘희
대명그룹 회장

박흥석
대명그룹 총괄사장

서준혁
대명홀딩스 대표이사

월 대명레저산업이 조기에 화의를 졸업하고 서 명예회장이 마지막까지 공을 들였던 단양리조트가 완성되면서 의구심은 차츰 잦아들었다.

박춘희 회장은 대명그룹의 레저부문 사업영역을 서서히 확장시켰다. 2003년 단양 아쿠아월드를 개관한 데 이어 대명콘도 경주와 비발디CC(2004년), 쏠비치(2007년), 소노펠리체(2009년), 델피노(2012년), 엠블호텔(2012년) 등 굵직한 사업을 이어 갔다. 워터테마파크인 오션월드의 경우 2011년 세계 워터파크 4위에 오르기도 했다. 현재 대명레저산업은 전국 12개 직영 호텔과 리조트, 종합 워터파크인 비발디파크 오션월드 외 5개의 아쿠아월드, 스키장과 골프장 등을 보유한 대한민국 레저산업 분야의 선두 기업이 됐다.

박춘희 회장의 아들 서준혁(35) 현 대명홀딩스 대표이사는 청담고, 미국 미네소타대 경영학과를 졸업하고 2007년 대명레저산업 신사업 본부장을 맡았다. 그는 사실상 모친에 이어 그룹을 이끌어 갈 2세 경영인이다. 나머지 경선(36) 씨와 지영(33) 씨가 회사에 합류하기도 했지만, 현재는 장녀인 경선 씨만 대명레저산업 부사장이라는 직함을 달고 있다. 막내 지영 씨는 대명그룹 기획팀에 잠시 근무하다 퇴사해 2012년 12월 광고·홍보·인테리어 사업을 위해 법인 '서안'을 설립했다.

지영 씨는 2010년 5월 세간의 이목을 집중시킨 소송 하나를 냈다. 어머니와 오빠를 상대로 상속재산 분할 합의 무효소송을 제기한 것이다. 당시 소장에는 미성년자이던 2001년 아버지가 돌아가신 뒤 대명콘도(현 대명홀딩스) 지분을 어머니와 오빠가 나눠 가져 본인은 주식을 전혀 상속받지 못했으니 11만여 주에 달하는 대명홀딩스 주식을 자신에게 돌려 달라는 내용이었다.

하지만 이 소송은 불과 5일 만에 지영 씨의 소송 취하로 허무하게 끝났다. 대명 관계자는 "2001년 당시만 해도 화의 중이라 회사가 언제 넘어갈지 모르는 상황이었다"면서 "어머니와 아들은 회사를 살려야겠기에 불안하지만 회사 지분을, 두 딸은 지분 대신 안전한 현금성 자산을 물려받기로 했는데 잠시 오해가 있었던 것"이라고 주장한다.

현재 총 17개 계열사로 이뤄진 대명그룹은 지주회사인 대명홀딩스가 나머지 계열사 지분을 쥐고 지배하는 구도다. 대명홀딩스 지분의 77.40%는 박춘희 회장(37.7%)과 아들 서준혁 대표(36.4%)가 보유

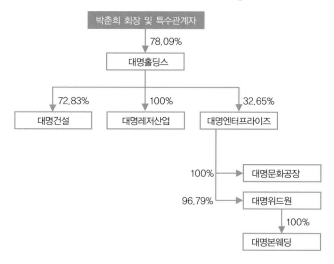

대명그룹 자회사 및 계열사 현황

박준희 회장 및 특수관계자

78.09%

대명홀딩스

72.83%   100%   32.65%

대명건설   대명레저산업   대명엔터프라이즈

100% → 대명문화공장

96.79% → 대명위드원

100% → 대명본웨딩

중이다. 또한 홀딩스는 대명건설(72.83%), 대명레저산업(100%), 대명엔터프라이즈(31.06%) 등 주력 계열사들의 최대 주주다.

대명그룹은 두 번째 변신을 꾀하는 중이다. 서홍송 명예회장이 건설에서 레저 전문기업으로 무게 중심을 옮겼다면, 최근에는 외식과 유통·항공·영상장비 등 다양한 사업 포트폴리오를 구축하며 외형을 넓히고 있다.

중심에 선 이는 서준혁 대명엔터프라이즈 대표다. 대명엔터프라이즈는 영상 보안장비 제조 브랜드인 웹게이트를 비롯해 4개의 자회사(대명코퍼레이션, 대명문화공장, 대명위드원, 대명본웨딩)를 보유하고 있다. 대명그룹의 사업목표인 요람에서 무덤까지 이어지는 서비스에 맞춰 문화, 유통, 웨딩, 보안사업을 진행 중이다. 서 대표는 그룹 내

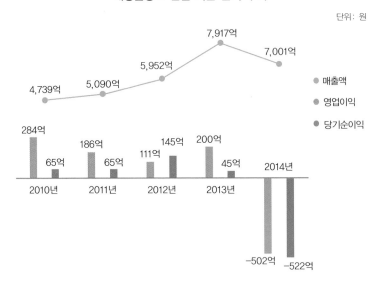

대명홀딩스 연결 기준 손익 추이

단위: 원

7,917억

7,001억

5,952억

5,090억

4,739억

● 매출액

● 영업이익

● 당기순이익

284억

186억

145억

200억

111억

65억

65억

45억

2014년

2010년   2011년   2012년   2013년

−502억   −522억

전자부품업, 정보사업, 신규사업 등을 진두지휘하고 있다. 특히 영상 보안장비 제조부문인 웹게이트는 오랜 경험의 디지털 영상처리 노하우를 바탕으로 전 세계 폐쇄회로(CCTV) 시장에서 '세계 최초' 타이틀만 17건을 보유 중이다.

고민도 있다. 서준혁 대표를 중심으로 새로운 성장동력을 찾고자 다양한 사업을 추진해 왔지만 이렇다 할 성과를 거두지는 못하고 있다는 평가가 나온다. 2010년 대명라이프란 이름으로 시작한 상조사업은 2012년부터 자본잠식 상태에 빠졌다. 비슷한 시기에 시작한 영화관 사업은 위탁운영 방식에서 부동산임대차계약으로 전환하면서 영업을 중단했다. 떡볶이의 고급화를 이루겠다는 각오로 서울 강남 등을 무대로 야심차게 시작한 프랜차이즈 베거백도 개점휴업 상태가 된

지 오래다. 이런 가운데 대명그룹은 2014년 웨딩컨설팅업계 3위인 본웨딩컨설팅을 인수했다. 기존 더원결혼정보와의 시너지 효과를 통해 업체 선두권으로 치고 올라가겠다는 각오다. 하지만 최근 유력 결혼정보업체까지 잇따라 폐업하는 등 해당 시장 상황은 만만치 않다.

일각에서는 사업다각화도 좋지만 선택과 집중이 필요하다는 지적도 나온다. 지난 5년간 그룹 전체의 매출액은 꾸준히 느는 추세지만 정작 영업이익은 뒷걸음만 쳐왔다는 점도 이를 뒷받침한다. 실제 2010년 대명홀딩스는 연결 기준 매출 4,739억 원과 영업이익 284억 원을 기록했다. 하지만 지난해 매출은 7,001억 원으로 늘어난 반면 영업이익은 502억 원 감소했다.

골프존

'골프도 인생도 18홀 72타', 골프존 김영찬 회장

"은퇴 후 소일거리 삼아 만든 회사가 정말 이렇게 커질 줄은 꿈에도 몰랐습니다. 겁도 나더군요. 골프존의 성공은 평범한 직원들이 모여 함께 이룬 성과입니다. 우린 여전히 작은 회사일 뿐이고 그 앞에 저 역시 극히 평범한 사람 중 하나일 뿐입니다."

김영찬(69) 골프존 회장은 자신이 대단한 사람인 양 과대 포장되는 것을 극히 꺼린다. 성공한 사람들이 흔히 자신을 더 높이려 치밀한 계산에서 흘리는 미사여구(레토릭)가 아닌 듯하다. 적어도 김영찬 회장을 만나 본 느낌은 그랬다. 수천억 원의 자산을 가진 신흥기업 회장이지만 그의 인상은 좀 촌스러우면서도 푸근한 동네 아저씨다.

골프존은 2013년 3,652억 원의 연매출을 기록한 국내 1위 실내 스크린골프 회사다. 2000년 회사를 설립한 이후 2년간 매출이 0원이었던 것을 생각하면 기적 같은 성장을 이어간 셈이다. 회사가 창업했을 때는 우리나라가 IMF 구제금융을 받은 직후였고 2008년 금융위기까지 있었다는 점을 고려하면 골프존이 이룬 성장은 말 그대로 '홀인원'에 가깝다.

김영찬 회장은 1993년 47세의 나이로 삼성전자 시스템사업부장 자리에서 물러나야 했을 때 앞으로 먹고살 것을 걱정했다. 큰 욕심은 없었다. 단지 자식에게 손 안 벌리고 살려면 건강할 때 좀더 일해야 한다는 생각뿐이었다. 주변에서는 "퇴직금으로 식당 같은 것을 하는 게 어떠냐"고 권했지만 오히려 더 자신이 없었다. 하찮다고 생각해서가 아니라 잘 아는 분야가 아니어서다.

그래서 시작한 일이 음성사서함(VMS) 서비스 회사인 '영밴'이다. 지금의 자동응답시스템(ARS)과 비슷한 사업이었다. 평생 직장에서 해온 업무가 통신 분야였기에 낯설지도 않았다. 은퇴사업으로 수입은 나쁘지 않았지만 우후죽순으로 경쟁자들이 생기면서 수익성은 점점 떨어지기 시작했다. 당장 먹고사는 것에 안주하다가는 곧 위기가 닥칠 것이라고 직감했다. 그는 다시 새 사업 아이템에 대한 고민을 시작해야 했다.

그때 떠오른 것이 자신이 좋아하는 골프와 정보기술(IT)을 융합한 사업이었다. 김영찬 회장은 은퇴하기 3년 전인 1990년 삼성전자 부장 시절 처음 골프를 배웠다. 돈을 아끼려 당시 미국 주재원 생활을 마치고 돌아온 동료에게 이른바 'US 스펙' 골프채를 구입했다.

골프는 재미있지만 어려웠다. 연습장과 실제 골프장은 전혀 다르

골프존 현황

회사명	골프존주식회사(GOLFZON CO)
대표이사	김영찬
설립일	2000년 5월 8일
소재지	대전본사: 대전 유성구 탑립동 898 서울사무소: 서울 강남구 영동대로 735
자본금	61억 원(납입자본금 기준)
매출규모	3,652억 원(2013년 기준)
인원	386명
주요사업	골프시뮬레이터, 네트워크서비스, 골프용품 유통(온/오프라인), 골프장, 골프레슨 콘텐츠, 시뮬레이션 골프연습장, 골프포털/골프미디어 등
계열사 현황	국내: ㈜골프존네트웍스, ㈜골프존리테일, ㈜골프존카운티, 　　　㈜골프존엔터테인먼트, ㈜골프존카운티 선운, 　　　㈜골프존카운티 매니지먼트, ㈜골프존카운티 디엔엠 해외: GOLFZON JAPAN Co, GOLFZON CHINA, 　　　GOLFZON CANADA INC, GOLFZON TAIWAN Co

기에 비싼 돈을 주고 필드에 나가면 공이 잘 맞지 않았다. 모든 아마추어 골퍼들의 고민에 새 사업의 힌트가 있었다. 문득 머릿속에서 '일반 연습장과 실제 골프장 사이의 징검다리 역할을 할 만한 연습기계를 만들어 보면 어떨까' 하는 생각이 들었다. 그렇게 시작한 사업 아이템이 골프 시뮬레이터다.

당시에도 일류 연습장이나 고급 호텔 피트니스센터 등에는 골프 시뮬레이터가 있었다. 하지만 대당 가격이 1억 원을 넘을 정도로 고가인 데다 잔고장도 많고 오류도 커 인기는 낮았다. 기계 가격을 낮추고 정확도를 키우면 사업이 될 듯해 2000년 5월 8일 대전 대덕연구단지에 작은 사무실을 낸 것이 지금 골프존의 시초다.

김영찬 회장을 포함한 직원 수는 5명. 처음부터 대박을 꿈꾼 것은 아니었다. 당시 전국에는 골프연습장이 3천여 곳 정도 있었는데 이곳에서 1~2대 정도씩 연습기계를 사주면 4천~5천 대 정도는 팔 수 있다고 생각했다. 한 달에 40~50대 정도를 만들어 팔면 직원 월급과 사무실 운영비를 생각해도 꾸준히 10년간은 먹고살 수 있겠다는 게 김 회장의 계산이었다.

하지만 쉬운 것은 없었다. 사무실을 차려 놓기는 했지만 2년간 매출은 0원이었다. 직원 월급이 나가는 날이 돌아오면 종잣돈이 줄어만 갔다. 기술 연구도 쉽지 않았다. 수소문 끝에 3차원(3D) 소프트웨어 벤처기업 대표와 연이 닿았다.

명문대 출신인 그 사람은 유창한 화술로 "아무 걱정 하지 말라"며 미소 지었다. 사기였다. 6개월 동안 거금을 투자했지만 약속했던 화면은 구현되지 않았고 대표는 잠적했다. 김 회장은 충격을 받아 병원에 입원하기까지 했다.

이때 뼈저리게 느낀 것이 핵심 기술은 반드시 자기 힘으로 일궈야 한다는 점이었다. 벤처기업일수록 기술에서 뒤지면 일어날 방법이 없다는 평범한 진리를 잊은 게 문제였다. 이때부터 골프존은 연구 · 개발(R&D) 인력 확보와 투자에 돈을 아끼지 않았다. 사업이 안정을 찾은 이후 골프존은 전체 매출의 5~10%를 R&D에 투자했다. 덕분에 골프존이 현재 보유한 국내외 특허는 161건, 현재 출원 중인 건수도 150여 건이 넘는다.

그렇게 1년 반 동안 고생한 끝에 2002년 첫 제품을 출시했다. 경기 안산의 한 연습장에서 첫 제품을 테스트했다. 당시 반응은 뜨거웠지만 지금 생각하면 기술적인 문제가 많았던 초기 버전이기도 하다. 첫해 10억 원의 매출은 이듬해 20억 원, 다시 1년 후 30억 원으로 커졌

최근 3개월 골프존 R&D 투자 실적

단위: 원

● 연구개발비 ● 개발비 자산화 ● S/W 및 지재권

	연구개발비	개발비 자산화	S/W 및 지재권	
2011년	118억	26억	19억	총 163억
2012년	112억	44억	22억	총 178억
2013년	123억	56억	10억	총 189억

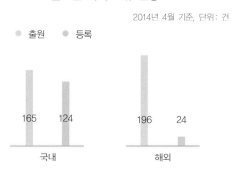

골프존 특허 보유 현황

2014년 4월 기준, 단위: 건

● 출원 ● 등록

	출원	등록
국내	165	124
해외	196	24

다. 가장 순탄하고 마음 편한 시기였다.

김영찬 회장은 2005년을 골프존의 변화의 시기로 꼽는다. 위기가 닥쳐서가 아니라 기대 이상으로 회사가 커지고 있다는 것을 피부로 느꼈기 때문이다. 당시는 '골프방'이라는 이름으로 동네마다 스크린 골프장이 들어서던 때였다. 그 무렵 강원 강릉에서 한 스크린골프장 사업주를 만난 것을 김 회장은 아직도 생생히 기억하고 있다.

"일행과 저녁을 먹으며 만난 사업주는 제가 생각했던 것보다 사업이 잘될 것이라는 확신이 있었습니다. 예상보다 훨씬 큰 규모로 스크린골프장에 투자해 사업을 준비 중이었어요. 솔직히 저 혼자 편히 잘 살아 보겠다고 시작한 사업이 어떤 가정의 전 재산을 좌지우지하는 일로 변해 버린 겁니다. 아찔하더군요. 뒤를 돌아보니 우리 회사 직원도 50명으로 늘어난 상황이었고요."

김영찬 회장은 더 이상 주먹구구로 사업을 할 수는 없다는 것을 느꼈다. 잘못하면 남의 인생과 가정을 망칠 수 있다는 생각에 두렵기까지 했다. 사업을 하는 의미부터 사업의 영역과 경영철학, 기업이념, 비전과 인재상까지 회사의 대표자로서 처음부터 다시 고민해야 했다. 조직을 재정비할 수 있는 고급 인재들도 뽑아 회사도 재정비했다.

결과적으로 매출은 창업 6년 만인 2006년 100억 원을 넘었고, 다시 2년 뒤인 2008년 1천억 원을 돌파했다.

2011년 골프존의 상장과 함께 김영찬 회장은 스포트라이트를 받았다. 늦은 나이에 맨손으로 회사를 키운 자수성가의 아이콘으로 치켜세워졌다. 하지만 상장 후 주변에서 들리는 소리는 의외였다. "이제 회사를 비싼 값에 팔고 평생 쉬면서 인생 즐길 수 있겠네"라는 이야기가 적지 않았다. 주변에서 사업 하는 이들도 마찬가지였다.

김영찬 회장은 주변의 이런 반응이 너무나 아쉬웠다. '다들 기업가 정신이 이처럼 부족한가'라는 생각에 한숨이 절로 나왔다. 그때마다 김 회장은 "저는 이제 18홀 중 첫 번째 홀의 티샷을 막 했을 뿐"이라고 답하곤 했다.

최근 김영찬 회장은 골프존을 지주사로 전환하는 작업으로 분주하다. 국내 스크린골프 시장이 포화 상태에 다다랐다는 평가에 따라 해외 진출과 함께 골프존의 전문성을 더 키워야 한다는 판단에서다. 스

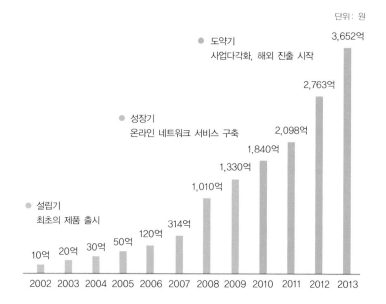

골프존 매출 추이로 본 성장 과정

단위: 원

● 도약기
사업다각화, 해외 진출 시작

3,652억

2,763억

● 성장기
온라인 네트워크 서비스 구축

2,098억

1,840억

1,330억

1,010억

● 설립기
최초의 제품 출시

314억

10억 20억 30억 50억 120억

2002 2003 2004 2005 2006 2007 2008 2009 2010 2011 2012 2013

크린골프 이외에 유통과 게임, 오프라인 골프장, 골프 레슨 등으로 사업을 다각화하려면 지주사 체계가 더 맞는다는 계산이다. 이런 경영판단 덕분인지 골프존 매출은 매년 30% 이상 늘고 있다.

김영찬 회장의 휴대전화 뒷번호는 1872다. 일흔을 코앞에 둔 나이지만 골프도 인생도 18홀을 72타로 마치겠다는 목표를 분명히 밝히는 숫자이기도 하다. 현재 핸디캡은 12(84타). 물론 라이프 베스트 스코어는 75타지만 조만간 안정적인 싱글을 치겠다는 목표도 분명하다.

여전히 라운딩을 돌 때면 18홀을 3홀씩 6개로 나눠 꼼꼼히 분석하는 습관이 있다. 홀마다 일희일비하지 않고 실수가 있을 때는 메꾸겠다는 전략이다. 돈을 많이 번 현재가 행복하냐는 질문에 그는 "행복하다"고 답했다. 하지만 "돈 때문은 아니다"라고 했다. 그는 "좋아하는 골프가 일이니 사업상 평일에도 공을 칠 때가 많습니다. 친구들도 부러워하죠. 게다가 직원 평균 나이가 젊은 직장이다 보니 젊게 살 수밖에 없습니다. 다행히 건강도 좋아요"라며 활짝 웃는다.

김영찬 회장은 이어 "현재 우리 회사는 전반 3번 홀쯤에 와 있다고 봅니다. 좋은 스코어와 행복한 라운딩을 위해서는 앞으로도 더 도전적인 샷들을 해야 합니다"라며 주먹을 불끈 쥐어 보였다.

김영찬 회장 가족사

"뭐 그리 자랑할 만한 집안은 아닙니다. 세상의 기준으로 그리 성공했다거나 유명한 사람도 한 명 없고요."

김영찬(69) 골프존 회장은 1946년 8월 전북에서 농사를 업으로 삼던 아버지 김만태 씨와 어머니 유기순 씨 사이에서 3남 1녀 중 막내로 태어났다. 두 명의 형님(영성, 영진)은 돌아가셨고, 현재 누나 김민수 씨만 생존해 있다. 모두 평범한 소시민이다.

어린 시절 김영찬 회장의 꿈은 교사였다. 엄격했던 아버지에게서 도덕을 중시하는 교육을 받았고 자신도 남들과 소통하며 가르치는 것에 관심이 많아 교단에 서고 싶었다. 하지만 충남 강경중학교를 졸업하면서 사실상 꿈을 접었다. 가난한 집 막내아들로서 빨리 취업해 살길을 찾아야 한다는 생각에 서울 성동공고를 선택했다. 꿈을 접고 들어간 학교지만 김 회장은 모교에 대한 애정이 각별하다. 최근에는 모교에 장학금 1억 원을 기탁했다.

이후 홍익대 기계공학과에 진학했다. 대학 재학시절인 1965년 산

576

악 동호회 활동 중 여고생 산악부원이던 부인 전병인(66) 씨를 만나 8년간의 열애 끝에 1973년 결혼했다. 카투사 출신인 그는 군 생활을 통해 당시 일반인들에게는 낯선 서구 문화를 이른 나이부터 체험할 수 있었다. 이때의 경험으로 남들과 다른 창의적인 사고를 하는 습관을 갖게 됐다고 말한다.

김영찬 회장은 아무리 바빠도 일요일은 성당에서 시작하는 독실한 천주교인이다. '나눔, 소통, 공감, 배려'라는 그의 사업철학에도 종교적인 색채가 짙다. 이런 배경에서 김 회장은 골프존문화재단을 설립해 사회공헌 활동에 앞장서고 있다.

자수성가한 기업인의 대표주자로 꼽히는 그지만 생활은 매우 소탈하다. 늘 대전과 서울을 오가는 탓에 구입한 이른바 연예인 밴(쉐보레 익스프레스)과 직업상 골프를 많이 친다는 것이 김영찬 회장이 누리는 사치의 전부다. 명품은 이름도 잘 모르고 그리 즐기지 않는다.

부인 전병인 씨 역시 그저 동네 아줌마 스타일이다. 김장 때면 동네 사람들과 같이 김장을 담그고, 동지 때면 팥죽을 쑤어 먹는다. 집 앞 텃밭을 가꾸는 것 역시 그녀의 몫이다. 지인들은 "구두쇠는 아니지만 2천억 원이 넘는 자산가라는 걸 전혀 느낄 수 없는 부부"라고 말한다. 자수성가한 사업가의 부인들이 회사 일에 깊이 관여하는 것과 달리 전 씨는 평범한 주부의 삶을 살고 있다.

골프존문화재단이 주최하는 자선행사가 있을 때 허드렛일을 도와주는 것도 그녀의 몫이다. 김 회장의 친인척 및 처가에는 역시 사회적으로 주목받는 유명 인사가 없다.

삼성전자 등에서 20여 년 넘게 직장생활을 했기에 김영찬 회장은

김영찬 회장 가계도

- 김만태(작고)
  - 김영성(형. 작고)
  - 김영진(형, 작고)
  - 김민수(72)
- 유기순(작고)
  - 김영찬(69)
  - 전병인(66)
- 오지영(40)
- 김원일(40)

김영찬
골프존 회장

김원일
전 골프존 대표이사

봉급생활자의 애환과 심리를 잘 안다. 주식 상장 전까지만 해도 골프존은 직원들의 여름휴가비를 현금으로 줬다. 휴가비가 통장으로 직접 들어가면 정작 부하직원들은 비상금 하나 챙길 수 없다는 고충을 잘 알기 때문이다. 당시 휴가비를 지급하며 김 회장은 "집사람이나 남편에게 들키면 나도 공범(?)으로 몰리니 절대 걸리지 마라. 얼마 안 되는 돈이지만 어른 노릇, 자식 노릇 한번 멋지게 해보라"는 글을 회사 인터넷 게시판에 올리기도 했다.

직계 가족으로는 외아들인 김원일(40) 전 대표만 있다. 김 전 대표는 고려대 산림자원학과를 졸업한 2000년 이후 아버지와 함께 골프존을 일궜다. 대학을 졸업하고 해외유학을 준비 중이었지만 아버지가 회사일로 힘들어하는 모습을 보고 골프존에 들어왔다. 전체 지분의 38.18%를 가진 최대 주주가 됐지만 창업 초기 골프존 매출을 고려하면 가업을 물려받는 게 오히려 모험이었다. 2014년까지 골프존을 이끌었지만 2015년 초 대표이사를 사임했다. 현재 휴식을 취하며 골프존의 미래 성장동력을 모색하고 있다. 김 전 대표는 2005년 동갑내기인 오지영(40) 씨와 결혼했다.

김영찬 회장의 인맥

김영찬 회장의 인맥은 단출하다. 삼성전자 부장으로 퇴직해 자수성가로 지금의 회사를 만든 만큼 재벌 집안끼리의 끈끈한 연줄도, 내로라하는 학연도 없다. 다만 늦은 나이까지 사업을 이어 가며 쌓은 인연이기에 사람들이 더 소중하게 느껴진다고 말한다. 김영찬 회장의 인맥은 삼성전자와 대전 지역, 골프업계, 선수라는 4가지로 압축된다.

이기태(67) 전 삼성전자 부회장은 김영찬 회장이 삼성전자에 근무했을 때 같은 정보통신사업본부 소속 부장으로 다양한 업무를 공유했던 사이다.

분자진단시약 전문기업인 씨젠의 천경준(68) 회장도 삼성에서 만났다. 공학도 출신인 천경준 회장을 만난 것은 삼성이 모토로라를 따라잡으려고 애니콜 개발에 매진하던 시기다. 경북 구미 공장에서다. 두 사람은 초창기 오류가 많았던 애니콜 휴대전화의 문제점을 분석하기 위해 머리를 맞댄 사이다. 고생한 기억 때문인지 천 회장을 삼성에서 가장 가깝게 지낸 사람으로 첫손에 꼽는다.

팬택의 전신인 팬택앤큐리텔 대표이사를 지낸 이성규(62) 전 삼성전자 전무이사와도 삼성전자 사업부에서 같이 일했다. 김영찬 회장이 창업을 위해 사업부장직을 그만뒀을 때 후임자이기도 하다. 사석에서 김 회장은 "이성규 씨는 정말 유능한 소프트웨어 엔지니어이면서 믿고 신뢰할 만한 사람"이라고 치켜세운다.

골프존이 대전에서 시작한 벤처기업이었던 만큼 대전시 인맥도 탄탄하다. 김 회장이 가장 먼저 거론하는 사람은 우리별1호의 주역이자 전 체신부 장관을 지낸 최순달 박사다. 같은 성당에서 만난 사이로 그의 대부(代父)이기도 했다.

충남 강경중학교 2년 선배이기도 한 염홍철(71) 전 대전시장 역시 김 회장의 대표적인 멘토다. 지역 봉사활동의 터를 닦을 때 적극적으로 참여해 지지해 줬다는 점에서 지금도 고마운 선배로 기억한다.

후배들 중에서는 소형 지구관측 위성시스템 기술을 지닌 쎄트렉아이 박성동(48) 대표이사를 맨 먼저 언급한다. 같은 대전 대덕연구단지에서 일하며 깊은 교분을 쌓은 사이로 아들뻘 되는 나이 차에도 불구하고 김 회장이 마음을 터놓고 대화할 수 있는 사람으로, 가족처럼 챙기고 싶은 후배다.

이 밖에 이익우(67) 젬백스앤카엘 대표이사와 남용현(52) 트루윈 대표이사도 대덕연구단지에서 자주 만나 서로에게 도움을 주고받는 사이다. 골프 멤버이기도 한 이들은 사업 논의는 물론 봉사활동까지 함께한다. 이영관(68) 도레이첨단소재 대표이사 회장은 홍익대 공대 선후배 관계다.

골프가 맺어 준 인연도 있다. 김정태(63) 하나금융그룹 회장과 이

헌재(71) 전 경제부총리 등이 대표적이다. 지인을 통해 라운딩하며 알게 된 사이로 골프존에 관심이 많고, 사회공헌 활동에도 격려를 보내 주는 분들이라고 김 회장은 말한다.

창업 때부터 큰 도움을 받은 이들도 있다. 최덕인(79) 한국과학기술원(카이스트) 원장과 김종득(64) 교수가 대표적이다. 골프존은 카이스트의 신기술 창업지원센터에서 탄생했다. 김종득 교수는 골프존이 성공할 것이라는 확신과 믿음을 가져 김영찬 회장이 기술개발에 전념할 수 있도록 창고, 사무실, 연구시설 등에 적극적인 지원을 해 줬다. 감사의 뜻으로 김 회장은 2011년 골프존 교수 클럽을 카이스트에 기증했다.

국내 토종 골프 브랜드인 볼빅의 문경안(57) 회장과 MFS의 전재홍(51) 대표는 한국 골프 브랜드의 가치를 높이고 골프 대중화에 함께한다는 점에서 서로 의지하는 사이다. 김 회장은 두 사람 덕에 골프 유통관련 부문까지 사업을 확장할 수 있었다고 회고한다.

골프용품 수입업체인 석교상사의 이민기(62) 회장도 김영찬 회장의 어려웠던 시절을 아는 오랜 인연이다. 사업 초창기, 석교상사 바로 옆 건물에 골프존의 서울사무소가 있었기 때문이다. 석교상사가 12년째 꾸준히 진행한 자선 골프대회에 감명을 받아 김 회장 역시 8년째 자선 골프대회를 열고 있다.

골프선수 인맥도 단단하다. 골프존 홍보모델로도 활동 중인 유소연(25), 이보미(27), 김혜윤(26) 선수는 가족까지 서로 알고 지낸다. 세 선수의 아버지들은 스크린골프장을 직접 운영하는데, 김 회장과 1년에 수차례 라운딩을 함께하기도 한다. 특히 유소연 선수의 아버지는 골프존 스크린골프장을 3개나 운영 중이다.

방송인 서경석 (43) 씨도 스크린골프로 인연을 맺은 사이다. 대전을 연고로 연구단지 체육센터에서 운동하며 인연을 쌓았다. 서 씨는 현재 서울 마포구에서 '서경석 골프존'을 운영 중이다.